여러분의 합격을 응원하는
해커스공무원의 ~~책~~

FREE 공무원 영어 **특강**

해커스공무원(gosi.Hackers.com) 접속 후 로그인 ▶
상단의 [무료강좌] 클릭 ▶
좌측의 [교재 무료특강] 클릭

📄 출제예상 핵심 어휘리스트[PDF]

해커스공무원(gosi.Hackers.com) 접속 후 로그인 ▶
상단의 [교재 · 서점 → 무료 학습 자료] 클릭 ▶
본 교재의 [자료받기] 클릭

📱 공무원 보카 어플 이용권

GOSIVOCA243HALF

구글 플레이스토어/애플 앱스토어에서 '해커스공무원 기출 보카 4800' 검색 ▶
어플 설치 후 실행 ▶ '인증코드 입력하기' 클릭 ▶ 위 인증코드 입력

* 해당 자료는 [해커스공무원 기출 보카 4800] 교재 내용으로 제공되는 자료로, 공무원 시험 대비에 도움이 되는 유용한 자료입니다.
* 쿠폰 이용 기한: 등록 후 30일간 사용 가능(ID당 1회에 한해 등록 가능)

🎟 해커스공무원 온라인 단과강의 **20% 할인쿠폰**

5EECB52D3FCEC8XP

해커스공무원(gosi.Hackers.com) 접속 후 로그인 ▶ 상단의 [나의 강의실] 클릭 ▶
좌측의 [쿠폰등록] 클릭 ▶ 위 쿠폰번호 입력 후 이용

* 쿠폰 이용 기한: 등록 후 7일간 사용 가능(ID당 1회에 한해 등록 가능)

🎟 합격예측 **온라인 모의고사 응시권 + 해설강의 수강권**

65ED8948D64A842E

해커스공무원(gosi.Hackers.com) 접속 후 로그인 ▶ 상단의 [나의 강의실] 클릭 ▶
좌측의 [쿠폰등록] 클릭 ▶ 위 쿠폰번호 입력 후 이용

* ID당 1회에 한해 등록 가능

✉ 해커스 회독증강 콘텐츠 **5만원 할인쿠폰**

7BF558766E5EDECV

해커스공무원(gosi.Hackers.com) 접속 후 로그인 ▶ 상단의 [나의 강의실] 클릭 ▶
좌측의 [쿠폰등록] 클릭 ▶ 위 쿠폰번호 입력 후 이용

* 쿠폰 이용 기한: 등록 후 7일간 사용 가능(ID당 1회에 한해 등록 가능)
* 특별 할인상품 적용 불가
* 월간 학습지 회독증강 행정학/행정법총론 개별상품은 할인쿠폰 할인대상에서 제외

쿠폰 이용 관련 문의 1588-4055

단기 합격을 위한
해커스 커리큘럼

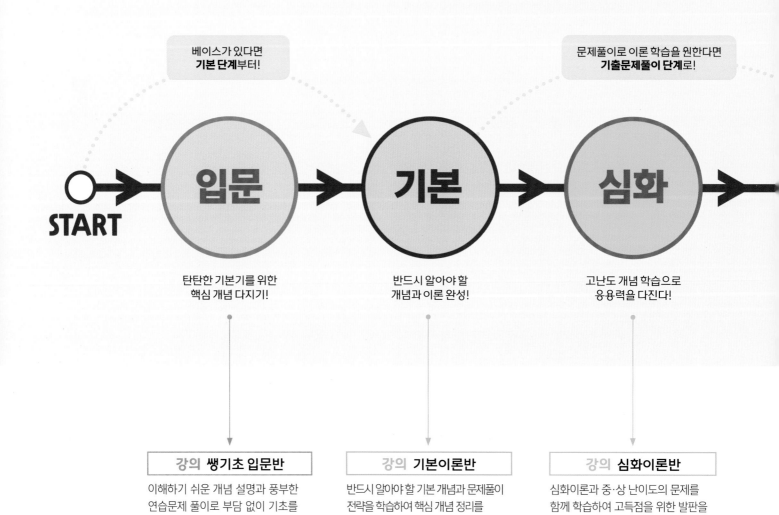

베이스가 있다면 **기본 단계부터!**

문제풀이로 이론 학습을 원한다면 **기출문제풀이 단계로!**

START ➤ **입문** ➤ **기본** ➤ **심화** ➤

탄탄한 기본기를 위한
핵심 개념 다지기!

반드시 알아야 할
개념과 이론 완성!

고난도 개념 학습으로
응용력을 다진다!

강의 쌩기초 입문반

이해하기 쉬운 개념 설명과 풍부한
연습문제 풀이로 부담 없이 기초를
다질 수 있는 강의

강의 기본이론반

반드시 알아야 할 기본 개념과 문제풀이
전략을 학습하여 핵심 개념 정리를
완성하는 강의

강의 심화이론반

심화이론과 중·상 난이도의 문제를
함께 학습하여 고득점을 위한 발판을
마련하는 강의

2024 최신개정판

해커스공무원

매일
하프모의고사
영어 ③

문제집

해커스공무원

해커스공무원
매일
하프모의고사
영어 ③

문제집

해커스공무원

해커스공무원
gosi.Hackers.com

"매일 꾸준히 풀면서 실전 감각을 유지할 수 있는
교재가 없을까?"

"공무원 난이도에 딱 맞는 모의고사로
실전에 대비하고 싶어."

해커스가 공무원 출제경향을 완벽 반영하여 만들었습니다.

매일 모의고사를 풀며 영어 실전 감각을 유지하고 싶지만 마땅한 문제 풀이 교재가 부족해 갈증을 느끼는 공무원 수
험생 여러분을 위해, 공무원 영어 시험 출제경향을 완벽 반영한 하프모의고사 교재를 만들었습니다.

『해커스공무원 매일 하프모의고사 영어 3』을 통해
매일 10문제씩, 4주 만에 공무원 영어 실력을 완성할 수 있습니다.

실전 감각은 하루아침에 완성할 수 있는 것이 아닙니다. 공무원 출제경향이 반영된 문제를 많이 풀어 보면서 문제가
요구하는 바를 정확하게 파악하는 연습을 지속적으로 해야 합니다. 학습 플랜에 맞춰 매일 10문제씩, 하루 15분 학
습을 꾸준히 반복하고, 본 교재가 제공하는 해설과 총평을 꼼꼼히 확인한다면, 4주 뒤 눈에 띄게 향상된 영어 실력
을 발견할 수 있을 것입니다.

『해커스공무원 매일 하프모의고사 영어 3』은
공무원 영어 시험에 최적화된 교재입니다.

해커스 공무원시험연구소에서 100% 자체 제작한 문제, 상세한 포인트 해설과 친절한 오답 분석, 해커스 공무원시험
연구소가 제공하는 총평까지, 여러분을 위해 모두 담았습니다. 『해커스공무원 매일 하프모의고사 영어 3』은 오직 공
무원 수험생 여러분의, 여러분에 의한, 여러분을 위한 교재입니다.

공무원 시험 합격을 위한 여정,
해커스 공무원시험연구소가 여러분과 함께합니다.

: 목차

■ 문제는 half, 실력은 double! **문제집**

 무료 <출제예상 핵심 어휘리스트> PDF 제공

해커스공무원(gosi.Hackers.com) 접속 후 로그인 ▶ 사이트 상단의 [교재·서점 ▶ 무료 학습 자료]
클릭 ▶ 본 교재 우측의 [자료받기] 클릭하여 <출제예상 핵심 어휘리스트> PDF 다운로드

언제 어디서든 공무원 출제예상 핵심 어휘를 암기하세요!

■ 포인트만 쏙쏙, 실력 최종 완성! **해설집**

:이 책만의 특별한 구성

■ 매일 15분으로 공무원 영어 실력을 완성하는 하프모의고사 24회분!

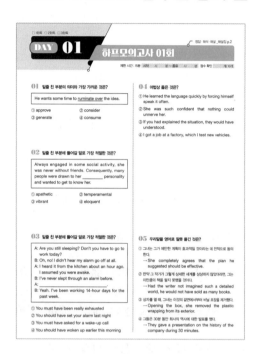

① 매일 15분 집중 학습으로 실전 감각 극대화

매일 15분, 하루 10문제씩 집중 학습을 총 4주간 꾸준히 반복하며 실전 대비와 문제 풀이 시간 관리를 동시에 할 수 있습니다.

② 공무원 출제경향 완벽 반영

실제 공무원 영어 시험과 가장 비슷한 난이도와 문제 유형으로 구성된 하프모의고사 24회분을 제공하여 탄탄한 공무원 영어 실력을 쌓을 수 있도록 하였습니다.

③ Self Check List를 통한 자기 점검

매회 하프모의고사가 끝나면 모의고사 진행 내용을 스스로 점검하여 개선점을 마련하고, 앞으로의 학습 계획을 세울 수 있도록 각 회차마다 Self Check List를 제공하였습니다.

■ 한 문제를 풀어도 진짜 실력이 되는 **상세한 해설 제공!**

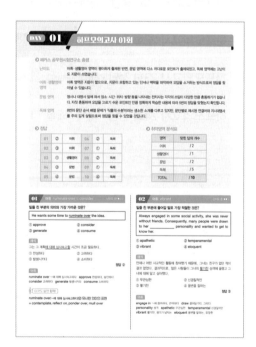

① 각 회차마다 총평 제공

해당 회차의 전반적인 난이도와 영역별 핵심 분석을 제공하는 해커스 공무원 시험연구소 총평을 통해 반드시 짚고 넘어가야 할 포인트와 앞으로의 학습 방향을 제시하였습니다.

② 취약영역 분석표

취약영역 분석표를 통해 자신의 취약영역을 스스로 확인할 수 있습니다.

③ 포인트 해설 & 오답 분석

문제에 대한 정확한 해석과 상세한 해설, 그리고 필수 학습 어휘를 제공하였습니다. 포인트 해설과 오답 분석을 통해 정답이 되는 이유와 오답이 되는 이유를 확실히 파악할 수 있습니다.

④ 이것도 알면 합격! & 구문 분석

해당 문제와 관련된 추가 어휘·표현과, 문법 이론, 구문 분석을 제공하여 심화 학습을 할 수 있도록 하였습니다.

■ 어휘 암기까지 확실하게 책임지는 학습 구성!

① 문제집 내 QR코드를 통해 핵심 어휘 확인

매회 문제 풀이를 끝낸 직후, 해당 하프모의고사에 나온 중요 어휘와 표현을 정리한 〈출제예상 핵심 어휘리스트〉를 바로 확인할 수 있도록 각 회차마다 QR코드를 삽입하였습니다.

② Quiz를 통한 학습 내용 확인

간단한 Quiz를 통해 〈출제예상 핵심 어휘리스트〉의 어휘와 표현을 확실히 암기했는지 확인할 수 있습니다.

■ 체계적 학습 계획으로 목표 점수 달성!

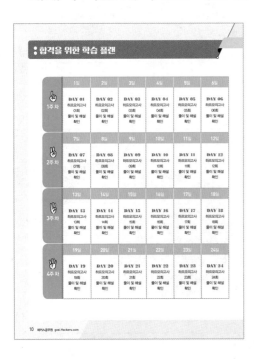

① 합격을 위한 학습 플랜 제공

총 24회분의 하프모의고사 풀이를 4주 안에 자율적으로 진행할 수 있도록 구성한 학습 플랜을 제공하였습니다.

② 학습 방법 제공

실력을 최종 점검하고 취약점을 보완해 목표 점수에 도달할 수 있도록 학습 플랜에 따라 적용할 수 있는 효과적인 학습 방법을 제공하였습니다.

:공무원 영어 최신 출제경향 및 합격 학습 전략

■ 문법

문법 영역에서는 **동사구, 접속사와 절, 준동사구**를 묻는 문제가 자주 출제되며, 세부 빈출 포인트로는 **분사, 수 일치, 관계절, 능동태·수동태**가 있습니다. 최근에는 한 문장 안에서 여러 문법 요소를 묻거나 한 문제의 모든 보기가 하나의 문법 포인트로 구성되는 등, 다양한 형태의 문법 문제가 등장하고 있습니다.

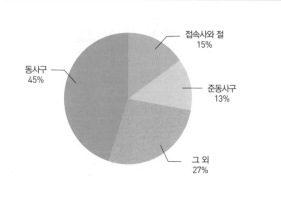

■ 독해

독해 영역에서는 **빈칸 완성(단어·구·절), 주제·제목·요지 파악, 내용 일치·불일치 파악** 유형의 출제 비중이 순서대로 높은 편이며, 특히 최근에는 **문단 순서 배열**을 비롯한 논리적 흐름 파악 유형의 출제 빈도가 증가하고 있습니다.

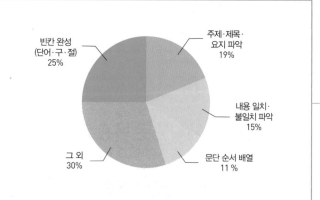

■ 어휘

어휘 영역에서는 유의어 찾기와 빈칸 완성 문제가 대부분 출제되지만, 이 가운데에서는 유의어 찾기 유형의 비중이 가장 높습니다. 이때 지문과 보기에 사용되는 어휘 및 표현의 난이도는 수능 영어 수준에서부터 고난도 수준까지, 매우 다양합니다.

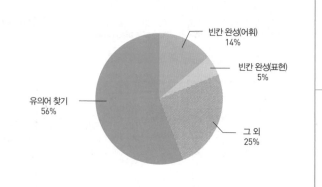

📂 합격 학습 전략

길고 복잡한 문장에서 문법 포인트를 정확하게 파악해야 합니다.

기본 개념을 탄탄히 한 후 세부적인 문법 요소까지 학습하여 실력을 쌓는 것이 중요합니다. 문법 문제는 이론을 알고 있더라도 실전에서 혼동하기 쉬우므로 빈출 포인트 관련 문제를 많이 풀고, 지엽적인 포인트까지 익혀 둡니다. 문장의 기본 원리와 주요 문법 개념을 체계적으로 정리한 다음, 부족한 부분을 집중적으로 보완해 나가며 학습하는 것이 좋습니다.

📂 합격 학습 전략

구문을 정확하게 해석하고 지문의 내용을 빠르게 파악해야 합니다.

시험에 자주 나오는 구문을 해석하는 법을 익히고, 문제를 풀 때 이를 응용해 보는 연습을 하는 것이 중요합니다. 독해 영역은 공무원 영어 시험에서 출제 비중이 가장 높아 문제 풀이 시간이 충분하지 않으므로, 문제마다 시간 제한을 두어 빠르고 정확하게 답을 찾는 훈련을 반복합니다.

📂 합격 학습 전략

어휘, 표현, 생활영어까지 모든 유형을 대비하기 위해 폭넓게 학습해야 합니다.

유의어와 파생어까지 폭넓게 학습해 어휘의 양을 늘리는 것이 중요하며, 다양한 전치사를 포함한 표현 또한 함께 외워 둡니다. 특히 예문을 통해 문맥 속 어휘의 뜻을 유추하는 연습을 하는 것도 도움될 수 있습니다. 생활영어 문제에 대비하기 위해서는 상황별·주제별 관용 표현이나 속담을 암기하는 것이 좋습니다.

합격을 위한 학습 플랜

	1일	2일	3일	4일	5일	6일
1주차	**DAY 01** 하프모의고사 01회 풀이 및 해설 확인	**DAY 02** 하프모의고사 02회 풀이 및 해설 확인	**DAY 03** 하프모의고사 03회 풀이 및 해설 확인	**DAY 04** 하프모의고사 04회 풀이 및 해설 확인	**DAY 05** 하프모의고사 05회 풀이 및 해설 확인	**DAY 06** 하프모의고사 06회 풀이 및 해설 확인

	7일	8일	9일	10일	11일	12일
2주차	**DAY 07** 하프모의고사 07회 풀이 및 해설 확인	**DAY 08** 하프모의고사 08회 풀이 및 해설 확인	**DAY 09** 하프모의고사 09회 풀이 및 해설 확인	**DAY 10** 하프모의고사 10회 풀이 및 해설 확인	**DAY 11** 하프모의고사 11회 풀이 및 해설 확인	**DAY 12** 하프모의고사 12회 풀이 및 해설 확인

	13일	14일	15일	16일	17일	18일
3주차	**DAY 13** 하프모의고사 13회 풀이 및 해설 확인	**DAY 14** 하프모의고사 14회 풀이 및 해설 확인	**DAY 15** 하프모의고사 15회 풀이 및 해설 확인	**DAY 16** 하프모의고사 16회 풀이 및 해설 확인	**DAY 17** 하프모의고사 17회 풀이 및 해설 확인	**DAY 18** 하프모의고사 18회 풀이 및 해설 확인

	19일	20일	21일	22일	23일	24일
4주차	**DAY 19** 하프모의고사 19회 풀이 및 해설 확인	**DAY 20** 하프모의고사 20회 풀이 및 해설 확인	**DAY 21** 하프모의고사 21회 풀이 및 해설 확인	**DAY 22** 하프모의고사 22회 풀이 및 해설 확인	**DAY 23** 하프모의고사 23회 풀이 및 해설 확인	**DAY 24** 하프모의고사 24회 풀이 및 해설 확인

하프모의고사 학습 방법

01. 각 회차 하프모의고사를 풀고 <출제예상 핵심 어휘리스트> 암기하기

(1) 실제 시험처럼 제한 시간(15분)을 지키며 하프모의고사를 풉니다.

(2) 매회 제공되는 <출제예상 핵심 어휘리스트>를 통해 부족한 어휘를 암기하고, 잘 외워지지 않는 어휘는 체크하여 반복 학습합니다.

02. 취약점 보완하기

채점 후 틀린 문제를 중심으로 해설을 꼼꼼히 확인합니다. 해설을 확인할 때에는 틀린 문제에 쓰인 포인트를 정리하면서 '포인트를 몰라서' 틀린 것인지, 아니면 '아는 것이지만 실수로' 틀린 것인지를 확실하게 파악합니다. 하프모의고사는 회차를 거듭하면서 반복되는 실수와 틀리는 문제 수를 줄여 나가며 취약점을 완벽하게 극복하는 것이 중요합니다. 또한, '이것도 알면 합격'과 '구문 분석'에서 제공되는 심화 개념까지 빠짐없이 익혀 둡니다.

03. 하프모의고사 총정리하기

(1) 틀린 문제를 다시 풀어 보고, 계속해서 틀리는 문제가 있다면 포인트 해설을 몇 차례 반복하여 읽어 모르는 부분이 없을 때까지 확실하게 학습합니다.

(2) <출제예상 핵심 어휘리스트>에서 체크해 둔 어휘가 완벽하게 암기되었는지 최종 점검합니다.

■ 하프모의고사 회독별 학습 Tip!

1회독 [실전 문제 풀이 단계]	2회독 [영역별 심화학습 단계]	3회독 [취약점 보완 단계]
■ <학습 플랜>에 따라 매일 모의고사 1회분 집중 문제 풀이	■ 매일 2회분 모의고사 반복 풀이	■ 매일 4회분씩 1~2차 회독 시 틀린 문제 위주로 점검
■ 포인트 해설, 오답 분석을 정독하여 틀린 이유 파악	■ '이것도 알면 합격'의 유의어 및 표현, 문법 이론 심화 학습	■ 시험 직전 최종 점검을 위한 본인만의 오답노트 정리
■ Self Check List 작성	■ '구문 분석'을 통해 공무원 영어 시험 필수구문 정리	■ <출제예상 어휘 리스트>에 수록된 모든 어휘를 완벽하게 암기했는지 최종 확인
■ <출제예상 어휘 리스트> 암기	■ 학습 기간: 12일	■ 학습 기간: 6일
■ 학습 기간: 24일		

*3회독을 진행하며 반복해서 틀리는 문제들은 반드시 별도로 표시해 두었다가 [해커스공무원 7개년 기출문제집 영어], [해커스공무원 실전동형모의고사 영어] 교재를 통해 추가로 학습하여 실전에 대비할 수 있도록 합니다.

공무원 영어 직렬별 시험 출제 영역

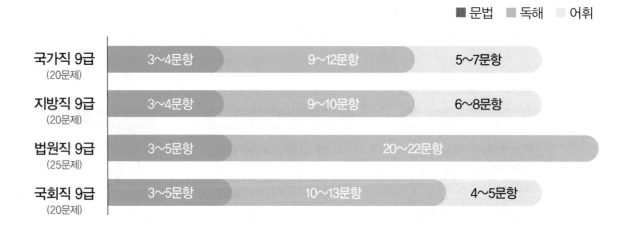

■ 문법　■ 독해　■ 어휘

국가직 9급 (20문제)	3~4문항	9~12문항	5~7문항
지방직 9급 (20문제)	3~4문항	9~10문항	6~8문항
법원직 9급 (25문제)	3~5문항	20~22문항	
국회직 9급 (20문제)	3~5문항	10~13문항	4~5문항

공무원 영어 시험은 직렬에 따라 20문항 또는 25문항으로 구성되며, 크게 문법/독해/어휘 3개의 영역으로 나눌 수 있습니다.

국가직 · 지방직 · 국회직 9급 영어 시험은 총 20문항이며, 독해 영역이 약 50%를 차지하고 나머지 50%는 문법과 어휘 영역으로 구성됩니다. 이때 어휘 영역의 경우 세부적으로 어휘 및 표현, 생활영어로 구분됩니다. 한편, 법원직 9급 영어 시험은 총 25문항이며, 독해 영역이 약 80%를 차지하고 나머지 20%는 문법 영역으로 구성됩니다.

공무원 영어 시험의 영역별 출제 문항 수는 변동이 적은 편이므로, 영역별 문항 수에 따라 풀이 시간을 적정하게 배분하는 연습을 할 수 있습니다.

DAY 01~24

: 하프모의고사 01~24회

잠깐! 하프모의고사 전 확인사항

하프모의고사도 실전처럼 문제를 푸는 연습이 필요합니다.

✔ 휴대전화는 전원을 꺼 주세요.
✔ 연필과 지우개를 준비하세요.
✔ 제한 시간 15분 내 최대한 많은 문제를 정확하게 풀어 보세요.

매 회 하프모의고사 전, 위 상황을 점검하고 시험에 임하세요.

DAY 01 하프모의고사 01회

제한 시간 : 15분 **시작** 시 분 ~ **종료** 시 분 **점수 확인** 개/ 10개

01 밑줄 친 부분에 들어갈 말로 가장 적절한 것은?

He had considered taking a personal day without notifying his manager, even though it meant he would _____ company regulations. In the end, however, he decided it was not worth facing punishment.

① uphold
② modify
③ infringe
④ enforce

02 밑줄 친 부분의 의미와 가장 가까운 것은?

The butler bowed in a <u>cultivated</u> manner and left the room.

① subdued
② loyal
③ banal
④ polished

03 두 사람의 대화 중 자연스럽지 않은 것은?

① A: Let's do something this weekend.
   B: Sure! What do you have in mind?
② A: Thanks for helping me move.
   B: Don't mention it. What are friends for?
③ A: Can you take my dog for a walk?
   B: That was a nice walk in the park.
④ A: Do you mind if I have some of your fries?
   B: Absolutely not. Help yourself.

04 어법상 옳지 않은 것은?

① It is obligatory to purchase a permit before using the campground.
② If the previous mayor had run for a second term, he might win the election.
③ Mike completely missed the opportunity to meet the new client.
④ My sister bragged about how much money she earned and where she worked.

05 우리말을 영어로 잘못 옮긴 것은?

① 인간과 회색곰의 식단은 소와 코알라의 식단보다 더 다양하다.
   → The diets of humans and grizzly bears are more diverse than these of cattle and koalas.
② 이번 가을에 학업을 완료하는 학생들을 위해 12월에 졸업식이 열릴 것이다.
   → For students completing their studies in the fall, the graduation ceremony will be held in December.
③ 당신이 매듭을 더 단단히 묶을수록, 그것은 풀기가 더 어려워질 것이다.
   → The tighter you tie a knot, the harder it will be to loosen it.
④ 그 시민 단체가 모금한 것은 여러 종류의 질병 연구에 자금을 제공하기 위해 사용될 것이다.
   → What the advocacy group collects will be used to fund research for several types of diseases.

06 밑줄 친 부분에 들어갈 말로 가장 적절한 것은?

Of course, many know that multilingualism is a highly-valued job skill in the global marketplace of today. But the advantage for companies is not merely having an employee who can communicate with foreign partners and clients. For instance, learning a new language _____ _____. When starting from scratch with another language, learners are not easily able to interpret even the most basic sentences. In conversations, they strain to pick up on any words they know in an effort to understand. They thus refrain from talking over others and instead pay closer attention to what is being said. Essentially, second-language learners are forced to play a passive role during communication to make sure they hear everything correctly, and they become more attentive and observant as a result. Employers appreciate this quality enormously in the workplace.

① turns people into good listeners

② teaches a person to be humble

③ shows people how to speak better

④ develops a person's memorization skills

07 밑줄 친 부분에 들어갈 말로 가장 적절한 것은?

Owing to the wide-ranging influence of the US market, the dollar has become the world's single reserve currency that is the basis of comparison for other moneys all over. But many nations are arguing against the practice, claiming that it can only bring about detrimental consequences in the end. This is because the reliance on one currency makes the entire international system vulnerable to the ups and downs of a particular country. This warning proved to be prophetic during the collapse of the American economy in 2008. The worldwide market—now more interconnected than ever—suffered severe setbacks as well, causing recessions in a number of regions. The incident served to underline the fact that continuing to afford the dollar bill a privileged status _____.

① hinders the likelihood of any drastic change from taking place

② will doubtless create further global financial instability in the future

③ causes other countries to adopt the dollar as their national currency

④ intensifies the need for another currency to replace the dollar

08 다음 글의 흐름상 어색한 문장은?

In the 18th and 19th centuries, residents of the Scottish Highlands were forced off their land by aristocratic landowners. ① The large-scale eviction, known as the Highland Clearances, changed the region in profound ways. ② When the farming communities left the region, many folkways were lost and the traditional fabric of the society became fragmented. For example, the traditional clan system, under which a clan chief and the people assumed responsibilities toward one another and to the land, quickly deteriorated. ③ The landowners largely switched from planting small-scale crops to herding sheep during the 18th-century agricultural revolution. ④ The expulsion also prompted a massive emigration of Highlanders to other parts of the world. It scattered the population so that the descendants of the displaced now reside in various regions outside of their native home.

09 다음 글의 제목으로 가장 적절한 것은?

Engineers of prosthetic limbs have struggled to simulate the experience of touch for patients who have lost an arm or leg in an accident. Now, however, researchers have developed a new artificial skin that's surprisingly close to the real thing. This "smart skin", as it is called, is soft and elastic. It can also detect temperature, humidity, and even tactile sensations through sensors built into a thin silicone exterior. For the first time, individuals with a prosthesis will be able to detect stimuli from the outside world and respond appropriately in a natural manner. They can even improve a person's capacity for complex operations such as shaking someone's hand or using a keyboard.

① Understanding the Mechanics of Touch
② A New Sense of Touch for Prosthesis
③ The Evolution of Prosthetic Limbs
④ How "Smart Skin" Surpasses Touch

10 다음 글의 내용과 일치하지 않는 것은?

During the Enlightenment, philosophers were divided on which part of speech a child learned first. Some believed that nouns preceded verbs because children needed to be able to identify things in order to satisfy their wants. Others argued that verbs came first since children appeared to express their desires earliest in actions like eating and crawling. The disputes became fairly intense, with different thinkers advocating for nearly every part of speech, including adverbs and pronouns. This line of speculation was eventually dropped, however, when a conclusion could not be reached. While the early thinkers may have failed to find an answer, their debates undoubtedly broadened our knowledge of the nature of language and the processes that lead to its acquisition.

① Some young children use nouns to describe actions when they first speak.

② Some thinkers were convinced that verbs were acquired by children before nouns.

③ Debates on the order in which different types of words are learned were passionate.

④ Philosophers were unable to irrefutably determine which part of speech is learned first.

정답·해석·해설 p. 2

하프모의고사 01회
출제예상 핵심 어휘리스트
바로 다운받기 (gosi.Hackers.com)

QR코드를 이용해 핵심 어휘리스트를 다운받아, 언제 어디서든 공무원 출제예상 어휘를 암기하세요!

Self Check List

이번 테스트는 어땠나요?
다음 체크리스트로 자신의 테스트 진행 내용을 점검해 볼까요?

01 나는 15분 동안 완전히 테스트에 집중하였다.
☐ YES   ☐ NO

02 나는 주어진 15분 동안 10문제를 모두 풀었다.
☐ YES   ☐ NO

03 유난히 어렵게 느껴지는 지문이 있었다.
☐ YES   ☐ NO

04 유난히 어렵게 느껴지는 문제가 있었다.
☐ YES   ☐ NO

05 모르는 어휘가 있었다.
☐ YES   ☐ NO

06 개선해야 할 점과 이를 위한 구체적인 학습 계획

_____

_____

DAY 02

하프모의고사 02회

제한 시간 : 15분 시작 시   분 ~ 종료 시   분 점수 확인 개/ 10개

01 밑줄 친 부분의 의미와 가장 가까운 것은?

Each day, the world loses around 2,000 hectares of irrigated farmland because of the accumulation of salt in the earth's upper layers. Since salt limits the rate and quantity of water that can be taken up by plant roots, many agricultural crops are currently at risk.

① conversion   ② application

③ amassment   ④ reduction

02 밑줄 친 부분에 들어갈 말로 가장 적절한 것은?

A: I almost had an embarrassing moment on the bus today.
B: What do you mean?
A: I was looking out the window and suddenly I remembered the joke you told me yesterday.
B: Really? But you didn't even think it was that funny when I told it.
A: I know! But during the bus ride I could hardly _____.
B: That's funny. I'm glad you finally enjoyed the joke.

① keep a straight face

② rack my brain

③ sit on my hands

④ fight tooth and nail

03 밑줄 친 부분 중 어법상 옳지 않은 것은?

Airline staff are required to ensure that there are passengers seated by the emergency exits ① are willing to help with evacuation if necessary. Before departure, an employee must receive confirmation from those passengers of their willingness ② to be of assistance. If a passenger does not consent, the flight staff must find a replacement to assume the role. The passenger's responsibilities include opening the hatch ③ by turning a large handle and helping other passengers leave the aircraft. Although such an event is unlikely to transpire, everyone ④ involved must agree to perform their designated tasks.

04 우리말을 영어로 가장 잘 옮긴 것은?

① 당신이 얼마나 배가 고프든지 간에 과식을 피하기 위해서는 천천히 먹어야 한다.
   → However hungry you are, you should eat slowly in order to avoid overeating.

② 그 배관공은 수도관을 점검하고 그것들 중 수리할 수 없는 것을 교체하는 데 그의 모든 시간을 썼다.
   → The plumber spent all his time checking the pipes and replace those that are beyond repair.

③ 집을 나선 후에야 그녀는 자신이 열쇠를 깜빡했다는 것을 깨달았다.
   → Only after leaving the house she did realize that she forgot her keys.

④ 그의 조언이 아니었다면, 나는 다른 도시로 이사를 갔을 것이다.
   → Had it not been for his advice, I would move to another city.

05 밑줄 친 부분에 들어갈 말로 가장 적절한 것은?

To the disappointment of his adoring fans, the professional golfer was forced to _____ the tournament due to a muscle injury.

① make away with ② withdraw from
③ take charge of ④ stand for

06 다음 글의 제목으로 가장 적절한 것은?

While researchers have long known that astronauts who participate in lengthy missions experience muscle loss, they have recently discovered that the heart is also affected. Ultrasound images of the hearts of 12 astronauts before, during, and after their assignments on the International Space Station revealed that the blood-pumping organ temporarily became more spherical by about nine percent. The change in shape was evident in every astronaut assigned to the station and is indicative of poor heart health, which is likely a result of inadequate exercise. Given that a future mission to Mars is on the table, the findings highlight the need to examine ways to protect the cardiovascular health of astronauts on long spaceflights. Fortunately for the astronauts who took part in the study, their hearts reverted to their original shape once they returned to Earth.

① Tips for Maintaining Cardiovascular Health in Space
② Medical Treatments for Astronauts' Heart Conditions
③ Exercise Requirements for Long-Term Space Missions
④ How Space Travel Affects Astronauts' Hearts

07 다음 글의 내용과 일치하지 않는 것은?

With its array of diversions, the modern-day amusement park is a huge draw for people from all walks of life. The idea began in 17th-century London when people who were fed up with the smog and the rush of the city escaped to pleasure gardens. Built on the edge of the city, pleasure gardens were picturesque, privately owned venues that hosted classical music concerts and fireworks shows. Unlike today, they were not open to the general public, but were free for the elite few invited to visit them. Gradually, shrewd businessmen began to see that pleasure gardens had huge commercial potential and started adding attractions that they felt would appeal to a diverse crowd. They opened the gates to anyone willing to pay a small entry fee, and people came in droves to be entertained at these early amusement parks.

① The people of London in 17th century were weary of atmospheric pollution.
② Pleasure gardens were located in the city center of London.
③ In the beginning, the gardens were visited only by those who had an invitation.
④ The gardens became public because of their capacity to earn income.

08 밑줄 친 부분에 들어갈 말로 가장 적절한 것은?

Wedding rituals are performed in many countries to wish couples strong marriages, and Scotland is no exception. However, the traditional Scottish practice of "blackening" the bride and groom as a symbolic way of preparing them for the hardships and dark times that they might encounter is undeniably eccentric. The day before the wedding, the future husband and wife are seized by their friends and smeared with charcoal, food, and other substances to make them as filthy as possible. They are then driven around town so that everyone can bear witness to their shared indignity. The idea is that if the couple is able to survive this humiliation, _____ _____.

① they will never have to experience it again for the remainder of their union

② their marriage will have the strength to endure any problems that might arise

③ the bride and groom will begin to see each other in a new and refreshing light

④ their friends will give them greater respect for their determination

09 다음 글의 요지로 가장 적절한 것은?

In Britain, the so-called "Cinderella Law," a proposed amendment to existing child neglect legislation, would hold parents accountable for depriving their children of love over a prolonged period of time. This revised definition of child cruelty would thus be extended beyond physical abuse to include any form of emotional or mental harm. The penalty is stiff—parents could pay a fine or serve up to ten years in jail. Although the proposal gained support from politicians and non-government organizations alike, others remain skeptical, pointing to the pressure it would place upon the remaining parent or guardian, the trauma of separation from parents who are imprisoned because they cannot pay the fine, and the subjectiveness of what constitutes child abuse. How will the courts distinguish between light-hearted jokes at one's expense and spiteful mockery, for example?

① Parents who do not love their children enough should be punished.

② Emotional abuse is not as critical as the physical harm of children.

③ The proposed child cruelty legislation may be difficult to enforce.

④ The Cinderella Law fails to take verbal abuse of children into account.

10 밑줄 친 부분에 들어갈 말로 가장 적절한 것은?

Traditional art forms have faced significant challenges to their survival in the Digital Age. With more people turning to synthesized electronic tunes and pop music videos than to classical ballet or symphonies, many classical artists have lost hope. There are exceptions to this trend, however, as is evident in the resiliency of opera. More people are listening to the genre than ever before, thanks to the free streaming of classical performances online. Making them available over the Internet has not only kept opera leaders connected to their broader fan base but has also helped them to reach out to new, younger audiences. It just goes to show _____.

① how difficult it is for opera to survive in the age of the internet

② why digital media is essential for keeping traditional arts relevant

③ what technology can do to enhance the quality of opera music

④ which types of media are most effective in promoting the arts

정답·해석·해설 p. 8

하프모의고사 02회
출제예상 핵심 어휘리스트
바로 다운받기 (gosi.Hackers.com)

QR코드를 이용해 핵심 어휘리스트를 다운받아, 언제 어디서든 공무원 출제예상 어휘를 암기하세요!

Self Check List

이번 테스트는 어땠나요?
다음 체크리스트로 자신의 테스트 진행 내용을 점검해 볼까요?

01 나는 15분 동안 완전히 테스트에 집중하였다.
□ YES   □ NO

02 나는 주어진 15분 동안 10문제를 모두 풀었다.
□ YES   □ NO

03 유난히 어렵게 느껴지는 지문이 있었다.
□ YES   □ NO

04 유난히 어렵게 느껴지는 문제가 있었다.
□ YES   □ NO

05 모르는 어휘가 있었다.
□ YES   □ NO

06 개선해야 할 점과 이를 위한 구체적인 학습 계획

_____

_____

DAY 03

하프모의고사 03회

제한 시간 : 15분 **시작** 시 분 ~ **종료** 시 분 **점수 확인** 개/ 10개

01 밑줄 친 부분에 들어갈 말로 가장 적절한 것은?

> People who are not used to foreign accents may find it hard to _____ non-native speakers of their language. Learners may have to say every word clearly in order to be understood.

① follow
② translate
③ concern
④ disturb

02 밑줄 친 부분의 의미와 가장 가까운 것은?

> The business was on the brink of bankruptcy when a financier rescued the ailing company.

① bordering on
② wiping away
③ pleading with
④ pouring out

03 밑줄 친 부분에 들어갈 말로 가장 적절한 것은?

> A: How was your meeting with the coach?
> B: I got some exciting news. He said I'm going to be the new starting pitcher! But please _____ _____.
> A: How come? Everyone's sure to congratulate you.
> B: Well, it's not official yet. So don't spill the beans until he announces it.
> A: You got it.

① throw in the towel
② keep it under your hat
③ take a different stance
④ follow in my footsteps

04 어법상 옳은 것은?

① The package is fragile and must be handled as careful as possible.

② That store has some great sales, but I don't advice going on the weekends because of the crowds.

③ The evidence seemed so conclusive that there was not a shadow of a doubt among the researchers.

④ In order to make a decision, the number of courage one feels must exceed that of fear and potential regret.

05 우리말을 영어로 가장 잘 옮긴 것은?

① 당신이 내일 도착하면 우리는 먼저 박물관에 갈 것이다.
→ We'll visit the museum first when you will arrive tomorrow.

② 내 친구의 도움이 없었다면, 나는 분명 시험에 떨어졌을 것이다.
→ Had it not been for my friends' assistance, I surely would have failed the test.

③ 그녀는 그녀의 남동생이 한 일 때문에 그를 열심히 칭찬했다.
→ She praised her brother enthusiastically for the work what he did.

④ 뮤지컬은 우리가 극장에 입장하기 몇 분 전에 시작했다.
→ The musical was begun a few minutes before we entered the theater.

06 다음 글의 내용과 일치하는 것은?

Once every year during the carnival parade of Zvoncari in Rijeka, Croatia, Croatian men fill the streets dressed as sailors, wearing striped shirts and white pants with bright red belts that have bells attached. They adorn themselves with lamb pelts and wear horned masks made out of cardboard, wood, and bits of fur from wild animals. Each group of participants dances according to the style of the village it represents, so the clusters of masked men can be identified by how their bells ring and the dance movements they make. The purpose of this annual festival is to celebrate traditional culture and to frighten away the "evil" spirits of the approaching winter. It actually began in the late 1800s but was cancelled due to political conflicts in the region. The carnival was restarted when some masked groups of men walked the streets in 1982, and within two decades, thousands began participating anew in the parades.

① Sailors from Rijeka, Croatia, participate in the carnival parade of Zvoncari each year.

② Each group of men bases their dance on the traditional style of their village for the Zvoncari parade.

③ One purpose of a parade in Rijeka is to celebrate the spirits of winter.

④ The parade of Zvoncari has been consistently practiced since its beginning.

07 다음 글의 내용과 일치하지 않는 것은?

Long-term, heavy drinking can be severely damaging to the liver, because it usually leads to a condition called cirrhosis. Cirrhosis is an advanced form of liver disease that occurs when excessive drinking causes continual inflammation in the liver. It is characterized by the development of fibrous scar tissue. This inhibits the flow of blood, along with oxygen and vital nutrients, to the liver. This disease is commonly referred to as a "silent killer" because there may be no noticeable symptoms until its later stages. Some of the tell-tale signs include persistent fatigue, a yellow discoloration of the skin and eyes, and bruising easily.

※ cirrhosis: 간경변

① Long-term consumption of alcoholic beverages causes inflammation of the liver.

② Scar tissue can block the liver from getting essential minerals and vitamins.

③ Cirrhosis is called a "silent killer" due to the absence of observable signs early on.

④ A late symptom of cirrhosis is a weakening of the eyesight.

08 다음 글의 내용을 한 문장으로 요약하고자 한다. 빈칸 (A), (B)에 들어갈 말로 가장 적절한 것은?

Ant nest beetles long stumped scientists with their seemingly mysterious ability to infiltrate the nearly impenetrable colonies of ants with ease. The beetles simply wander into a colony, lay their eggs, and leave the larvae to hatch. The young beetles are then raised by oblivious worker ants, which continue taking care of them into adulthood. Now researchers have learned that the so-called social parasites manage to pull off this difficult feat through sound mimicry. They have found that the beetles are able to imitate the calls of ants belonging to distinct castes—soldiers, workers, and the queen—by rubbing their legs in different ways across a set of grooves on their body. They use their repertoire of calls to avoid being attacked and to demand special treatment that is usually reserved for the queen.

According to the passage, ant nest beetles exploit _____ (A) _____ to _____ (B) _____ the ant colony.

	(A)	(B)
①	special treatmen	emulate
②	worker ants	separate
③	distinct castes	penetrate
④	sound mimicry	mislead

09 주어진 글 다음에 이어질 글의 순서로 가장 적절한 것은?

One rationale for making criminals serve prison sentences is that their removal from the community prevents them from harming people on the outside. Incarceration certainly achieves this goal.

(A) That is why some experts advocate rehabilitation programs for those behind bars. College education programs, for example, have so far proven to be effective in discouraging criminals from reoffending after being discharged.

(B) Many law-abiding citizens oppose this course of treatment, however. They believe it is not fair that they have to finance their own higher education while "the bad guys" can obtain one free of charge.

(C) But it only works if criminals stay in prison for a long time, which is not always the case. Within three years of being released from jail, a majority of convicts usually commit another—often more serious—crime.

① (A) – (B) – (C) ② (B) – (C) – (A)
③ (C) – (A) – (B) ④ (C) – (B) – (A)

10 다음 글의 주제로 가장 적절한 것은?

January 28, 1848 started as just another day in Coloma, California for carpenter James Wilson Marshall. But everything changed when he noticed some shiny flecks of gold in the American River while constructing a water-powered sawmill. Despite his attempts to keep his discovery a secret, word spread quickly. By winter's end, news of the finding had been published in more than one paper, and that summer, thousands of people headed west to start working in the mines. The Gold Rush turned out to be one of the most important events in US history. The mines drew nearly 100,000 workers from places as far as Chile and China, and they yielded the equivalent of two billion dollars in precious metals.

① the distance travelled by miners immigrating to California

② the discovery of gold causing the start of a migration to California

③ the impact of the Gold Rush on Chilean and Chinese migrant workers

④ the fortune amassed by the first discoverer of gold in California

정답·해석·해설 p. 14

하프모의고사 03회
출제예상 핵심 어휘리스트
바로 다운받기 (gosi.Hackers.com)

QR코드를 이용해 핵심 어휘리스트를 다운받아, 언제 어디서든 공무원 출제예상 어휘를 암기하세요!

Self Check List

이번 테스트는 어땠나요?
다음 체크리스트로 자신의 테스트 진행 내용을 점검해 볼까요?

01 나는 15분 동안 완전히 테스트에 집중하였다.
☐ YES   ☐ NO

02 나는 주어진 15분 동안 10문제를 모두 풀었다.
☐ YES   ☐ NO

03 유난히 어렵게 느껴지는 지문이 있었다.
☐ YES   ☐ NO

04 유난히 어렵게 느껴지는 문제가 있었다.
☐ YES   ☐ NO

05 모르는 어휘가 있었다.
☐ YES   ☐ NO

06 개선해야 할 점과 이를 위한 구체적인 학습 계획

_____

_____

DAY 04

정답 · 해석 · 해설 _해설집 p.20

하프모의고사 04회

제한 시간 : 15분 **시작**   시   분 ~ **종료**   시   분 **점수 확인**   개/ 10개

01 밑줄 친 부분의 의미와 가장 가까운 것은?

If the mechanized frameworks that we rely on to structure our societies were to fail, we would be left in a precarious position.

① stagnant   ② addictive

③ perilous   ④ complex

02 밑줄 친 부분에 들어갈 말로 가장 적절한 것은?

When he realized he had worn two different shoes to school, he said he did it _____ so that his friends wouldn't make fun of him.

① with honors   ② for nothing

③ by design   ④ by halves

03 밑줄 친 부분에 들어갈 말로 가장 적절한 것은?

A: How do you stay so disciplined with your diet?
B: It's a slow process. I started off by cutting out sweets.
A: I don't think I can do that. I mean, I can't live without dessert. Isn't it hard?
B: Maybe at first. Trust me, _____ as time goes on.
A: But don't you ever crave chocolate or ice cream? I know I would.
B: That's the funny thing. Once you get into the habit of not eating it, you won't miss it.

① you miss it more

② it's easier said than done

③ you can eat your heart out

④ it becomes easier

04 어법상 옳지 않은 것은?

① The taxi left right after the passenger had taken his bags out of the trunk.

② The three-week orientation will be a good opportunity for new employees to learn more about the company.

③ The light bulb in the kitchen is not working properly, and so is the one in the bathroom.

④ The less familiar the people are with their new boss, the worst the atmosphere of the workplace will become.

05 우리말을 영어로 잘못 옮긴 것은?

① 그녀는 마치 그녀 자신이 그곳에 가서 본 것처럼 경치를 묘사했다.
   → She described the vista as if she herself had been there to see it.

② 내가 부친 두 개의 수화물이 어디로 사라졌는지 알고 싶다.
   → I want to find out where the two pieces of luggage I checked have gone.

③ 그는 약을 먹는 동안에는 술을 마신다면 그렇다 하더라도 조금만 마시라는 말을 들었다.
   → He was told to consume alcoholic beverages sparingly, if at all, while taking the medication.

④ Isaac Newton의 선구적인 업적이 아니었다면, 미적분학은 밝혀지지 않았을 것이다.
   → If it had not been for the pioneering work of Isaac Newton, calculus will not be discovered.

06 다음 글의 주제로 가장 적절한 것은?

A concept that the highly respected Greek philosopher Aristotle embraced was the "golden mean." It refers to the desirable traits or virtues a person should strive to have. To be more specific, virtue and vice exist on a spectrum. At the extreme ends of the continuum are two vices, and at the halfway point between them lies the golden mean, or the virtue. Courage, for example, is considered virtuous. It would fall midway on a spectrum that has the vices of fearfulness and impulsiveness at either end. Aristotle advocated living life in accordance with this golden mean and in avoidance of extremes.

① The negative consequences of acting impulsively

② Reasons why courage is the ultimate golden mean

③ How virtue and vice produce similar effects

④ Aristotle's belief on how to live a righteous life

07 다음 글의 제목으로 가장 적절한 것은?

Following instructions properly tends to be a quality that employers value in their employees. But sometimes it can have a downside. Take the subsequent case. In the 1970s, an employee at a car company was put in charge of defective vehicles and was given set rules to adhere to in deciding whether to issue a recall or not. When one of the models began bursting into flames from low-impact collisions, the protocol still determined a recall unnecessary. The worker thought it odd and considered reporting it, but he applied the formula as he was instructed. By failing to question the standard, the employee played a part in the faulty automobiles remaining on the road, causing many to experience significant pain and suffering as a result.

① A Disadvantage of Overly Sticking to Workplace Rules

② The Importance of Following Rules When Driving

③ Reasons a Vehicle Model Can be Recalled

④ Reporting Defective Cars to a Manufacturer

08 다음 글의 내용과 일치하는 것은?

One of the most prominent symbols in Antoine de Saint-Exupéry's book *The Little Prince* is the rose. Even though it appears in just a couple of chapters, the rose has become a focus of critical analysis because of how it represents love. Many readers have compared the little prince's involvement with the flower to the author's relationship with his wife, Consuelo. The rose, like Consuelo, is rather arrogant and inexperienced, but the prince, or Saint-Exupéry, nevertheless cares for her because of the time he has invested in looking after her. This is a legitimate reading, but at the same time, the rose serves a greater function than that, standing for universal love. It teaches the little prince that the absence of the beloved can increase one's appreciation of that love and that love cultivates responsibility. These are all far-reaching truths that go above and beyond Saint-Exupéry's personal life.

① The rose appears throughout the plot of *The Little Prince*.

② Part of the rose's symbolism is based on the author's personal relationship.

③ The rose illustrates how love withers in the absence of the beloved.

④ The character of the rose illustrates the beauty and the fragility of love.

09 밑줄 친 (A), (B)에 들어갈 말로 가장 적절한 것은?

People often think of life in terms of milestones and achievements, but if we make a closer examination, much of life is lived in between. It is in the intermediate parts of our lives where we grapple with everyday things and where our real struggles are.   (A)   , there are days when we ponder and brood, study and train hard, take the leap, hope and hope some more, and the end of it all is this: we might fail or we might succeed. But did we recognize what brought us to that point? After all, the process that caused us to reach the high or low point takes up the majority of our time. Appreciating that process,   (B)   , is vital because it will help us acknowledge every moment of life, not just its pinnacles and nadirs.

	(A)	(B)
①	Moreover	for example
②	Similarly	however
③	Indeed	therefore
④	Instead	meanwhile

10 주어진 글 다음에 이어질 글의 순서로 가장 적절한 것은?

Before creating your own start-up, certain factors need to be considered. These will enable you to get your company off the ground smoothly, increasing the likelihood of future success.

(A) Once you obtain their approval, you should remember to stay flexible in order to increase your chances for future growth. For instance, if a major investment source that you secured earlier runs out, knowing how to adapt will help immeasurably.

(B) Seizing the right moment to launch your start-up is a crucial element. Consider whether the market is ready for your product or if you have sufficient time for such a drastic undertaking. But practical issues are not the only ones to think about.

(C) Since personal connections are an important element to prospering, ruminate on how to nurture good relationships. After your business is up and running, you need to be able to sway investors so that they are satisfied with your business plan.

① (B) – (A) – (C)
② (B) – (C) – (A)
③ (C) – (A) – (B)
④ (C) – (B) – (A)

정답·해석·해설 p. 20

하프모의고사 04회
출제예상 핵심 어휘리스트
바로 다운받기 (gosi.Hackers.com)

QR코드를 이용해 핵심 어휘리스트를 다운받아, 언제 어디서든 공무원 출제예상 어휘를 암기하세요!

Self Check List

이번 테스트는 어땠나요?
다음 체크리스트로 자신의 테스트 진행 내용을 점검해 볼까요?

01 나는 15분 동안 완전히 테스트에 집중하였다.
☐ YES   ☐ NO

02 나는 주어진 15분 동안 10문제를 모두 풀었다.
☐ YES   ☐ NO

03 유난히 어렵게 느껴지는 지문이 있었다.
☐ YES   ☐ NO

04 유난히 어렵게 느껴지는 문제가 있었다.
☐ YES   ☐ NO

05 모르는 어휘가 있었다.
☐ YES   ☐ NO

06 개선해야 할 점과 이를 위한 구체적인 학습 계획

_____

_____

DAY 05 하프모의고사 05회

제한 시간 : 15분 **시작**   시   분 ~ **종료**   시   분 **점수 확인** ▭▭▭   개/ 10개

01 밑줄 친 부분에 들어갈 말로 가장 적절한 것은?

The application makes it easier for users to receive _____ news, as it provides notifications whenever important current events break.

① neutral ② predictable

③ severe ④ major

02 밑줄 친 부분에 들어갈 말로 가장 적절한 것은?

A: Have you heard from Edward at all lately?
B: No, but it's funny you ask! I was just thinking about him earlier today. _____.
A: Me, too. I haven't talked to him for a couple of months now, so I'm not really sure.
B: The last time I saw him, he was thinking about applying to grad school.
A: Hmm. I should give him a call and see how he's doing.
B: Good idea. Tell him I said hi.

① I'll play it by ear

② I wonder what he's up to

③ I can't seem to reach him

④ Please keep an eye on him

03 밑줄 친 부분 중 어법상 옳지 않은 것은?

Scientists recently succeeded in ① storing data in the genomes of E. coli bacteria. They achieved this by converting a song into a code, ② which uses four letters, and encrypting ③ them into the bacteria's cells. Biological storage spaces such as this ④ have many advantages, and researchers are further developing the technology in order to store images, texts, and even videos.

04 우리말을 영어로 잘못 옮긴 것은?

① 그들은 몇 년 동안 살아왔던 그 집을 사기에 충분한 돈을 모았다.
→ They saved enough money to buy the house in that they have been living for several years.

② 차가 멈춘 순간, 모든 아이들이 안전띠를 풀고 밖으로 나갔다.
→ The second the car stopped, all the children took off their seatbelts and got out.

③ 당신은 다음 3일 동안 누가 마을을 방문할 것인지 믿기 힘들 것이다.
→ You won't believe who's visiting town for the next three days.

④ 그 실험의 결과는 막대그래프 형태로 화면에 보여졌다.
→ The results of the experiment are displayed on the screen in the form of a bar graph.

05 밑줄 친 부분의 의미와 가장 가까운 것은?

Because of its sturdy build and efficiency, the new vacuum cleaner is considered by home appliance experts to be <u>next to none</u>.

① acquainted

② unparalleled

③ sophisticated

④ complicated

06 주어진 문장이 들어갈 위치로 가장 적절한 곳은?

Still, the hefty price tag may just be worth it.

The International Space Station (ISS) was launched in 1998 for scientific research purposes, and now its doors are open to private companies as well. (①) Pharmaceutical and biomedical firms are welcome to conduct their own tests, though it doesn't come cheap; rates range upwards of 71 million dollars. (②) For example, researchers who wish to conduct in-depth studies of illnesses like osteoporosis and Alzheimer's could save time, since microgravity accelerates the course of the disease. (③) In addition, the production of certain cancer medications could be greatly improved, as it would not be hindered by the fact that particles in fluids tend to settle under the influence of gravity. (④) All in all, companies willing to invest in space studies would not only make a substantial profit but also help save lives.

07 밑줄 친 부분에 들어갈 말로 가장 적절한 것은?

On the surface, the increase in remote workers was a seismic shift initiated by the coronavirus pandemic, but in truth, Covid-19 only accelerated it. Employers need to recognize that the preference for _____ is a long-time worker sentiment. The disruption Covid-19 brought about was an opportunity for employees to adjust to working from home, or at least, not in the office, and for employers to acknowledge this leaning. Surveys note that 57 percent of workers would look for a new job if their company did not allow remote work. That figure highlights the value that employees place on versatile working environments and a measure of independence when it comes to work.

① regulation

② gratification

③ harmony

④ flexibility

08 밑줄 친 부분에 들어갈 말로 가장 적절한 것은?

When astronomers discovered an enormous black hole in the center of the Milky Way, they deduced that other massive galaxies must have their own black holes. It turned out to be correct. They're now known as supermassive black holes or SMBHs. These great voids have a powerful gravitational pull that swallows anything that gets too near. More recently, scientists have learned that their hugeness can impact star formation. A telescopic survey of a thousand SMBHs led researchers to conclude that the greater the mass of a black hole, the slower the rate of star formation, and vice versa. These giants seem to be in the background but are really a massive _____.

① threat to humankind

② headache for astronomers

③ force on their surroundings

④ part of the universe

09 다음 글의 제목으로 가장 적절한 것은?

The rapidly changing landscape and weather may not be the biggest challenges we face as climate change continues to melt the polar glaciers. Deadly organisms that have laid dormant for thousands of years are being let loose. Scientists recently discovered a 30,000-year-old prehistoric virus below the thawing ice that was still virulent. Fortunately for all of us, this bug only infects amoebae and not mammals. But with temperatures continuing to rise, who knows how many more of these potentially fatal microorganisms might be released in the future? As modern humans likely have not been exposed to them, we will have no natural resistance against them.

① Viruses Turning Harmful from Climate Change

② Scientists Discovering Future Biological Illnesses

③ Precautions Implemented Against Prehistoric Bugs

④ Climate Change Unleashing Lethal Organisms

10 주어진 글 다음에 이어질 글의 순서로 가장 적절한 것은?

One day, a businesswoman went to a park near her office for lunch. As she sat on a bench eating her sandwich, she started experiencing an unpleasant sharp sensation in her right side. Within minutes she was doubled over in pain.

(A) She tried to concentrate, but ended up leaving early. By the time she got home, the pain had increased significantly. She called an ambulance and was rushed to emergency surgery to remove her appendix. While being put under anesthesia, the surgical team walked into the room.

(B) The head surgeon was none other than the man from the park. He smiled as she gradually drifted into a deep sleep. When she woke up, the nurse informed her that not only had the surgery been a great success, but that it had been done pro bono, courtesy of the elderly man she had judged so rashly.

(C) An elderly Indian man who happened to be passing by noticed the woman suffering. In broken English, he asked her, "Madame, help you can I? Very good at medicine." Assuming that he was an uneducated immigrant, she politely declined and slowly made her way back to the office.

① (B) – (A) – (C)　　② (B) – (C) – (A)
③ (C) – (A) – (B)　　④ (C) – (B) – (A)

정답·해석·해설 p.26

하프모의고사 05회
출제예상 핵심 어휘리스트
바로 다운받기 (gosi.Hackers.com)

QR코드를 이용해 핵심 어휘리스트를 다운받아, 언제 어디서든 공무원 출제예상 어휘를 암기하세요!

제한 시간 : 15분 **시작**   시   분 ~ **종료**   시   분 **점수 확인**   개/ 10개

01 밑줄 친 부분에 들어갈 말로 가장 적절한 것은?

The detectives began secretly observing the location yesterday, knowing that the criminal would _____ again at least once.

① turn up   ② carry on

③ fall apart   ④ pass away

02 밑줄 친 부분의 의미와 가장 가까운 것은?

When news broke that the national team finally won a gold medal, which had not happened in over 30 years, the jubilant citizens took to the streets to celebrate.

① delusional   ② overjoyed

③ apathetic   ④ callous

03 밑줄 친 부분에 들어갈 말로 가장 적절한 것은?

A: Welcome back! How was your trip to Spain?
B: I had the time of my life.
A: Tell me everything. _____.
B: OK. First of all, the hotel was amazing. Here's a photo.
A: Wow! It looks beautiful. I wouldn't have wanted to leave.

① You had your hands full

② I know it by heart

③ You played a big part

④ I'm all eyes and ears

04 밑줄 친 부분 중 어법상 옳지 않은 것은?

Economics shares a need ① to remain impartial, methodical, ② accuracy, and uniform in ③ its evaluation of fiscal activity with other social ④ disciplines.

05 우리말을 영어로 잘못 옮긴 것은?

① 그 목격자는 그날 밤에 일어난 모든 일을 설명할 준비가 되었다.
→ The witness is prepared to explain everything that happened that night.

② 그녀는 식당에서 식사를 하는 것보다 집에서 몸에 좋은 식사를 하는 것을 더 좋아한다.
→ She'd prefer to have a healthy meal at home than having one at a restaurant.

③ 당신과 같은 비전을 가진 사람들과 일하는 것은 즐겁다.
→ It's nice working with people who have the same vision as you do.

④ 그는 꽤나 배가 불렀음에도 불구하고 케이크 한 조각을 더 원했다.
→ He wanted another piece of cake even though he was quite full.

06 다음 글의 제목으로 가장 적절한 것은?

Air and noise pollution are regarded as serious problems for residents in Seoul, and a lot of effort has gone into curbing their detrimental effects. However, something equally problematic was neglected: malodor. The city is now struggling to find ways to get rid of bad smells, particularly in the summer. Drain pipes, factories, and food waste all contribute to the offensive scent, which is unpleasant for passersby and a common complaint among tourists. It also affects the quality of living for those unfortunate enough to reside close to restaurants or sewers. Being forced to constantly breathe in foul smells can lead to headaches, nausea, and other symptoms. While the installation of malodor reduction devices has helped somewhat, the health department is looking for a more comprehensive approach to fight the stink.

① Ways to Mitigate City Pollution

② Common Health Effects of Malodor

③ A Serious Odor Problem in Seoul

④ The Effects of Bad Smells on Tourism

07 밑줄 친 부분에 들어갈 말로 가장 적절한 것은?

In our daily lives, we make a number of financial decisions every month. However, when we run low on funds, we often focus on unnecessary purchases without scrutinizing our spending habits regarding necessities. No one questions the need to buy food, but meal expenditures can't be justified merely because the buyer is hungry. Factors such as relative cost, taste, healthiness, and how filling the food is need to be gauged across food choices. For example, someone with undiscerning tastes may be spending twice as much money at a restaurant when they could buy the same ingredients and prepare them at home. It is important to pay attention to these minor choices because _____.

① some food items can cause illnesses

② physical and financial health are related to each other

③ your decisions directly affect your financial state

④ saving for the future requires a long-term commitment

08 주어진 문장이 들어갈 위치로 가장 적절한 곳은?

Her subsequent analysis of army data showed that nearly 90 percent of all deaths were caused not by battle wounds but by diseases that could have been prevented with improved sanitation.

Florence Nightingale was the founder of modern nursing and is remembered for her contributions to revolutionizing health care. (①) Unlike other young women from wealthy families and much to the disappointment of her parents, she rejected a life of domesticity and decided that her purpose in life was to serve others. (②) Soon after she finished her schooling in Germany, she headed to Eastern Europe to help care for soldiers that were wounded fighting in the Crimean War. (③) Upon arriving at the hospital, however, Nightingale became convinced that the appallingly unsanitary conditions were responsible for the extremely high death rates. (④) Her findings led to the implementation of more hygienic hospital procedures and played a major role in dramatically decreasing the percentage of those dying.

09 밑줄 친 (A), (B)에 들어갈 말로 가장 적절한 것은?

Wise men have long recognized the shortcomings of their own knowledge. As a result, variations of the saying "I know that I know nothing" can be found in the writings of philosophers throughout history. _____(A)_____, the earliest quote of this type is known as the Socratic paradox because it is believed to have been spoken by Socrates. However old the quote is, it doesn't detract from the meaning of the saying, which signifies that the more we learn about something, the more we realize that our knowledge of it is scant. That must have been how astronomers felt when the existence of dark matter was first theorized. Many scientists challenged the theory, but by the 1980s, most were convinced that dark matter exists around galaxies and clusters. Currently, scientists believe that dark matter and dark energy make up about 95 percent of cosmic density. _____(B)_____, most still admit that they know little about dark matter or the universe as a whole, even with the greater knowledge they have today.

	(A)	(B)
①	Similarly	Therefore
②	Moreover	Otherwise
③	For example	Nevertheless
④	In contrast	However

10 다음 글의 내용과 일치하는 것은?

Ravaging Europe in the mid-14th century, the Black Death brought about unprecedented devastation. Peasants were particularly vulnerable due to their cramped and unhygienic living conditions and limited nutrition, but there was an unexpected silver lining for those who managed to survive. When the Black Death was over, there were far fewer laborers to work the land. This labor shortage meant that wealthy landowners' crops were going unharvested, resulting in lost revenues. In order to attract a workforce, landowners had no choice but to pay peasants more and provide better working conditions. If they refused or were unreasonable in their demands, many peasants sought employment elsewhere. In fact, although it was technically illegal for a laborer to leave before the completion of a contract, court records show that this occurred, especially when they were offered more money somewhere else.

① Peasants were less susceptible to the Black Death due to their living conditions.

② Landowners' crops generated substantial profits after the Black Death.

③ Laborers were at an economic disadvantage in the post-Black Death years.

④ Peasants abandoned their positions for a chance to earn more elsewhere after the Black Death.

정답·해석·해설 p. 32

하프모의고사 06회
출제예상 핵심 어휘리스트
바로 다운받기 (gosi.Hackers.com)

QR코드를 이용해 핵심 어휘리스트를 다운받아, 언제 어디서든 공무원 출제예상 어휘를 암기하세요!

📋 Self Check List

이번 테스트는 어땠나요?
다음 체크리스트로 자신의 테스트 진행 내용을 점검해 볼까요?

01 나는 15분 동안 완전히 테스트에 집중하였다.
　□ YES　　　　　□ NO

02 나는 주어진 15분 동안 10문제를 모두 풀었다.
　□ YES　　　　　□ NO

03 유난히 어렵게 느껴지는 지문이 있었다.
　□ YES　　　　　□ NO

04 유난히 어렵게 느껴지는 문제가 있었다.
　□ YES　　　　　□ NO

05 모르는 어휘가 있었다.
　□ YES　　　　　□ NO

06 개선해야 할 점과 이를 위한 구체적인 학습 계획

_____

_____

정답·해석·해설 _해설집 p.38

DAY 07

하프모의고사 07회

제한 시간 : 15분 **시작** 시 분 ~ **종료** 시 분 **점수 확인** 개/ 10개

01 밑줄 친 부분의 의미와 가장 가까운 것은?

Although her little brother claimed it was an accident, she was suspicious. She believed that he had broken her new computer on purpose.

① dubious
② spontaneous
③ deliberate
④ pretentious

02 밑줄 친 부분의 의미와 가장 가까운 것은?

The meteorologist speculated that mild summer temperatures portend a cold winter.

① lessen
② indicate
③ guarantee
④ prevent

03 두 사람의 대화 중 자연스럽지 않은 것은?

① A: Why don't you finish off the last of the mashed potatoes?

B: Are you sure you've had enough?

② A: Hey, where are you off to in such a rush?

B: Have you seen my car keys anywhere? I'm late for a meeting.

③ A: I'm looking for pasta sauce, but it looks like you're all sold out.

B: If you'll give me a minute, I'll see if we have more in the back.

④ A: Why did you decide to quit your job?

B: I've never had a problem with my boss and coworkers.

04 어법상 옳은 것은?

① He has been recognized the world over as one of most influential actors of all time.

② The president's position on the matter can infer from his unwillingness to comment on it.

③ To speed up production, the supervisor proposed that the company hire additional workers.

④ The guards who stood on watch from midnight till dawn claimed not to have seen nothing.

05 우리말을 영어로 잘못 옮긴 것은?

① 지방 정부는 그것이 정당한 불만 사항이 있는 주민들을 대하는 방식에 대해 책임이 있다.
→ The local government is accountable for how it treats constituents with legitimate complaints.

② 착용할 수 있는 기기들의 증가에도 불구하고, 많은 사람들은 그것들이 스마트폰보다 용도가 다양하지 않다고 생각한다.
→ Despite the increase in wearable devices, many consider them less versatile than smartphones.

③ 내가 운동을 할 수 있는 유일한 시간은 일과가 완료되고 난 늦은 저녁이다.
→ The only time I have for exercise is late in the evening after the chores are done.

④ Steven이 얼마나 활동적인지를 알고 있기 때문에, 나는 그가 사무직보다 차라리 현장에서 일하는 것이 더 나을 것이라고 확신한다.
→ Knowing how restless Steven is, I'm sure he could work in the field than at a desk.

06 밑줄 친 부분에 들어갈 말로 가장 적절한 것은?

Native to New Zealand, the kakapo is the only nocturnal, flightless parrot species known to exist. Though kakapos lack the ability to fly, they do possess strong legs for walking and climbing. They are extremely friendly, behaving more like dogs than birds. In fact, wild specimens are known to climb up onto people and even groom them. When defending themselves against potential predators, kakapos rely largely on camouflage; they become motionless in order to blend into their surroundings. Unfortunately, this strategy was useful only when the enemy was the keen-sighted eagle. It ceased to be effective once the Maori settlers arrived and cleared away large areas of the birds' habitat. They also introduced mammalian predators such as rats, weasels, and cats, which easily detect these birds as they give off a sweet-smelling odor. Thus, it is no surprise that today,

_____.

① the kakapo is classified as critically endangered in New Zealand

② kakapos are one of the longest-living bird species known to man

③ the country's plan to protect kakapos has been successful

④ the birds are able to repel other animals with their odor

07 다음 글의 제목으로 가장 적절한 것은?

Several years ago in summer, roughly 1,400 citizens succumbed to a severe heat wave in Karachi, Pakistan. The surprisingly high number of fatalities could have been much lower were it not for an unlucky combination of factors that aggravated the situation. For instance, environmental experts had cautioned officials about the possibility of extreme temperatures when similar weather hit India a month prior. The warning unfortunately went unheeded until it was too late. The city itself further provided an ideal environment for temperatures to increase exponentially. Karachi is made up of narrow streets that trap heat in its confined spaces. There is also little natural shade available around town because of deforestation. Perhaps worst of all, the first day of the heat coincided with a religious tradition involving fasting. Many who were already weak due to hunger fell ill much more quickly from dehydration and heat stroke.

① Fatal Heat Waves on the Rise in South Asia

② When Culture and Extreme Weather Collide

③ Measures that Failed to Stop Deaths in Karachi

④ Karachi's Deadly Heat Wave: Compounded Problems

08 주어진 문장이 들어갈 위치로 가장 적절한 곳은?

Although she did not possess a protective suit, like those used by physicians, she did have rubber boots, gloves, and a mask.

When her entire family contracted Ebola, Fatu Kekula was determined to save them herself rather than risk their deaths at the hands of others. (①) The 22-year-old Liberian woman made this decision, believing that the little bit of nurse training she had received would make a difference. (②) She managed to nurse her parents and sister back to health without becoming infected using these minimal defensive measures. (③) This is a remarkable feat given that the mortality rate at hospitals is 70 percent and nearly no family affected by the virus has remained entirely intact. (④) Her actions have helped prove that Ebola doesn't have to be a death sentence, while giving hope to others with afflicted loved ones.

09 밑줄 친 부분에 들어갈 말로 가장 적절한 것은?

Certified financial planners often bemoan the unrealistic expectations of people who come to them for advice on saving money. Everyone seems to be looking for a way to save quickly. Invariably, they are told the same thing—unless they win the lottery, they won't make thousands of dollars overnight. One reason people have trouble saving is that _____. Thus, instead of controlling their spending and putting aside a couple of hundred bucks every month, they splurge on fancy meals and clothes. What they don't realize is that the 200 dollars they spent on a new jacket can become 2,400 dollars in one year. It may not seem like much, but if they keep it up for 30 years, they will have saved a total of 72,000 dollars, plus interest. Essentially, accumulating wealth takes patience and a whole lot of restraint.

① there are many emergencies and unexpected expenses in life

② those who have occupations earn very little income to begin with

③ they prefer instant gratification over the larger benefit in the long term

④ their debts for necessities of life often take years to pay off

10 다음 글의 내용과 일치하지 않는 것은?

Knowing how and when to use all those knives and forks in a place setting can be confusing for first-time fine diners. As a general rule, work from the outside in; the utensil furthest away from the plate should be paired with the initial dish. Leave cutlery on your plate between mouthfuls, and refrain from placing any part of it on the table. Use both hands to cut food each time you prepare to take a bite. Cutting everything at the beginning of the meal and then only using your fork is passable in America, but only do this in Europe if you want to commit a social blunder. Should any silverware happen to fall to the floor, forgo retrieving it. Attentive servers will take care of it discreetly and bring you a new one.

① The meal's first course is to be consumed with the outer cutlery.

② Putting the utensils on the table while eating should not be done.

③ Europe considers it socially unacceptable to cut all the food at once.

④ Silverware should be discreetly picked up if it is accidentally dropped.

정답·해석·해설 p. 38

하프모의고사 07회
출제예상 핵심 어휘리스트
바로 다운받기 (gosi.Hackers.com)

QR코드를 이용해 핵심 어휘리스트를 다운받아, 언제 어디서든 공무원 출제예상 어휘를 암기하세요!

Self Check List

이번 테스트는 어땠나요?
다음 체크리스트로 자신의 테스트 진행 내용을 점검해 볼까요?

01 나는 15분 동안 완전히 테스트에 집중하였다.
  □ YES   □ NO

02 나는 주어진 15분 동안 10문제를 모두 풀었다.
  □ YES   □ NO

03 유난히 어렵게 느껴지는 지문이 있었다.
  □ YES   □ NO

04 유난히 어렵게 느껴지는 문제가 있었다.
  □ YES   □ NO

05 모르는 어휘가 있었다.
  □ YES   □ NO

06 개선해야 할 점과 이를 위한 구체적인 학습 계획

_____

_____

01 밑줄 친 부분에 들어갈 말로 가장 적절한 것은?

A _____ tumor is made up of cancerous cells that grow out of control and spread to other areas of the body, causing the prognosis to become progressively worse.

① benign   ② latent

③ malignant   ④ mediocre

02 밑줄 친 부분에 들어갈 말로 가장 적절한 것은?

With so many people complaining that congestion on the streets never _____, city officials have decided to reduce traffic flow by diverting trucks to less traveled roads.

① lets up   ② turns around

③ takes over   ④ breaks down

03 우리말을 영어로 잘못 옮긴 것은?

① 내가 한 달도 더 전에 주문한 전등은 지금쯤 도착했어야 했다.
   → The lamp I ordered more than a month ago should have arrived by now.

② 운영 비용은 회사 예산의 큰 비중을 차지한다.
   → Operating costs account as a large percentage of the company's budget.

③ 당신이 직장에서 하는 모든 일이 다른 사람들에게 인정받는 것은 아니다.
   → Not everything you do at the workplace will be appreciated by others.

④ 궁극적으로 사업을 계속 번창하게 해 주는 것은 창조력이 아니라 노력이다.
   → It is not creativity but effort that ultimately keeps a business thriving.

04 어법상 옳은 것은?

① He went to the library to find information that are relevant to his research paper.

② As soon as the plane will depart, phones must be turned off.

③ They brought the man laying down on the stretcher into the hospital.

④ The woman asked that her neighbors not leave their garbage out.

05 밑줄 친 부분에 들어갈 말로 가장 적절한 것은?

A: This is Marina Resort. How can I help you?
B: I'd like to make a reservation for July 5 through 8.
A: Of course. How many are in your party, sir?
B: Just myself. The name is Eric Tanner.
A: We have a deluxe suite with a queen-size bed for 210 dollars a night.
B: _____?
A: I'm afraid not. All the standard rooms have been booked. The deluxe is the lowest rate available right now.
B: All right. I'll take it.

① Have you got anything more modest

② Is the breakfast complimentary

③ Don't you have a king-size bed instead

④ Can I get a room with a view

06 다음 글의 내용을 한 문장으로 요약하고자 한다. 빈칸 (A), (B)에 들어갈 말로 가장 적절한 것은?

In what is known as the QS World University Rankings, an education and career advice company called Quacquarelli Symonds scores and ranks over 600 of the globe's top institutions for higher education. The results are published annually and are based on several factors, the principal one being reputation, followed closely by staff-to-student ratio and how research intensive an institution is. These components make up 80 percent of a school's total score. The rating system forces schools to compare themselves with others, driving them to compete to become a leading establishment. It's also a convenient assessment tool for students who lack the time to comb through mountains of data when selecting a school. But in reality, the list is far removed from what directly affects students. The ratings do not take into consideration the quality of teaching, graduation percentages, and tuition costs, which are more helpful standards when making a choice.

According to the passage, the college ranking system is less _____(A)_____ than it seems, because it is based on _____(B)_____ criteria.

	(A)	(B)
①	beneficial	incomprehensive
②	detrimental	inaccurate
③	detrimental	incomprehensive
④	beneficial	inaccurate

07 다음 글의 내용과 일치하지 않는 것은?

Barnstorming was a type of entertainment that found its popularity in the US during the 1920s. It involved stunt pilots performing tricks, both individually and in groups. Even air force officers and a few brave women joined the craze and began executing death-defying aerial maneuvers, such as wing walking or midair plane transfers, for thrilled audiences all over the nation. As barnstorming was largely based on one-upmanship, aviators would keep coming up with and executing ever more daring feats in order to outdo their competition. Subsequently, their performances became more and more dangerous. After more accidents became publicized, the government decided it was time to step in and implement stricter safety regulations for the flying entertainers. In the interest of the safety of everyone involved in the air shows, the new policies severely limited what barnstormers could do. The exhibitions became safer but less exciting. The tamer aerial shows quickly fell out of favor with crowds and all but disappeared by the 1940s.

① Some military personnel became barnstormers when barnstorming was in fashion.

② One barnstorming trick involved switching to a different aircraft while in the air.

③ Changes to aviation technology made barnstorming stunts more difficult to pull off.

④ Barnstorming became unpopular with audiences because it was no longer as thrilling.

08 주어진 문장이 들어갈 위치로 가장 적절한 곳은?

A rise in global sea levels of 1 meter comes after that thawing.

Scientists once believed that the 3.2-kilometer-thick glacier system in the Antarctic would remain stable for thousands of years. After 40 years of ongoing study, it's clear this is no longer the case. (①) Six of the largest glaciers in the system have now reached the point of no return and will melt within the next two decades. (②) Although it may seem like a trivial escalation, the consequences spell out nothing good for humans and animals alike. (③) Coastal ecosystems and habitats would be washed away, killing thousands of species and displacing even more people. (④) Erosion, flooding, and salinization of soil can also be expected in the aftermath.

09 다음 글의 제목으로 가장 적절한 것은?

Siddhartha Mukherjee, a physician and oncologist, published his nonfiction book *The Emperor of All Maladies* in 2010, earning him the Pulitzer Prize the following year. The book opens with Mukherjee recounting the first-ever diagnosis of cancer nearly five thousand years ago in Egypt. He goes on to trace mentions of this disease over time, across various civilizations, as they sought to understand and experiment with different cures. The book is not only scientifically accurate but also accessible, allowing readers with no medical knowledge to comprehend a disease that affects 40 percent of the population. While it extensively covers past unsuccessful attempts to combat cancer and acknowledges its current status as one of the world's deadliest diseases, it also looks forward, exploring potential treatments to end this affliction.

① Ancient Cancer Treatments
② History and Future of Cancer
③ Diseases from the Past
④ New Cancer Experiments

10 밑줄 친 부분에 들어갈 말로 가장 적절한 것은?

Despite years of studying, speakers of foreign languages sometimes find they still lack the degree of fluency that is needed to get their ideas across perfectly. That may be because communicating in another language convincingly requires much more than simply reciting the correct words. Experts say that it also involves emulating the specific mannerisms of native speakers. For example, Italians are often perceived as lively people who use a lot of hand gestures, whereas the Japanese are seen as relatively more reserved. Those who are fluent in multiple tongues tend to be masters at adopting and switching between their different cultural personas. Therefore, one of the quickest ways to improve in a language is to become immersed in an environment where it is regularly spoken. This allows learners to observe native speakers carefully and _____.

① try to imitate their demeanor

② form long-lasting relationships

③ access new career opportunities

④ learn at their own pace

정답·해석·해설 p. 44

하프모의고사 08회
출제예상 핵심 어휘리스트
바로 다운받기 (gosi.Hackers.com)

QR코드를 이용해 핵심 어휘리스트를 다운받아, 언제 어디서든 공무원 출제예상 어휘를 암기하세요!

Self Check List

이번 테스트는 어땠나요?
다음 체크리스트로 자신의 테스트 진행 내용을 점검해 볼까요?

01 나는 15분 동안 완전히 테스트에 집중하였다.
□YES   □NO

02 나는 주어진 15분 동안 10문제를 모두 풀었다.
□YES   □NO

03 유난히 어렵게 느껴지는 지문이 있었다.
□YES   □NO

04 유난히 어렵게 느껴지는 문제가 있었다.
□YES   □NO

05 모르는 어휘가 있었다.
□YES   □NO

06 개선해야 할 점과 이를 위한 구체적인 학습 계획

_____

_____

01 밑줄 친 부분의 의미와 가장 가까운 것은?

> The amount of money the company spent on preparing for a blizzard that never came was criticized as <u>extravagant</u>.

① impeccable ② stingy

③ lavish ④ impressive

02 밑줄 친 부분에 들어갈 말로 가장 적절한 것은?

> Having lost their enthusiasm hours ago, the audience's reception was _____ when the final speaker took to the stage.

① tenacious ② foolhardy

③ indifferent ④ earnest

03 우리말을 영어로 잘못 옮긴 것은?

① 한 설문 조사는 대부분의 쇼핑객이 로고와 그 회사가 생산하는 상품을 연관지어 생각한다는 것을 보여 준다.
 → A survey shows that most shoppers associate the logo and the products the company manufactures.

② 우리는 회계상의 오류를 찾아내기 위해 사업 기록을 검토하는 데 몇 시간을 썼다.
 → We spent hours going over the business records to locate an accounting error.

③ 당신의 모든 파일을 보호하기 위해서 비밀번호를 사용하는 것이 매우 중요하다.
 → It is critical for you to use passwords to protect all of your files.

④ 그 자선 단체는 최근 자연재해로 집이 파괴된 가정에 원조를 제공한다.
 → The charity offers aid to families whose homes were destroyed in the recent natural disaster.

04 밑줄 친 부분 중 어법상 옳지 않은 것은?

> Replacing meals with homemade juice drinks ① <u>has</u> become a new trend for people trying to lose weight. ② <u>More people</u> are using their blenders to mix up drinks that consist ③ <u>for</u> fruit, yogurt, and leafy vegetables. Apparently, it's an easier way to consume all the necessary vitamins for a healthy diet without ④ <u>having</u> to cook a whole meal.

05 밑줄 친 부분에 들어갈 말로 가장 적절한 것은?

> A: Do you want to join me for lunch today?
> B: I don't know. I may have to work through lunch and dinner. I'm too busy.
> A: Is it really that bad?
> B: Well, I took a couple days off, so now I'm really behind my work.
> A: Oh, in that case, never mind. I'll pick up something for you. _____.

① Better safe than sorry

② You have a lot on your plate

③ That's a disaster waiting to happen

④ It'd be better to find a happy medium

06 밑줄 친 부분에 들어갈 말로 가장 적절한 것은?

At the time of its release, the selfie sticks came under fire from local regulatory officials in Korea. A nifty device that enables users to take pictures of themselves beyond an arm's length, a selfie stick operates via remote control in order to communicate with a camera or phone. The requirement of a radio signal raised concerns among authorities about whether or not these gadgets are technically telecommunication devices that may _____ other signals operating in the vicinity. In particular, authorities were worried about selfie sticks that were equipped with Bluetooth technology. Bluetooth capability allows users to automatically capture photos, but it also has the potential to interfere with other telecommunication, industrial, and even medical devices that rely on the same radio frequencies.

① interpret   ② produce

③ compromise   ④ ignore

07 다음 글의 내용과 일치하는 것은?

Zoologists have noted that in addition to having different degrees of vision, animals' eyes are different shapes depending on whether they typically serve the role of the hunter or the hunted. Analyzing over 200 various mammals, scientists found that prey species tend to have pupils running parallel to the ground, rather than perpendicular in the manner of most predators' pupils. Researchers wanted to know why, so computer simulations were run to discover in what way the flat iris may be helping these animals. It turns out that this particular orientation allows more light to enter from the sides of the eyes and less from the top and bottom. The horizontal pupils essentially give grazing animals a panoramic view, enabling them to see further around them to spot potential threats.

※ pupil: 눈동자, 동공
※ iris: 홍채

① Animals that hunt for food have a higher degree of vision than those that don't.

② Prey species are inclined to possess irises that are shaped vertically.

③ Hunted mammal species have eyes that let in excess light from the sides.

④ Predators avoid targeting grazing animals because of those species' good eyesight.

08 주어진 문장이 들어갈 위치로 가장 적절한 곳은?

This results in the bizarre situation of a child having three biological parents instead of two.

In humans, most DNA is located in the nucleus of the cell, but some of it can also be found in the cell structures known as mitochondria. Unfortunately, women who have mutations in their mitochondrial DNA have a high chance of giving birth to children with life-threatening illnesses. This is where a controversial new procedure called mitochondrial manipulation could help. (①) By transferring only the nuclear DNA of the mother into a donor female's healthy egg cell, the future child would get most of its DNA from its parents, but the mitochondrial DNA from a donor. (②) Critics think that if science can produce children from three individuals, then it will only be a matter of time before people start demanding more. (③) Some fear that this is only a short step away from manufacturing or cloning humans. (④) Though mitochondrial manipulation itself may help to prevent a child from being born with a lifelong and possibly fatal illness, the moral fallout from such biological modifications make many uncomfortable.

09 다음 글의 요지로 가장 적절한 것은?

In classrooms across the country, computers are increasingly taking on the work of teachers. This recent shift in the pedagogical format will affect students long after they have finished their schooling. Studies show that digitally aided learning can alter both interpersonal communication skills and even how one perceives the physical world. Although educational software may impart more information at a faster rate than human instructors, it still lacks the emotional nuances and sensitivity to individual learning styles that people can provide. Effective classrooms rely on factors that are harder to quantify than the number of glowing screens. These include peer-to-peer evaluation and collaboration, as well as the availability of external resources to contextualize the material.

① Teachers are forced to do more work to provide lessons using computers.

② Online learning is quickly replacing the need for classroom teachers.

③ Information delivered through online learning takes longer to understand.

④ Digital education cannot fulfill some crucial elements that in-person teaching provides.

10 다음 글의 주제로 가장 적절한 것은?

From birth, positive attention nurtures trust and security between children and their caregivers. Studies spanning decades have shown that parents who engage in positive interactions with their offspring—through smiling, playing, gentle physical touch, and kind words—tend to raise children who are less prone to negative behaviors as they age. Conversely, research on children who lacked interaction and affection from a guardian during their formative years illustrates the adverse effects on cognitive and social development. Nonetheless, the modern approach of "good enough" parenting has gained popularity in recent years. This method seeks to find equilibrium by providing children with the necessary attention while giving them the space to develop their independence. Not only does this parenting style help cultivate their patience, as they learn that their parents won't always be available, but it also teaches them the coping skills they will need to flourish on their own later when they're older.

① balancing attention and autonomy for child development

② changing parenting styles to emphasize playful interaction

③ learning appropriate behaviors in group settings

④ understanding factors affecting cognitive growth

정답 · 해석 · 해설 p. 50

하프모의고사 09회
출제예상 핵심 어휘리스트
바로 다운받기 (gosi.Hackers.com)

QR코드를 이용해 핵심 어휘리스트를 다운받아, 언제 어디서든 공무원 출제예상 어휘를 암기하세요!

Self Check List

이번 테스트는 어땠나요?
다음 체크리스트로 자신의 테스트 진행 내용을 점검해 볼까요?

01 나는 15분 동안 완전히 테스트에 집중하였다.
☐ YES   ☐ NO

02 나는 주어진 15분 동안 10문제를 모두 풀었다.
☐ YES   ☐ NO

03 유난히 어렵게 느껴지는 지문이 있었다.
☐ YES   ☐ NO

04 유난히 어렵게 느껴지는 문제가 있었다.
☐ YES   ☐ NO

05 모르는 어휘가 있었다.
☐ YES   ☐ NO

06 개선해야 할 점과 이를 위한 구체적인 학습 계획

_____

_____

DAY 10 하프모의고사 10회

제한 시간 : 15분 **시작**　시　분 ~ **종료**　시　분 **점수 확인**　개/ 10개

01 밑줄 친 부분의 의미와 가장 가까운 것은?

A person's speech can become more effective and convincing when deferential terminologies are used.

① courteous
② insightful
③ antiquated
④ ludicrous

02 어법상 옳지 않은 것은?

① If she had worn her glasses, she would have enjoyed the film more.

② Seldom he does receive his phone calls after he gets home from work.

③ Many a room in the business hotel is currently unoccupied.

④ Taking advantage of discounts and using coupons are two smart ways to shop.

03 두 사람의 대화 중 자연스럽지 않은 것은?

① A: Have you decided what you'd like to order?

　B: I'm in the mood for something spicy tonight.

② A: I'm struggling with geometry. Any tips on understanding it better?

　B: Try visualizing geometric shapes. Drawing them can make it easier to grasp.

③ A: Did you hear the news about Mark? He got laid off from his company.

　B: That's terrible. We should reach out to him and see if there's anything we can do.

④ A: Hi, how's it going? Did you hit the ground running this morning?

　B: It's hard to stay grounded these days.

04 밑줄 친 부분에 들어갈 말로 가장 적절한 것은?

Though it meant that he would have to move, the chance to work with the renowned photographer was an offer he could not _____.

① pass up
② bring up
③ wrap up
④ back up

05 우리말을 영어로 가장 잘 옮긴 것은?

① 참가자들은 경기가 끝날 때 설문지를 작성해 줄 것을 부탁받았다.

　→ The participants were asked fill out a survey at the end of the competition.

② 우리가 처해 있는 상황은 우리를 상당히 긴장하게 만들었다.

　→ The situation in which we found ourselves made us more than a little nervous.

③ 그녀는 유기농 과일과 채소를 구입할 것을 추천한다.

　→ She recommends to purchase organic fruits and vegetables.

④ 우리는 그 작가가 그녀가 쓴 요리책의 최신판에 서명하는 것을 보았다.

　→ We saw the author signed copies of the latest edition of her cookbook.

06 다음 글의 제목으로 가장 적절한 것은?

The word "deadline" which refers to the latest possible time or date for finishing something, has not always meant what it does today. Originally coined during the American Civil War, the term "dead line" literally meant a physical line or makeshift fence around a prisoner-of-war camp. Anyone attempting to cross this "line" was shot. After the war, the word began to denote any line that should not be crossed, socially or otherwise. It especially gained popularity in the printing and newspaper business. The "dead line" in this context referred to the borders within which the text had to fit in order for it to appear on the page. Any text beyond the dead line would not print properly. By the 1920s, the word's increasing connection to the newspaper industry, of which time was a daily concern, gave the word its current definition.

① "Deadline" as a Term Used in War

② Deadlines in the Newspaper Industry

③ The Consequences of Crossing a Deadline

④ The Use of "Deadline" in Different Settings

07 다음 글의 내용과 일치하는 것은?

Price discrimination refers to the practice of modifying the price of a commodity or service contingent on the financial ability of the buyer. Its main goal is to increase overall profits by making it possible for different market segments to buy an item at a price they can afford. In order for a company to use this technique successfully, it must have price-setting power. If the market is very competitive and many firms are offering a similar item, price discrimination is impossible. It is also necessary for a company to be aware of their consumers' spending power so that they can strategically divide the entire market into groups based on income. A movie theater is an example of a place where price discrimination is routinely practiced. Children and senior citizens usually have less money than do other segments of the market, so they are charged a reduced admission rate. Although this cuts the profit for that market segment, it increases both the number of viewers and the theater's total profit.

① Businesses tend to discriminate against low-income consumers.

② A market is more diverse than companies are aware of.

③ Offering a variety of prices helps the buyer and the seller.

④ Companies that sell at lower prices are changing the market.

08 밑줄 친 (A), (B)에 들어갈 말로 가장 적절한 것은?

Tom Thomson, like countless painters, was inspired by the natural world. His paintings had a characteristic style, especially in regard to their vivid colors and vigorous brushstrokes, and became iconic in the Canadian art world. Working at roughly the same time as Thomson was a collection of artists who came to be known as the Group of Seven. Incidentally, Thomson's style and choice of subjects were similar to those in the group. ____(A)____, he is often spoken of as belonging to the Group of Seven even though he passed away prior to its formation. Like Tom Thomson, the Group of Seven believed that a unique Canadian artistic style could be created through direct experience with nature, and they worked hard toward that goal. ____(B)____, their works highlighted the robust beauty of the nation's outdoor spaces. Moreover, their technique created a vibrancy that was utterly distinctive.

	(A)	(B)
①	However	Meanwhile
②	Accordingly	As a result
③	Therefore	In contrast
④	For instance	Thus

09 주어진 글 다음에 이어질 글의 순서로 가장 적절한 것은?

The invention of the light bulb is considered as life-changing for mankind as the discovery of fire. However, its innovation had a long history and rivalry that spanned about 150 years.

(A) It was no more than two wires connected to a battery. The light was powerful, but the battery did not last long. In the latter part of the 19th century, a more practical lamp that extended battery life was created, but people considered it too bright for indoor use.

(B) Before electric lighting arrived in the 19th century, people used candles and oil lamps that were no brighter than moonlight. Then in 1809, Sir Humphrey Davy introduced the first electric light.

(C) To address this new problem, Thomas Edison and other inventors turned their attention to incandescent light, which used a metal filament inside a bulb that produced a radiant glow for domiciliary usage. Over time, the inventors made small improvements to the bulb, but eventually, Edison received credit for producing a commercially viable light bulb.

① (A) – (B) – (C)
② (B) – (A) – (C)
③ (B) – (C) – (A)
④ (C) – (A) – (B)

10 다음 글의 내용과 일치하지 않는 것은?

The practice of city zoning seeks not only to achieve an aesthetically pleasing arrangement of structures but also to meet standards of safety in case of natural disasters—especially flooding. Zoning advocates claim that leaving a certain percentage of the city area as undeveloped grassland will allow for rain runoff to be sufficiently absorbed. However, zoning efforts have been found to make little difference when it comes to severe flooding. Cities that cover wide spreads of flat land will have trouble draining water regardless, and no amount of tactical zoning can prevent flooding during unusually high amounts of rainfall.

① City zoning prioritizes aesthetics as well as safety considerations.

② Land that is undeveloped can be beneficial with regard to natural disasters.

③ Zoning efforts are considered to be effective at preventing mass flooding.

④ Flooding is especially likely and unpreventable in cities with flat topography.

정답·해석·해설 p. 56

하프모의고사 10회
출제예상 핵심 어휘리스트
바로 다운받기 (gosi.Hackers.com)

QR코드를 이용해 핵심 어휘리스트를 다운받아, 언제 어디서든 공무원 출제예상 어휘를 암기하세요!

Self Check List

이번 테스트는 어땠나요?
다음 체크리스트로 자신의 테스트 진행 내용을 점검해 볼까요?

01 나는 15분 동안 완전히 테스트에 집중하였다.
　□ YES　　　　　□ NO

02 나는 주어진 15분 동안 10문제를 모두 풀었다.
　□ YES　　　　　□ NO

03 유난히 어렵게 느껴지는 지문이 있었다.
　□ YES　　　　　□ NO

04 유난히 어렵게 느껴지는 문제가 있었다.
　□ YES　　　　　□ NO

05 모르는 어휘가 있었다.
　□ YES　　　　　□ NO

06 개선해야 할 점과 이를 위한 구체적인 학습 계획

01 밑줄 친 부분에 들어갈 말로 가장 적절한 것은?

The janitorial staff always applies _____ care to the upkeep and cleanliness of the national museum of art, ensuring that its pristine condition delights visitors.

① feeble

② indolent

③ turbulent

④ meticulous

02 밑줄 친 부분의 의미와 가장 가까운 것은?

The successive release of several best-selling novels helped to bolster the reputation of the fledgling publisher, attracting the press and the attention of a number of talented new writers.

① recover

② imperil

③ strengthen

④ deconstruct

03 어법상 옳지 않은 것은?

① Residents of the building didn't know why the power had been turned off.

② The caps on medicine bottles are designed to prevent children from opening them.

③ Many visitors have complained that the restaurant's dishes are not enough filling.

④ We may as well take a seat, since we have to wait a while.

04 어법상 옳지 않은 것은?

① The teacher said that Joaquin is unquestionably the brightest student in the class.

② She visited Italy during the summer, which she had taken a week off of work.

③ Having been proofread several times, the manuscript probably contains zero errors.

④ The delivery boy must have dropped the box of groceries as a number of eggs are broken.

05 밑줄 친 부분에 들어갈 말로 가장 적절한 것은?

A: Did you know that you talk in your sleep?

B: No, I didn't. Are you sure?

A: Yes. It sounded like you were speaking in complete sentences.

B: Oh, yeah? What was I saying?

A: _____. You were mumbling too quietly for me to make out words.

B: Well, that's embarrassing! I hope I wasn't giving away any secrets in my sleep.

① You were dreaming

② I'll tell you all about it

③ I couldn't tell you exactly

④ At least you weren't snoring

06 다음 글의 제목으로 가장 적절한 것은?

Most people know that they should wear sunscreen to prevent damage to their skin, but there's another threat besides the sun that gets much less attention: air pollution. Studies have found that repeated exposure to airborne contaminants such as smog, particulate matter (PM), ozone, and volatile chemicals can lead to premature aging, acne, dermatitis, and cancer. Moreover, the burning of materials like certain types of wood releases allergens into the air that can trigger rashes. To minimize the effects of pollution on skin, exposed areas should be thoroughly washed twice daily and exfoliated every few days. Moisturizers also help by creating a sticky barrier between harmful nanoparticles and the skin.

① Activities that Contribute to Air Pollution

② The Main Risk Factors for Skin Cancer

③ The Necessity of Using Sunscreen

④ Harmful Effects of Air Pollution on Skin

07 다음 글의 흐름상 어색한 문장은?

All birds have feathers, which, depending on their type, give their bearers the ability to perform various functions. ① Stiff wing feathers enable them to fly, while soft down and semi-plume feathers keep them warm when temperatures drop. The pliant tail feathers are useful in distracting and even getting rid of predators. ② For example, dark-eyed juncos have bright tail feathers that they display while being pursued and then conceal just as they are changing direction. Other species have bristle feathers on their beaks that help protect their eyes when they are eating squirming insect prey. ③ Adult birds usually replace their feathers over several months, ensuring that feather loss is staggered. ④ In addition, facial feathers in some birds are arranged in such a way so as to allow sounds to be channeled into the ears, helping them to accurately locate prey.

08 주어진 문장이 들어갈 위치로 가장 적절한 곳은?

In the following scene, however, Harold betrays his promise and receives the crown himself.

The Bayeux Tapestry is an extraordinary work of art depicting the Norman conquest of England in 1066. The tapestry begins with Harold, the future King of England, traveling to Normandy to meet William, the Duke of Normandy. (①) Harold arrives at the wrong place and is captured and released to William. (②) For unknown reasons, the two are then shown coming together to defeat the Duke of Brittany. (③) Afterward, Harold tells William that he will support William's attempt to win the throne of England. (④) Thus, the two become enemies and William begins plans to attack England.

09 다음 글의 내용과 일치하지 않는 것은?

"Rent-seeking" is a term used in economics to refer to any use of land or natural resources that enriches the pockets of a few without creating new wealth or boosting the economy. An example of rent-seeking behavior is the feudal lord who decides to lower a chain across a river. He extracts tolls from passing boats for their use of an otherwise free resource. The money he collects benefits only himself and does not contribute to goods and services. Other instances of rent-seeking include situations where companies, organizations, or individuals lobby the government in order to gain access to critical infrastructure such as public utilities. Rent-seeking does not stimulate the broader economy or create jobs; it only aims to improve the financial position of those who engage in it.

① Rent seekers control natural resources without contributing to the economy.

② The hypothetical feudal lord who collects tolls does so only for personal gain.

③ Rent-seeking can include petitioning the government to use common services.

④ Organizations will typically hire more workers following a period of rent-seeking.

10 밑줄 친 부분에 들어갈 말로 가장 적절한 것은?

The Crimean War of 1853 was the first widespread conflict to be thoroughly documented by the British media. Telegraphs and railways, used for communication and transportation purposes between far-flung armies, were also exploited by the press to cover the war. Additionally, advances in photography brought the grisly nature of battle closer to the public eye. Because of the intense coverage, readers from all over the world were _____ than ever before. Some stories exposed the lack of sanitation for troops serving the British army, which intensified public compassion and respect for the self-sacrificing soldiers and even resulted in revolutionary healthcare improvements that are still in place today.

① reluctant to continue supporting the war effort

② dismayed about the increase in international conflicts

③ better informed about the soldiers on the battlefields

④ unwilling to see the photographs that were taken

정답·해석·해설 p. 62

하프모의고사 11회
출제예상 핵심 어휘리스트
바로 다운받기 (gosi.Hackers.com)

QR코드를 이용해 핵심 어휘리스트를 다운받아, 언제 어디서든 공무원 출제예상 어휘를 암기하세요!

DAY 12 하프모의고사 12회

정답·해석·해설 _해설집 p.68

제한 시간 : 15분 | **시작** 시 분 ~ **종료** 시 분 | **점수 확인** 개/ 10개

01 밑줄 친 부분에 들어갈 말로 가장 적절한 것은?

After skimming over my transaction history, the financial advisor recommended that I _____ my monthly expenses by 15 percent.

① queue up for ② blend in with

③ cut down on ④ stand up to

02 밑줄 친 부분에 들어갈 말로 가장 적절한 것은?

A: Hi. I'd like to buy a melon, preferably one that's unripe.
B: OK, these have a few days to go, while those are ready to be eaten.
A: How can you tell if a melon is ripe? Honestly, _____ if you ask me.
B: It's really easy. Just give it the sniff, shake, and squeeze test.
A: What's that test? Could you explain it, please?
B: It should smell good, the seeds inside should move when you shake it, and it should be a little soft.

① you should sell them

② they all look the same

③ you need to buy one

④ they are a little pricey

03 우리말을 영어로 잘못 옮긴 것은?

① 그가 그 어린 소년을 구하자, 모두 그를 영웅이라 불렀다.
→ After he saved the little boy, everyone called the man was a hero.

② 모든 중요한 것은 잊어버리지 않도록 적어 두어야 한다.
→ Everything important should be written down so that you don't forget.

③ 그 유치원 교사는 아이들의 요구에 대해 이해심이 많다.
→ The kindergarten teacher is considerate of the children's needs.

④ 오랜 친구가 나를 향해 걸어오는 것을 보았을 때 나는 신이 났다.
→ I got excited when I saw an old friend walking toward me.

04 밑줄 친 부분 중 어법상 옳지 않은 것은?

The debate over whether raising the minimum wage for workers ① is good for a society continues. The side in favor of the increase argues ② who employees need to make enough money to support their families. ③ Those against the idea think that an increase will hurt the economy as a whole, since businesses will be forced to raise prices to offset the loss in employee pay. Whatever the reality may be, businesses ④ are encouraged to look into financially viable ways to subsist in the case that a minimum wage increase is passed.

05 밑줄 친 부분의 의미와 가장 가까운 것은?

Images of Mars's surface collected by automated robots make it look like a stark wasteland, but some scientists still believe that it is a suitable environment for microbes.

① thriving
② expansive
③ cordial
④ barren

06 다음 글의 흐름상 어색한 문장은?

Planned obsolescence is an inherently wasteful strategy that prioritizes short-term profits over environmental sustainability and consumer value. ① By designing products—especially technological gadgets—to stop working after a certain amount of time, break easily, or effectively become obsolete when a new version is released, manufacturers can ensure continued sales and economic growth. ② This approach also spurs innovation as companies are driven to constantly improve and update their products. ③ Early adopters purchase the most innovative new products despite the fact that they may have unrecognized flaws and high costs. ④ However, this business model exacerbates the global e-waste problem and promotes a culture of disposability. Consumers find themselves unable to avoid these problems as they increasingly need the latest model of their favorite gadgets to keep up with software updates or societal pressures.

07 밑줄 친 부분에 들어갈 말로 가장 적절한 것은?

A good librarian helps students navigate through the many resources available in a library. Persons trained in library science are familiar with a wide variety of academic materials and are capable of finding appropriate references in a huge library database. Being able to locate exactly what students need to meet classroom requirements is an important skill, seeing that the information explosion has made it harder to select materials that are relevant to a research topic. The assistance that librarians provide can actually improve a student's scores on tests and assignments. It can also save time and prevent students from conducting fruitless searches on the Internet. While the stereotypical librarian may be the one who tells students to be quiet, they are also known to _____.

① read reference materials on a regular basis

② be highly appreciated by the students they help

③ purchase books and magazines for the library

④ be frustrated by the amount of accessible information

08 밑줄 친 부분에 들어갈 말로 가장 적절한 것은?

Gothic fiction, a literary style fashionable in Europe during the end of the 18th century, features elements of horror and despair. The stories tend to be about a victim struggling against an obscure, menacing being that is increasingly gaining control over him or her. Due to the grotesque and often violent nature of the genre, one might be inclined to think that gothic novels are written with the simple intention of shocking or frightening the reader. However, gothic fiction is far more profound. This is because the supernatural beings and all the other imaginary terrors characteristic of the genre represent the thoughts people keep contained within their subconscious minds; thoughts that, in all their irrationality, depravity, and aggression, must be repressed. Essentially, the monsters are not peripheral elements from unknown origins but products of our own creation. By personifying them in literature, _____.

① the things buried in our subconscious confront us

② gothic fiction's superficial nature is apparent

③ we are compelled to act on our impulses

④ the horror and dread we feel is intensified

09 다음 글의 내용과 일치하지 않는 것은?

Only a finite amount of resources are available to satisfy otherwise infinite desires. In economics, this principle is called scarcity. The natural limits dictate how these raw materials will be apportioned. Over time, society has taken various approaches to resource distribution but they lie more or less between two main options: top-down control by the government or a market-based solution. In some countries, governments requisition and deliver scarce raw materials to different sectors of society. For example, during war time in France, greater amounts of scarce coal and metal were used in weapons production, resulting in lower production of other goods that needed these resources. In other countries, the market is used to achieve the most efficient allocation of resources. Consumer demand drives decisions by suppliers in an effort to create an optimal amount of a scarce raw material, which often finds its value reflected in the price of a product once it hits the shelf.

① Finite resources limit the ability of consumers to get everything they want.

② Either the government or the market plays a role in distributing resources.

③ Production quotas are an example of top-down allocation of resources.

④ The allocation of resources is determined by the supplier in a market society.

10 다음 글의 제목으로 가장 적절한 것은?

It appears that humans are not the only living beings that display symptoms when undergoing depression or extreme duress. New evidence indicates that some animals manifest similar behaviors for the same reasons. Primatologists monitoring the behavior of bonobo apes living in captivity have observed that several of the adult females not only pulled out their own hair obsessively, but also removed that of their young to the point of baldness—something that has never been seen in wild bonobos. Although grooming is a natural activity of these apes, experts determined that the excessive nature of the hair pulling indicated its use as a self-soothing technique. Unable to quell their internal feelings of melancholy in their unnatural environment, scientists theorized that the apes were trying to alleviate their suffering by engaging in a familiar activity to excess, in the same way that some humans may drink or eat excessively when deeply saddened.

① The Causes of Depression in Big Apes like the Bonobos

② Bonobos' Symptoms of Sadness Like those of Humans

③ How Captivity Can Affect the Mental Health of Zoo Animals

④ Great Stress in Animals Caused by Inhumane Treatment

정답·해석·해설 p. 68

하프모의고사 12회
출제예상 핵심 어휘리스트
바로 다운받기 (gosi.Hackers.com)

QR코드를 이용해 핵심 어휘리스트를 다운받아, 언제 어디서든 공무원 출제예상 어휘를 암기하세요!

DAY 13 하프모의고사 13회

제한 시간 : 15분 **시작** 시 분 ~ **종료** 시 분 **점수 확인** 개/ 10개

01 밑줄 친 부분의 의미와 가장 가까운 것은?

It stands to reason that she will decline the <u>absurd</u> offer from the rival company.

① alluring　　　　② illogical

③ worrisome　　　④ offensive

02 밑줄 친 부분의 의미와 가장 가까운 것은?

Merging African spirituality and Native American botany, Hoodoo is a belief system that is <u>prevalent</u> across much of the Southern United States, as well as in some northern regions.

① taboo　　　　　② defunct

③ widespread　　④ clandestine

03 밑줄 친 부분에 들어갈 말로 가장 적절한 것은?

A: I'm calling to confirm my reservation. My name is Dan Williams.
B: We have you booked from May 20th to 24th with breakfast included, Mr. Williams. Is there anything else I can do for you?
A: _____.
B: Certainly. That'll be an additional $20 charge. You'll have an extra hour before you need to vacate the room.
A: Thank you.

① I would like to request a late check-out

② The heater in my room doesn't seem to be working

③ The amount on the bill seems to be incorrect

④ It would be great if I can get a wake-up call tomorrow

04 어법상 옳지 않은 것은?

① Laura gave me a pretty cell phone case for my birthday.

② Next week I have interviews at all three companies that I applied to.

③ He prefers to arriving roughly an hour after most of the guests show up.

④ All officers must adhere to the rules of the law themselves when enforcing it.

05 우리말을 영어로 잘못 옮긴 것은?

① 그 드럼 연주자는 단순한 리듬을 연주했는데, 그것은 관객들이 소리에 따라 박수를 치는 분위기를 조성했다.
→ The drummer played a simple beat, which created an atmosphere for audience to clap along the sound.

② 그들은 새로운 기차가 얼마나 빠르게 그들을 목적지에 데려다줄 수 있었는지에 대해 감명받았다.
→ They were impressed by how fast the new train was able to get them to their destination.

③ 그 아동용 장난감은 무해하고 독성이 없는 플라스틱으로 표면이 덮여 있다.
→ The children's toys are coated with a harmless, toxic-free plastic.

④ 하루에 30분만 기타를 연습하는 것으로도 빠르게 실력을 향상하는 데 도움이 된다.
→ Practicing the guitar for a mere 30 minutes a day help one improve quickly.

06 밑줄 친 부분에 들어갈 말로 가장 적절한 것은?

In 1982, scrap metal dealers from Argentina arrived on the remote British island St. Georgia and erected their national flag. The country was then in the throes of an economic crisis and wanted to occupy the nearby territory, which it claimed to have inherited from Spain in 17th century. With international law seemingly _____, the British sent a group of Royal Marines to oust the invaders. Despite executing an illegal move in the eyes of the British, the Argentines refused to leave, arguing that Britain had taken the land by force during its imperialist past. This led to retaliation by the British and the brief conflict known as the Falklands War.

① blemished

② breached

③ amended

④ acknowledged

07 다음 글의 내용과 일치하는 것은?

From the mid-1940s to the mid-1970s, China's population exploded under Mao Zedong's encouragement to have as many children as possible. By 1979, the country was barely able to sustain the overpopulation, so the family planning policy was introduced; families could only have one child lest they be subject to penalties. While it did much to rein in the birth rate, the mandate might have worked too well. The nation is facing a new crisis as the over-60 demographic is growing faster than any other age group. Hoping to ease some of the societal and financial burden of the younger generations, the government has finally loosened the legislation after more than 30 years and allowed couples to welcome a second child into their family starting in 2016. Seeing the great success this policy change had, a new three-child policy was implemented in 2021.

① Having multiple children was questioned during Mao Zedong's rule.

② In China, the law limiting each couple to one child lasted more than three decades.

③ China had the highest birthrate in the world after 1979.

④ The Chinese government relaxed restrictions in response to growing public pressure.

08 주어진 문장이 들어갈 위치로 가장 적절한 곳은?

To prevent this loss of sight, the lens is usually removed and replaced with an artificial one in a risky procedure that can result in complications, especially in young children.

Cataracts, which cause the lens of the eye to become cloudy, affect people of all age groups and can lead to blindness in more than half of those afflicted. (①) But these problems may soon be eliminated thanks to a promising new medical procedure invented by researchers in China. (②) They hypothesized that by extracting the cataract from inside the lens keeping in place the outer structure, known as the lens capsule, the stem cells within it would regenerate the lens naturally. (③) After successfully carrying out the technique on animals, the Chinese researchers tested it out on a dozen children. (④) Sure enough, the children were able to regenerate new, fully functional lenses after several months.

09 다음 글의 제목으로 가장 적절한 것은?

The pink ribbon has become the universal symbol of hope for a breast cancer cure. Yet journalist Laurie Becklund, who had the illness herself, considered it a false hope and even wrote a scathing editorial about it just before she died. She lamented that the upbeat message it stood for—the need for more awareness and early detection—was misleading. According to her, essential information about the disease and its victims is lacking, making any awareness programs insufficient and outdated. She also points out that early detection did not save her, as those with certain types of breast cancer have little chance for survival. Lastly, only a small portion of the 2.5 billion dollars the pink ribbon campaign has generated in the past few decades has gone towards research and helping people who are already very sick. In Becklund's view, everything the bow conveys to the public only covers up what it is really like to live with the terrible disease.

① The Pink Ribbon: A Meaningless Symbol
② Corruption in the Pink Ribbon Campaign
③ The Effectiveness of Early Breast Cancer Detection
④ Cancer Survivors: Bearers of Hope

10 주어진 글 다음에 이어질 글의 순서로 가장 적절한 것은?

In the northeastern United States, the steady increase and spread of white-tailed deer populations have had such a drastic effect on the local flora and fauna. Environmental officials are declaring the overpopulation of the deer to be a threat perhaps more severe than climate change.

(A) Unfortunately, this initiative has been less than successful, as hunters currently have enjoyed the abundance of the white-trailed deer. Thinning the population would result in scarcer game, making the task of hunting them more difficult.

(B) With no incentive for hunters to cooperate, it will be up to local governments to devise other solutions. People are eager to hear them, as the animal, once considered a majestic specimen of nature, is now commonly regarded as a pest.

(C) One means of trying to alleviate the problem and control deer populations has been for states to dedicate a specific season for deer hunting. Specifically, they encourage hunters not to merely hunt for game but to intentionally seek to reduce their numbers.

① (A) – (B) – (C)　　② (A) – (C) – (B)
③ (B) – (C) – (A)　　④ (C) – (A) – (B)

정답 · 해석 · 해설 p. 74

하프모의고사 13회
출제예상 핵심 어휘리스트
바로 다운받기 (gosi.Hackers.com)

QR코드를 이용해 핵심 어휘리스트를 다운받아, 언제 어디서든 공무원 출제예상 어휘를 암기하세요!

DAY 14 하프모의고사 14회

제한 시간 : 15분 시작　시　분 ~ 종료　시　분 점수 확인　　개/ 10개

01 밑줄 친 부분에 들어갈 말로 가장 적절한 것은?

> Some singers at the recording label claimed that the company _____ them into signing a "slave" contract. The artists told reporters that they were pressed to do so or else they would be let go.

① appeased
② coerced
③ launched
④ dissuaded

02 밑줄 친 부분에 들어갈 말로 가장 적절한 것은?

> Parents _____ strict rules for their child, but sometimes flexibility is needed.

① set off
② set back
③ set down
④ set apart

03 어법상 옳지 않은 것은?

① Should we move the deadline to Friday, or should we leave it as it is?

② He admitted to pretend that he was sick in order to be excused from class.

③ Only after the vendor receives the payment will the item be shipped out.

④ Rory had lunch with a colleague who wanted to collaborate with him on a new venture.

04 밑줄 친 부분에 들어갈 말로 가장 적절한 것은?

> A: How come you weren't at the meeting?
> B: I had the morning off, remember?
> A: Oh, I forgot. By the way, there was an important issue.
> B: Would you mind _____ it?
> A: To make a long story short, the deal was rejected. What do we do now?
> B: Well, I guess we'll just have to find another investor.

① taking me down from
② putting me through to
③ filling me in on
④ dropping me off at

05 밑줄 친 부분 중 어법상 옳지 않은 것은?

> My father and I ① have had a discussion about my career a week ago. He said that he ② read an article about computer engineering. My father thought that this would be a good career for me. I ③ told him that I had been thinking about studying biology, but I still ④ haven't made a final decision.

06 다음 글의 내용과 일치하는 것은?

In a Swiss study published in 2015, researchers concluded that chimpanzees possess a sense of morality based on their reactions to videos that were shown to them. A control group saw video clips of chimps walking around or cracking nuts open, while the other group watched videos of an infant being hunted and killed by an adult male monkey. There was little reaction among members of the first group, but the second group watched the violent video with more attention and for a greater length of time. This led researchers to believe that chimpanzees can identify socially deviant behavior. Some evolutionists even argued that the morality of humans must have evolved from primates. Many scientists, however, rejected this idea because it is impossible to infer the social norms of humans considering what happens in nature.

① The reasons why adult primates kill infant monkeys was explained in the video used in a Swiss study.

② Primates in both groups involved in a Swiss study had strong reactions to the videos they watched.

③ A study on chimps found no indication that they can recognize abnormal behavior.

④ The communal norms of humans cannot be deduced from the natural world.

07 다음 글의 제목으로 가장 적절한 것은?

Ralph Waldo Emerson, who is widely considered to be the founder of transcendentalism in the 19th century, believed that independence and individual thought were essential for the discovery of truth. He and other supporters of the movement encouraged people to trust themselves rather than rely on others to gain knowledge about the world. What's more, they openly criticized contemporary American society, especially political parties and organized religion, for promoting conformity and corrupting otherwise pure individuals. Transcendentalists argued that true community could only be achieved after all individuals had reached this elevated state of awareness.

① A Fundamental Principle of Transcendentalism

② Key Figures in the Transcendentalist Movement

③ History of the Transcendental School of Thought

④ Influence of Transcendentalism on US Politics

08 다음 글의 내용과 일치하지 않는 것은?

In 2013, the planned construction of a 278-kilometer-long canal across Lake Nicaragua was expected to spur Nicaragua's economy and turn the nation into a lucrative trading hub. But even before it started, the project was beset by problems, a paramount one being the engineering complexity due to several physical obstacles, such as the Isthmus of Rivas. The expected cost was 50 billion dollars, an enormous amount considering the Panama Canal cost six billion dollars. A Chinese investment firm indicated interest; however, Nicaragua had no diplomatic relations with China at that time. In fact, the Chinese government had warned companies not to get involved with the risky project. Nevertheless, Nicaragua and a newly formed Hong Kong Nicaragua Canal Development Group (HKND), an investment enterprise led by billionaire Wang Jing, signed a memorandum. Construction began in 2014, but by 2016, the project had stalled. Essentially, Wang closed HKND, citing unrelated financial difficulties, and the project was abandoned.

※ Isthmus: 지협(두 개의 육지를 연결하는 좁고 잘록한 땅)

① It was anticipated that a new canal would stimulate Nicaragua economically.

② The Isthmus of Rivas was an impediment to the construction of the canal in Nicaragua.

③ China sought diplomatic relations with Nicaragua to participate in the canal project.

④ A Chinese investment group that supported the Nicaraguan canal eventually backed out.

09 밑줄 친 부분에 들어갈 말로 가장 적절한 것은?

Much of nuclear waste is currently stored in salt deposits, accumulations of salt deep in the bedrock that were left over from evaporated seas. However, geologists recently made an unexpected discovery about them that may change this practice. It turns out, under certain circumstances of high pressure and temperatures, _____.
Although experts are not too concerned about this yet, they aren't taking the news lightly. The main reason that salt mines are considered a perfect location to get rid of waste is because of their extreme density. While rocks and other minerals crack and break over time, causing toxins to spill out, salt is capable of "repairing" itself of any small crevices that may develop. This made the deposits virtually impenetrable for millions of years. But in the right environment, the mines would leak, so that even liquids like oil could escape. This means that nuclear waste may do the same sometime in the future, which is a worrying thought.

① salt mines contain leaky substances

② nuclear waste turns into liquids

③ salt deposits became porous

④ the bedrock repairs itself

10 밑줄 친 부분에 들어갈 말로 가장 적절한 것은?

Many public schools only provide one class wherein all gifted children are expected to learn. This is because accomplished kids are frequently regarded as having similar abilities or characteristics with each other—overly analytical, high achieving, and able to understand lessons easily. The truth of the matter is that talented individuals vary in their skills and learning processes as much as other students. Some may do poorly in school, some absorb information in distinct ways, and still others even possess disabilities. Putting them together in a single "advanced" classroom with a uniform curriculum does them little good. When teaching, educators must realize that the gifted _____ if they want to make sure that no academic and intellectual potential is lost.

① cannot learn faster as individuals

② are in need of more rigid discipline

③ have difficulty interacting with adults

④ do not form a homogenous group

정답·해석·해설 p. 80

하프모의고사 14회
출제예상 핵심 어휘리스트
바로 다운받기 (gosi.Hackers.com)

QR코드를 이용해 핵심 어휘리스트를 다운받아, 언제 어디서든 공무원 출제예상 어휘를 암기하세요!

DAY 15 하프모의고사 15회

제한 시간 : 15분 **시작**   시   분 ~ **종료**   시   분 **점수 확인**   개/ 10개

01 밑줄 친 부분의 의미와 가장 가까운 것은?

To fully understand the current situation in the Middle East, more than just underlined elementary knowledge of the region's history is required.

① academic
② basic
③ vast
④ valuable

02 밑줄 친 부분에 들어갈 말로 가장 적절한 것은?

A: Good afternoon, sir. I received your call about the clogged sink.
B: Thank you for coming over so quickly. It's been causing quite a mess.
A: Not to worry, sir. I'll take a look at it right away.
B: _____?
A: Nothing major. Just a piece of plastic stuck in the pipes.
B: I see. But I don't have any idea how that plastic got in there.

① Is this a common problem in homes
② Can you also fix the shower
③ Would you mind doing me a favor
④ What was the root of the problem

03 우리말을 영어로 잘못 옮긴 것은?

① 조화로운 공동 작업은 모든 구성원들의 지속적인 협력을 요한다.
→ Harmonious teamwork demands the sustained cooperation in all members.

② 그녀는 친구들에게 자신의 공연에 참석할 수 있는 무료입장권을 제공했다.
→ She offered her friends free tickets to attend her performance.

③ 그녀는 우리에게 최고의 친절로 고객들을 대할 것을 상기시켰다.
→ She reminded us to treat the customers with the utmost hospitality.

④ 교장은 학생들에게 정오에 소방 훈련이 있을 것이라고 알렸다.
→ The principal notified the students that there would be a fire drill at noon.

04 어법상 옳은 것은?

① She enjoyed walking to school because she had been used to commute every day.

② She spent an hour making a list of what she needed to purchase for.

③ He expressed reluctance at letting his friend stay as a guest for a week.

④ Beside recreational swimming, the pool facility also organizes water sports.

05 밑줄 친 부분에 들어갈 말로 가장 적절한 것은?

Community residents may _____ the council's attempt to build a dam in the area as it will definitely have a negative impact on the environment.

① look back on

② go along with

③ lose track of

④ raise objections to

06 다음 글의 내용과 일치하지 않는 것은?

Residents of Cork are concerned after a six-year-old girl was confronted by a coyote in her backyard late yesterday. Although her mother managed to scare the animal away, close encounters like this are becoming increasingly common across the region. "As suburban areas continue to expand, wildlife habitat is shrinking," explains government biologist Jane Humphries. "Folks get excited when they see a coyote roaming around their neighborhood. And because many of the animals are skinny, people feed them. This reduces the coyotes' instinctive fear of humans. We want the public to remember that these are wild animals they're dealing with, not pet dogs." The Department of Wildlife says it is currently looking for ways to manage the issue.

① There has been a rise in coyote sightings in the region of Cork.

② Coyote populations are declining due to suburban development.

③ The coyotes that have been spotted are often malnourished.

④ Coyotes have a natural tendency to be afraid of people.

07 다음 글의 요지로 가장 적절한 것은?

Finding life on Mars may soon be more than just the plot of a science fiction movie. What has geobiologists optimistic about the chances of such a discovery is the recent tenfold spike in methane gas. Given that 95 percent of Earth's methane is formed by microscopic organisms that gather by the trillions to form communities called microbial mats, scientists believe that the exponential increase of gas on Mars may indicate a biological signature like that of Earth's. And since the kind of geologic activity on Mars that could have caused such a big escalation in gas has not occurred in more than a million years, the prospect of finding microbes as the origin of the methane is not so far-fetched.

① Methane-producing microbes can help experts figure out how life began.

② The formation of microbial mats on Mars is dependent on the amount of geologic activity.

③ The makeup of the biological gases on Earth and Mars is surprisingly similar.

④ Increased methane points towards the possible existence of microbes on Mars.

08 밑줄 친 부분에 들어갈 말로 가장 적절한 것은?

Citizens in a democratic nation are granted the inalienable right of freedom of speech, but sometimes the government takes it upon itself to restrict it for the peoples' own good. For instance, many widely circulated magazines and newspapers are prohibited from printing advertisements of tobacco and alcoholic beverages. This is based on the assumption that such images might encourage young people to drink or smoke, which could be detrimental to their overall health and happiness. Regardless of whether this may be a legitimately helpful move, critics claim that people who make their own choices without the "benefit" of suppressed information make up the basic foundation of a free society. For them, any kind of government censorship is merely another way to _____.

① fuel the fight for equality and justice

② infringe on an individual's liberty

③ spend more tax dollars on health care

④ limit the use of controlled substances

09 다음 글의 흐름상 어색한 문장은?

Jellyfish were believed to be valueless as food for other fish species in the oceans and were damaging to fish farms. A research is beginning to show, however, that these water-filled animals may be playing a bigger role in how aquatic species feed themselves and what they consume. ① Scientists have based their conclusions on observations of how fish behave when large numbers of jellyfish are present. ② It turns out that jellyfish are prey for diverse animals like penguins, lobsters, and bluefin tuna. ③ Moreover, when plentiful, jellyfish can divert the flow of water and the nutrients in it so that species closer to the surface can take advantage. ④ Jellyfish are not that picky on what they feed on, as they consume tiny crustaceans, zooplankton, fish eggs and larvae. Scientists are now paying closer attention to spikes in jellyfish counts as they clearly affect ocean ecology.

10 밑줄 친 부분에 들어갈 말로 가장 적절한 것은?

David Suzuki is a Canadian scientist and environmentalist who is best known as the host of *The Nature of Things*, the longest-running science show on television. Over the years, he has used this platform to teach key lessons about sustainability and interconnectedness in the natural world. On October 23, 2022, the 86-year-old Suzuki announced that he would be stepping down as the show's host after the end of the 2023 season. In an interview with CBC's Ian Hanomansing, he stated that he wasn't exactly retiring as he planned to devote more of his time to environmental activism, which he remains passionate about. However, reflecting on his career, he admitted to feeling a sense of _____, saying, "Overall I feel like a failure, being part of a movement that has failed."

① relief ② pride

③ frustration ④ urgency

정답·해석·해설 p. 86

하프모의고사 15회
출제예상 핵심 어휘리스트
바로 다운받기 (gosi.Hackers.com)

QR코드를 이용해 핵심 어휘리스트를 다운받아, 언제 어디서든 공무원 출제예상 어휘를 암기하세요!

Self Check List

이번 테스트는 어땠나요?
다음 체크리스트로 자신의 테스트 진행 내용을 점검해 볼까요?

01 나는 15분 동안 완전히 테스트에 집중하였다.
☐ YES   ☐ NO

02 나는 주어진 15분 동안 10문제를 모두 풀었다.
☐ YES   ☐ NO

03 유난히 어렵게 느껴지는 지문이 있었다.
☐ YES   ☐ NO

04 유난히 어렵게 느껴지는 문제가 있었다.
☐ YES   ☐ NO

05 모르는 어휘가 있었다.
☐ YES   ☐ NO

06 개선해야 할 점과 이를 위한 구체적인 학습 계획

_____

_____

DAY 16 하프모의고사 16회

정답·해석·해설 _해설집 p.92

제한 시간 : 15분 **시작**   시   분 ~ **종료**   시   분 **점수 확인**   개/ 10개

01 밑줄 친 부분의 의미와 가장 가까운 것은?

When the air filtration unit in the woodworking shop began malfunctioning, Evan consulted the troubleshooting guide that had come with it. But, despite his best efforts, he couldn't make out the instructions.

① replicate
② comprehend
③ contemplate
④ endorse

02 밑줄 친 부분에 들어갈 말로 가장 적절한 것은?

The discovery of some eighteenth century artifacts at a construction site has attracted local authorities, who plan to hire an archaeologist to _____ the area.

① execute
② explore
③ expand
④ expedite

03 밑줄 친 부분에 들어갈 말로 가장 적절한 것은?

A: Can I talk to you? It's about Brad.
B: I know what you're going to say. He's been _____ a lot lately.
A: I can't trust him to perform even the simplest tasks.
B: Well, he's going through a hard time these days.
A: I see. Still, he needs to leave his personal problems at home.
B: True. I'll have a word with him.

① putting on airs
② turning the tables
③ playing it by ear
④ dropping the ball

04 어법상 옳지 않은 것은?

① The number of animals changing habitats because of climate change is growing.

② If I had any talent, I wouldn't need to practice so hard to improve.

③ After years of effort, the architect finally finished to design her greatest creation.

④ She showed me what I would be paid and how much time I would get off.

05 우리말을 영어로 가장 잘 옮긴 것은?

① 선생님은 우리 반 학생들에게 여름 동안 읽은 책에 대한 보고서를 쓰게 했다.
   → The teacher had our class to write reports about the books we read over the summer.

② 우리가 탁자에 앉자마자 종업원이 우리에게 메뉴를 주러 왔다.
   → No sooner had we sat down at our table than our waiter came to give us menus.

③ 은행 계좌에 돈이 거의 없어서, 그는 수표 몇 장을 예금했다.
   → He had little money in his bank account, he deposited several checks.

④ 선수들은 심판들이 승자를 결정하기 어려울 정도로 기량이 충분히 막상막하였다.
   → The athletes were enough close in ability that the judges had trouble deciding on a winner.

06 밑줄 친 부분에 들어갈 말로 가장 적절한 것은?

People on the Indonesian island of Bali believe that all babies are divine beings from heaven. Because of this, they maintain that a newborn's feet are not supposed to touch the ground, which the Balinese consider to be impure. Thus, babies are carried around by their mothers and extended family members for approximately 105 days. On the 105th day, a special celebration is held. The town priest does a cleansing ceremony, blesses the baby, and feeds him or her some solid food for the first time. The child is given a name, and only then is she or he allowed to be put down. This first _____ with the earth signifies that the infant has now fully transitioned from a spirit to a human.

① elusion   ② compliance

③ reflection   ④ connection

07 다음 글의 내용과 일치하는 것은?

Foods high in fiber, such as brown rice, almonds, and oatmeal, have tremendous health benefits. Fiber is usually known to make bowel movements more regular, but it also lowers the risk of diabetes and high cholesterol, which can lead to heart disease and strokes. Another health benefit of fiber-filled foods is that they aren't broken down by the body very easily, so they make you feel fuller for longer. This helps to lower blood sugar and prevents overeating, making it easier to maintain a healthy weight. It's recommended that women eat about 25 grams of fiber daily, while men are advised to consume at least 40 grams. However, most people only eat about 15 grams a day, unless they make a conscious choice to add fiber to their diet.

① People with stomach disorders can turn to fiber as an effectual remedy.

② Taking in too much fiber can lead to a higher cardiovascular disease risk.

③ Fiber can be easily processed and turned into energy by the body.

④ People tend to consume fiber in smaller amounts than is recommended.

08 다음 글의 흐름상 어색한 문장은?

Natural disturbances can cause a river to curve in a snakelike fashion. ① If a rock formation is created on one side of a river, for instance, the water's flow on that side will be impeded. At the same time, the flow of water on the opposite side will speed up. ② Erosion will intensify in response to the faster-flowing water, making that part of the riverbed deeper and wider. ③ The amount of soil that the water erodes is not necessarily equal to the amount of soil that gets deposited onto the riverbank. ④ Meanwhile, sediment accumulates on the slow-flowing side, causing that section of the river to become shallower. The result is a bend in the watercourse, also known as a meander. The river will continue to flow in the new dominant direction until the next disturbance changes its course and causes it to curve once again.

09 밑줄 친 (A), (B)에 들어갈 말로 가장 적절한 것은?

Volapük was a language created by a German priest named Johann Schleyer in 1879. Meant to be a universal dialect, it comprised very simple words taken from various European languages. Because it was easy to learn, Volapük was the first invented language to experience rapid success. It might have succeeded internationally and still exist today had Schleyer given in to calls to do away with its heavy use of umlauts, the two dots that commonly appear above vowels in German and some other languages.   (A)   , he chose to maintain the vowels, defending his decision by writing, "A language without umlauts sounds monotonous, harsh, and boring." But most non-Europeans found them to be an awkward aspect of the language.   (B)   , his rejection of any reforms caused the language to lose learners and fall into obscurity.

※ umlaut: 일부 언어에서 발음을 명시하기 위해 모음 위에 붙이는 표시

	(A)	(B)
①	In addition	Therefore
②	For instance	Conversely
③	Similarly	Moreover
④	Nevertheless	Eventually

10 다음 글의 주제로 가장 적절한 것은?

Very rarely have the Olympics been held without some controversy marring the event. These have taken the form of rampant cheating, poor sportsmanship, and biased judging. The athletes, coaches, and officials involved in such disputes and scandals lose the public's respect, not to mention any medal awarded them or official position they held. The seriousness of cheating in early Olympic games was dealt with in a more physical way. Not only were the erring athletes publicly whipped, but they were also forced to pay for the construction of a "Zane." Actually a bronze statue of Zeus, a Zane bore a plaque with the rule breaker's name and crime. It was placed outside the stadium to shame the athlete and the city from which he came.

① the most disgraceful disputes and scandals at the Olympic games

② the first recorded instance of cheating at the ancient Olympic Games

③ consequences of misconduct at the Olympics in the past and present

④ making statues to memorialize the participants in early Olympic games

Self Check List

이번 테스트는 어땠나요?
다음 체크리스트로 자신의 테스트 진행 내용을 점검해 볼까요?

01 나는 15분 동안 완전히 테스트에 집중하였다.
□ YES   □ NO

02 나는 주어진 15분 동안 10문제를 모두 풀었다.
□ YES   □ NO

03 유난히 어렵게 느껴지는 지문이 있었다.
□ YES   □ NO

04 유난히 어렵게 느껴지는 문제가 있었다.
□ YES   □ NO

05 모르는 어휘가 있었다.
□ YES   □ NO

06 개선해야 할 점과 이를 위한 구체적인 학습 계획

_____

_____

정답·해석·해설 p. 92

하프모의고사 16회
출제예상 핵심 어휘리스트
바로 다운받기 (gosi.Hackers.com)

QR코드를 이용해 핵심 어휘리스트를 다운받아, 언제 어디서든 공무원 출제예상 어휘를 암기하세요!

01 밑줄 친 부분의 의미와 가장 가까운 것은?

They felt they had been <u>taken for a ride</u> after they received the product and noticed it did not match the advertisement at all.

① appraised   ② deceived

③ intimidated   ④ compensated

02 우리말을 영어로 잘못 옮긴 것은?

① 그는 무슨 문제가 있으면 그녀가 그에게 전화할 수 있도록 자신의 전화번호를 남겼다.
→ He left his phone number so that she could call him if there were any problems.

② 다양한 국가에서 온 대표들은 정상 회담에 참석하기 위해 뉴욕에 도착했다.
→ Representatives from various countries arrived in New York to attend the summit meeting.

③ 상황의 심각성을 고려하면, 나는 내가 어떻게 해야 할지에 대해 생각할 시간이 더 필요하다.
→ Considering the gravity of the situation, I need more time to think about what I should do.

④ 그녀는 똑같은 것이 다른 가게에서 할인 판매 중인 것을 알았을 때 그 스카프를 산 것을 후회했다.
→ She regretted to buy the scarf when she found the same one on sale at another shop.

03 두 사람의 대화 중 자연스럽지 않은 것은?

① A: What took you guys so long to get here?
   B: The traffic was bumper to bumper.

② A: Let's buy some snacks before the movie starts.
   B: I'll get them. Why don't you grab us some seats?

③ A: I'm calling about the cashier job.
   B: Sorry. The position has been filled.

④ A: Do you like living in your new apartment?
   B: It was like a bolt out of the blue!

04 밑줄 친 부분 중 어법상 옳지 않은 것은?

People ① <u>who</u> have experienced success often feel that they are qualified to give advice to others. They may think that their accomplishments indicate that the choices they made are the only correct ones. Such people run the risk ② <u>of ignoring</u> the unique circumstances that created the opportunities from ③ <u>what</u> they seized success. Moreover, some may possess advantageous backgrounds ④ <u>allowing</u> such opportunities to exist in the first place.

05 밑줄 친 부분에 들어갈 말로 가장 적절한 것은?

The movie star is notoriously _____ about his personal life, refusing to answer the media's questions about anything besides his films.

① confidential
② restless
③ approachable
④ humble

06 밑줄 친 부분에 들어갈 말로 가장 적절한 것은?

As the price of copper falls, market analysts worry it could signal a potential slowdown in the world economy. During periods of strong economic growth, the cost of purchasing the metal is relatively high. With copper being an integral component of phone lines and cables, high copper prices hint at wider production in other areas of manufacturing. Consequently, the fall in value of this raw material suggests a decrease in infrastructure growth. A general pattern of weaker demand across the world only compounds the dire outlook. It is a worrying sign for everybody because this _____.

① natural resource is in danger of running out completely

② trend forecasts the possibility of a global recession

③ fragile market cannot withstand more scarcity

④ resource struggles to maintain investor confidence

07 다음 글의 내용과 일치하지 않는 것은?

Though brought up as a Christian, philosopher Friedrich Nietzsche grew disillusioned with religion by the time he was in college. He claimed that Christianity ultimately kept humans submissive and stagnant, a "slave" to the morality set forth by faith. This ran contrary to Nietzsche's thoughts that people should constantly be striving to advance as a species. As a result, he proposed the idea of the superman, a highly enhanced version of man. Nietzsche posited that the superman should be the ultimate goal for humanity rather than some form of spiritual enlightenment, which he believed did not exist. The superman would be the ideal human, one which became better as each subsequent generation passed. While Nietzsche did not think there were any true supermen in the world at the time, he referred to several persons who he thought were close enough to be regarded as models, including William Shakespeare, Socrates, Leonardo da Vinci, and Julius Caesar.

① Nietzsche felt that man's enhancement was achieved by being ethical.

② An issue Nietzsche had with religion was that he felt it kept people complacent.

③ Nietzsche believed that becoming a superman should be humanity's ambition.

④ Shakespeare and Leonardo are approximate supermen according to Nietzsche.

08 다음 글에 드러난 화자의 심경으로 가장 적절한 것은?

There is a small diner near my home that I frequently go to. Most of the staff know me by name and are always sweet and attentive. Imagine my surprise, then, when I went to the diner last week and had the complete opposite experience. There were two new servers working and none of the regular staff was there. Rather than show me to my favorite table in the corner, one of the new servers hurriedly waved me over to a stool at the counter. I placed my usual order of toast with jam but when the plate arrived, the server had forgotten the jam and had given me white bread even though I had specifically asked for whole wheat. I'm not sure I'll be back if that's the level of service I can expect from now on.

① impressed and delighted

② pleased and satisfied

③ discontented and frustrated

④ impatient and angry

09 다음 글의 제목으로 가장 적절한 것은?

If asked whether a coin dropped from the top of a very tall building could gain enough momentum to kill someone struck on the head by it, many say yes. The reasoning behind their answer is that the falling object, under the influence of gravity, would continue to accelerate on the way down and eventually attain incredible velocity. But this is not true where coins are involved, according to physicists. Because a coin is flat and weighs little, it would encounter resistance from air molecules as it traveled down, which would keep it from continually accelerating. In fact, it would even tremble as a leaf does when it falls, and if it were to hit somebody, it would feel more like a mild flick than a whack on the head. Heavier objects like rocks and more streamlined ones like pens are a different story, though—those could fall with enough force or a more linear trajectory to seriously injure or kill a person.

① Dispelling the Myth of the Falling Coin

② Influence of Gravity on Metal Objects

③ Why Objects Accelerate as They Descend

④ The Dangers of Very Tall Structures

10 밑줄 친 (A), (B)에 들어갈 말로 가장 적절한 것은?

The Day of the Dead originated with the indigenous population in Mexico. Decorated in colorful and unique costumes, they paraded through the streets in celebration of those who had passed. The holiday was celebrated throughout all of Mexico except in the north, as the people living there supported their orthodox Catholic beliefs and regarded the aboriginal custom as ____(A)____. Instead, they observed All Saints' Day like other Catholics around the world. In recent history, however, those pagan views have since been assimilated, and citizens today ____(B)____ the traditional festivities as a way of honoring their native ancestors. The historic practice was made a national holiday in the 1960s and is now recognized as a unique part of Mexican culture worldwide.

	(A)	(B)
①	standard	overlook
②	advanced	overlook
③	formal	embrace
④	offensive	embrace

정답·해석·해설 p. 98

하프모의고사 17회
출제예상 핵심 어휘리스트
바로 다운받기 (gosi.Hackers.com)

QR코드를 이용해 핵심 어휘리스트를 다운받아, 언제 어디서든 공무원 출제예상 어휘를 암기하세요!

DAY 18

하프모의고사 18회

제한 시간 : 15분 **시작** 시 분 ~ **종료** 시 분 **점수 확인** 개/ 10개

01 밑줄 친 부분에 들어갈 말로 가장 적절한 것은?

> The new DVD player he bought ruined some of his movies, so he took it back to the store and asked to be _____ for his DVDs.

① reimbursed
② pardoned
③ diagnosed
④ loaned

02 밑줄 친 부분에 들어갈 말로 가장 적절한 것은?

> A: We need to wait 20 minutes for the next bus downtown.
> B: Twenty minutes is too long. It's so cold out! And Martin is already on his way.
> A: Hmm. _____?
> B: Good idea! I'll flag down the next one. It will help us save time.
> A: I hope we won't be late.
> B: I think we'll be just on time.

① What should we do
② Why don't we just wait
③ Why don't we grab a cab
④ How about taking the subway

03 우리말을 영어로 잘못 옮긴 것은?

① 졸업식에 참가하는 학생들에게, 손님의 숫자는 두 명으로 제한될 것이다.
→ For students attending the graduation ceremony, the number of guests will be limited to two.

② 대단히 뛰어난 그 젊은 사업가는 제2의 스티브 잡스라고 칭찬받았다.
→ Brilliant beyond measure, the young entrepreneur touted as the next Steve Jobs.

③ 연구의 참가자들은 종잇조각 하나를 상자에서 꺼내 달라는 요청을 받았다.
→ The participants in the study were asked to pick a slip of paper out of a box.

④ 모든 수화물은 머리 위 짐칸에 안전하게 실려야 한다.
→ All carry-on luggage must be securely stowed away in the overhead compartments.

04 어법상 옳은 것은?

① He has to return the car to the garage until his father notices it is gone.

② The basketball what was autographed by all the team members are going to be auctioned off next month.

③ When my sister told me that she was moving abroad, I didn't know whether laugh or cry.

④ The filter that came with the air purifier should be replaced after three months of regular use.

05 밑줄 친 부분의 의미와 가장 가까운 것은?

She was never inclined to have grandiose dreams about her future. Rather, she was extremely pragmatic, choosing to pursue goals that were attainable to avoid the disappointment that comes with unreasonable expectations.

① impulsive　　　② fervent

③ arbitrary　　　④ realistic

06 밑줄 친 "that process"가 다음 글에서 의미하는 바로 가장 적절한 것은?

A man stumbled across the cocoon of a butterfly that had begun to hatch. Just shy of fully emerging from its confinement, the butterfly began thrashing about, but no amount of effort seemed enough for it to dislodge itself. Stricken by the creature's plight, the man snipped the stubborn vestiges of the cocoon with scissors. He was, at first, relieved to see the butterfly shrug out of its enclosure, but was then shocked by the insect's swollen body and shriveled wings. He kept watch over it, expecting the wings to somehow blossom, but alas they never did. What the man did not grasp in his haste to be kind was that, stripped of the chance to finish that process, nature's way of pushing fluid into the butterfly's wings was impeded. Springing prematurely from its woven capsule ultimately spelled doom for the delicate creature.

① Escaping from a cocoon is crucial for a butterfly's development.

② Using scissors on a cocoon aids a butterfly in its escape.

③ Butterflies struggle to break their cocoons but frequently fail to do so.

④ Butterflies do not always make a proper cocoon.

07 다음 글의 내용과 일치하는 것은?

These days, companies have two main options for storing data: dedicated servers and cloud systems. Dedicated servers are computer programs that can be bought or leased to manage all the information contained in a collection of computers. They are popular because they are private and allow users to fully control their data, but they can occasionally go down or run out of space. Such issues would never occur with cloud systems, though. Using them involves storing information on multiple online servers, which means that cloud systems can handle an infinite amount of data that can be accessed anywhere the Internet is available. While it is undeniable that cloud systems are simplifying the way we use information technology, they are not without disadvantages. The one that concerns most people is their increased vulnerability, owing to the fact that multiple clients may be hosted on the same server. Accordingly, these systems are more prone to insider attacks.

① Information stored on dedicated servers is accessed by any user.

② When space runs out on cloud systems, more can be purchased or leased.

③ Dedicated servers sometimes malfunction, which can make data public.

④ A major weakness of cloud systems is their compromised security.

08 밑줄 친 부분에 들어갈 말로 가장 적절한 것은?

Political cartoons have played a role in shaping public opinion for most of modern history. More often than not, their aim is to _____ public officials and policies in a lighthearted manner. They are recognizable for their pronounced use of caricature, which exaggerates prominent physical characteristics to reveal their subject's inner self. At the same time, these images attempt to raise awareness about important social issues. For example, during the Protestant Reformation in Germany, political cartoons were used to mobilize support for socio-religious reforms against the Catholic Church. In a pair of infamous woodcuts, Jesus giving gifts to the poor was contrasted with the luxury of the Church hierarchy.

① satirize
② rejuvenate
③ flatter
④ defend

09 다음 글의 제목으로 가장 적절한 것은?

Since the global economic crisis in 2007, the demand for gold has increased substantially, leading to a boom in its excavation. Unfortunately, many gold deposits are found in some of the most biologically sensitive areas of the world. These include the tropical rainforests of South America, where mining activities have contributed to severe deforestation. Researchers estimate that between 2001 and 2013, around 170,000 hectares of rainforest were destroyed by mining alone, with most of the loss occurring in four particularly critical regions. The effects on biodiversity may be profound, as just one hectare of forest can be home to as many as 300 different species of trees. In addition, animals that rely on forest cover to survive and reproduce will likely be at increased risk of extinction due to the rapid loss of their natural habitat.

① The Type of Trees in South American Rainforests
② Quantifying Biological Diversity in Tropical Regions
③ Impacts of Gold Mining on South American Rainforests
④ Increasing Depletion of Gold Ores in South America

10 다음 글의 내용을 한 문장으로 요약하고자 한다. 빈칸 (A), (B)에 들어갈 말로 가장 적절한 것은?

Many species manufacture toxic substances in order to defend themselves from threats. We commonly use the blanket term "poisonous" to refer to them, but this is somewhat of a misnomer. There is a clear distinction between creatures that are venomous and those that are poisonous. While both are capable of producing high levels of toxins, each type has its own way of transmitting them. The former injects the substance directly into the bloodstream of an enemy. Nearly all insects and snakes fall under this category; their stingers and fangs function as deadly needles. In contrast, poisonous animals such as the poison dart frog take a more passive approach with their weapon. Because their toxins are distributed purely through physical contact, they do not have to do anything. Predators that dare to initiate an attack do so at their own risk.

According to the passage, _____(A)_____ animals have a different _____(B)_____ method than those that bite or sting.

	(A)	(B)
①	venomous	defense
②	poisonous	delivery
③	predatory	attack
④	active	production

정답·해석·해설 p. 104

하프모의고사 18회
출제예상 핵심 어휘리스트
바로 다운받기 (gosi.Hackers.com)

QR코드를 이용해 핵심 어휘리스트를 다운받아, 언제 어디서든 공무원 출제예상 어휘를 암기하세요!

DAY 19

하프모의고사 19회

정답·해석·해설 _해설집 p.110

제한 시간 : 15분 **시작** 시 분 ~ **종료** 시 분 **점수 확인** 개 / 10개

01 밑줄 친 부분에 들어갈 말로 가장 적절한 것은?

Until the advent of the Internet and the creation of the search engine, people had to _____ heavy telephone directories to find the numbers of people and places they needed to call.

① see beyond   ② come across

③ flip through   ④ check off

02 밑줄 친 부분에 들어갈 말로 가장 적절한 것은?

A: Take a look at what I got in the mail.
B: Yeah, I thought it looked pretty serious. You have to pay a fine. Why was the fine mailed to you?
A: _____.
B: Oh, I see. The city is putting up a lot more of them in this area. You should be more cautious when you drive.
A: You can say that again. This ticket is for 80 dollars.

① I wasn't the one who got the fine

② I could not find anywhere to park

③ I was photographed by a speed camera

④ I don't know why I got fined

03 우리말을 영어로 잘못 옮긴 것은?

① 몇몇 행인들이 그들이 본 것을 경찰에 신고했다.
→ Several bystanders reported what they saw to the police.

② 어젯밤에 폭풍우가 있었고 거리는 침수되었다.
→ There was a rainstorm last night and the streets were flooded.

③ 그 영화관은 기껏해야 500명을 수용할 수 있다.
→ The theater can hold at least 500 people.

④ 나는 오페라 티켓을 살 수 있기 전까지 몇 시간 동안 줄을 서서 기다렸다.
→ I had waited in line for hours before I was able to buy opera tickets.

04 어법상 옳은 것은?

① The window was closed, but he felt though someone had left it open.

② No other day is as important to them as their anniversary.

③ Available someone will visit your home soon to repair your refrigerator.

④ I moved to Maine at the age of eight, that I first started hiking.

05 밑줄 친 부분의 의미와 가장 가까운 것은?

The <u>considerate</u> parents taught their children by example rather than severely scolding them.

① generous
② thoughtful
③ supportive
④ decisive

06 주어진 문장이 들어갈 위치로 가장 적절한 곳은?

For instance, one characteristic pertains to where the birds situate their nests.

Although pigeons are one of the most ubiquitous birds in the world, it's rare for people to get glimpses of their babies. Ornithologists say that one of the reasons for this can be found in the bird's ancestral history. (①) The feral pigeons found in urban areas today are descended from wild rock doves. (②) The two are genetically the same, and as such, modern pigeons have retained many of their ancestors' behaviors. (③) In the days before skyscrapers and sprawling cities, rock doves constructed their roosts on sea cliff ledges or in the depths of sea caves—places that were difficult to get to and hard to see. As the 20th-century cityscape began to take over the natural environment, their descendants maintained this trait by building nests in whatever isolated spots they could find. (④) Church towers, abandoned buildings, and in the crevices under bridges are all common places where the pigeons of today make their homes.

07 다음 글의 내용과 일치하는 것은?

Scientists have repeatedly failed to make a malaria vaccine that works, and a recent finding about the malaria parasite explains why it is such a difficult task. A study of the life cycle of *Plasmodium falciparum* revealed that, when residing in a person's red blood cells, the parasite regularly transforms the proteins that appear on the surface of those host cells. Up to a million new and unfamiliar proteins are created every two days. This effectively disguises the infection and fools the immune system, allowing the parasite to live in the body for extended periods of time. "It is similar to a pack of playing cards that is continuously being shuffled," explains one of the lead researchers behind the study. Due to its rapid rate of change, the malaria parasite can stay ahead of any attempts, by the body's natural defenses and by a potential vaccine, to target and eradicate it.

※ *Plasmodium falciparum*: 말라리아 원충

① Several effective malaria vaccines have been produced.
② Red blood cells die when invaded by malaria parasites.
③ The malaria parasite creates a million new proteins daily.
④ Malaria parasites can outpace the body's immune responses.

08 다음 글의 제목으로 가장 적절한 것은?

In general, embargoes or trade restrictions are enforced to protect domestic jobs and prevent cheap labor, but they are sometimes used as diplomatic measures. One example is the United States' grain embargo against the Soviet Union for invading Afghanistan in 1979. However, embargoes can have negative repercussions on the country imposing it. American farmers suffered economically as a result of the grain embargo and were forced to either burn their unsold crops or look for new customers in Asia. The Soviet Union, on the other hand, discovered that they didn't need American grain. They began growing their own in Ukraine or importing from South America, and this caused US grain prices to drop drastically.

① How Embargoes Hurt the Nations that Enact Them
② The Reasons Countries Impose Embargoes
③ The Impact of Embargoes on World Economy
④ Why the US Restricted Trade with the Soviet Union

09 밑줄 친 부분에 들어갈 말로 가장 적절한 것은?

Back when automobile production was still in its infancy, safety features in cars _____. The priorities of car makers were comfort, speed, appearance and, of course, cost cutting. People buying vehicles in those days could add a seat belt if they wanted, but they had to pay an extra 27 dollars, which was a big expense in those days. Then in 1956, it was reported that nearly 40,000 Americans were fatally wounded in car crashes. Since the auto industry and the National Safety Council failed to adequately address this issue, a young lawyer from Connecticut decided to take matters into his own hands. Thanks to him, a public movement was sparked, and it became mandatory for all new cars to have built-in safety features such as seat belts, airbags, and antilock brakes.

① had not yet been invented
② could be requested for a negligible fee
③ were pricey options not required by law
④ were of paramount importance to car manufacturers

10 다음 글의 내용을 한 문장으로 요약하고자 한다. 빈칸 (A), (B)에 들어갈 말로 가장 적절한 것은?

A common complaint among parents these days is that young people seem to be taking longer than the previous generations did to become independent. After all, the percentage of 18- to 34-year-olds still living at home is the highest ever in the US since 1880, according to a Pew Research Center report. What many parents fail to recognize, however, is that bigger economic factors are contributing to this trend. For example, most young adults cannot afford homes due to rising property prices, so they must resort to renting. But even this is not a real alternative because rent is increasing more quickly than income. Combined with the unpredictable job market and the growing cost of education, today's young adults are actually doing the sensible thing by staying at home until they can realistically afford to support themselves.

Young Americans are experiencing _____(A)_____ that have impeded _____(B)_____.

    (A)   (B)

① workplace issues   career growth

② generational biases education

③ economic declines   housing availability

④ financial pressures   self-reliance

정답 · 해석 · 해설 p. 110

하프모의고사 19회
출제예상 핵심 어휘리스트
바로 다운받기 (gosi.Hackers.com)

QR코드를 이용해 핵심 어휘리스트를 다운받아, 언제 어디서든 공무원 출제예상 어휘를 암기하세요!

---

01 밑줄 친 부분에 들어갈 말로 가장 적절한 것은?

Our road trip plans _____ at the last minute due to poor weather.

① came apart
② fell off
③ perked up
④ balanced out

02 밑줄 친 부분의 의미와 가장 가까운 것은?

Every night for weeks, the athlete had been honing his skills, and his performance improved in a flash.

① rapidly
② inevitably
③ abnormally
④ ironically

03 두 사람의 대화 중 자연스럽지 않은 것은?

① A: Could you be a substitute for me?

　B: Sure, just tell me when you need me to step in.

② A: My knees are shaking. I don't know if I can do this.

　B: What's there to be afraid of? It'll be fine.

③ A: You're in great shape! What kind of workout do you do?

　B: Jogging and walking on the treadmill.

④ A: What have you got planned for your birthday?

　B: I have time on my hands.

04 밑줄 친 부분 중 어법상 옳지 않은 것은?

Sophia, the must-see theatrical performance of the year, ① is sweeping the nation with its heartwarming storyline. With the end of the war ② come the painful realization that things will never again be as they once were. In *Sophia*, the protagonist's journey ③ to build a new life for herself, despite suffering a great deal of personal loss, is particularly inspiring. The play also features ④ moving musical scores, thanks to the composition and arrangement of Grant Victor Wright.

05 어법상 옳은 것은?

① They first met while travel separately throughout Europe.

② The plane must have touched down as it is now midnight.

③ One half of the students in this language class has lived abroad.

④ It is after we make an expensive purchase which we may experience buyer's remorse.

06 다음 글의 내용과 일치하는 것은?

Over the last decade, adjunct professors have become the predominant educators in universities. These "part-time" teachers are required to do everything their tenured counterparts do—prepare for classes, construct a curriculum, assign and grade work—but without the same resources and support. They are paid far less, causing many to seek additional work elsewhere. Furthermore, schools may cancel an adjunct's classes at a moment's notice, which can lead to intense insecurity on the teacher's part. The result of all this is that it undermines what they have to offer. Feeling undervalued and uncertain about their future, these part-timers unsurprisingly have little time or inclination to provide first-rate instruction. While colleges may be able to save a bit by their ongoing employment of adjuncts, the price our students will pay in the classroom is surely too great.

① The lack of available instructors has led universities to hire more adjunct staff.

② Tenured faculty members are given more responsibilities than adjunct professors are.

③ Adjunct teachers tend to have lower teaching qualifications than full-time instructors do.

④ The continued use of adjunct professors may result in a lower quality of education.

07 다음 글의 내용과 일치하지 않는 것은?

The Scottish poet Robert Burns is considered a national icon to his countrymen. His best-known works include *Auld Lang Syne*, which is sung on New Year's Eve throughout the world, and *Scots Wha Hae*, which was at one time the unofficial national anthem of his homeland. Yet life was not easy for the man behind the fame. As the son of a farmer, he began performing strenuous physical labor from an early age. He turned to poetry and drinking whenever he needed to escape, composing and publishing many songs and poems. Unlike other poets at the time, he wrote in the Scots language. As a result, Burns suddenly found himself in the spotlight as one of the leading figures of a national cultural resurgence. But the many years of hard labor and alcohol consumption had taken a toll on his health, and he died at the young age of 37.

① Burns' famous song titled *Auld Lang Syne* is sung all across the globe.

② Burns composed the national anthem that is used in Scotland today.

③ Burns was a major contributor to the revival of Scottish culture.

④ Burns' untimely death was due to hard work and an unhealthy lifestyle.

08 밑줄 친 부분에 들어갈 말로 가장 적절한 것은?

Inflation, the overall rise in the prices of goods and services, affects people in different ways. For the majority, it means lower purchasing power and, ultimately, a decrease in wealth, especially if wages do not catch up with rising costs. On the other hand, people who possess certain physical assets that are consistently popular can benefit from the upward trend, as the worth of these assets automatically adjusts for inflation. For example, real estate is _____. This means that prices in this industry can skyrocket in response to inflation despite the fact that the currency no longer goes as far as it once did. It also means that in an inflated economy, people with properties are free to demand higher prices and therefore stand to make more money than they would otherwise have made.

① always in high demand

② prone to slight fluctuations

③ expected to decline in value

④ no longer a good investment

09 밑줄 친 (A), (B)에 들어갈 말로 가장 적절한 것은?

When most people think of the Internet, they associate it with computers, tablets, and smartphones. But this is expected to ___(A)___ to other items in the near future as the Internet of Things (IoT) becomes more of a reality. The IoT is a concept based on networks of sensors, machines that can communicate with one another, and cloud computing. In other words, data gathered by the sensors is uploaded to the cloud, analyzed real time, and then used in ways to help us in our daily lives. For example, your future alarm clock could wake you up, and then tell your coffee maker to start preparing coffee. Also, it might soon be possible to identify exactly what you have in your fridge at home while at the grocery store; the potential ___(B)___ of the IoT concept are endless.

	(A)	(B)
①	reduce	hazards
②	outsource	illusions
③	expand	applications
④	calculate	assessments

10 다음 글의 제목으로 가장 적절한 것은?

Obsessive-compulsive disorder (OCD) is a little-understood condition in which individuals have repetitive thoughts and demonstrate behaviors they can't control. This causes a lot of apprehension and can even lead to panic attacks, which means sufferers are constantly stressed. Unfortunately, current therapies and medications have failed to relieve many people's symptoms for any substantial length of time. A new surgical procedure called deep brain stimulation, however, might have the potential to cure OCD sufferers in a way that the previous methods could not. The treatment involves inserting electrodes into the affected region of the brain. The electrodes are connected to a pacemaker embedded in the patient's chest and activated by a device the patient can hold over his or her chest for a few moments whenever anxiety levels become unmanageable.

① OCD Patients and How Their Brains Work

② Long-term Prognosis for OCD Sufferers

③ Criteria for an Accurate Diagnosis of OCD

④ Discovery of a Possible Remedy for OCD

정답·해석·해설 p. 116

하프모의고사 20회
출제예상 핵심 어휘리스트
바로 다운받기 (gosi.Hackers.com)

QR코드를 이용해 핵심 어휘리스트를 다운받아, 언제 어디서든 공무원 출제예상 어휘를 암기하세요!

DAY 21 하프모의고사 21회

제한 시간 : 15분 **시작** 시 분 ~ **종료** 시 분 **점수 확인** 개/ 10개

01 밑줄 친 부분에 들어갈 말로 가장 적절한 것은?

The hurricane brought _____ amounts of rain and some much-needed relief to the drought-stricken region over the weekend.

① partial
② minute
③ copious
④ dilute

02 밑줄 친 부분의 의미와 가장 가까운 것은?

People who possess the exceptional ability to identify and recall faces with extremely high rates of accuracy are called "super-recognizers."

① instant
② outstanding
③ typical
④ accidental

03 밑줄 친 부분에 들어갈 말로 가장 적절한 것은?

A: Do you want to go out of town this weekend?
B: Maybe. Where were you thinking of going?
A: I'd like to drive out to the mountains and camp for a few nights.
B: Sounds like fun. The weather is perfect for camping.
A: Great. What time would you like to leave?
B: I'm not sure yet. _____.

① I don't have any time
② Everyone is going to be busy
③ I don't like camping
④ I have to check my schedule

04 밑줄 친 부분 중 어법상 옳지 않은 것은?

The popular political candidate who ① disappeared from the public eye following corruption allegations spoke to the press last week, stating "All I can say is that I ② have been wrongfully accused." He maintained his innocence ③ when questioned, although ④ dropped out of the race the day before the election has raised some suspicions.

05 어법상 옳은 것은?

① The children were excited about being taken to the amusement park.
② Kept safe from natural predators, rabbits can be significant long-lived.
③ The efficient of the new machines surprised the factory manager.
④ Sixty percent of his books is filled with his own political opinions.

06 다음 글의 제목으로 가장 적절한 것은?

The novel *Adventures of Huckleberry Finn* by Mark Twain has been called the quintessential book about America. It follows an orphan boy named Huck who leaves home to escape becoming "civilized" by his legal guardian. Along the way, he meets up with a runaway slave named Jim. Together, the two struggle to understand the roles forced upon them by a society that forbids their friendship because of their different skin colors. Recounting their adventures together, the novel confronts the dark legacy of slavery and attempts to show a future in which America may truly realize its promise as the land of the free.

① America's Longstanding Myth of Racial Equality

② Chronicling the Life of a Real American Hero

③ Confronting Social Issues in *Adventures of Huckleberry Finn*

④ Critical Reception of Twain's *Adventures of Huckleberry Finn*

07 다음 글의 내용과 일치하는 것은?

An emirate is an independent state or jurisdiction ruled by a Muslim ruler known as an emir. Emirates function in a similar way to many monarchies, as rulers often acquire their title through birthright. Moreover, like monarchs, emirs possess absolute power over the country. Most emirates are located in a small region of the Middle East bordering the Persian Gulf. The largest emirate in terms of land area is Abu Dhabi. It has a highly developed economy based on oil. Two other oil-producing emirates are Kuwait and Qatar. Thus, some of the countries with the highest gross domestic products (GDP) are located throughout this region, signifying the Middle East's immense wealth.

① Emirates are usually under the control of other countries.

② Many emirs and monarchs inherit their positions.

③ The emirates depend mostly on trade and manufacturing.

④ Kuwait has the highest GDP in the Middle East.

08 밑줄 친 부분에 들어갈 말로 가장 적절한 것은?

When it comes to decision-making, be it simply selecting a dish from a dinner menu or picking a movie, our cognitive resources come into play. The more options we have, the higher our expectations rise. Having a broader array of choices leads us to believe that we're picking from a vast range, expecting the best outcome. In reality, however, a surplus of options only means more decisions and consumes our limited mental energy. Thus, having a multitude of choices often results in decreased satisfaction, diminished confidence in our decisions, and an elevated chance of regret. One solution to cope with this kind of choice overload is to alter the decision process by _____. For instance, if you're looking to select a hotel for a trip, don't consider all of the available hotels. Instead, narrow your choices down to two that meet your needs and then compare those to make an appropriate decision. This approach can help alleviate the burdens of choice and streamline decision-making.

① searching online for others' opinions

② doing activities for your cognitive health

③ constraining yourself to binary choices

④ choosing an option that you are familiar with

09 밑줄 친 (A), (B)에 들어갈 말로 가장 적절한 것은?

The technology may exist, but driverless cars are still on the drawing board. They have all the sensors and data to make the best decision. However, they can never predict what a human will do. Hence, even if a car is programmed to behave correctly in a situation, people who are walking or driving their own cars may do something ____(A)____. In one example, traffic was backed up, which prevented the cars from moving forward even when the light turned green. The driverless car correctly came to a stop, but the driver in the car directly behind it did not, causing a collision. Clearly, complex systems may be no match for a human's incalculable ____(B)____.

(A)	(B)
① unexpected	actions
② regulated	driving
③ measured	habits
④ anticipated	potential

10 주어진 문장 다음에 이어질 글의 순서로 가장 적절한 것은?

The ancient Greek philosopher Carneades offered an ethical thought experiment that is still used in many classrooms today.

(A) But if Sailor B had no choice but to kill Sailor A to save his own life, then perhaps it can be considered an act of self-defense. This ethical dilemma challenges conventional thought about culpability in life-threatening situations.

(B) The case is brought before a judge who must decide how the survivor should be tried. Sailor B is clearly responsible for Sailor A's death, which under normal circumstances would make him a murderer.

(C) It concerns two shipwrecked sailors, A and B. Both men are adrift in the ocean and see a plank that is only big enough for one of them. Sailor A reaches it first, but Sailor B pushes him off. Sailor A drowns and the other man is rescued.

① (B) – (A) – (C)
② (B) – (C) – (A)
③ (C) – (A) – (B)
④ (C) – (B) – (A)

정답 · 해석 · 해설 p. 122

하프모의고사 21회
출제예상 핵심 어휘리스트
바로 다운받기 (gosi.Hackers.com)

QR코드를 이용해 핵심 어휘리스트를 다운받아, 언제 어디서든 공무원 출제예상 어휘를 암기하세요!

DAY 22

하프모의고사 22회

정답·해석·해설 _해설집 p.128

제한 시간 : 15분 **시작**   시   분 ~ **종료**   시   분 **점수 확인**   개/ 10개

01 밑줄 친 부분에 들어갈 말로 가장 적절한 것은?

The racecar driver was certainly the favorite to win the race, but his _____ attitude was quite unusual.

① equivalent ② competent

③ savory ④ modest

02 밑줄 친 부분에 들어갈 말로 가장 적절한 것은?

She started to _____ the guitar after her friend gave her some beginner lessons.

① get across ② pick up

③ pass on ④ let down

03 밑줄 친 부분에 들어갈 말로 가장 적절한 것은?

A: Hey, do you want to go to the movies tonight?
B: I wish I could, but I'm low on cash.
A: You spent your whole paycheck already? I can't believe it.
B: I know. _____.
A: Just put aside some money from your paycheck each month. That way, you won't end up spending it all.
B: That's a good idea. I'll give it a try.

① I really need to get my finances under control

② I'm getting a salary raise next week

③ That's because I don't have time to pay the bills

④ I've been wanting to see that movie

04 우리말을 영어로 가장 잘 옮긴 것은?

① 그 발표자가 기자의 질문을 예상하지 못했다는 것은 방에 있는 모든 사람에게 분명했다.
→ What was obvious to everyone in the room that the speaker was unprepared for the reporter's question.

② 바다거북은 일반적으로 포식의 위험이 더 적은 밤에 알을 낳는다.
→ Sea turtles usually lay their eggs in night when the risk of predation is lower.

③ 위원회의 구성원들은 휴식 이후 논의를 이어 가는 것에 동의한다.
→ The members of the board agree continuing the discussion after the break.

④ Isaac Newton이 아니었다면 우리는 중력에 대해 전혀 알지 못했을 수도 있다.
→ We might never have known about gravity if it hadn't been for Isaac Newton.

05 밑줄 친 부분 중 어법상 옳지 않은 것은?

Frogs ① are comparable with toads but they differ in ② a variety of way. For instance, frog eggs are deposited into the water in clusters ③ surrounded by gelatinous material, whereas those of toads are laid in lines upon plants. There is also a difference when it comes to protecting themselves from predators. Frogs generally have few defenses, ④ while there is a bitter substance secreted by the skin of most toads that discourages anything from eating them.

06 주어진 문장 다음에 이어질 글의 순서로 가장 적절한 것은?

Dams supply towns with water and are a major source of hydropower, but they also have negative effects on the natural environment, especially downstream.

(A) For instance, the practice could be avoided for a couple of days each week or during sensitive periods such as the insects' egg-laying season. Studies have shown that even small changes in dam operations can be beneficial to the bugs and help safeguard the biodiversity of the downstream community.

(B) The main culprit is "hydropeaking," or the practice of boosting the flow of water from dams at times of peak electricity use. The constantly fluctuating water levels can reduce or eliminate entire populations of aquatic insects like mayflies and stoneflies, since they lay their eggs in shallow water near the banks.

(C) The decline of these vital community members can affect fish and other animals higher up in the food chain. Thus, measures to protect river ecosystems must be taken, but because hydropower companies are unlikely to stop hydropeaking altogether, alternatives must be considered.

① (A) – (B) – (C)　　　② (B) – (A) – (C)

③ (B) – (C) – (A)　　　④ (C) – (B) – (A)

07 다음 글의 요지로 가장 적절한 것은?

Chronic mountain sickness (CMS) develops in individuals who remain at high altitudes for extended periods of time. Staying in places higher than 3,000 meters slowly deprives the blood of oxygen, which in turn causes headaches, fatigue, and even heart failure or stroke. However, the illness is selective in that not all who reside in such areas are affected. For instance, the highest rates of CMS are found among Peruvian mountain tribes, while almost no one is diagnosed with it among Ethiopia's mountain natives despite comparable living conditions. This is because high elevation is not the biggest factor for the disease. DNA analysis shows that hereditary mutations are the key. Two sets of chromosomes were consistently identified in chronic sufferers; those who did not get CMS had altered variations of them. By studying the anomalies, it is hoped that better treatments for the condition will transpire.

① Experts found that altitude has nothing to do with chronic mountain sickness.

② Altering a person's DNA has shown to be an effective method to combat CMS.

③ Chronic mountain sickness is the most debilitating illness for Peruvian tribes.

④ The primary factor for warding off CMS has been attributed to mutated genes.

08 주어진 문장이 들어갈 위치로 가장 적절한 곳은?

But when slaves on the Caribbean island suddenly revolted and successfully gained their independence, Bonaparte had to reconsider his plan.

In 1803, France was in possession of an enormous territory called Louisiana that today comprises 15 American states. (①) Napoleon Bonaparte had planned on using this land to establish a French settlement that would be close to his already established and very lucrative colony in Haiti. (②) With no more revenue coming in from the former colony and facing war with England back in Europe, Bonaparte was desperate for money. (③) This is why he decided to sell the entire Louisiana territory to the recently established United States at an extremely attractive price. (④) America bought all 828,800 square miles of Louisiana for 15 million dollars, which works out to a paltry 3 cents an acre.

09 밑줄 친 부분에 들어갈 말로 가장 적절한 것은?

Unlike the widely known World Heritage Sites, the cultural elements that the UN adds to its Intangible Cultural Heritage List have received relatively little attention from the world at large. This is because, as the name suggests, they are not monuments or places that people can visit. Rather, the items on this list include esoteric performance and craft conventions, such as a traditional horse-riding game in Azerbaijan and the custom of painting and decorating oxcarts in Costa Rica. The list is considered especially significant now that the world is rapidly modernizing and many old cultural traditions are dying out. It is hoped that by making their existence and relevance known, these _____ practices can be preserved through peoples' desire to learn about them.

① obscure　　　　② extenuating

③ obsolete　　　　④ extinct

10 다음 글의 내용과 일치하지 않는 것은?

The mystery of why naked mole rats live for up to 30 years—compared to the two- to three-year average of other rodents—has finally been solved. Most of their cousins succumb to cancer as they age, but naked mole rats are found to be uniquely resistant to the disease. Even after medical researchers exposed them to potent carcinogens, tumors were conspicuously absent from all of the subjects studied. Further investigation showed that this remarkable capability could be attributed to a rare version of the chemical hyaluronan in the scaffolding surrounding the rats' cells. It causes cells to stop growing once they become too dense, which serves to prevent tumors from replicating and becoming problematic. Thus, even if a mutation of their genes causes an abnormal growth to emerge, it will never develop into the fatal illness that leads to death in similar mammals.

※ carcinogen: 발암 물질

① Rodent species related to the long-lived naked mole rat have a far shorter lifespan.

② The only naked mole rats with tumors were those exposed to carcinogens.

③ The chemical responsible for the naked mole rat's longevity is located in its outer cell structure.

④ Hyaluronan prevents cancer by inhibiting the replication of tumors.

정답·해석·해설 p. 128

하프모의고사 22회
출제예상 핵심 어휘리스트
바로 다운받기 (gosi.Hackers.com)

QR코드를 이용해 핵심 어휘리스트를 다운받아, 언제 어디서든 공무원 출제예상 어휘를 암기하세요!

📋 **Self Check List**

이번 테스트는 어땠나요?
다음 체크리스트로 자신의 테스트 진행 내용을 점검해 볼까요?

01 나는 15분 동안 완전히 테스트에 집중하였다.
　□ YES　　　　　□ NO

02 나는 주어진 15분 동안 10문제를 모두 풀었다.
　□ YES　　　　　□ NO

03 유난히 어렵게 느껴지는 지문이 있었다.
　□ YES　　　　　□ NO

04 유난히 어렵게 느껴지는 문제가 있었다.
　□ YES　　　　　□ NO

05 모르는 어휘가 있었다.
　□ YES　　　　　□ NO

06 개선해야 할 점과 이를 위한 구체적인 학습 계획

_____

_____

01 밑줄 친 부분의 의미와 가장 가까운 것은?

Some veterans of war feel their memories of being in battle are an emotional <u>encumbrance</u> that prevents them from being happy.

① adjustment

② impediment

③ possession

④ transition

02 밑줄 친 부분의 의미와 가장 가까운 것은?

There was a chance the equipment he had used was contaminated, so he started the experiment <u>from scratch</u>.

① in the same manner

② in a nutshell

③ from time to time

④ from the beginning

03 밑줄 친 부분에 들어갈 말로 가장 적절한 것은?

A: Anna's photography opening is this Friday. Do you want to go?

B: Sure! I didn't know she took photos, though. I thought she made sculptures.

A: She does both. This exhibit showcases her travels around the world.

B: Oh, that sounds interesting! _____

A: The more, the merrier. I'll let her know.

B: OK. He just started photography classes, so I think it'll be inspiring for him.

① I've always wanted to travel the world.

② Mind if I bring my friend along?

③ It sounds like she's really talented.

④ Can you tell her that I'll see it another time?

04 어법상 옳은 것은?

① We were all surprised when Sally was emerged from the driver's seat of the car.

② She asked whether the store provides refunds for returned products.

③ If they had registered for the course last week, they would have been in the classroom now.

④ As the participants need to travel a long distance, the organizer can only accept the health for this project.

05 밑줄 친 부분 중 어법상 옳지 않은 것은?

Life can be tough, but don't let ① <u>its challenges</u> bring you down. One thing you can do ② <u>to avoid falling</u> into negativity is to appreciate the good things. Many years ago, a client of mine lost his job when his mother became very ill. Rather than giving into despair, he kept ③ <u>focusing on</u> the positive. He realized that not working meant he could take care of his mother. She recovered, thankfully, and the two remaining members of the family now ④ <u>has</u> a stronger relationship. The break also gave him time to reevaluate his career goals, which led him to a much more fulfilling job.

06 밑줄 친 부분에 들어갈 말로 가장 적절한 것은?

A litotes is a negative statement that acts to reinforce a positive feeling. For example, let's say that your friend has just met the woman of his dreams. When you ask him how he is doing, he answers with a slight smile and says, "Not too bad." In other words, he is actually doing very well. But rather than bragging about how wonderful his life is or showing how excited he is, he chooses to be modest and indirect. As a literary device, litotes are everywhere, even in ancient texts such as Homer's *Iliad*. The main character in the epic is described by the messenger goddess Iris as being "not stupid, blind, or disrespectful of the gods". What she is trying to convey is that _____. By pointing out the bad traits he does not possess, Iris is able to help readers more clearly understand what type of person he truly is.

① she is apt to offend those she dislikes

② she does not know him very well at all

③ he is completely lacking in praiseworthy qualities

④ he is smart, observant, and respectful of the gods

07 다음 글의 내용과 일치하지 않는 것은?

The indigenous Kung people of southern Africa believe that a creator god sends them illnesses via smaller gods and messengers. For that reason, they must communicate with these supernatural entities through traditional healing ceremonies, which take place around a fire. As the female members of the community clap and sing, the males dance around them, shaking the rattles strapped to their lower legs. This may continue for several hours until the males, many of whom are medicine men, naturally achieve a state of trance. One of the medicine men will come forward to capture a sick individual's illness by massaging it out and drawing it into his own body. He will then toss it to the supernatural forces that have been summoned and command them to take it away, driving the spirits off by shouting harsh words and throwing sticks at them. According to anthropologists, this fascinating ritual "heals" everyone in the community and brings them closer together.

① The Kung people have thought that they must contact divine forces to cure sick members.

② The Kung women adorn the men with rattles in the middle of the healing ceremony.

③ Kung medicine men believe they need to absorb sicknesses and hurl them to the spirits to banish them.

④ It is thought that the healing ritual allows the members of the group to form stronger bonds.

08 밑줄 친 부분에 들어갈 말로 가장 적절한 것은?

The Great Fire of London raged on for almost five days in September of 1666, destroying most of the city's government buildings and churches, as well as over 13,000 houses. This catastrophic event, which left over 85 percent of London's population homeless, triggered the _____. These were the minimum standards that had to be adhered to by architects, engineers, and construction companies for the purpose of reducing health and safety risks to occupants. Naturally, fire prevention was one of the initial objectives, and most countries today have fire regulations in all indoor structures in order to ensure that the essential equipment is on hand in the event of an accidental blaze.

① deterioration of fire safety laws
② introduction of emergency treatment
③ implementation of building codes
④ establishment of welfare programs

09 다음 글의 제목으로 가장 적절한 것은?

The Internet has given rise to all kinds of phenomena, but none that requires greater scrutiny than online vigilantism. Basically, vigilantism includes the activity by a group of people, though not having authority, to enforce laws and social rules. Net users monitor the actions of others and post comments anonymously to express displeasure if they believe a standard has been breached. Very often, however, the public shaming that ensues can be compared to lynching. Maya Gilsey is a case in point. The 21-year-old was seeking donations for her cancer charity. Presuming her organization to be a hoax, users posted that she was a fraud. The online community retaliated with ferocity. Gilsey was reported to the FBI, flooded with hate mail, and besieged with death threats. Ultimately, the vigilantes had become judge and executioner without knowing the facts.

① The Dangers of Internet Vigilantism
② Vigilantes: Defenders of the Innocent
③ Why Online Vigilantes Are Hostile
④ Using the Internet to Enforce Rules

10 다음 글의 흐름상 어색한 문장은?

The herb known as cilantro thrives well when everything is balanced. This means that there shouldn't be too much or too little of what it needs. ① It grows well in mild climates that aren't too humid. If the weather is cool, cilantro should be planted in the sun. ② But in warm climates, the area should be shaded in the hot afternoons. The plant must be watered well, but you should ensure that the soil can drain properly. ③ Cilantro does not do well in soil that is too wet. It will eventually flower and develop seeds, and once the seeds turn brown, they can be harvested. ④ Internationally, the plant is known as coriander, which comes from the Greek word "koris", a reference to the herb's strong smell. Both the seeds and leaves can be used to flavor food.

정답·해석·해설 p. 134

하프모의고사 23회
출제예상 핵심 어휘리스트
바로 다운받기 (gosi.Hackers.com)

QR코드를 이용해 핵심 어휘리스트를 다운받아, 언제 어디서든 공무원 출제예상 어휘를 암기하세요!

01 밑줄 친 부분에 들어갈 말로 가장 적절한 것은?

> Although the experienced climbers looked _____, it was not easy to find trails and routes in the dense forest that led them to the mountaintop.

① impending
② resolute
③ reckless
④ skeptical

02 밑줄 친 부분의 의미와 가장 가까운 것은?

> The student, who needed to take time off to care for his sick parents, attended school on and off.

① continuously
② occasionally
③ laboriously
④ consistently

03 우리말을 영어로 잘못 옮긴 것은?

① 실패 없이는 어떠한 삶의 교훈도 배울 수 없다는 것은 불행한 사실이다.
→ That certain life lessons cannot be learned without failure is an unfortunate truth.

② 분주한 저녁 식사 시간 동안 직원들이 숨돌릴 순간은 거의 없다.
→ There is barely not a moment for the staff to take a breath during the dinnertime rush.

③ 많은 관광객들은 그곳이 갖는 매력 때문에 아침 식사가 제공되는 숙박 시설을 다시 찾는다.
→ Many a visitor returns to the bed and breakfast because of its charm.

④ 나는 내 형이 졸업하고 나면 그가 하기로 결심한 것은 무엇이든 성공해 내리라는 것을 안다.
→ I know that my brother will succeed in whatever he decides to do after he graduates.

04 어법상 옳은 것은?

① The airline apologized for the luggage that were delivered to the wrong terminal.

② The yoga instructor requires that the trainee stretch for ten minutes before starting a workout.

③ The city has passed legislation to rise the minimum wage for all workers.

④ Unless you will enter your pin number, I cannot check your account balance.

05 밑줄 친 부분에 들어갈 말로 가장 적절한 것은?

> A: You were late for work. What happened?
> B: I went to the doctor's office this morning.
> A: But you hate going there.
> B: That's true.
> A: Then what made you _____?
> B: I've been getting headaches lately. Dr. Cole thinks I should get my eyes checked.
> A: That would make sense. I noticed you squint a lot these days.

① keep it under wraps
② see eye to eye
③ bite the bullet
④ bring it up

06 다음 글의 흐름상 어색한 문장은?

Language learners often confuse proverbs and idioms as one and the same. However, there are important differences that distinguish them. ① An idiom is an expression whose meaning cannot be guessed by reading its individual words literally. The phrase "to be fed up with," for example, doesn't really mean anything unless a person knows that it refers to "being annoyed." A proverb, on the other hand, does make logical sense, even if the underlying message isn't fully understood. ② If someone says "Don't cry over spilled milk," the listener forms an image of not crying because some milk spilled. Then beyond the literal reading is an underlying one. ③ That is, the real meaning of a proverb is derived from understanding the advice or wisdom being conveyed. ④ Proverbs that convey specific meanings usually originated far back in the past, sometimes to the point where nobody knows how they actually began. Thus, another way that a proverb differs from an idiom is that it has a deeper lesson to impart.

07 밑줄 친 부분에 들어갈 말로 가장 적절한 것은?

When evaluating job applications from recent graduates, some employers use grades as a basis for hiring. But it has recently come to light that _____ in grading practices across schools can make it difficult for employers to accurately assess candidates. For instance, many top colleges set extremely strict limits on the percentage of individuals who can receive A's in a course. This puts new graduates at a disadvantage once they begin looking for work, because they will be compared to candidates from other schools that do not follow such procedures. Grade inflation is an issue even within schools. At one particular, highly prominent institution, half of the class typically receives A's and most complete their education with honors. With so many graduates from such schools getting the same scores and applying for the same positions, the very best have little hope of standing out from their peers.

① maliciousness

② standardization

③ prohibitions

④ discrepancies

08 밑줄 친 부분에 들어갈 말로 가장 적절한 것은?

Maya blue is a bright, azure pigment that has been around since AD 300. It was invented by the Mayans, who likely considered the color sacred. Archaeologists have found numerous artifacts, from pottery to the remains of human sacrifices, painted with the beautiful hue. Perhaps its most remarkable feature is that it has not faded like other natural pigments from long ago. In fact, the color remains so tightly bound to its surface that it is hardly affected by weathering and the application of harsh chemicals like acid. Yet experts remain in the dark as to how exactly the Mayans managed to achieve this. Though many facets about this unique coloration have been analyzed, it is still unclear exactly _____.

① what makes Maya blue so durable

② why the Mayan pigment is holy

③ which element caused Maya blue to fade

④ who taught the Mayans how to concoct it

09 다음 글의 내용과 일치하지 않는 것은?

Arab males sometimes incorporate a unique custom into their greetings, where they touch their noses together while shaking hands. This tradition, deeply rooted in the semi-nomadic Bedouin culture, serves as a symbol of friendship among close male friends. Meanwhile, on the South Pacific island of Tuvalu, a traditional Polynesian welcome for visitors also includes the nose. A local will press their cheek against a guest's cheek and take deep breaths through their nose. This act of smelling the visitor is meant to be a warm gesture to show hospitality. In Malaysia, there is a formal greeting that involves gently holding and then releasing the other person's hands, followed by placing your own hand over your heart to signify goodwill. In Zimbabwe, there is a unique call-and-response style greeting. After the initial handshake, individuals engage in a clapping ritual where the first person claps once, and the second person responds with two claps. The technique differs according to gender: men align their fingers and palms when clapping, whereas women use a slightly different hand angle.

① Arab men participate in the Bedouin cultural greeting of touching noses at times.

② Natives of Tuvalu welcome visitors by sniffing their cheek.

③ Putting one's hand on one's heart in greeting is considered formal in Malaysia.

④ The clapping greeting in Zimbabwe precedes the shaking of hands.

10 주어진 문장이 들어갈 위치로 가장 적절한 곳은?

> Practitioners of traditional medicine have long recommended the consumption of certain turtle species, claiming that the flesh of the animal can cure everything from fever to cancer.

In what is considered a dire crisis among conservationists, all 89 turtle species in Southeast Asia are currently threatened with extinction. (①) This is primarily because of the popular demand for turtle dishes, a culinary custom that stems from the beliefs of an ancient Chinese profession. (②) However, whether turtles actually possess curative properties has not been scientifically verified, and remedies are based almost entirely on folklore. (③) The Chinese take pride in maintaining certain deep-rooted practices. But if they persist in using animal-based remedies at the current rate, they will soon have no choice but to find medicinal substitutes. (④)

정답·해석·해설 p. 140

하프모의고사 24회
출제예상 핵심 어휘리스트
바로 다운받기 (gosi.Hackers.com)

QR코드를 이용해 핵심 어휘리스트를 다운받아, 언제 어디서든 공무원 출제예상 어휘를 암기하세요!

Self Check List

이번 테스트는 어땠나요?
다음 체크리스트로 자신의 테스트 진행 내용을 점검해 볼까요?

01 나는 15분 동안 완전히 테스트에 집중하였다.
　　□ YES　　　　　□ NO

02 나는 주어진 15분 동안 10문제를 모두 풀었다.
　　□ YES　　　　　□ NO

03 유난히 어렵게 느껴지는 지문이 있었다.
　　□ YES　　　　　□ NO

04 유난히 어렵게 느껴지는 문제가 있었다.
　　□ YES　　　　　□ NO

05 모르는 어휘가 있었다.
　　□ YES　　　　　□ NO

06 개선해야 할 점과 이를 위한 구체적인 학습 계획

_____

_____

MEMO

단계별 교재 확인 및
수강신청은 여기서!

gosi.Hackers.com

* 커리큘럼은 과목별·선생님별로 상이할 수 있으며, 자세한 내용은 해커스공무원 사이트에서 확인하세요.

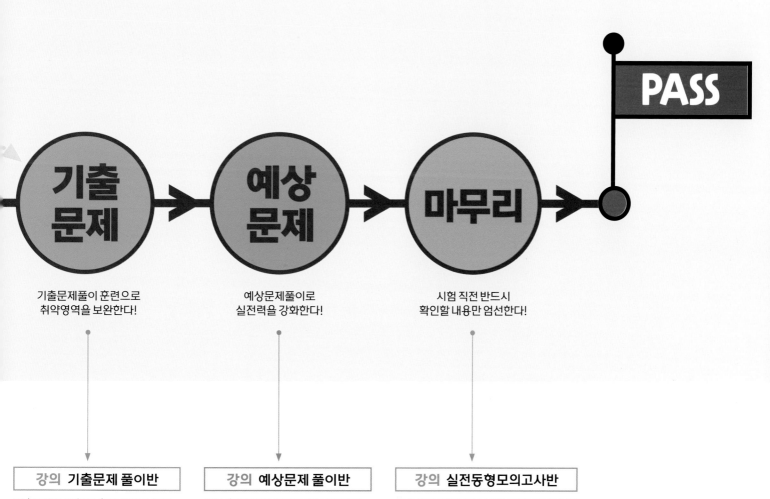

기출 문제

기출문제풀이 훈련으로
취약영역을 보완한다!

예상 문제

예상문제풀이로
실전력을 강화한다!

마무리

시험 직전 반드시
확인할 내용만 엄선한다!

PASS

강의 기출문제 풀이반

기출문제의 유형과 출제 의도를 이해
하고, 본인의 취약영역을 파악 및 보완
하는 강의

강의 예상문제 풀이반

최신 출제경향을 반영한 예상 문제들을
풀어보며 실전력을 강화하는 강의

강의 실전동형모의고사반

최신 출제경향을 완벽하게 반영한 모의고사를
풀어보며 실전 감각을 극대화하는 강의

강의 봉투모의고사반

시험 직전에 실제 시험과 동일한 형태의
모의고사를 풀어보며 실전력을 완성하는 강의

해커스공무원

매일
하프모의고사
영어 3

해커스공무원

해커스 공무원시험연구소 총평

난이도	독해 영역에서 전반적으로 정답의 단서가 명확하게 주어졌기에, 모든 문제를 주어진 시간 안에 어렵지 않게 풀어낼 수 있는 회차였습니다.
어휘·생활영어 영역	2번 문제에서는 사람의 성격 및 성향과 관련된 어휘들이 출제되었습니다. 이와 같이 사람의 성격 및 성향을 나타내는 형용사 어휘 또한 출제 가능성이 높으므로, '이것도 알면 합격!'에 정리된 유의어까지 학습하고 넘어갑니다.
문법 영역	5번 문제에서 묻고 있는 지시대명사의 쓰임의 경우 빈출 포인트는 아니지만 혼동하기 쉬우므로 고득점을 위해 확실히 정리해 둡니다.
독해 영역	8번 문제처럼, 무관한 문장 삭제 유형에서는 정답인 무관한 문장에도 지문의 중심 내용과 관련된 소재(landowners)가 등장할 수 있음에 유의합니다.

정답

01	③	어휘	06	①	독해
02	④	어휘	07	②	독해
03	③	생활영어	08	③	독해
04	②	문법	09	②	독해
05	①	문법	10	①	독해

취약영역 분석표

영역	맞힌 답의 개수
어휘	/ 2
생활영어	/ 1
문법	/ 2
독해	/ 5
TOTAL	/ 10

---

01 어휘 infringe 난이도 중 ●●○

밑줄 친 부분에 들어갈 말로 가장 적절한 것은?

> He had considered taking a personal day without notifying his manager, even though it meant he would _____ company regulations. In the end, however, he decided it was not worth facing punishment.

① uphold
② modify
③ infringe
④ enforce

해석

관리자에게 알리지 않고 휴무일을 사용하는 것이 그가 회사 규정을 위반한다는 것을 의미함에도 불구하고, 그는 그것을 고려했다. 하지만 결국, 그는 그것이 처벌을 감수할 만큼의 가치는 없다고 판단했다.

① 옹호하다
② 수정하다
③ 위반하다
④ 시행하다

정답 ③

어휘

personal day 휴무일, 결근일 in the end 결국 punishment 처벌
uphold 옹호하다 modify 수정하다 infringe 위반하다 enforce 시행하다

이것도 알면 합격!

infringe(위반하다)의 유의어
= violate, breach, transgress

---

02 어휘 cultivated = polished 난이도 중 ●●○

밑줄 친 부분의 의미와 가장 가까운 것은?

> The butler bowed in a cultivated manner and left the room.

① subdued
② loyal
③ banal
④ polished

해석

집사는 고상한 태도로 인사하고 방을 떠났다.

① 차분한
② 충성스러운
③ 따분한
④ 고상한

정답 ④

어휘

butler 집사 bow 인사하다; 활 cultivated 고상한, 교양 있는
subdued 차분한, 부드러운 loyal 충성스러운, 충실한 banal 따분한, 진부한
polished 고상한

 **이것도 알면 합격!**

cultivated(고상한)의 유의어
= sophisticated, elegant, refined

---

03 생활영어 That was a nice walk in the park. 난이도 하 ●○○

두 사람의 대화 중 자연스럽지 않은 것은?

① A: Let's do something this weekend.

　 B: Sure! What do you have in mind?

② A: Thanks for helping me move.

　 B: Don't mention it. What are friends for?

③ A: Can you take my dog for a walk?

　 B: That was a nice walk in the park.

④ A: Do you mind if I have some of your fries?

　 B: Absolutely not. Help yourself.

해석

① A: 이번 주말에 뭔가 하자.

　 B: 좋아! 어떤 걸 생각하고 있니?

② A: 이사하는 것을 도와줘서 고마워.

　 B: 천만에. 친구 좋다는 게 뭐니?

③ A: 내 강아지 산책시켜 줄 수 있니?

　 B: 공원에서 근사한 산책을 했어.

④ A: 내가 네 감자튀김을 좀 먹어도 될까?

　 B: 물론이지! 편한 대로 해.

포인트 해설

③번에서 A는 강아지 산책을 부탁하고 있으므로, 공원에서 근사한 산책을 했다는 B의 대답 ③ 'That was a nice walk in the park'(공원에서 근사한 산책을 했어)는 어울리지 않는다.

정답 ③

어휘

Don't mention it. 천만에요.

 **이것도 알면 합격!**

부탁할 때 쓸 수 있는 다양한 표현들을 알아 두자.

· Could you fill me in? 저에게 좀 알려 줄래요?

· Can I ask you for a favor? 부탁 하나만 해도 될까?

· Would you mind giving me a hand? 좀 도와줄 수 있나요?

· I want you to back me up. 당신이 저를 지지해 주길 바랍니다.

---

04 문법 가정법 | 주어 | 동명사 | to 부정사 | 어순 | 병치 구문
난이도 중 ●●○

어법상 옳지 않은 것은?

① It is obligatory to purchase a permit before using the campground.

② If the previous mayor had run for a second term, he might win the election.

③ Mike completely missed the opportunity to meet the new client.

④ My sister bragged about how much money she earned and where she worked.

해석

① 캠핑장을 이용하기 전에는 허가증을 구매하는 것은 필수이다.

② 만약 이전 시장이 두 번째 임기를 위해 출마했다면, 그는 아마도 선거에서 이겼을 것이다.

③ Mike는 새로운 고객과 만날 기회를 완전히 놓쳤다.

④ 내 여동생은 그녀가 돈을 얼마나 버는지와 어디에서 일하는지에 대해 자랑했다.

포인트 해설

② **가정법 과거완료** 문맥상 '만약 이전 시장이 두 번째 임기를 위해 출마했다면'이라는 의미로 과거 상황의 반대를 가정하고 있고 if절에 가정법 과거완료 'if + 주어 + had p.p.' 형태가 왔으므로, 주절에도 가정법 과거완료 '주어 + would/should/could/might + have p.p.'의 형태가 와야 한다. 따라서, he might win을 he might have won으로 고쳐야 한다.

[오답 분석]

① **가짜 주어 구문 | 동명사의 역할** to 부정사구(to purchase ~ campground)와 같이 긴 주어가 오면 가주어 it이 진주어(to 부정사구)를 대신해서 문장의 맨 앞에 쓰이므로 가주어 It is obligatory to purchase ~가 올바르게 쓰였다. 또한 전치사(before) 뒤에 명사 역할을 하는 동명사 using이 올바르게 쓰였다.

③ **to 부정사 관련 표현** 명사 opportunity는 to 부정사를 취하는 명사이므로 opportunity to meet가 올바르게 쓰였다.

④ **어순 | 병치 구문** 의문문이 다른 문장 안에 포함된 간접 의문문은 '의문사 + 주어 + 동사'의 어순이 되어야 하고, 접속사(and)로 연결된 병치 구문에서는 같은 구조끼리 연결되어야 하므로, and 앞뒤에 간접 의문문 how much money she earned와 where she worked가 올바르게 쓰였다.

정답 ②

어휘

obligatory 필수의, 의무적인　permit 허가증　run for 출마하다
brag about 자랑하다

 **이것도 알면 합격!**

③번의 opportunity처럼 '명사 + to 부정사' 형태로 to 부정사를 취하는 명사들을 기억해 두자.

chance to ~할 기회	time to ~할 시간
right to ~할 권리	way to ~할 방법

05 문법 대명사 | 분사 | 수동태 | 비교 구문 | 명사절 난이도 중 ●●○

우리말을 영어로 잘못 옮긴 것은?

① 인간과 회색곰의 식단은 소와 코알라의 식단보다 더 다양하다.
→ The diets of humans and grizzly bears are more diverse than these of cattle and koalas.

② 이번 가을에 학업을 완료하는 학생들을 위해 12월에 졸업식이 열릴 것이다.
→ For students completing their studies in the fall, the graduation ceremony will be held in December.

③ 당신이 매듭을 더 단단히 묶을수록, 그것은 풀기가 더 어려워질 것이다.
→ The tighter you tie a knot, the harder it will be to loosen it.

④ 그 시민 단체가 모금한 것은 여러 종류의 질병 연구에 자금을 제공하기 위해 사용될 것이다.
→ What the advocacy group collects will be used to fund research for several types of diseases.

포인트 해설

① **지시대명사** 앞에 나온 복수 명사(The diets)를 대신하며 뒤에서 수식어(of cattle and koalas)의 꾸밈을 받을 수 있는 것은 지시대명사 those 이므로, 지시대명사 these를 지시대명사 those로 고쳐야 한다.

[오답 분석]

② **현재분사 vs. 과거분사 | 능동태·수동태 구별** 수식받는 명사(students) 와 분사가 '학생들이 완료하다'라는 의미의 능동 관계이므로 현재분사 completing이 올바르게 쓰였다. 또한 주어(the graduation ceremony)와 동사가 '졸업식이 열리다'라는 의미의 수동 관계이므로 수동태 will be held도 올바르게 쓰였다.

③ **비교급** '당신이 매듭을 더 단단히 묶을수록, 그것은 풀기가 더 어려워질 것이다'는 비교급 표현 'The + 비교급 + 주어 + 동사 ~, the + 비교급 + 주어 + 동사'(더 ~할수록 더 -하다)를 사용하여 나타낼 수 있으므로, The tighter you tie ~, the harder it will be ~가 올바르게 쓰였다.

④ **명사절 접속사** 목적어가 없는 불완전한 절(the advocacy group collects)을 이끌면서 문장의 주어 자리에 올 수 있는 명사절 접속사 What이 올바르게 쓰였다.

정답 ①

어휘

diverse 다양한　cattle 소　knot 매듭　advocacy group 시민 단체

🎓 이것도 알면 합격!

지시대명사 those는 '~한 사람들'이란 뜻으로 쓰일 수 있고, 이때 뒤에서 수식어(전치사구, 관계절, 분사)의 꾸밈을 받는다는 것을 알아 두자.

• Those underline{exhibiting exceptional leadership qualities} are often
　　　　　　수식어(분사구)
selected for key roles in the organization.
뛰어난 리더십 자질을 보이는 사람들은 종종 단체에서 중요한 역할에 발탁된다.

---

06 독해 빈칸 완성 – 구 난이도 중 ●●○

밑줄 친 부분에 들어갈 말로 가장 적절한 것은?

Of course, many know that multilingualism is a highly-valued job skill in the global marketplace of today. But the advantage for companies is not merely having an employee who can communicate with foreign partners and clients. For instance, learning a new language _____. When starting from scratch with another language, learners are not easily able to interpret even the most basic sentences. In conversations, they strain to pick up on any words they know in an effort to understand. They thus refrain from talking over others and instead pay closer attention to what is being said. Essentially, second-language learners are forced to play a passive role during communication to make sure they hear everything correctly, and they become more attentive and observant as a result. Employers appreciate this quality enormously in the workplace.

① turns people into good listeners
② teaches a person to be humble
③ shows people how to speak better
④ develops a person's memorization skills

해석

물론, 많은 사람들은 여러 언어를 사용하는 능력이 오늘날의 세계적인 시장에서 가치가 높은 직업 기술이라는 것을 안다. 하지만 기업들에 있어서 그 이점은 단지 해외의 동업자 그리고 고객과 소통할 수 있는 직원을 두는 것이 아니다. 예를 들어, 새로운 언어를 배우는 것은 사람들이 훌륭한 청자가 되게 한다. 다른 언어를 처음부터 시작할 때, 학습자들은 심지어 가장 기본적인 문장들도 쉽게 해석할 수 없다. 대화에서, 그들은 이해해 보려는 노력의 일환으로 자신들이 아는 어떤 단어라도 알아채려고 안간힘을 쓴다. 그러므로 그들은 다른 이들에게 말하는 것을 삼가고 대신에 무엇이 이야기되고 있는지에 더 세심한 주의를 기울인다. 근본적으로, 제2외국어 학습자들은 모든 것을 정확하게 듣기 위해 대화 내내 수동적인 역할을 하게 되고, 그 결과 그들은 더욱 주의를 기울이고 관찰력이 예리해진다. 고용주들은 이 자질을 직장에서 대단히 높이 평가한다.

① 사람들이 훌륭한 청자가 되게 한다
② 사람들이 겸손해지도록 가르친다
③ 사람들에게 어떻게 더 잘 말할 수 있는지 보여 준다
④ 사람의 암기 능력을 발달시킨다

포인트 해설

빈칸 뒷부분에서 다른 언어를 처음부터 시작할 때 학습자들은 가장 기본적인 문장들도 쉽게 해석할 수 없어서, 학습자들은 이해해 보려는 노력의 일환으로 자신들이 아는 어떤 단어라도 알아채려고 안간힘 쓴다고 했고 무엇이 이야기되고 있는지에 더 세심한 주의를 기울인다고 했으므로, 새로운 언어를 배우는 것은 '사람들이 훌륭한 청자가 되게 한다'고 한 ①번이 정답이다.

정답 ①

어휘

multilingualism 여러 언어를 사용하는 능력   marketplace 시장
start from scratch 처음부터 시작하다   refrain from ~을 삼가다
attentive 주의를 기울이는   observant 관찰력이 예리한
appreciate 높이 평가하다

---

07 독해 빈칸 완성 - 구   난이도 중 ●●○

밑줄 친 부분에 들어갈 말로 가장 적절한 것은?

Owing to the wide-ranging influence of the US market, the dollar has become the world's single reserve currency that is the basis of comparison for other moneys all over. But many nations are arguing against the practice, claiming that it can only bring about detrimental consequences in the end. This is because the reliance on one currency makes the entire international system vulnerable to the ups and downs of a particular country. This warning proved to be prophetic during the collapse of the American economy in 2008. The worldwide market—now more interconnected than ever—suffered severe setbacks as well, causing recessions in a number of regions. The incident served to underline the fact that continuing to afford the dollar bill a privileged status _____.

① hinders the likelihood of any drastic change from taking place

② will doubtless create further global financial instability in the future

③ causes other countries to adopt the dollar as their national currency

④ intensifies the need for another currency to replace the dollar

해석

미국 시장의 폭넓은 영향력 덕분에, 달러는 나머지 다른 모든 통화에 대한 비교 기준인 세계의 단 하나의 준비 통화가 되었다. 하지만 많은 국가들은 이것이 결국엔 해로운 결과를 가져올 수밖에 없다고 주장하며 이러한 관행에 반대하고 있다. 이는 단일 통화에 대한 의존이 온 국제 체계를 특정 국가의 성쇠에 취약하게 만들기 때문이다. 2008년 미국의 경제 붕괴 동안에 이러한 경고는 예언적이었던 것으로 판명되었다. 현재 그 어느 때보다 더 서로 연결되어 있는 세계 시장은 많은 지역에 불황을 일으키며 심각한 실패 또한 겪었다. 이 사건은 계속해서 달러에 특권적 지위를 부여하는 것은 틀림없이 미래에 더 심한 세계 금융의 불안정을 초래할 것이라는 사실을 분명히 보여 주는 역할을 했다.

① 어떠한 급격한 변화의 발생 가능성을 막는다
② 틀림없이 미래에 더 심한 세계 금융의 불안정을 초래할 것이다
③ 다른 국가들이 달러를 자국의 통화로 채택하게 한다
④ 달러를 대체할 또 다른 통화의 필요성을 증대한다

포인트 해설

지문 전반에 걸쳐 세계의 단일 통화에 대한 의존은 온 국가 체계를 특정 국가의 성쇠에 취약하게 만들기 때문에 해로운 결과를 가져올 것임을 많은 국가들이 주장했다고 했고, 미국의 경제 붕괴 동안 이러한 경고는 예언적이었던 것으로 판명되었다고 했으므로, 이 사건은 계속해서 달러에 특권적 지위를 부여하는 것이 '틀림없이 미래에 더 심한 세계 금융의 불안정을 초래할 것'이라는 사실을 분명히 보여 준다고 한 ②번이 정답이다.

정답 ②

어휘

reserve currency 준비 통화   detrimental 해로운   reliance 의존
prophetic 예언적인   interconnect 서로 연결하다   setback 실패
recession 불황   underline 분명히 보여주다   privileged 특권을 가진
hinder 막다, 방해하다   drastic 급격한   instability 불안정   adopt 채택하다
intensify 증대하다

---

08 독해 무관한 문장 삭제   난이도 중 ●●○

다음 글의 흐름상 어색한 문장은?

In the 18th and 19th centuries, residents of the Scottish Highlands were forced off their land by aristocratic landowners. ① The large-scale eviction, known as the Highland Clearances, changed the region in profound ways. ② When the farming communities left the region, many folkways were lost and the traditional fabric of the society became fragmented. For example, the traditional clan system, under which a clan chief and the people assumed responsibilities toward one another and to the land, quickly deteriorated. ③ The landowners largely switched from planting small-scale crops to herding sheep during the 18th-century agricultural revolution. ④ The expulsion also prompted a massive emigration of Highlanders to other parts of the world. It scattered the population so that the descendants of the displaced now reside in various regions outside of their native home.

해석

18세기와 19세기에, 스코틀랜드 하일랜드의 주민들은 귀족 지주들에 의해 강제로 그들의 땅에서 쫓겨났다. ① 하일랜드 청소로 알려진 그 대규모 축출은 그 지역을 완전히 변화시켰다. ② 농촌 주민들이 이 지역을 떠났을 때, 많은 풍습이 사라졌고 전통적인 사회 구조는 붕괴되었다. 예를 들어, 씨족의 지도자와 사람들이 서로에 대해 그리고 땅에 대해 책임을 지던 전통적인 씨족 체제는 빠르게 약화되었다. ③ 지주들은 대부분 18세기 농업 혁명 동안 소규모 농작물을 심는 일에서 양 떼를 돌보는 일로 전환했다. ④ 그 추방은 또한 하일랜드 주민들의 세계 다른 지역으로의 대규모 이주를 촉발했다. 그것은 주민들이 뿔뿔이 흩어지게 만들었기에, 추방된 이들의 후손은 현재 고향 밖의 여러 지역에서 살고 있다.

포인트 해설

첫 문장에서 '18세기와 19세기에 귀족 지주들에 의해 그들의 땅에서 쫓겨난 스코틀랜드 하일랜드 주민들'에 대해 언급하고, ①, ②, ④번에서 스코틀랜드 하일랜드의 강제 이주로 인한 영향을 설명하고 있다. 그러나 ③번은 '18세기 농업 혁명이 지주들에게 미친 영향'에 대한 내용으로, 첫 문장의 내용과 관련이 없다.

정답 ③

어휘

aristocratic 귀족의 eviction 축출, 퇴거 folkways 풍습, 민속
fabric 구조, 체제 fragment 붕괴하다 clan 씨족, 일족
deteriorate 약화되다, 쇠약해지다 herd 돌보다 expulsion 추방
emigration 이주 descendant 후손 reside 살다

포인트 해설

지문 전반에 걸쳐 연구원들이 개발한 인공 피부인 '스마트 피부'는 실제에 가깝게 부드럽고 탄력적일 뿐만 아니라, 온도, 습도, 그리고 심지어 촉감을 감지할 수 있어서 이 인공 기관을 사용하는 사람들은 외부의 자극을 감지하고 자연스럽게 반응할 수 있을 것이라고 설명하고 있다. 따라서 ② '인공 기관을 위한 새로운 촉각'이 이 글의 제목이다.

정답 ②

어휘

prosthetic 인공 기관의 limb 팔다리 simulate 모방하다 artificial 인공의
elastic 탄력적인 detect 감지하다 humidity 습도
tactile sensation 촉감 exterior 외면 stimulus 자극
capacity 능력, 용량 operation 수행, 운영 mechanics 역학, 제작 기술

---

09 독해 제목 파악   난이도 중 ●●○

다음 글의 제목으로 가장 적절한 것은?

Engineers of prosthetic limbs have struggled to simulate the experience of touch for patients who have lost an arm or leg in an accident. Now, however, researchers have developed a new artificial skin that's surprisingly close to the real thing. This "smart skin", as it is called, is soft and elastic. It can also detect temperature, humidity, and even tactile sensations through sensors built into a thin silicone exterior. For the first time, individuals with a prosthesis will be able to detect stimuli from the outside world and respond appropriately in a natural manner. They can even improve a person's capacity for complex operations such as shaking someone's hand or using a keyboard.

① Understanding the Mechanics of Touch
② A New Sense of Touch for Prosthesis
③ The Evolution of Prosthetic Limbs
④ How "Smart Skin" Surpasses Touch

해석

인공 팔다리 기관을 개발하는 기술자들은 사고로 팔이나 다리를 잃은 환자들을 위해 촉각의 경험을 모방하려 노력해 왔다. 하지만 이제 연구원들은 놀라울 정도로 실제에 가까운 새로운 인공 피부를 개발했다. '스마트 피부'라 불리는 이것은 부드럽고 탄력적이다. 이것은 또한 얇은 실리콘 외면에 내재되어 있는 감지기를 통해 온도, 습도, 그리고 심지어 촉감을 감지할 수 있다. 최초로, 인공 기관을 사용하는 사람들이 외부 세계로부터의 자극을 감지하고 자연스러운 방식으로 적절하게 반응할 수 있게 될 것이다. 그것들은 심지어 누군가와 악수를 하거나 키보드를 사용하는 것과 같은 한 사람의 복잡한 동작 수행 능력을 향상시킬 수도 있다.
① 촉각의 역학에 대한 이해
② 인공 기관을 위한 새로운 촉각
③ 인공 팔다리 기관의 진화
④ '스마트 피부'가 촉각을 어떻게 능가하는가

---

10 독해 내용 불일치 파악   난이도 중 ●●○

다음 글의 내용과 일치하지 않는 것은?

During the Enlightenment, philosophers were divided on which part of speech a child learned first. Some believed that nouns preceded verbs because children needed to be able to identify things in order to satisfy their wants. Others argued that verbs came first since children appeared to express their desires earliest in actions like eating and crawling. The disputes became fairly intense, with different thinkers advocating for nearly every part of speech, including adverbs and pronouns. This line of speculation was eventually dropped, however, when a conclusion could not be reached. While the early thinkers may have failed to find an answer, their debates undoubtedly broadened our knowledge of the nature of language and the processes that lead to its acquisition.

① Some young children use nouns to describe actions when they first speak.
② Some thinkers were convinced that verbs were acquired by children before nouns.
③ Debates on the order in which different types of words are learned were passionate.
④ Philosophers were unable to irrefutably determine which part of speech is learned first.

해석

계몽 운동 시기 동안, 철학가들은 아이들이 어떤 품사를 가장 먼저 배우는지에 대해 의견이 분분했다. 몇몇은 아이들이 자신들의 욕구를 만족시키려면 사물들을 식별할 수 있어야 하기 때문에 명사가 동사보다 앞선다고 생각했다. 다른 이들은 아이들이 본인들의 요구하는 바를 먹는 것이나 기는 것과 같은 행동으로 가장 먼저 표현하는 것 같기에 동사가 가장 먼저라고 주장했다. 그 논쟁은 다른 철학가들이 부사와 대명사를 포함한 거의 모든 품사를 주장하게 되면서 매우 치열해졌다. 하지만 결론을 내릴 수 없게 되자, 이러한 일련의 추론은 결국 중단되었다. 초기 철학가들이 답을 찾는 데는 실패했을지도 모르지만, 그들의 논쟁은 의심의 여지 없이 언어가 갖는 특성과 언어 습득에 이르는 과정에 대한 우리의 지식을 넓혔다.

① 몇몇 어린아이들은 그들이 처음 말할 때 행동을 설명하기 위해 명사를 사용한다.

② 일부 철학자들은 아이들에 의해 동사가 명사보다 먼저 습득된다고 확신했다.

③ 여러 유형의 단어가 학습되는 순서에 대한 논쟁은 격렬했다.

④ 철학가들은 어느 품사가 가장 먼저 학습되는지에 대해 반박할 수 없게끔 규정지을 수 없었다.

포인트 해설

①번의 키워드인 actions(명사)가 그대로 언급된 지문 주변의 내용에서 다른 이들(다른 철학가들)은 아이들이 본인들의 요구하는 바를 행동으로 가장 먼저 표현하는 것 같기에 동사가 가장 먼저라고 주장했다고는 했지만, ① '몇몇 어린아이들은 그들이 처음 말할 때 행동을 설명하기 위해 명사를 사용'하는지는 알 수 없다.

정답 ①

어휘

the Enlightenment 계몽 운동   part of speech 품사
precede 앞서다, 우선하다   identify 식별하다, 알다   crawl 기다
intense 치열한, 격렬한   advocate 주장하다, 지지하다   speculation 추론
acquisition 습득   describe 설명하다, 묘사하다   irrefutably 반박할 수 없게
passionate 격렬한, 열렬한

구문 분석

While the early thinkers may have failed / to find an answer, (생략).
: 이처럼 조동사 may가 have + p.p.(have failed)와 함께 쓰이는 경우, '~했을지도 모른다'라고 해석한다.

해커스 공무원시험연구소 총평

난이도	가장 빠르게 풀어냄으로써 풀이 시간을 확보해야 하는 생활영어 영역이 까다롭게 출제되고 문법 영역에 길이가 긴 지문이 등장하면서, 전략적인 시간 배분이 무엇보다 중요한 회차였습니다.
어휘·생활영어 영역	1번 문제처럼, 어휘 영역에서 일상에서부터 문화, 언어에 이르기까지 다양한 소재가 지문으로 제시될 수 있고, 이에 따라 폭넓은 어휘나 표현이 보기로 주어질 수 있음을 알아 둡니다.
문법 영역	관계절·도치 구문과 같은 문법 포인트를 정확하게 파악하기 위해서는 먼저 문장 구조 분석이 선행되어야 합니다. 특히 각 문장의 길이가 긴 3번 문제 풀이에 어려움이 있었다면, 해당 지문의 문장 구조를 분석해 봄으로써 취약한 부분을 확인할 수 있습니다.
독해 영역	10번 문제와 같이, 빈칸 완성 유형은 정답에 대한 단서가 빈칸 주변에 있을 가능성이 높으므로, 빈칸 앞뒤 문장에 특히 집중해서 읽는다면 빠르게 정답을 찾아낼 수도 있습니다.

정답

01	③	어휘	06	④	독해
02	①	생활영어	07	②	독해
03	①	문법	08	②	독해
04	①	문법	09	③	독해
05	②	어휘	10	②	독해

취약영역 분석표

영역	맞힌 답의 개수
어휘	/ 2
생활영어	/ 1
문법	/ 2
독해	/ 5
TOTAL	/ 10

---

01 어휘 accumulation = amassment 난이도 중 ●●○

밑줄 친 부분의 의미와 가장 가까운 것은?

Each day, the world loses around 2,000 hectares of irrigated farmland because of the <u>accumulation</u> of salt in the earth's upper layers. Since salt limits the rate and quantity of water that can be taken up by plant roots, many agricultural crops are currently at risk.

① conversion
② application
③ amassment
④ reduction

해석

매일, 세계는 대략 2,000헥타르의 관개 농지를 지면 위층에서의 소금의 축적으로 인해 잃는다. 소금은 식물 뿌리가 흡수할 수 있는 물의 비율과 양을 제한하기 때문에, 많은 농작물은 현재 위험에 처해 있다.

① 변화
② 적용
③ 축적
④ 축소

정답 ③

어휘

irrigate 관개하다, 물을 대다   accumulation 축적   conversion 변화, 개조
application 적용, 응용   amassment 축적

🖊 **이것도 알면 합격!**

accumulation(축적)의 유의어
= accrual, build-up, accretion

---

02 생활영어 keep a straight face 난이도 중 ●●○

밑줄 친 부분에 들어갈 말로 가장 적절한 것은?

A: I almost had an embarrassing moment on the bus today.
B: What do you mean?
A: I was looking out the window and suddenly I remembered the joke you told me yesterday.
B: Really? But you didn't even think it was that funny when I told it.
A: I know! But during the bus ride I could hardly _____.
B: That's funny. I'm glad you finally enjoyed the joke.

① keep a straight face
② rack my brain
③ sit on my hands

---

④ fight tooth and nail

해석

> A: 오늘 버스에서 난처한 순간을 겪었어.
> B: 무슨 말이야?
> A: 나는 창문 밖을 보고 있었는데 갑자기 어제 네가 말한 말에 관한 농담이 기억 났어.
> B: 정말? 그렇지만 말해 줬을 때는 웃기다고 생각하지도 않았잖아.
> A: 맞아! 그런데 버스를 탄 동안에는 도저히 <u>웃음을 참</u>을 수가 없었어.
> B: 그것참 웃기다. 결국에는 네가 그 농담을 즐기게 되어 기쁘네.

① 웃음을 참다
② 머리를 짜내다
③ 수수방관하다
④ 필사적으로 싸우다

포인트 해설

자신이 농담을 말해 줬을 때는 A가 웃기다고 생각하지 않았다는 B의 말에 대해 A가 대답하고, 빈칸 뒤에서 다시 B가 I'm glad you finally enjoyed the joke(결국에는 네가 그 농담을 즐기게 되어 기쁘네)라고 말하고 있으므로, hardly와 함께 도저히 '웃음을 참'을 수 없었다는 의미를 만드는 ① 'keep a straight face'가 정답이다.

정답 ①

어휘

embarrassing 난처한   keep a straight face 웃음을 참다
rack one's brain 머리를 짜내다, 깊이 생각하다
sit on one's hands 수수방관하다   fight tooth and nail 필사적으로 싸우다

⚑ 이것도 알면 합격!

'face'를 포함하는 다양한 표현들을 함께 알아 두자.
• lose face 체면을 잃다
• have a long face 우울한 얼굴을 하다
• face the music 비난을 받다, 대가를 치르다

---

03 문법 관계절 | to 부정사 | 동명사 | 분사   난이도 상 ●●●

밑줄 친 부분 중 어법상 옳지 않은 것은?

> Airline staff are required to ensure that there are passengers seated by the emergency exits ① <u>are willing to help</u> with evacuation if necessary. Before departure, an employee must receive confirmation from those passengers of their willingness ② <u>to be of assistance</u>. If a passenger does not consent, the flight staff must find a replacement to assume the role. The passenger's responsibilities include opening the hatch ③ <u>by turning</u> a large handle and helping other passengers leave the aircraft. Although such an event is unlikely to transpire, everyone ④ <u>involved</u> must agree to perform their designated tasks.

해석

항공사 직원들은 필요한 경우 대피를 기꺼이 도울 수 있는, 비상구 옆에 앉은 승객들이 반드시 있도록 할 필요가 있다. 출발 전에, 직원은 그 승객들로부터 도움이 되겠다는 의사를 확인받아야 한다. 승객이 동의하지 않으면, 항공사 직원은 그 역할을 대신 맡을 사람을 찾아야 한다. 그 승객의 의무는 큰 손잡이를 돌려 항공기의 비상구를 여는 것과 다른 승객들이 항공기에서 나가도록 돕는 것을 포함한다. 그런 사건이 일어날 가능성은 적지만, 관련된 모든 사람은 지정된 임무를 수행하는 데 동의해야 한다.

포인트 해설

① **관계절 자리와 쓰임 | 관계대명사** 완전한 절(there are passengers seated by the emergency exits)에 또 다른 동사(are willing to help)가 올 수 없고, 문맥상 '필요한 경우 대피를 기꺼이 도울 수 있는, 비상구 옆에 앉은 승객들'이라는 의미가 되어야 자연스러우므로 명사(passengers)를 수식하며 형용사 역할을 하는 관계절이 와야 한다. 이때 선행사 passengers가 사람이고 관계절 내에서 동사 are의 주어 역할을 하므로, are willing to help를 주격 관계대명사 who나 that이 쓰인 who(that) are willing to help로 고쳐야 한다. 참고로, '주격 관계대명사(who/that) + be 동사(are)'는 생략할 수 있으므로, willing to help로도 고칠 수 있다.

[오답 분석]
② **to 부정사의 역할** 문맥상 '도움이 되겠다는 의사'라는 의미가 되어야 자연스러우므로, 명사(their willingness) 뒤에서 형용사 역할을 하며 명사를 수식할 수 있는 to 부정사 to be of assistance가 올바르게 쓰였다. 참고로, of + 추상명사(of assistance)는 형용사 역할을 하여 보어 자리에 올 수 있다.
③ **동명사의 역할** 전치사(by) 뒤에 명사 역할을 하는 동명사 turning이 올바르게 쓰였다.
④ **현재분사 vs. 과거분사** 수식받는 명사(everyone)와 분사가 '모든 사람이 관련되다'라는 의미의 수동 관계이므로 과거분사 involved가 올바르게 쓰였다.

정답 ①

어휘

evacuation 대피, 피난   confirmation 확인   willingness 의사, 의향
consent 동의   assume 맡다   hatch 항공기의 비상구
transpire 일어나다, 발생하다   designated 지정된

⚑ 이것도 알면 합격!

'주격 관계대명사 + be 동사'와 더불어 목적격 관계대명사도 생략할 수 있다는 것을 함께 알아 두자.
• We visited the city **(that/which)** our tour guide suggested.
  우리는 여행 가이드가 제안했던 도시를 방문했다.

04 문법 부사절 | 병치 구문 | 도치 구문 | 가정법 난이도 중 ●●○

우리말을 영어로 가장 잘 옮긴 것은?

① 당신이 얼마나 배가 고프든지 간에 과식을 피하기 위해서는 천천히 먹어야 한다.
→ However hungry you are, you should eat slowly in order to avoid overeating.

② 그 배관공은 수도관을 점검하고 그것들 중 수리할 수 없는 것을 교체하는 데 그의 모든 시간을 썼다.
→ The plumber spent all his time checking the pipes and replace those that are beyond repair.

③ 집을 나선 후에야 그녀는 자신이 열쇠를 깜빡했다는 것을 깨달았다.
→ Only after leaving the house she did realize that she forgot her keys.

④ 그의 조언이 아니었다면, 나는 다른 도시로 이사를 갔을 것이다.
→ Had it not been for his advice, I would move to another city.

포인트 해설

① **부사절 접속사** '당신이 얼마나 배가 고프든지 간에'는 복합관계부사 however(얼마나 ~하든 상관없이)를 사용하여 'however + 형용사 + 주어 + 동사'의 형태로 나타낼 수 있으므로, However hungry you are가 올바르게 쓰였다.

[오답 분석]

② **병치 구문** 접속사(and)로 연결된 병치 구문에서는 같은 구조끼리 연결되어야 하는데, and 앞에 동명사 checking이 왔으므로 and 뒤에도 동명사가 와야 한다. 따라서, replace를 동명사 replacing으로 고쳐야 한다. 참고로, '점검하고 ~ 교체하는 데 그의 모든 시간을 썼다'를 나타내기 위해 동명사 관련 표현 'spend + 시간 + (in) -ing' (~하는 데 시간을 쓰다)가 쓰였다.

③ **도치 구문** 제한을 나타내는 부사구(Only after leaving the house)가 강조되어 문장의 맨 앞에 나오면 주어와 조동사가 도치되어 '조동사 + 주어 + 동사'의 어순이 되어야 하므로 she did realize를 did she realize로 고쳐야 한다.

④ **가정법 도치** if절에 if가 생략된 가정법 과거완료 Had it not been for가 오면 주절에도 가정법 과거완료 '주어 + would + have p.p.'의 형태가 와야 하므로 would move를 would have moved로 고쳐야 한다.

정답 ①

어휘

overeat 과식하다   plumber 배관공   beyond repair 수선이 불가능한

이것도 알면 **합격!**

①번의 however 외에 복합관계부사의 다양한 쓰임을 알아 두자.

| whenever
(= no matter when)
언제 ~하더라도 | You can call me **whenever** you need assistance.
당신이 도움이 필요할 때면 언제라도 제게 전화를 주셔도 됩니다. |
| wherever
(= no matter where)
어디로/어디에서 ~하더라도 | Our puppy follows us around **wherever** we go.
우리 강아지는 우리가 어디로 가더라도 우리를 따라온다. |

05 어휘 withdraw from 난이도 중 ●●○

밑줄 친 부분에 들어갈 말로 가장 적절한 것은?

> To the disappointment of his adoring fans, the professional golfer was forced to _____ the tournament due to a muscle injury.

① make away with
② withdraw from
③ take charge of
④ stand for

해석

그를 흠모하는 팬들에게는 실망스럽게도, 그 프로 골퍼는 근육 부상으로 인해 시합을 포기할 수밖에 없었다.

① ~에서 벗어나다
② ~을 포기하다
③ ~의 책임을 지다
④ ~을 대표하다

정답 ②

어휘

make away with ~에서 벗어나다, ~을 면하다
withdraw from ~을 포기하다, ~에서 철수하다
take charge of ~의 책임을 지다, ~을 떠맡다
stand for ~을 대표하다, 상징하다

이것도 알면 **합격!**

withdraw from(~을 포기하다)과 유사한 의미의 표현
= abandon, quit, pull out of, drop out of

06 독해 제목 파악 난이도 중 ●●○

다음 글의 제목으로 가장 적절한 것은?

> While researchers have long known that astronauts who participate in lengthy missions experience muscle loss, they have recently discovered that the heart is also affected. Ultrasound images of the hearts of 12 astronauts before, during, and after their assignments on the International Space Station revealed that the blood-pumping organ temporarily became more spherical by about nine percent. The change in shape was evident in every astronaut assigned to the station and is indicative of poor heart health, which is likely a result of inadequate exercise. Given that a future mission to Mars is on the table, the findings highlight the need to examine ways to protect the cardiovascular health of astronauts on long spaceflights. Fortunately for the astronauts who took part in the study, their hearts reverted to their original shape once they returned to Earth.

① Tips for Maintaining Cardiovascular Health in Space
② Medical Treatments for Astronauts' Heart Conditions
③ Exercise Requirements for Long-Term Space Missions
④ How Space Travel Affects Astronauts' Hearts

해석

연구원들은 오래전부터 긴 우주 비행에 참여하는 우주 비행사들이 근육 감소를 겪는 것을 알고 있었지만, 최근에 심장 또한 영향을 받을 수 있다는 것을 알아냈다. 국제 우주 정거장에서의 임무 전, 중, 후 우주 비행사 12명의 심장 초음파 이미지는 혈액을 움직이는 그 기관이 일시적으로 9퍼센트가량 더 둥근 모양이 된다는 것을 밝혔다. 그 형태 변화는 정거장에 배정된 모든 우주 비행사들에게서 뚜렷이 나타났으며 심장 건강이 나쁘다는 것을 암시했는데, 이는 운동 부족의 결과일 가능성이 높았다. 미래의 화성 탐사가 검토 중이라는 것을 고려하면, 이 연구 결과는 긴 우주 비행을 하는 우주 비행사의 심혈관 건강을 보호할 방안에 대한 검토 필요성을 강조한다. 이 연구에 참여했던 우주 비행사들에게는 다행스럽게도, 그들의 심장은 그들이 지구에 돌아오자 원래의 모양으로 되돌아갔다.

① 우주에서 심혈관 건강을 유지하기 위한 비결
② 우주 비행사의 심장 질환을 위한 치료
③ 장기적인 우주 탐사 임무를 위한 운동 요건
④ 우주여행이 우주 비행사의 심장에 어떻게 영향을 미치는가

포인트 해설

지문 전반에 걸쳐, 최근에 연구원들은 우주 비행에 참여하는 우주 비행사들의 심장이 영향받을 수 있음을 알아냈는데, 우주 정거장에서의 임무 과정에서 더 둥근 모양이 되는 심장 초음파 이미지는 심장 건강이 나쁨을 암시하며, 이에 따라 우주 비행사의 심장 건강 보호 방안 검토의 필요성이 강조된다고 설명하고 있다. 따라서 ④ '우주여행이 우주 비행사의 심장에 어떻게 영향을 미치는가'가 이 글의 제목이다.

정답 ④

어휘

ultrasound 초음파 spherical 둥근 모양의 indicative 암시하는, 보여 주는
inadequate 부족한, 불충분한 on the table 검토 중인
cardiovascular 심장 혈관의 revert 되돌아가다

---

07 독해 내용 불일치 파악 난이도 중 ●●○

다음 글의 내용과 일치하지 않는 것은?

> With its array of diversions, the modern-day amusement park is a huge draw for people from all walks of life. The idea began in 17th-century London when people who were fed up with the smog and the rush of the city escaped to pleasure gardens. Built on the edge of the city, pleasure gardens were picturesque, privately owned venues that hosted classical music concerts and fireworks shows. Unlike today, they were not open to the general public, but were free for the elite few invited to visit them. Gradually, shrewd businessmen began to see that pleasure gardens had huge commercial potential and started adding attractions that they felt would appeal to a diverse crowd. They opened the gates to anyone willing to pay a small entry fee, and people came in droves to be entertained at these early amusement parks.

① The people of London in 17th century were weary of atmospheric pollution.
② Pleasure gardens were located in the city center of London.
③ In the beginning, the gardens were visited only by those who had an invitation.
④ The gardens became public because of their capacity to earn income.

해석

다수의 오락물을 갖춘 오늘날의 놀이공원은 사회 각계각층 사람들에게 큰 인기를 끄는 것이다. 이것의 발상은 도시의 스모그와 혼잡함에 진저리가 난 사람들이 유원지로 도피했던 17세기의 런던에서 시작되었다. 도시 가장자리에 지어진 유원지는 클래식 음악 연주회와 불꽃놀이를 주최한, 그림같이 아름다운 개인 소유의 장소였다. 오늘날과는 다르게, 그곳들은 일반 대중에게는 개방되지 않았지만, 초청을 받은 소수의 최상류층에게는 무료였다. 점차, 영리한 사업가들이 유원지에 엄청난 상업적 잠재력이 있다는 것을 깨닫고는 다양한 사람들의 흥미를 끌 것이라고 생각한 볼거리를 추가하기 시작했다. 그들은 소액의 입장료를 낼 의향이 있는 모든 이에게 문을 열었고, 이러한 초기 놀이공원을 즐기기 위해 사람들이 떼 지어 몰려왔다.

① 17세기 런던 사람들은 대기 공해에 싫증이 났었다.
② 유원지들은 런던 도심에 위치해 있었다.
③ 처음에 유원지들은 초청받은 사람들에 의해서만 방문되었다.
④ 유원지들은 수입을 벌어들일 가능성으로 인해 대중에게 개방되었다.

포인트 해설

②번의 키워드인 Pleasure gardens(유원지들)가 그대로 언급된 지문 주변의 내용에서 유원지들은 도시 가장자리에 지어졌다고 했으므로, ② '유원지들이 런던 도심에 위치해 있었다'는 지문의 내용과 다르다.

정답 ②

어휘

diversion 오락물 draw 인기를 끄는 것 all walks of life 사회 각계각층
picturesque 그림같이 아름다운 venue 장소 shrewd 영리한, 예민한
attraction 볼거리 atmospheric 대기의 capacity 가능성, 능력

08 독해 빈칸 완성 - 절 　　　난이도 중 ●●○

밑줄 친 부분에 들어갈 말로 가장 적절한 것은?

Wedding rituals are performed in many countries to wish couples strong marriages, and Scotland is no exception. However, the traditional Scottish practice of "blackening" the bride and groom as a symbolic way of preparing them for the hardships and dark times that they might encounter is undeniably eccentric. The day before the wedding, the future husband and wife are seized by their friends and smeared with charcoal, food, and other substances to make them as filthy as possible. They are then driven around town so that everyone can bear witness to their shared indignity. The idea is that if the couple is able to survive this humiliation, _____.

① they will never have to experience it again for the remainder of their union

② their marriage will have the strength to endure any problems that might arise

③ the bride and groom will begin to see each other in a new and refreshing light

④ their friends will give them greater respect for their determination

해석

혼례 의식은 많은 국가들에서 연인들의 건강한 결혼 생활을 빌기 위해 행해지고 있으며, 스코틀랜드도 예외는 아니다. 그러나, 신부와 신랑이 마주할 수도 있는 고난과 암울한 시기에 그들을 대비시키는 상징적인 방식으로서 그들을 '검게 칠하는' 전통적인 스코틀랜드의 관습은 분명 별나다. 결혼 전날, 미래의 남편과 아내는 친구들에게 붙들려서 그들을 가능한 한 더럽게 만들기 위해 숯, 음식, 그리고 다른 물질들로 칠해진다. 그러고는 모든 사람이 그들이 함께 겪은 수모의 증인이 될 수 있도록 차를 타고 마을을 돌아다니게 된다. 이는 만약 연인이 이러한 굴욕을 견뎌낼 수 있다면, 그들의 결혼은 발생할 수 있는 그 어떤 문제도 견뎌낼 힘을 가질 것이라는 생각이다.

① 그들은 남은 결혼 기간 동안 다시는 이것을 경험할 필요가 없을 것이다
② 그들의 결혼은 발생할 수 있는 그 어떤 문제도 견뎌낼 힘을 가질 것이다
③ 신부와 신랑은 서로를 새롭고 신선한 관점으로 보기 시작할 것이다
④ 친구들은 그들의 결정에 더 큰 존중을 보일 것이다

포인트 해설

지문 앞부분에서 스코틀랜드에서는 신부와 신랑이 마주할 수도 있는 고난과 암울한 시기에 그들을 대비시키는 상징적인 방식으로서 그들을 검게 칠하는 관습이 있다고 했으므로, 만약 연인이 이러한 굴욕을 견뎌낼 수 있다면 '그들의 결혼은 발생할 수 있는 그 어떤 문제도 견뎌낼 힘을 가질 것이다'라고 한 ②번이 정답이다.

정답 ②

어휘

ritual 의식　eccentric 별난, 기이한　smear 칠하다　filthy 더러운
indignity 수모, 모욕　humiliation 굴욕　union 결혼, 결합　light 관점, 견해

09 독해 요지 파악 　　　난이도 중 ●●○

다음 글의 요지로 가장 적절한 것은?

In Britain, the so-called "Cinderella Law," a proposed amendment to existing child neglect legislation, would hold parents accountable for depriving their children of love over a prolonged period of time. This revised definition of child cruelty would thus be extended beyond physical abuse to include any form of emotional or mental harm. The penalty is stiff—parents could pay a fine or serve up to ten years in jail. Although the proposal gained support from politicians and non-government organizations alike, others remain skeptical, pointing to the pressure it would place upon the remaining parent or guardian, the trauma of separation from parents who are imprisoned because they cannot pay the fine, and the subjectiveness of what constitutes child abuse. How will the courts distinguish between light-hearted jokes at one's expense and spiteful mockery, for example?

① Parents who do not love their children enough should be punished.

② Emotional abuse is not as critical as the physical harm of children.

③ The proposed child cruelty legislation may be difficult to enforce.

④ The Cinderella Law fails to take verbal abuse of children into account.

해석

영국에서, 이른바 '신데렐라법'은 기존의 소아 방치 법률에 대해 제기된 개정안으로서, 부모에게 오랜 기간 동안 아이들에게 사랑을 주지 않은 것에 대한 책임을 물을 수 있다. 따라서 이 아동 학대에 대한 수정된 정의는 신체적 학대를 넘어 어떤 형태의 감정적이거나 정신적인 피해를 포함하도록 확대되었다. 처벌은 엄하다. 부모는 벌금을 물거나 최고 10년간 복역할 수도 있다. 이 제안은 정치인들과 비정부 조직 모두에게 지지를 받았지만, 다른 사람들은 이것이 남아 있는 부모나 후견인에게 가할 압박감, 벌금을 내지 못해서 수감된 부모와의 별거에서 오는 정신적 외상, 그리고 무엇이 아동 학대에 해당하는지가 갖는 주관성을 지적하며 여전히 회의적이다. 예를 들어, 법원은 누군가의 희생을 요하는 가벼운 농담과 악의적인 조롱을 어떻게 구별할 것인가?

① 그들의 자녀를 충분히 사랑하지 않는 부모들은 반드시 처벌받아야 한다.
② 감정적 학대는 아이의 신체적 피해만큼 중대하지 않다.
③ 제안된 아동 학대 법률은 시행하기 어려울 수 있다.
④ 신데렐라법은 아이에 대한 언어적 학대를 고려하지 못했다.

포인트 해설

지문 전반에 걸쳐 아이들에게 사랑을 주지 않은 것에 대해 부모에게 책임을 묻는 신데렐라법은 정치인과 비정부 조직의 지지를 받고 있지만, 이 법률에 회의적인 사람들은 이것이 남아 있는 부모나 후견인에게 가하는 압박감, 아이들이 겪을 정신적 외상, 그리고 아동 학대의 기준에 대한 주관성을 지적하고 있다고 설명하고 있다. 따라서 ③ '제안된 아동 학대 법률은 시행하기 어려울 수 있다'가 이 글의 요지이다.

정답 ③

어휘

amendment 개정안, 수정안 hold accountable for ~에 대한 책임을 묻다
deprive 주지 않다, 박탈하다 cruelty 학대 abuse 학대, 남용
stiff 엄한, 심한 serve 복역하다 guardian 후견인, 보호자
imprisoned 수감된 subjectiveness 주관성
constitute ~에 해당하다, ~을 구성하다 spiteful 악의적인
mockery 조롱, 모조품

---

10 독해 빈칸 완성 - 절 난이도 중 ●●○

밑줄 친 부분에 들어갈 말로 가장 적절한 것은?

Traditional art forms have faced significant challenges to their survival in the Digital Age. With more people turning to synthesized electronic tunes and pop music videos than to classical ballet or symphonies, many classical artists have lost hope. There are exceptions to this trend, however, as is evident in the resiliency of opera. More people are listening to the genre than ever before, thanks to the free streaming of classical performances online. Making them available over the Internet has not only kept opera leaders connected to their broader fan base but has also helped them to reach out to new, younger audiences. It just goes to show _____.

① how difficult it is for opera to survive in the age of the internet
② why digital media is essential for keeping traditional arts relevant
③ what technology can do to enhance the quality of opera music
④ which types of media are most effective in promoting the arts

해석

전통적인 예술 형태들은 디지털 시대에서 그것의 생존에 대한 상당한 도전들에 직면해 왔다. 더 많은 사람들이 고전적인 발레나 교향곡들보다 신시사이저로 만든 전자 음악과 가요 뮤직비디오로 주의를 돌리면서, 많은 고전파 예술가들은 희망을 잃었다. 하지만, 오페라의 부활에서 분명히 드러나듯이, 이러한 유행에 예외가 있다. 그 어느 때보다도 더 많은 사람들이 오페라 장르를 듣고 있는데, 이는 인터넷에서의 클래식 연주 무료 스트리밍 덕분이다. 그것들을 인터넷에서 사용할 수 있게 만든 것은 오페라 선도자들이 그들의 더 폭넓은 팬층과 관계를 지속시키도록 했을 뿐만 아니라 그들이 새롭고, 더 젊은 청중에게 접근할 수 있도록 도왔다. 이것은 <u>디지털 매체가 전통적 예술이 계속 의의를 지니기 위해 왜 필수적인지</u> 이제 막 보여 주기 시작한다.

① 인터넷의 시대에서 오페라가 살아남는 것이 얼마나 어려운지
② 디지털 매체가 전통적 예술이 계속 의의를 지니기 위해 왜 필수적인지
③ 어떠한 기술이 오페라 음악의 질을 향상시킬 수 있는지
④ 어떠한 종류의 매체가 예술을 홍보하는 데 가장 효과적인지

포인트 해설

빈칸 앞부분에서 인터넷에서의 클래식 연주 무료 스트리밍이 오페라 선도자들로 하여금 더 폭넓은 팬층과 관계를 지속시키고 더 많은 청중에게 접근할 수 있도록 도왔다고 했으므로, 인터넷에서의 클래식 연주 무료 스트리밍은 '디지털 매체가 전통적 예술이 계속 의의를 지니기 위해 왜 필수적인지' 이제 막 보여 주기 시작한다고 한 ②번이 정답이다.

정답 ②

어휘

significant 상당한, 중요한 challenge 도전
synthesized 신시사이저로 만든, 합성된 symphony 교향곡
exception 예외 resiliency 부활 performance 연주, 공연, 성과
audience 청중, 관중 essential 필수적인 relevant 의의가 있는, 관련 있는
enhance 향상시키다, 강화하다 promote 홍보하다, 활성화시키다
effective 효과적인

구문 분석

With more people turning to synthesized electronic tunes and pop music videos / than to classical ballet or symphonies, / many classical artists have lost hope.
: 이처럼 동시에 일어나는 상황을 나타내는 'with + 명사 + 현재분사' 구문은 '~하면서'라고 해석한다.

해커스 공무원시험연구소 총평

난이도	어휘와 문법 영역에 다소 까다로운 보기가 포함되어 있기는 했지만, 독해 영역이 비교적 평이하여 시간 내에 어려움 없이 풀 수 있는 회차였습니다.
어휘·생활영어 영역	2번 문제처럼 전치사구 표현의 뜻을 묻는 문제는 언제든 출제될 수 있으므로, 평소 다양한 전치사를 포함한 표현들을 꾸준히 외워 둡니다.
문법 영역	4번 문제의 ②번 보기에서처럼 동사 자리를 묻는 문제에 대비하기 위해, 형태는 비슷하더라도 품사가 서로 다른 단어들을 구별할 수 있어야 합니다.
독해 영역	내용 일치/불일치 파악 유형에서는 각 보기에 대한 단서가 보기 번호 순서대로 제시되는 경우가 많으므로, 이를 문제 풀이에 활용하는 것 또한 풀이 시간을 단축하는 한 가지 방법이 될 수 있습니다.

정답

01	①	어휘	06	②	독해
02	①	어휘	07	④	독해
03	②	생활영어	08	④	독해
04	③	문법	09	③	독해
05	②	문법	10	②	독해

취약영역 분석표

영역	맞힌 답의 개수
어휘	/ 2
생활영어	/ 1
문법	/ 2
독해	/ 5
TOTAL	/ 10

---

01 어휘 follow 난이도 중 ●●○

밑줄 친 부분에 들어갈 말로 가장 적절한 것은?

People who are not used to foreign accents may find it hard to _____ non-native speakers of their language. Learners may have to say every word clearly in order to be understood.

① follow
② translate
③ concern
④ disturb

해석

외국 말투에 익숙하지 않은 사람들은 그들 언어를 모국어로 사용하지 않는 사람을 알아듣는 것이 어려울 수 있다. 학습자들은 이해받으려면 모든 단어를 분명히 발음해야 할 것이다.

① 알아듣다
② 번역하다
③ 염려하다
④ 방해하다

정답 ①

어휘

accent 말투 follow 알아듣다, 따라가다 translate 번역하다
concern 염려하다, 우려하다 disturb 방해하다

이것도 알면 합격!

enunciate(또렷하게 말하다)와 유사한 의미의 표현
= articulate, pronounce, speak clearly

---

02 어휘 on the brink of = bordering on 난이도 중 ●●○

밑줄 친 부분의 의미와 가장 가까운 것은?

The business was on the brink of bankruptcy when a financier rescued the ailing company.

① bordering on
② wiping away
③ pleading with
④ pouring out

해석

한 금융업자가 그 부실한 회사를 구제했을 때, 그 회사는 파산하기 직전이었다.

① ~에 아주 가까운
② ~을 지우는
③ ~에 항변하는
④ ~을 쏟아 놓는

정답 ①

어휘

on the brink of ~하기 직전인 bankruptcy 파산 ailing 부실한, 병든
border on ~에 아주 가깝다 wipe away ~을 지우다
plead with ~에 항변하다 pour out ~을 쏟아 놓다

이것도 알면 합격!

on the brink of(~하기 직전인)와 유사한 의미의 표현
= on the verge of, at the edge of, close to the point of

03 생활영어 Keep under one's hat 난이도 중 ●●○

밑줄 친 부분에 들어갈 말로 가장 적절한 것은?

> A: How was your meeting with the coach?
> B: I got some exciting news. He said I'm going to be the new starting pitcher! But please _____.
> A: How come? Everyone's sure to congratulate you.
> B: Well, it's not official yet. So don't spill the beans until he announces it.
> A: You got it.

① throw in the towel
② keep it under your hat
③ take a different stance
④ follow in my footsteps

해석

> A: 감독님과의 면담은 어땠어?
> B: 신나는 소식이 있어. 감독님은 내가 새로운 선발 투수가 될 예정이라고 말하셨어! 그렇지만 비밀로 해 줘.
> A: 왜? 분명히 모두가 너를 축하해 줄 거야.
> B: 음, 아직 공식적인 건 아니야. 그러니까 감독님이 발표할 때까지는 무심코 말해 버리지 마.
> A: 알겠어.

① 패배를 인정하다
② 비밀로 하다
③ 다른 입장을 취하다
④ 나의 선례를 따르다

포인트 해설

새로운 선발 투수가 될 예정이라고 하며 무언가를 부탁하는 B의 말에 대해 A가 분명히 모두가 축하해 줄 것이라고 하자, 다시 B가 it's not official yet. So don't spill the beans until he announces it(아직 공식적인 건 아니야. 그러니까 감독님이 발표할 때까지는 무심코 말해 버리지 마)이라고 말하고 있으므로, '비밀로 하다'라는 의미의 ② 'keep it under your hat'이 정답이다.

정답 ②

어휘

spill the beans 무심코 말해 버리다　throw in the towel 패배를 인정하다
keep under one's hat 비밀로 하다
follow in one's footsteps ~의 선례를 따르다

이것도 알면 합격!

경고나 주의를 줄 때 쓸 수 있는 다양한 표현들을 알아 두자.
• Don't put on airs. 잘난 체하지 마.
• Don't let the cat out of the bag. 비밀을 누설하지 마.
• You're barking up the wrong tree. 당신은 헛다리를 짚고 있어요.
• Don't pass the buck to someone else. 남에게 책임을 전가하지 마세요.

04 문법 부사절 | 비교 구문 | 부사 | 동사 | 형용사 난이도 중 ●●○

어법상 옳은 것은?

① The package is fragile and must be handled as careful as possible.
② That store has some great sales, but I don't advice going on the weekends because of the crowds.
③ The evidence seemed so conclusive that there was not a shadow of a doubt among the researchers.
④ In order to make a decision, the number of courage one feels must exceed that of fear and potential regret.

해석

① 그 소포는 손상되기 쉬워서 가능한 한 조심스럽게 다루어져야 한다.
② 그 상점에서는 몇몇 엄청난 할인을 하지만, 나는 인파 때문에 주말에 가는 것은 권하지 않는다.
③ 그 증거는 매우 결정적으로 보여서 연구원들 사이에는 일말의 의심도 없었다.
④ 결정을 내리기 위해서는, 한 사람이 느끼는 용기의 총량이 두려움과 잠재적 후회의 총량을 능가해야 한다.

포인트 해설

③ **부사절 접속사** 문맥상 '매우 결정적으로 보여서 ~ 일말의 의심도 없었다'라는 의미가 되어야 자연스러우므로 '매우 ~해서 –하다'라는 의미의 부사절 접속사 so ~ that이 와야 한다. 따라서 so conclusive that이 올바르게 쓰였다.

[오답 분석]

① **원급 | 부사 자리** 원급 표현 'as + 형용사/부사의 원급 + as'(~만큼 –한)에서 as ~ as 사이가 형용사 자리인지 부사 자리인지는 as, as를 지우고 구별할 수 있는데, 동사 must be handled를 수식하는 것은 부사이므로 형용사 careful을 부사 carefully로 고쳐야 한다.
② **동사 자리** 동사 자리에는 '동사'나 '조동사 + 동사원형'이 와야 하므로 명사 advice를 동사 advise로 고쳐야 한다.
④ **수량 표현** 불가산 명사(courage)는 가산 명사 앞에 오는 수량 표현 the number of와 함께 쓰일 수 없다. 따라서 the number of courage를 불가산 명사 앞에 오는 수량 표현 the amount of를 사용하여 the amount of courage로 고쳐야 한다.

정답 ③

어휘

fragile 손상되기 쉬운, 허약한　handle 다루다, 처리하다
conclusive 결정적인, 단호한　a shadow of 일말의, 아주 조금의
potential 잠재적인

이것도 알면 합격!

④번의 courage(용기)와 같은 불가산 명사들을 알아 두자.

evidence 증거	information 정보
furniture 가구	luggage 수하물, 짐
equipment 장비	clothing 의류

05 문법 가정법 | 시제 | 관계절 | 수동태　난이도 중 ●●○

우리말을 영어로 가장 잘 옮긴 것은?

① 당신이 내일 도착하면 우리는 먼저 박물관에 갈 것이다.
　→ We'll visit the museum first when you will arrive tomorrow.

② 내 친구의 도움이 없었다면, 나는 분명 시험에 떨어졌을 것이다.
　→ Had it not been for my friends' assistance, I surely would have failed the test.

③ 그녀는 그녀의 남동생이 한 일 때문에 그를 열심히 칭찬했다.
　→ She praised her brother enthusiastically for the work what he did.

④ 뮤지컬은 우리가 극장에 입장하기 몇 분 전에 시작했다.
　→ The musical was begun a few minutes before we entered the theater.

포인트 해설

② **가정법 도치** if절에 if가 생략된 가정법 과거완료 구문 Had it not been for(~가 없었다면)가 왔으므로, 주절에도 가정법 과거완료 '주어 + would + have p.p.'의 형태가 와야 한다. 따라서 I (surely) would have failed가 올바르게 쓰였다.

[오답 분석]

① **현재 시제** 시간을 나타내는 부사절(when ~ tomorrow)에서는 미래를 나타내기 위해 미래 시제 대신 현재 시제를 사용하므로 미래 시제 will arrive를 현재 시제 arrive로 고쳐야 한다.

③ **관계대명사** 명사 the work를 수식하기 위해 형용사 역할을 하는 관계절이 와야 하므로, 명사절 접속사 what이 아닌 관계대명사가 와야 한다. 선행사 the work가 사물이고 관계절 내에서 동사 did의 목적어 역할을 하므로 명사절 접속사 what을 목적격 관계대명사 which 또는 that으로 고쳐야 한다.

④ **수동태로 쓸 수 없는 동사** '뮤지컬이 시작하다'라는 표현은 자동사 begin(~이 시작하다)을 써서 나타내는 것이 자연스러운데, 자동사는 수동태로 쓰일 수 없다. 따라서 수동태 was begun을 능동태 began으로 고쳐야 한다.

정답 ②

어휘

praise 칭찬하다　enthusiastically 열심히

이것도 알면 합격!

②번의 Had it not been for(~가 없었다면/~가 아니었다면)는 if not for, but for, without으로 바꿔 쓸 수 있다는 것도 함께 알아 두자.

· **Had it not been for**(= If not for / But for / Without) the unexpected rain, our picnic would have been perfect.
예기치 못한 비가 아니었다면, 우리의 소풍은 완벽했을 텐데.

06 독해 내용 일치 파악　난이도 중 ●●○

다음 글의 내용과 일치하는 것은?

Once every year during the carnival parade of Zvoncari in Rijeka, Croatia, Croatian men fill the streets dressed as sailors, wearing striped shirts and white pants with bright red belts that have bells attached. They adorn themselves with lamb pelts and wear horned masks made out of cardboard, wood, and bits of fur from wild animals. Each group of participants dances according to the style of the village it represents, so the clusters of masked men can be identified by how their bells ring and the dance movements they make. The purpose of this annual festival is to celebrate traditional culture and to frighten away the "evil" spirits of the approaching winter. It actually began in the late 1800s but was cancelled due to political conflicts in the region. The carnival was restarted when some masked groups of men walked the streets in 1982, and within two decades, thousands began participating anew in the parades.

① Sailors from Rijeka, Croatia, participate in the carnival parade of Zvoncari each year.

② Each group of men bases their dance on the traditional style of their village for the Zvoncari parade.

③ One purpose of a parade in Rijeka is to celebrate the spirits of winter.

④ The parade of Zvoncari has been consistently practiced since its beginning.

해석

매년 한 번 크로아티아 리예카에서는 Zvoncari 축제 행진 동안, 크로아티아 남성들이 줄무늬 셔츠와 종이 달린 선홍색 벨트를 맨 흰 바지 차림의 선원 복장을 하고 거리를 가득 채운다. 그들은 스스로를 양가죽으로 치장하고, 판지, 나무, 야생동물의 모피 조각으로 만든 뿔 달린 가면을 쓴다. 각각의 참가자 집단은 집단이 대표하는 마을의 방식에 따라 춤을 추므로, 가면을 쓴 남자들의 무리는 그들의 종소리가 울리는 방식과 그들이 추는 춤 동작으로 식별될 수 있다. 이 연례 축제의 목적은 전통문화를 기념하고 다가오는 겨울의 '사악한' 영혼을 겁주어 쫓아내려는 것이다. 그것은 사실 1800년대 후반 시작되었지만 그 지역 내 정치적 갈등 때문에 중단되었다. 그 축제는 1982년에 가면을 쓴 남성들의 무리가 거리를 걸었을 때 재개되었고, 20년 만에 수천 명이 그 행진에 다시 참여하기 시작했다.

① 크로아티아 리예카의 선원들은 매년 Zvoncari의 축제 행진에 참여한다.

② Zvoncari 행진에서 각각의 남성 집단은 그들의 춤의 기반을 자신들 마을의 전통 방식에 둔다.

③ 리예카에서 행진의 한 가지 목적은 겨울의 영혼들을 기리는 것이다.

④ Zvoncari의 행진은 그것이 시작된 이래로 지속적으로 행해져 왔다.

포인트 해설

②번의 키워드인 bases their dance on the traditional style of their village(그들의 춤의 기반을 자신들 마을의 전통 방식에 둔다)를 바꾸어 표현한 지문의 dances according to the style of the village(마을의 방식에 따라 춤을 추다) 주변의 내용에서 각각의 참가자 집단은 그들이 대표하는 마을의 방식에 따라 춤을 춘다고 했으므로, ② 'Zvoncari 행진에서 각각의 남성 집단은 그들의 춤의 기반을 자신들 마을의 전통 방식에 둔다'가 지문의 내용과 일치한다.

[오답 분석]

① 크로아티아 리예카에서 남성들은 Zvoncari의 축제 행진 동안 선원 복장을 하고 거리를 가득 채운다고는 했지만, 크로아티아 리예카의 선원들이 매년 Zvoncari의 축제 행진에 참여하는지는 알 수 없다.

③ 리예카에서 축제의 목적은 전통문화를 기념하고 다가오는 겨울의 사악한 영혼을 쫓아내는 것이라고 했으므로, 리예카에서 행진의 한 가지 목적이 겨울의 영혼들을 기리는 것이라는 것은 지문의 내용과 다르다.

④ 1800년대 후반 시작됐지만 지역 내 정치적 갈등 때문에 중단되었던 축제는 1982년에 재개되었다고 했으므로, Zvoncari의 행진이 그것이 시작된 이래로 지속적으로 행해져 왔다는 것은 지문의 내용과 다르다.

정답 ②

어휘

carnival 축제 sailor 선원 adorn 치장하다, 꾸미다 pelt (양 따위의) 생가죽
horned 뿔 달린 represent 대표하다, 나타내다 cluster 무리; 무리를 이루다
identify 식별하다, 확인하다 frighten away ~을 겁주어 쫓아내다
anew 다시, 새로 consistently 지속적으로

해석

장기적인 과음은 대개 간경변이라는 질환으로 이어지기 때문에 간에 심하게 해로울 수 있다. 간경변은 지나친 음주가 간에 지속적인 염증을 야기할 때 발생하는 간 질환의 진행된 형태이다. 이것은 섬유성 반흔 조직의 발달을 특징으로 한다. 이것은 혈액이 산소 및 필수 영양소를 가지고 간으로 흘러들어 가는 것을 방해한다. 이 질병은 흔히 '소리 없는 살인자'라고 불리는데, 이는 말기까지 뚜렷한 증상이 없을 수 있기 때문이다. 드러나는 몇 가지 징후로는 끊임없는 피로, 피부와 눈의 황달, 그리고 쉽게 멍이 드는 것이 있다.

① 알코올음료의 장기적인 섭취는 간의 염증을 야기한다.

② 반흔 조직은 간이 필수적인 무기질과 비타민을 흡수하는 것을 막을 수 있다.

③ 간경변은 초기에 눈에 띄는 징후가 없기 때문에 '소리 없는 살인자'라고 불린다.

④ 간경변의 말기 증상은 시력 약화이다.

포인트 해설

④번의 키워드인 A late symptom of cirrhosis(간경변의 말기 증상)를 바꾸어 표현한 지문의 no noticeable symptoms until its later stages(말기까지 뚜렷한 증상이 없음) 주변의 내용에서, 간경변은 말기까지 뚜렷한 증상이 없을 수 있는데, 드러나는 몇 가지 징후로는 피로, 피부와 눈의 황달, 멍 등이 있다고만 언급했으므로, ④ '간경변의 말기 증상은 시력 약화이다'는 지문의 내용에서 알 수 없다.

정답 ④

어휘

severely 심하게, 엄격하게 liver 간 continual 지속적인, 계속적인
inflammation 염증 fibrous 섬유성의, 섬유가 많은 inhibit 방해하다
vital 필수적인 nutrient 영양소 noticeable 뚜렷한, 분명한
symptom 증상 tell-tale 드러나는 persistent 끊임없는, 끈질긴
bruise 멍들게 하다, 상처 나게 하다; 타박상

---

07 독해 내용 불일치 파악 난이도 중 ●●○

다음 글의 내용과 일치하지 않는 것은?

Long-term, heavy drinking can be severely damaging to the liver, because it usually leads to a condition called cirrhosis. Cirrhosis is an advanced form of liver disease that occurs when excessive drinking causes continual inflammation in the liver. It is characterized by the development of fibrous scar tissue. This inhibits the flow of blood, along with oxygen and vital nutrients, to the liver. This disease is commonly referred to as a "silent killer" because there may be no noticeable symptoms until its later stages. Some of the tell-tale signs include persistent fatigue, a yellow discoloration of the skin and eyes, and bruising easily.

※ cirrhosis: 간경변

① Long-term consumption of alcoholic beverages causes inflammation of the liver.

② Scar tissue can block the liver from getting essential minerals and vitamins.

③ Cirrhosis is called a "silent killer" due to the absence of observable signs early on.

④ A late symptom of cirrhosis is a weakening of the eyesight.

08 독해 문단 요약 난이도 중 ●●○

다음 글의 내용을 한 문장으로 요약하고자 한다. 빈칸 (A), (B)에 들어갈 말로 가장 적절한 것은?

Ant nest beetles long stumped scientists with their seemingly mysterious ability to infiltrate the nearly impenetrable colonies of ants with ease. The beetles simply wander into a colony, lay their eggs, and leave the larvae to hatch. The young beetles are then raised by oblivious worker ants, which continue taking care of them into adulthood. Now researchers have learned that the so-called social parasites manage to pull off this difficult feat through sound mimicry. They have found that the beetles are able to imitate the calls of ants belonging to distinct castes—soldiers, workers, and the queen—by rubbing their legs in different ways across a set of grooves on their body. They use their repertoire of calls to avoid being attacked and to demand special treatment that is usually reserved for the queen.

According to the passage, ant nest beetles exploit _____(A)_____ to ____(B)____ the ant colony.

	(A)	(B)
①	special treatmen	emulate
②	worker ants	separate
③	distinct castes	penetrate
④	sound mimicry	mislead

해석

개미굴 딱정벌레는 거의 침투가 불가능한 개미 군체에 쉽게 침투하는 겉보기에는 이해하기 힘든 능력으로 오랫동안 과학자들을 당황하게 했다. 그 딱정벌레는 간단히 군체 안으로 들어가서, 알을 낳은 뒤, 유충이 부화하도록 놔두고 간다. 그러고 나면 어린 딱정벌레들은 알아채지 못한 일개미들에 의해 길러지는데, 그 일개미들은 그것들이 성체가 될 때까지 계속해서 돌봐준다. 현재 연구원들은 그러한 이른바 사회적 기생충들이 소리 모방을 통해 그러한 어려운 일을 해낸다는 것을 알게 되었다. 그들은 그 딱정벌레들이 다리를 몸에 있는 홈에 여러 가지 방식으로 문질러서 군인, 일꾼, 그리고 여왕과 같은, 전혀 다른 계급에 속하는 개미의 울음소리를 흉내 낼 수 있다는 것을 발견했다. 그것들은 공격당하는 것을 피하고 주로 여왕을 위한 것인 특별 대우를 요구하기 위해 그것들이 낼 수 있는 모든 울음소리를 사용한다.

지문에 따르면, 개미굴 딱정벌레는 개미 집단을 (B) 속이기 위해 (A) 소리 흉내를 이용한다.

	(A)	(B)
①	특별 대우	모방하다
②	일개미	분리하다
③	다른 계급	관통하다
④	소리 흉내	속이다

포인트 해설

지문 전반에 걸쳐 개미굴 딱정벌레는 거의 침투가 불가능한 개미 군체에 쉽게 침투하는 능력이 있는데, 개미굴 딱정벌레는 전혀 다른 계급에 속한 개미의 울음소리를 모방하는 방법으로 그것들의 정체를 알아채지 못한 일개미들로부터 성체가 될 때까지 보살핌을 받는다고 설명하고 있다. 따라서 (B)와 (A)에는 개미굴 딱정벌레가 개미 집단을 속이(mislead)기 위해 소리 흉내(sound mimicry)를 이용한다는 내용이 나와야 적절하다. 따라서 ④ (A) sound mimicry - (B) mislead가 정답이다.

정답 ④

어휘

stump 당황하게 하다, 괴롭히다   infiltrate 침투하다
impenetrable 침투 불가능한   colony 군체, 집단
larvae 유충   oblivious 알아채지 못하는   mimicry 흉내
distinct 전혀 다른, 독특한   caste 계급   groove 홈
repertoire (할 수 있는) 모든 것, 연주 목록   exploit 이용하다, 착취하다
emulate 모방하다   mislead 속이다, 오도하다

09 독해 문단 순서 배열 난이도 중 ●●○

주어진 글 다음에 이어질 글의 순서로 가장 적절한 것은?

One rationale for making criminals serve prison sentences is that their removal from the community prevents them from harming people on the outside. Incarceration certainly achieves this goal.

(A) That is why some experts advocate rehabilitation programs for those behind bars. College education programs, for example, have so far proven to be effective in discouraging criminals from reoffending after being discharged.

(B) Many law-abiding citizens oppose this course of treatment, however. They believe it is not fair that they have to finance their own higher education while "the bad guys" can obtain one free of charge.

(C) But it only works if criminals stay in prison for a long time, which is not always the case. Within three years of being released from jail, a majority of convicts usually commit another—often more serious—crime.

① (A) – (B) – (C)	② (B) – (C) – (A)
③ (C) – (A) – (B)	④ (C) – (B) – (A)

해석

범죄자가 징역을 살게 하는 한 가지 이유는 그들을 사회에서 없애는 것이 그들이 밖에 있는 사람들에게 해를 끼치는 것을 막는다는 것이다. 수감은 이 목적을 확실히 달성한다.

(A) 그것이 바로 일부 전문가들이 수감된 이들을 위한 교화 프로그램을 지지하는 이유이다. 예를 들어, 대학 교육 프로그램은 현재까지 범죄자들이 석방된 후에 재범을 저지르는 것을 막는 데 효과적인 것으로 증명되어 왔다.

(B) 하지만, 법을 준수하는 많은 시민들은 이러한 처우 방침에 반대한다. 그들은 '나쁜 사람들'이 무료로 교육을 받을 수 있는 반면, 그들은 자신들의 고등 교육에 돈을 내야 하는 것이 공정하지 않다고 생각한다.

(C) 그러나 그것은 범죄자들이 장기간 수감되어 있을 경우에만 효과가 있기에, 그것이 항상 사실인 것은 아니다. 감옥에서 석방된 후 3년 이내에, 대부분의 죄수들은 종종 더 심각한 또 다른 범죄를 저지른다.

포인트 해설

주어진 글에서 범죄자의 수감은 그들이 밖에 있는 사람들에게 해를 끼치는 것을 막기 위함이라고 한 후, (C)에서 그러나(But) 그 방법은 그들이 장기간 수감되는 경우에만 효과가 있고, 대부분의 죄수들은 석방 후 3년 이내에 또 다른 범죄를 저지른다고 말하고 있다. 이어서 (A)에서 그것(That)이 일부 전문가들이 수감자들을 위한 교화 복귀 프로그램을 지지하는 이유라고 하고, (B)에서 하지만(however) 많은 시민들은 범죄자들이 되려 무료로 교육받는 그러한 처우 방침(this course of treatment)에 반대한다고 설명하고 있다. 따라서 ③ (C) – (A) – (B)가 정답이다.

정답 ③

어휘

rationale 이유 incarceration 수감, 투옥 advocate 지지하다, 옹호하다
rehabilitation 교화, 갱생 reoffend 재범을 저지르다
discharge 석방하다 law-abiding 법을 준수하는 convict 죄수

---

10 독해 주제 파악 난이도 중 ●●○

다음 글의 주제로 가장 적절한 것은?

January 28, 1848 started as just another day in Coloma, California for carpenter James Wilson Marshall. But everything changed when he noticed some shiny flecks of gold in the American River while constructing a water-powered sawmill. Despite his attempts to keep his discovery a secret, word spread quickly. By winter's end, news of the finding had been published in more than one paper, and that summer, thousands of people headed west to start working in the mines. The Gold Rush turned out to be one of the most important events in US history. The mines drew nearly 100,000 workers from places as far as Chile and China, and they yielded the equivalent of two billion dollars in precious metals.

① the distance travelled by miners immigrating to California
② the discovery of gold causing the start of a migration to California
③ the impact of the Gold Rush on Chilean and Chinese migrant workers
④ the fortune amassed by the first discoverer of gold in California

---

해석

1848년 1월 28일은 캘리포니아주 콜로마의 목수인 James Wilson Marshall에게 그저 평범한 하루로 시작되었다. 그러나 그가 수력 제재소를 건설하던 중에 아메리칸강에서 빛나는 금 부스러기를 알아보았을 때 모든 것이 바뀌었다. 발견한 것을 비밀로 간직하려는 그의 노력에도 불구하고, 소문은 빠르게 퍼졌다. 겨울이 끝날 무렵, 그러한 발견에 대한 뉴스는 하나 이상의 신문에 실렸으며, 그해 여름 수천 명의 사람들이 광산에서 일을 시작하기 위해 서쪽으로 향했다. 골드러시는 미국 역사상 가장 중요한 사건 중 하나가 되었다. 광산은 칠레와 중국만큼 먼 지역들로부터 대략 10만 명에 가까운 노동자를 끌어모았고, 그들은 귀금속에서 20억 달러에 상당하는 수익을 올렸다.

① 캘리포니아로 이주한 광부들에 의해 이동된 거리
② 캘리포니아로의 이주의 시작을 야기한 금의 발견
③ 칠레와 중국 이주 노동자들에게 골드러시가 미친 영향
④ 캘리포니아의 최초 금 발견자에 의해 축적된 재산

포인트 해설

지문 전반에 걸쳐 콜로마의 목수 James Wilson Marshall이 아메리칸강에서 금 부스러기를 발견한 것은, 미국 역사상 가장 중요한 사건 중 하나인 골드러시로 이어졌고 칠레와 중국과 같이 먼 지역들로부터 대략 10만 명에 가까운 노동자를 끌어모았다고 설명하고 있다. 따라서 ② '캘리포니아의 이주의 시작을 야기한 금의 발견'이 이 글의 주제이다.

정답 ②

어휘

carpenter 목수 fleck 부스러기, 작은 조각 sawmill 제재소
yield (수익을) 가져오다, 산출하다 equivalent 상당하는, 동등한
precious metal 귀금속 immigrate 이주하다 fortune 재산, 운
amass 축적하다, 모으다

구문 분석

The mines drew nearly 100,000 workers / from places as far as Chile and China, (생략).

: 이처럼 'as … as ~' 구문이 두 대상의 동등함을 나타내는 경우, '~만큼 …한' 또는 '~만큼 …하게'라고 해석한다.

해커스 공무원시험연구소 총평

난이도	특별히 어려운 문제가 없는 수월한 난이도의 회차입니다.
어휘·생활영어 영역	2번 문제처럼 표현을 묻는 문제는 매년 출제되는 경향이 있고, 동사구와 전치사구 등 다양한 형태로 등장하므로 폭넓게 학습해 둡니다. 3번의 생활영어 문제는 정답을 고르기는 쉬웠지만, 보기에 쓰인 관용 표현 중 생소한 것이 있었다면 기억해 둡니다.
문법 영역	비교 구문과 도치 구문 그리고 분사구문의 형태는 복잡한 문장 구조를 해석할 때도 필수적인 문법 요소이므로, 헷갈리는 부분이 있었다면 확실히 정리하고 넘어갑니다.
독해 영역	8번 문제와 같은 내용 일치 파악 유형의 문제에서는 익숙한 소재가 등장했더라도 상식에 의존하지 않고 보기와 지문을 꼼꼼히 대조하며 지문의 내용과 일치하는 보기를 찾아야 합니다.

정답

01	③	어휘	06	④	독해
02	③	어휘	07	①	독해
03	④	생활영어	08	②	독해
04	④	문법	09	③	독해
05	④	문법	10	②	독해

취약영역 분석표

영역	맞힌 답의 개수
어휘	/ 2
생활영어	/ 1
문법	/ 2
독해	/ 5
TOTAL	/ 10

---

01 어휘 precarious = perilous 난이도 중 ●●○

밑줄 친 부분의 의미와 가장 가까운 것은?

> If the mechanized frameworks that we rely on to structure our societies were to fail, we would be left in a precarious position.

① stagnant ② addictive
③ perilous ④ complex

해석

우리가 우리의 사회를 구축하기 위해 의지하는 기계화된 체계가 실패한다면, 우리는 위태로운 입장에 놓이게 될 것이다.

① 침체된 ② 중독성의
③ 위기에 처한 ④ 복잡한

정답 ③

어휘

mechanize 기계화하다 precarious 위태로운, 불안정한 stagnant 침체된
perilous 위기에 처한, 위험한

📝 **이것도 알면 합격!**

precarious(위태로운)의 유의어
= vulnerable, unstable, insecure

---

02 어휘 by design 난이도 중 ●●○

밑줄 친 부분에 들어갈 말로 가장 적절한 것은?

> When he realized he had worn two different shoes to school, he said he did it _____ so that his friends wouldn't make fun of him.

① with honors ② for nothing
③ by design ④ by halves

해석

그가 학교에 두 개의 다른 신발을 신고 왔다는 것을 깨달았을 때, 그는 친구들이 그를 놀리지 않게 하려고 일부러 그렇게 했다고 말했다.

① 훌륭하게 ② 무료로
③ 일부러 ④ 불완전하게

정답 ③

어휘

make fun of ~를 놀리다 with honors 훌륭하게 for nothing 무료로
by design 일부러, 고의로 by halves 불완전하게, 어중간하게

📝 **이것도 알면 합격!**

by design(일부러)의 유의어
= intentionally, deliberately, willfully

---

03 생활영어 it becomes easier 난이도 중 ●●○

밑줄 친 부분에 들어갈 말로 가장 적절한 것은?

A: How do you stay so disciplined with your diet?
B: It's a slow process. I started off by cutting out sweets.
A: I don't think I can do that. I mean, I can't live without dessert. Isn't it hard?
B: Maybe at first. Trust me, _____ as time goes on.
A: But don't you ever crave chocolate or ice cream? I know I would.
B: That's the funny thing. Once you get into the habit of not eating it, you won't miss it.

① you miss it more
② it's easier said than done
③ you can eat your heart out
④ it becomes easier

해석

A: 너는 어떻게 네 식단을 그렇게 잘 자제하는 거야?
B: 이건 시간이 걸리는 과정이야. 나는 단것들을 끊는 것으로 시작했어.
A: 난 그렇게 못 할 것 같아. 내 말은, 나는 디저트 없이는 살 수 없거든. 그것이 어렵지 않니?
B: 처음에는 그럴 수 있어. 나를 믿어 봐, 시간이 지나면 그것이 더 쉬워져.
A: 하지만 초콜릿이나 아이스크림이 몹시 먹고 싶은 적은 없었어? 나라면 그랬을 것 같아.
B: 그게 재미있는 점이야. 일단 그것을 먹지 않는 것에 네가 습관이 들면, 그것이 그립지 않을 거야.

① 그것을 더 그리워할 거야
② 행동보다 말이 쉽지
③ 슬픔에 잠길 수 있어
④ 그것이 더 쉬워져

포인트 해설

단것을 끊는 것으로 식단을 자제하기 시작했다는 B의 말에 대해 A가 그것이 어렵지 않은지 묻고, 빈칸 뒷부분에서 다시 B가 Once you get into the habit of not eating it, you won't miss it(일단 네가 그것을 먹지 않는 것이 습관이 되면, 그것이 그립지 않을 거야)이라고 말하고 있으므로, '그것이 더 쉬워져'라는 의미의 ④ 'it becomes easier'가 정답이다.

정답 ④

어휘

cut out 끊다   crave ~을 몹시 원하다
eat one's heart out 슬픔에 잠기다, 애타게 그리워하다

이것도 알면 합격!

조언할 때 사용할 수 있는 다양한 표현들을 알아 두자.
• Please get rid of your bad habit. 제발 나쁜 습관을 버려.
• Take it on the chin. 꾹 참고 견뎌.
• Let bygones be bygones. 지나간 일은 모두 잊어버려.
• You should get a move on. 너는 서둘러야 해.

04 문법 비교 구문 | 시제 | to 부정사 | 도치 구문 난이도 중 ●●○

어법상 옳지 않은 것은?

① The taxi left right after the passenger had taken his bags out of the trunk.
② The three-week orientation will be a good opportunity for new employees to learn more about the company.
③ The light bulb in the kitchen is not working properly, and so is the one in the bathroom.
④ The less familiar the people are with their new boss, the worst the atmosphere of the workplace will become.

해석

① 택시는 승객이 트렁크에서 그의 짐을 꺼내자마자 떠났다.
② 3주간의 오리엔테이션은 신입 사원들에게 기업에 대해 더 많이 배울 수 있는 좋은 기회가 될 것이다.
③ 부엌의 전구는 제대로 작동하지 않고 있고, 욕실에 있는 것도 마찬가지이다.
④ 사람들이 그들의 새로운 상사와 덜 친할수록, 직장의 분위기는 더 나빠질 것이다.

포인트 해설

④ 비교급 문맥상 '사람들이 그들의 새로운 상사와 덜 친할수록, 직장의 분위기는 더 나빠질 것이다'라는 의미가 되어야 자연스러운데, '더 ~할수록 더 -하다'는 비교급 표현 'The + 비교급(less familiar) + 주어(the people) + 동사(are) ~, the + 비교급 + 주어(the atmosphere) + 동사(will become) -'의 형태로 나타낼 수 있으므로, 최상급 worst를 비교급 worse로 고쳐야 한다.

[오답 분석]

① 과거완료 시제 문맥상 '승객이 그의 짐을 꺼낸' 것이 '택시가 떠난' 특정 과거 시점보다 먼저 일어난 일이므로 과거완료 시제 had taken이 올바르게 쓰였다.
② to 부정사의 의미상 주어 to 부정사의 행위 주체(new employees)와 문장의 주어(The three-week orientation)가 달라 to 부정사의 의미상 주어가 필요한 경우 'for + 명사'(for new employees)를 to 부정사 앞에 써야 하므로 for new employees to learn이 올바르게 쓰였다.
③ 도치 구문 '~역시 그렇다'라는 표현인 so 뒤에는 주어와 be 동사가 도치되어 'be 동사(is) + 주어(the one)'의 어순이 되어야 하므로 so is the one이 올바르게 쓰였다.

정답 ④

어휘

familiar 친숙한   atmosphere 분위기

이것도 알면 합격!

부정문에 등위접속사 and로 연결된 절 뒤에서 '~역시 그렇다'라는 의미를 나타내기 위해서는 so 대신 neither가 쓰이며, neither 뒤에는 주어와 조동사가 도치되어 '조동사 + 주어'의 어순이 온다는 것을 알아 두자.
• She can't swim, and neither can her younger brother.
                              조동사   주어
그녀는 수영을 못하고, 그녀의 남동생 역시 그렇다.

05 문법 가정법 | 부사절 | 대명사 | 어순 | 분사   난이도 중 ●●○

우리말을 영어로 잘못 옮긴 것은?

① 그녀는 마치 그녀 자신이 그곳에 가서 본 것처럼 경치를 묘사했다.
→ She described the vista as if she herself had been there to see it.

② 내가 부친 두 개의 수화물이 어디로 사라졌는지 알고 싶다.
→ I want to find out where the two pieces of luggage I checked have gone.

③ 그는 약을 먹는 동안에는 술을 마신다면 그렇다 하더라도 조금만 마시라는 말을 들었다.
→ He was told to consume alcoholic beverages sparingly, if at all, while taking the medication.

④ Isaac Newton의 선구적인 업적이 아니었다면, 미적분학은 밝혀지지 않았을 것이다.
→ If it had not been for the pioneering work of Isaac Newton, calculus will not be discovered.

포인트 해설

④ **가정법 과거완료** 'Isaac Newton의 선구적인 업적이 아니었다면, ~ 밝혀지지 않았을 것이다'라며 과거 상황을 반대로 가정하고 있으므로, 가정법 과거완료 'if + 주어 + had p.p., 주어 + would + have p.p.'의 형태가 와야 한다. 따라서 will not be discovered를 would not have been discovered로 고쳐야 한다.

[오답 분석]

① **부사절 접속사 | 재귀대명사** '마치 그녀 자신이 그곳에 가서 본 것처럼'을 나타내기 위해 부사절 접속사 as if(마치 ~처럼)가 올바르게 쓰였다. 또한, '그녀 자신'이라는 의미를 나타내기 위해 주어 바로 뒤에 와 주어를 강조할 수 있는 재귀대명사 herself가 올바르게 쓰였다.

② **어순** 의문문이 다른 문장 안에 포함된 간접 의문문은 '의문사 + 주어 + 동사'의 어순이 되어야 하므로 where the two pieces ~ have gone이 올바르게 쓰였다.

③ **분사구문의 형태** 주절의 주어(He)와 분사구문이 '그가 약을 먹다'라는 의미의 능동 관계이므로 현재분사 taking이 올바르게 쓰였다. 참고로, 분사구문의 의미를 분명하게 하기 위해 부사절 접속사(while)가 분사구문 앞에 올 수 있다.

정답 ④

어휘

vista 경치   find out ~을 알다, 찾아내다   sparingly 조금만, 삼가서
medication 약, 약물 치료   pioneering 선구적인

🏅 **이것도 알면 합격!**

재귀대명사 관용 표현들을 함께 알아 두자.

• by oneself 홀로, 혼자 힘으로	• by itself 저절로
• beside oneself 이성을 잃고	• in itself 자체로
• in spite of oneself 자기도 모르게	• for oneself 혼자 힘으로

---

06 독해 주제 파악   난이도 중 ●●○

다음 글의 주제로 가장 적절한 것은?

A concept that the highly respected Greek philosopher Aristotle embraced was the "golden mean." It refers to the desirable traits or virtues a person should strive to have. To be more specific, virtue and vice exist on a spectrum. At the extreme ends of the continuum are two vices, and at the halfway point between them lies the golden mean, or the virtue. Courage, for example, is considered virtuous. It would fall midway on a spectrum that has the vices of fearfulness and impulsiveness at either end. Aristotle advocated living life in accordance with this golden mean and in avoidance of extremes.

① The negative consequences of acting impulsively
② Reasons why courage is the ultimate golden mean
③ How virtue and vice produce similar effects
④ Aristotle's belief on how to live a righteous life

해석

매우 존경받는 그리스 철학자 아리스토텔레스가 신봉한 개념은 '중용'이었다. 그것은 사람이 갖추기 위해 노력해야 하는 바람직한 자질 혹은 미덕을 의미한다. 더 구체적으로 말하자면, 미덕과 악덕은 하나의 연속체 위에 존재한다. 이 연속체의 양극단에는 두 개의 악덕이 존재하고, 그것들 사이의 중간 지점에 중용, 즉 미덕이 있다. 예를 들어, 용기는 덕 있는 것으로 여겨진다. 이것은 두려움과 충동이라는 악덕을 양 끝으로 하는 연속체의 중간 지점에 있을 것이다. 아리스토텔레스는 이러한 중용에 따르며 극단적인 것을 피해서 사는 삶을 지지했다.

① 충동적으로 행동하는 것의 부정적인 결과
② 용기가 최고의 중용인 이유
③ 미덕과 악덕이 비슷한 결과를 만들어 내는 방식
④ 올바른 삶을 사는 방법에 대한 아리스토텔레스의 신념

포인트 해설

지문 앞부분에서 아리스토텔레스는 '중용'을 신봉했다고 한 뒤, 중용은 한 연속체의 양극단에 있는 두 개의 악덕 중간 지점에 있는 미덕이며, 아리스토텔레스는 이러한 중용에 따라 사는 삶을 지지했다고 설명하고 있다. 따라서 ④ '올바른 삶을 사는 방법에 대한 아리스토텔레스의 신념'이 이 글의 주제이다.

정답 ④

어휘

embrace 신봉하다, 채택하다   golden mean 중용, 중도
desirable 바람직한   virtue 미덕, 선   vice 악덕   spectrum 연속체
continuum 연속체   virtuous 덕 있는, 고결한   impulsiveness 충동
advocate 지지하다   in accordance with ~에 따라
righteous 올바른, 덕망 있는

07 독해 제목 파악 난이도 하 ●○○

다음 글의 제목으로 가장 적절한 것은?

Following instructions properly tends to be a quality that employers value in their employees. But sometimes it can have a downside. Take the subsequent case. In the 1970s, an employee at a car company was put in charge of defective vehicles and was given set rules to adhere to in deciding whether to issue a recall or not. When one of the models began bursting into flames from low-impact collisions, the protocol still determined a recall unnecessary. The worker thought it odd and considered reporting it, but he applied the formula as he was instructed. By failing to question the standard, the employee played a part in the faulty automobiles remaining on the road, causing many to experience significant pain and suffering as a result.

① A Disadvantage of Overly Sticking to Workplace Rules
② The Importance of Following Rules When Driving
③ Reasons a Vehicle Model Can be Recalled
④ Reporting Defective Cars to a Manufacturer

해석

지시를 제대로 따르는 것은 고용주가 직원들에게서 높이 평가하는 자질인 경향이 있다. 하지만 때로는 이것에 부정적인 면이 있을 수 있다. 다음의 경우를 생각해 보자. 1970년대에, 자동차 회사의 한 직원은 결함이 있는 차량을 담당하게 되었고, 이것의 회수를 내릴지 말지를 결정할 때 지킬 정해진 규칙을 전달받았다. 차종 중 하나가 충격이 적은 충돌로 화염에 휩싸이기 시작했을 때, 이 규칙은 여전히 회수가 불필요하다는 결론을 내렸다. 직원은 이를 이상하게 여겨 보고할까도 생각했지만, 지시받은 대로 규칙을 적용했다. 규범에 대해 의문을 제기하지 못함으로써, 이 직원은 결과적으로 결함이 있는 차량들이 도로에 남아, 결국 많은 이들이 심각한 고통과 피해를 겪게 하는 데 일조했다.

① 직장의 규칙을 지나치게 고수하는 것의 불이익
② 운전할 때 규정을 준수하는 것의 중요성
③ 한 차종이 회수될 수 있는 이유들
④ 제조사에 결함이 있는 차들을 신고하는 것

포인트 해설

지문 앞부분에서 지시를 제대로 따르는 것은 고용주가 직원들에게서 높이 평가하는 자질이지만 때로는 부정적인 면이 있을 수 있다고 하고, 1970년대 한 자동차 회사에서 정해진 규칙에 의문을 제기하지 않아 사람들이 피해를 겪게 했다는 일화를 소개하고 있다. 따라서 ① '직장의 규칙을 지나치게 고수하는 것의 불이익'이 이 글의 제목이다.

정답 ①

어휘

instruction 지시 downside 부정적인 면 subsequent 다음의, 차후의
in charge of 담당해서 defective 결함이 있는 recall 회수 collision 충돌
standard 규범 faulty 결함이 있는 stick to ~을 고수하다 recall 회수하다

08 독해 내용 일치 파악 난이도 중 ●●○

다음 글의 내용과 일치하는 것은?

One of the most prominent symbols in Antoine de Saint-Exupéry's book *The Little Prince* is the rose. Even though it appears in just a couple of chapters, the rose has become a focus of critical analysis because of how it represents love. Many readers have compared the little prince's involvement with the flower to the author's relationship with his wife, Consuelo. The rose, like Consuelo, is rather arrogant and inexperienced, but the prince, or Saint-Exupéry, nevertheless cares for her because of the time he has invested in looking after her. This is a legitimate reading, but at the same time, the rose serves a greater function than that, standing for universal love. It teaches the little prince that the absence of the beloved can increase one's appreciation of that love and that love cultivates responsibility. These are all far-reaching truths that go above and beyond Saint-Exupéry's personal life.

① The rose appears throughout the plot of *The Little Prince*.
② Part of the rose's symbolism is based on the author's personal relationship.
③ The rose illustrates how love withers in the absence of the beloved.
④ The character of the rose illustrates the beauty and the fragility of love.

해석

Antoine de Saint-Exupery의 『어린 왕자』에서 가장 유명한 상징 중 하나는 장미이다. 비록 장미는 몇 개의 장에서만 등장하지만, 이것이 사랑을 표현하는 방식 때문에 장미는 비평적인 분석의 초점이 되었다. 많은 독자들이 어린 왕자와 이 꽃의 관계를 저자와 그의 아내 Consuelo의 관계에 비교했다. 장미는 Consuelo와 마찬가지로 다소 오만하고 미숙했지만, 그럼에도 불구하고 왕자, 즉 Saint-Exupery는 그녀를 돌보는 데 쏟은 시간 때문에 그녀를 사랑한다. 이것이 타당한 해석이기는 하지만, 이와 동시에 장미는 보편적인 사랑을 나타내며 그것보다 더 큰 기능을 한다. 그것은 어린 왕자에게 사랑하는 사람의 부재는 그 사랑에 대한 감사함을 증대시킬 수 있다는 것과 사랑은 책임감을 길러 준다는 것을 가르친다. 이러한 것들은 모두 생텍쥐페리의 개인적 삶을 초월하는 중요한 진리이다.

① 장미는 『어린 왕자』의 줄거리 전체에 등장한다.
② 장미의 상징의 일부는 저자의 개인적인 관계에 기초하고 있다.
③ 장미는 사랑하는 사람의 부재 속에서 사랑이 시드는 방식을 보여 준다.
④ 장미라는 등장인물은 아름다움과 사랑의 연약함을 보여 준다.

포인트 해설

②번의 키워드인 author's personal relationship(저자의 개인적인 관계)을 바꾸어 표현한 지문의 author's relationship with his wife, Consuelo(저자와 그의 아내 Consuelo의 관계) 주변의 내용을 통해 많은 독자들이 어린 왕자와 장미의 관계를 저자와 그의 아내의 관계에 비교했고 이것은 타당한 해석이기도 하다고 했으므로, ② '장미의 상징의 일부는 저자의 개인적인 관계에 기초하고 있다'가 지문의 내용과 일치한다.

[오답 분석]

① 장미는 몇 개의 장에서만 등장한다고 했으므로, 장미가 『어린 왕자』의 줄거리 전체에 등장한다는 것은 지문의 내용과 다르다.

③ 장미는 어린 왕자에게 사랑하는 사람의 부재가 그 사랑에 대한 감사함을 증대시킬 수 있다는 것을 가르친다고 했으므로, 장미가 사랑하는 사람의 부재 속에서 사랑이 시드는 방식을 보여 준다는 것은 지문의 내용과 다르다.

④ 장미는 저자의 아내인 Consuelo를 나타내는 동시에 보편적인 사랑을 나타낸다고는 했지만, 장미라는 등장인물이 아름다움과 사랑의 연약함을 보여 주는지는 알 수 없다.

정답 ②

어휘

prominent 유명한 analysis 분석 represent 표현하다, 나타내다
involvement 관계 care for ~를 사랑하다, 돌보다
legitimate 타당한, 합리적인 universal 보편적인
appreciation 감사(함), 감상 cultivate 길러 주다, 함양하다
far-reaching 중요한 wither 시들다 fragility 연약함

구문 분석

It teaches the little prince / that the absence of the beloved / can increase one's appreciation of that love / and that love cultivates responsibility.

: 이처럼 and, but, or는 문법적으로 동일한 형태의 구 또는 절을 연결하여 대등한 개념을 나타내므로, and, but, or가 연결하는 것이 무엇인지 파악하여 '~과 (와)', '~며', '~나' 또는 '그리고', '그러나', '혹은'이라고 해석한다.

---

09 독해 빈칸 완성 - 연결어 난이도 중 ●●○

밑줄 친 (A), (B)에 들어갈 말로 가장 적절한 것은?

People often think of life in terms of milestones and achievements, but if we make a closer examination, much of life is lived in between. It is in the intermediate parts of our lives where we grapple with everyday things and where our real struggles are. ___(A)___, there are days when we ponder and brood, study and train hard, take the leap, hope and hope some more, and the end of it all is this: we might fail or we might succeed. But did we recognize what brought us to that point? After all, the process that caused us to reach the high or low point takes up the majority of our time. Appreciating that process, ___(B)___, is vital because it will help us acknowledge every moment of life, not just its pinnacles and nadirs.

	(A)	(B)
①	Moreover	for example
②	Similarly	however
③	Indeed	therefore
④	Instead	meanwhile

해석

사람들은 종종 인생을 획기적인 사건과 성취의 측면에서 생각하지만, 우리가 자세히 살펴보면, 인생의 많은 부분은 그 중간에서 살아지게 된다. 그 중간 지점이 바로 우리가 일상과 씨름하고 우리의 진정한 노력이 존재하는 곳이다. (A) 실로, 우리가 숙고하고 곱씹어 보고, 열심히 공부하고 훈련하며, 도약하고, 희망하고 그보다 더 희망하는 날들이 존재하며, 그 모든 것의 끝은, 우리는 실패할 수도 있고 성공할 수도 있다는 것이다. 그러나 과연 우리는 무엇이 우리를 그 지점으로 이끌었는지를 인식했는가? 결국, 우리를 고점과 저점에 이르게 한 그 과정이 우리 시간의 대부분을 차지한다. (B) 그러므로, 그 과정의 진가를 올바로 이해하는 것이 매우 중요한데, 그것이 우리가 인생의 최고점과 최저점뿐만 아니라 인생의 모든 순간을 인식하도록 도와줄 것이기 때문이다.

	(A)	(B)
①	게다가	예를 들어
②	마찬가지로	하지만
③	실로	그러므로
④	대신	한편

포인트 해설

(A) 빈칸 앞 문장은 우리의 삶의 중간 지점이 바로 우리가 일상과 씨름하고 우리의 진정한 노력이 존재하는 곳이라는 내용이고, 빈칸 뒤 문장은 숙고하고, 공부하고, 도약하고, 희망하는 등의 모든 과정의 끝에야 실패나 성공이 있게 된다고 강조하는 내용이다. 따라서 빈칸에는 강조를 나타내는 연결어인 Indeed(실로)가 들어가야 한다.

(B) 빈칸 앞 문장은 우리를 삶의 고점과 저점에 이르게 하는 과정이 우리 시간의 대부분을 차지한다는 내용이고, 빈칸 뒤 문장은 그 과정의 진가를 올바로 이해하는 것이 매우 중요하다는 결론적인 내용이다. 따라서 빈칸에는 결론을 나타내는 연결어인 therefore(그러므로)가 들어가야 한다.

정답 ③

어휘

in terms of ~ 측면에서 milestone 획기적인 사건, 이정표
achievement 성취, 업적 intermediate 중간의, 중급의
grapple with ~와 씨름하다, ~을 해결하려고 노력하다
struggle 노력, 투쟁; 애쓰다 ponder 숙고하다
brood 곱씹다, 골똘히 생각하다 leap 도약, 뛰기 recognize 인식하다
process 과정 take up ~을 차지하다, 쓰다
appreciate (진가를) 올바로 이해하다, 인정하다 vital 매우 중요한, 필수적인
acknowledge 인정하다 pinnacle 최고점, 정상 nadir 최저점, 바닥

10 독해 문단 순서 배열
난이도 중 ●●○

주어진 글 다음에 이어질 글의 순서로 가장 적절한 것은?

Before creating your own start-up, certain factors need to be considered. These will enable you to get your company off the ground smoothly, increasing the likelihood of future success.

(A) Once you obtain their approval, you should remember to stay flexible in order to increase your chances for future growth. For instance, if a major investment source that you secured earlier runs out, knowing how to adapt will help immeasurably.

(B) Seizing the right moment to launch your start-up is a crucial element. Consider whether the market is ready for your product or if you have sufficient time for such a drastic undertaking. But practical issues are not the only ones to think about.

(C) Since personal connections are an important element to prospering, ruminate on how to nurture good relationships. After your business is up and running, you need to be able to sway investors so that they are satisfied with your business plan.

① (B) – (A) – (C)
② (B) – (C) – (A)
③ (C) – (A) – (B)
④ (C) – (B) – (A)

해석

자신의 벤처 기업을 설립하기 전에는 특정 요소들이 고려되어야 한다. 이것들은 당신이 회사를 순조롭게 시작할 수 있도록 하여 미래의 성공 가능성을 증가시킬 것이다.

(A) 당신이 그들의 동의를 얻고 나면, 미래의 성장 가능성을 높이기 위해 융통성이 있어야 한다는 것을 기억해야 한다. 예를 들어, 당신이 초기에 확보해 두었던 주요 투자 자본이 다 떨어졌을 경우, 어떻게 조정해야 할지를 아는 것은 매우 도움이 될 것이다.

(B) 벤처 기업을 설립할 적절한 시기를 파악하는 것은 매우 중요한 요소이다. 시장이 당신의 제품에 준비되어 있는지 혹은 당신에게 그러한 과감한 사업에 필요한 충분한 시간이 있는지를 고려해라. 하지만 생각해 볼 것은 실리적인 문제들만이 아니다.

(C) 인맥은 성공을 위한 중요한 요소이기 때문에, 좋은 관계를 형성하는 법에 대해 곰곰이 생각해라. 당신의 사업이 운영되기 시작한 후에는, 당신은 투자자들을 움직여서 당신의 사업 계획에 만족하도록 해야 한다.

포인트 해설

주어진 문장에서 벤처 기업을 설립하기 전에 고려해야 할 요소들이 있다고 한 후, (B)에서 그 요소 중 하나로 적절한 설립 시기 파악의 중요성을 강조하며 실리적인 문제들 이외에도 생각해 볼 것이 있다고 조언하고 있다. 뒤이어 (C)에서 인맥의 중요성을 언급하며 사업 운영 후에는 투자자들을 만족시켜야 한다고 하고, (A)에서 그들(their)의 동의를 얻고 나면 미래의 성장을 위해 융통성이 있어야 한다고 설명하고 있다. 따라서 ② (B) – (C) – (A)가 정답이다.

정답 ②

어휘

get off the ground ~을 시작하다   secure 확보하다; 안전한
immeasurably 매우, 헤아릴 수 없을 만큼   seize 파악하다, 붙잡다
drastic 과감한   undertaking 사업   prosper 성공하다
ruminate 곰곰이 생각하다   sway 움직이다, 흔들다

해커스 공무원시험연구소 총평

난이도	고난도 문제는 없었지만 영역 전반에 걸쳐 꼼꼼히 읽고 정답을 골라야 했기에, 다소 까다롭게 느껴졌을 것입니다.
어휘·생활영어 영역	어휘 영역에서 지문이 비교적 긴 문제가 출제된 경우, 문맥에 따라 더 많은 단서를 얻을 수 있으므로, 차근차근 해석함으로써 정답에 가까이 접근할 수 있습니다.
문법 영역	두 개 이상의 문법 포인트를 포함하는 보기들이 등장한 4번 문제를 통해 복합적인 문법 내용을 맞닥뜨렸을 때를 대비하는 연습을 할 수 있습니다.
독해 영역	생소한 과학 소재의 지문들이 포함되어 있기는 했지만, 정답의 근거가 지문에 명확하게 제시되었으므로 유형에 따른 문제 풀이 전략을 바탕으로 빠르게 풀어냈어야 합니다.

정답

01	④	어휘	06	②	독해
02	②	생활영어	07	④	독해
03	③	문법	08	③	독해
04	①	문법	09	④	독해
05	②	어휘	10	③	독해

취약영역 분석표

영역	맞힌 답의 개수
어휘	/ 2
생활영어	/ 1
문법	/ 2
독해	/ 5
TOTAL	/ 10

---

01 어휘 major 난이도 중 ●●○

밑줄 친 부분에 들어갈 말로 가장 적절한 것은?

The application makes it easier for users to receive _____ news, as it provides notifications whenever important current events break.

① neutral
② predictable
③ severe
④ major

해석

이 애플리케이션은 중대한 현행 사건이 터질 때마다 알림을 제공하기 때문에, 사용자들이 <u>주요한</u> 소식을 받는 것을 더 쉽게 해 준다.
① 중립적인
② 예측 가능한
③ 심각한
④ 주요한

정답 ④

어휘

notification 알림　neutral 중립적인　predictable 예측 가능한
severe 심각한, 극심한　major 주요한

이것도 알면 합격!

major(주요한)와 유사한 의미의 표현
= significant, crucial, noteworthy

---

02 생활영어 I wonder what he's up to. 난이도 중 ●●○

밑줄 친 부분에 들어갈 말로 가장 적절한 것은?

A: Have you heard from Edward at all lately?
B: No, but it's funny you ask! I was just thinking about him earlier today. _____.
A: Me, too. I haven't talked to him for a couple of months now, so I'm not really sure.
B: The last time I saw him, he was thinking about applying to grad school.
A: Hmm. I should give him a call and see how he's doing.
B: Good idea. Tell him I said hi.

① I'll play it by ear
② I wonder what he's up to
③ I can't seem to reach him
④ Please keep an eye on him

해석

A: 최근에 Edward에게 연락 온 적 있어?
B: 아니, 그런데 네가 물어보다니 이상하다! 마침 오늘 아침에 그에 대해 생각하고 있었거든. <u>그가 무엇을 하며 지내는지 궁금해.</u>
A: 나도. 몇 달 동안 그와 이야기한 적이 없어서, 잘 모르겠어.
B: 그를 마지막으로 봤을 때, 그는 대학원에 지원할까 생각 중이었어.
A: 흠. 전화해 보고 어떻게 지내는지 알아봐야겠다.

B: 좋은 생각이야. 내 안부도 전해 줘.

① 되는대로 처리할 거야
② 그가 무엇을 하며 지내는지 궁금해
③ 그에게 연락할 수 없을 것 같아
④ 그를 계속 지켜봐 줘

[포인트 해설]
최근에 Edward에게 연락 온 적이 있는지 묻는 A의 질문에 대해 B가 없었다고 대답하고, 빈칸 뒤에서 다시 A가 Me, too. I haven't talked to him for a couple of months now, so I'm not really sure(나도 몇 달 동안 그와 이야기한 적이 없어서, 잘 모르겠어)라고 말하고 있으므로, '그가 무엇을 하며 지내는지 궁금해'라는 의미의 ② 'I wonder what he's up to'가 정답이다.

정답 ②

[어휘]
play it by ear 되는대로 처리하다, 즉흥적으로 처리하다
be up to ~하고 있다, ~에 달려 있다   keep an eye on ~을 계속 지켜보다

[이것도 알면 합격!]
안부를 주고받을 때 쓸 수 있는 다양한 표현들을 알아 두자.
• How are you getting along? 잘 지내고 있어요?
• I'm getting by. 그럭저럭 지내고 있어요.
• Those were the days. 그때가 좋았죠.
• Things couldn't be better. 더없이 좋아요.

03   문법 대명사 | 동명사 | 관계절 | 수 일치   난이도 중 ●●○

밑줄 친 부분 중 어법상 옳지 않은 것은?

Scientists recently succeeded in ① storing data in the genomes of E. coli bacteria. They achieved this by converting a song into a code, ② which uses four letters, and encrypting ③ them into the bacteria's cells. Biological storage spaces such as this ④ have many advantages, and researchers are further developing the technology in order to store images, texts, and even videos.

[해석]
과학자들은 최근 대장균 박테리아의 유전체에 정보를 저장하는 데 성공했다. 그들은 한 노래를 네 개의 문자를 사용하는 코드로 변환하고 그것을 박테리아의 세포 속에 암호화함으로써 이것을 해냈다. 이와 같은 생물학적 저장 공간은 많은 이점을 지니고 있으며, 연구원들은 이미지, 문서, 그리고 심지어 동영상을 저장하기 위해 이 기술을 더욱 발전시키고 있다.

[포인트 해설]
③ 인칭대명사   대명사가 지시하는 명사(a code)가 단수이므로 복수 대명사 them을 단수 대명사 it으로 고쳐야 한다.

[오답 분석]
① 동명사의 역할   전치사(in) 뒤에 명사 역할을 하는 동명사 storing이 올바르게 쓰였다.
② 관계대명사   선행사(a code)가 사물이고 관계절 내에서 동사 uses의 주어 역할을 하므로 사물을 가리키는 주격 관계대명사 which가 올바르게 쓰였다.
④ 주어와 동사의 수 일치   주어 자리에 복수 명사(Biological storage spaces)가 왔으므로 복수 동사 have가 올바르게 쓰였다. 참고로, 주어와 동사 사이의 수식어 거품(such as this)은 동사의 수 결정에 영향을 주지 않는다.

정답 ③

[어휘]
genome 유전체, 게놈   E. coli 대장균   achieve 해내다, 달성하다
encrypt 암호화하다

[이것도 알면 합격!]
②번과 같이 계속적 용법으로 쓰인 관계절에는 관계대명사 that이 올 수 없다는 것도 함께 알아 두자.
• The new smartphone model, (which, ~~that~~) was released last week, has impressive features.
지난주에 출시된 새 스마트폰 모델은 인상적인 기능들을 가지고 있다.

04   문법 관계절 | 병치 구문 | 명사절 | 시제 | 수 일치 | 수동태   난이도 중 ●●○

우리말을 영어로 잘못 옮긴 것은?

① 그들은 몇 년 동안 살아왔던 그 집을 사기에 충분한 돈을 모았다.
  → They saved enough money to buy the house in that they have been living for several years.
② 차가 멈춘 순간, 모든 아이들이 안전띠를 풀고 밖으로 나갔다.
  → The second the car stopped, all the children took off their seatbelts and got out.
③ 당신은 다음 3일 동안 누가 마을을 방문할 것인지 믿기 힘들 것이다.
  → You won't believe who's visiting town for the next three days.
④ 그 실험의 결과는 막대그래프 형태로 화면에 보여졌다.
  → The results of the experiment are displayed on the screen in the form of a bar graph.

[포인트 해설]
① 전치사 + 관계대명사   선행사(the house)가 사물이고, 관계절 내에서 전치사(in)의 목적어인데 '전치사 + 관계대명사'의 형태로 쓰인 경우, 전치사 뒤에 관계대명사 that은 올 수 없으므로 in that을 in which로 고쳐야 한다. 참고로, 전치사 in을 관계절의 동사 have been living 뒤로 보내 the house that they have been living in으로 고칠 수도 있다.

[오답 분석]
② 병치 구문   접속사(and)로 연결된 병치 구문에서는 같은 구조끼리 연결되어야 하므로 and 앞뒤에 과거 시제 동사 took off와 got out이 올바르게 쓰였다.

③ **명사절 접속사 | 현재진행 시제** 주어가 없는 불완전한 절(is visiting ~ days)을 이끌며 동사 believe의 목적어 자리에 올 수 있는 명사절 접속사 who가 올바르게 쓰였다. 또한, 미래에 일어나기로 예정되어 있는 일을 표현하기 위해 현재진행 시제 is visiting이 올바르게 쓰였다.

④ **주어와 동사의 수 일치 | 능동태·수동태 구별** 주어 자리에 복수 명사(The results)가 왔으므로 복수 동사가 와야 하는데, 주어(The results)와 동사가 '(그 실험의) 결과가 보여졌다'라는 의미의 수동 관계이므로 수동태가 와야 한다. 따라서 복수 수동태 동사 are displayed가 올바르게 쓰였다.

정답 ①

어휘

take off ~을 풀다, 벗다   experiment 실험

이것도 알면 **합격!**

시간이나 조건을 나타내는 부사절에서는 미래를 나타내기 위해 미래 시제 대신 현재 시제를 쓴다는 것도 함께 알아 두자.

· When he (**arrives**, ~~will arrive~~) at the airport, we will pick him up and take him to the hotel.
그가 공항에 도착하면, 우리는 그를 태워서 호텔에 데려다 줄 것이다.

---

05 어휘 next to none = unparalleled   난이도 중 ●●○

밑줄 친 부분의 의미와 가장 가까운 것은?

Because of its sturdy build and efficiency, the new vacuum cleaner is considered by home appliance experts to be next to none.

① acquainted   ② unparalleled

③ sophisticated   ④ complicated

해석

튼튼한 구조와 효율성 덕분에, 새로운 진공청소기는 가전제품 전문가들에게 최고라고 여겨진다.

① 알고 있는   ② 비할 데 없는

③ 세련된   ④ 복잡한

정답 ②

어휘

sturdy 튼튼한, 견고한   build 구조   efficiency 효율성, 능률
vacuum cleaner 진공청소기   home appliance 가전제품
next to none 최고인   acquainted 알고 있는   unparalleled 비할 데 없는
sophisticated 세련된   complicated 복잡한

이것도 알면 **합격!**

next to none(최고인)과 유사한 의미의 표현
= second to none, peerless, unrivaled

---

06 독해 문장 삽입   난이도 중 ●●○

주어진 문장이 들어갈 위치로 가장 적절한 곳은?

Still, the hefty price tag may just be worth it.

The International Space Station (ISS) was launched in 1998 for scientific research purposes, and now its doors are open to private companies as well. (①) Pharmaceutical and biomedical firms are welcome to conduct their own tests, though it doesn't come cheap; rates range upwards of 71 million dollars. (②) For example, researchers who wish to conduct in-depth studies of illnesses like osteoporosis and Alzheimer's could save time, since microgravity accelerates the course of the disease. (③) In addition, the production of certain cancer medications could be greatly improved, as it would not be hindered by the fact that particles in fluids tend to settle under the influence of gravity. (④) All in all, companies willing to invest in space studies would not only make a substantial profit but also help save lives.

해석

하지만, 그 비싼 가격표는 그만한 가치가 있을지도 모른다.

국제 우주 정거장(ISS)은 1998년에 과학적 연구 목적으로 발사되었고, 이제 그것의 문은 사기업에도 열려 있다. ① 제약 회사와 생물 의학 회사들은 기꺼이 자체 실험을 수행하려고 하지만, 그 비용은 7,100만 달러 이상에 이를 정도로 저렴하지 않다. ② 예를 들어, 골다공증과 알츠하이머병과 같은 질병에 대한 면밀한 연구를 수행하기를 바라는 연구원들은 시간을 절약할 수 있는데, 이는 중력이 거의 없는 상태가 그 질병의 진행을 가속화하기 때문이다. ③ 게다가, 체액 속의 입자가 중력의 영향 아래 침전되기 쉽다는 점에 방해받지 않으므로, 특정 암에 대한 약의 생산도 크게 향상될 수 있다. ④ 대체로, 우주 연구에 투자하고자 하는 기업들은 엄청난 이익을 낼 뿐만 아니라 생명을 구하는 것을 돕게 될 것이다.

포인트 해설

②번 앞 문장에 제약 회사와 생물 의학 회사들은 국제 우주 정거장에서 자체 실험을 하려고 하지만 그 비용이 저렴하지 않다는 내용이 있고, ②번 뒤 문장에 국제 우주 정거장에서의 질병 연구가 시간을 절약해 주는 사례에 대한 내용이 있으므로, ②번 자리에 하지만(Still) 그 비싼 가격표(the hefty price tag)는 그만한 가치가 있을지도 모른다는 내용, 즉 저렴하지 않은, 국제 우주 정거장에서의 실험 비용을 감수할 이유를 언급하는 주어진 문장이 나와야 지문이 자연스럽게 연결된다.

정답 ②

어휘

hefty 비싼   launch 발사하다, 시작하다   pharmaceutical 제약의
biomedical 생물 의학의   in-depth 면밀한   osteoporosis 골다공증
microgravity 중력이 거의 없는 상태   medication 약, 약물치료
hinder 방해하다   particle 입자, 조각

07 독해 빈칸 완성 - 단어 난이도 중 ●●○

밑줄 친 부분에 들어갈 말로 가장 적절한 것은?

On the surface, the increase in remote workers was a seismic shift initiated by the coronavirus pandemic, but in truth, Covid-19 only accelerated it. Employers need to recognize that the preference for _____ is a long-time worker sentiment. The disruption Covid-19 brought about was an opportunity for employees to adjust to working from home, or at least, not in the office, and for employers to acknowledge this leaning. Surveys note that 57 percent of workers would look for a new job if their company did not allow remote work. That figure highlights the value that employees place on versatile working environments and a measure of independence when it comes to work.

① regulation
② gratification
③ harmony
④ flexibility

해석

표면적으로, 원격 근무자의 증가는 코로나바이러스 팬데믹으로 인해 일어난 엄청난 변화였지만, 사실은 코로나19는 그것을 가속화했을 뿐이었다. 고용주들은 유연성에 대한 선호가 직원들의 오랜 정서라는 것을 인식할 필요가 있다. 코로나19가 가져온 혼란은 근로자들에게는 재택으로 근무하는 것, 혹은 최소한 사무실이 아닌 곳에서 근무하는 것에 적응할 기회였으며, 고용주들에게는 그러한 경향을 인식할 기회였다. 설문 조사는 그들의 회사가 원격 근무를 허용하지 않으면 근로자의 57퍼센트가 새로운 일자리를 찾을 것이라는 점을 보여준다. 그 수치는 업무에 있어 근로자들이 융통성 있는 근무 환경과 어느 정도의 독립에 부여하는 가치를 강조한다.

① 규제
② 만족감
③ 조화
④ 유연성

포인트 해설

빈칸 뒤 문장에 코로나 19가 가져온 혼란은 근로자들에게는 재택으로 근무하거나 사무실이 아닌 곳에서 근무하는 것에 적응할 기회였고 고용주들에게는 그러한 경향을 인식할 기회였다는 내용이 있고, 지문 뒷부분에서 근로자들이 융통성 있는 근무 환경과 어느 정도의 독립에 가치를 부여한다고 했으므로, '유연성'에 대한 선호가 근로자들의 오랜 정서라고 한 ④번이 정답이다.

정답 ④

어휘

seismic 엄청난, 지진의 initiate 일으키다, 시작하다 accelerate 가속화하다
preference 선호 sentiment 정서, 감정 disruption 혼란, 중단
bring about ~을 가져오다, 불러일으키다 adjust 적응하다, 조절하다
acknowledge 인식하다, 인정하다 leaning 경향, 기울기
survey (설문) 조사; 점검하다 figure 수치, 인물
highlight 강조하다 versatile 융통성 있는, 다재다능한
a measure of 어느 정도의 independence 독립(성)
regulation 규제, 규정 gratification 만족감 flexibility 유연성

08 독해 빈칸 완성 - 구 난이도 중 ●●○

밑줄 친 부분에 들어갈 말로 가장 적절한 것은?

When astronomers discovered an enormous black hole in the center of the Milky Way, they deduced that other massive galaxies must have their own black holes. It turned out to be correct. They're now known as supermassive black holes or SMBHs. These great voids have a powerful gravitational pull that swallows anything that gets too near. More recently, scientists have learned that their hugeness can impact star formation. A telescopic survey of a thousand SMBHs led researchers to conclude that the greater the mass of a black hole, the slower the rate of star formation, and vice versa. These giants seem to be in the background but are really a massive _____.

① threat to humankind
② headache for astronomers
③ force on their surroundings
④ part of the universe

해석

천문학자들이 은하의 중심에서 거대한 블랙홀을 발견했을 때, 그들은 다른 커다란 은하계들도 저마다의 블랙홀을 가지고 있음에 틀림없다고 추정했다. 그것은 사실이라고 밝혀졌다. 그것들은 현재 초대질량 블랙홀 혹은 SMBH라고 알려져 있다. 이런 엄청난 빈 공간에는 매우 가까이 접근하는 것은 무엇이든 삼켜버리는 강한 중력이 있다. 더 최근에는 과학자들이 그것들의 거대함이 별의 형성에 영향을 줄 수 있다는 것을 알게 되었다. 천 개의 SMBH에 대한 망원경 조사는 연구자들로 하여금 블랙홀의 질량이 더 클수록 별의 형성 속도가 더 느려지고 그 반대의 경우도 마찬가지라는 결론을 내리게 했다. 이 거대한 것들은 눈에 띄지 않는 곳에 있는 듯이 보이지만 실제로는 거대한 주변 환경에 가해지는 힘이다.

① 인류에 대한 위협
② 천문학자들에게 두통
③ 주변 환경에 가해지는 힘
④ 우주의 일부

포인트 해설

지문 중간에서 커다란 은하계들이 가지는 블랙홀인 초대질량 블랙홀(SMBH)은 가까이 접근하는 것은 무엇이든 삼켜버리는 강한 중력을 가지는데, 이 공간은 별의 형성에 영향을 줄 수 있다고 했으므로, 이 거대한 것(초대질량 블랙홀)들은 눈에 띄지 않는 곳에 있는 듯이 보이지만 실제로는 거대한 '주변 환경에 가해지는 힘'이라고 한 ③번이 정답이다.

정답 ③

어휘

astronomer 천문학자 deduce 추정하다, 연역하다 massive 거대한, 엄청난
supermassive black hole 초대질량 블랙홀 void 빈 공간
gravitational 중력의 swallow 삼키다 telescopic 망원경의
vice versa 반대의 경우도 마찬가지이다 humankind 인류
surrounding 주변 환경

09 독해 제목 파악   난이도 중 ●●○

다음 글의 제목으로 가장 적절한 것은?

The rapidly changing landscape and weather may not be the biggest challenges we face as climate change continues to melt the polar glaciers. Deadly organisms that have laid dormant for thousands of years are being let loose. Scientists recently discovered a 30,000-year-old prehistoric virus below the thawing ice that was still virulent. Fortunately for all of us, this bug only infects amoebae and not mammals. But with temperatures continuing to rise, who knows how many more of these potentially fatal microorganisms might be released in the future? As modern humans likely have not been exposed to them, we will have no natural resistance against them.

① Viruses Turning Harmful from Climate Change
② Scientists Discovering Future Biological Illnesses
③ Precautions Implemented Against Prehistoric Bugs
④ Climate Change Unleashing Lethal Organisms

해석

기후 변화가 계속해서 극빙하를 녹이고 있기 때문에, 빠르게 변화하는 지형과 날씨는 우리가 직면한 가장 큰 문제가 아닐지도 모른다. 수천 년 동안 휴면 중이었던 치명적인 미생물들이 방출되고 있다. 과학자들은 최근에 녹고 있는 빙하 밑에서 여전히 치명적인 30,000년 된 선사 시대의 바이러스를 발견했다. 모두에게 다행스럽게도, 이 세균은 포유류가 아닌 아메바만 감염시킨다. 그렇지만 기온이 계속해서 상승한다면, 미래에 얼마나 더 많은 잠재적으로 치명적인 미생물들이 방출될지 누가 알겠는가? 현대 인류는 이것에 노출된 적이 아마 없었기 때문에, 우리에게는 이것에 대한 선천적인 내성이 없을 것이다.

① 기후 변화로 인해 해롭게 변하는 바이러스
② 미래의 생물학적 질병을 찾아내는 과학자
③ 선사 시대의 세균에 대비하여 실시된 예방 조치
④ 치명적인 미생물을 풀어놓는 기후 변화

포인트 해설

지문 앞부분에서 기후 변화가 계속되면서 우리가 직면한 가장 큰 문제는 휴면 중이었던 치명적인 미생물이 방출되고 있는 것이라고 하고, 지문 뒷부분에서 기온이 계속해서 상승한다면 미래에 얼마나 많은 치명적인 미생물들이 방출될지 모른다고 우려하고 있다. 따라서 이 ④ '치명적인 미생물을 풀어놓는 기후 변화'가, 이 글의 제목이다.

정답 ④

어휘

glacier 빙하   dormant 휴면 중의   prehistoric 선사 시대의   thaw 녹다
virulent 치명적인   infect 감염시키다   fatal 치명적인
resistance 내성, 저항력   precaution 예방 조치   unleash 풀어놓다
lethal 치명적인

구문 분석

As modern humans likely have not been exposed / to them, (생략).

: 이처럼 동사가 have + been + p.p.(have not been exposed)의 형태로 쓰여 현재완료 수동의 의미를 가지는 경우, '(과거부터 현재까지) ~되었다' 또는 '(과거부터 현재까지) ~해졌다'라고 해석한다.

10 독해 문단 순서 배열   난이도 중 ●●○

주어진 글 다음에 이어질 글의 순서로 가장 적절한 것은?

One day, a businesswoman went to a park near her office for lunch. As she sat on a bench eating her sandwich, she started experiencing an unpleasant sharp sensation in her right side. Within minutes she was doubled over in pain.

(A) She tried to concentrate, but ended up leaving early. By the time she got home, the pain had increased significantly. She called an ambulance and was rushed to emergency surgery to remove her appendix. While being put under anesthesia, the surgical team walked into the room.

(B) The head surgeon was none other than the man from the park. He smiled as she gradually drifted into a deep sleep. When she woke up, the nurse informed her that not only had the surgery been a great success, but that it had been done pro bono, courtesy of the elderly man she had judged so rashly.

(C) An elderly Indian man who happened to be passing by noticed the woman suffering. In broken English, he asked her, "Madame, help you can I? Very good at medicine." Assuming that he was an uneducated immigrant, she politely declined and slowly made her way back to the office.

① (B) – (A) – (C)   ② (B) – (C) – (A)
③ (C) – (A) – (B)   ④ (C) – (B) – (A)

해석

어느 날, 한 여성 사업가가 그녀의 사무실 근처 공원으로 점심을 먹으러 갔다. 그녀가 벤치에 앉아 샌드위치를 먹고 있었을 때, 우측에 심한 불쾌감이 느껴지기 시작했다. 이내 그녀는 고통으로 몸을 웅크렸다.

(A) 그녀는 집중하려고 노력했으나, 결국 조퇴를 했다. 그녀가 집에 도착했을 때쯤에, 그 고통은 훨씬 강해졌다. 그녀는 구급차를 불렀고 맹장을 제거하기 위해 서둘러 긴급 수술을 받았다. 마취를 하는 동안에, 수술 팀이 수술실로 들어왔다.

(B) 수석 의사는 다름 아닌 공원에서의 그 남자였다. 그는 그녀가 서서히 깊은 잠에 빠져들 때 미소를 지었다. 그녀가 깨어났을 때, 간호사는 그녀에게 수술이 대단히 성공적이었다는 것뿐만 아니라, 그녀가 경솔히 판단했던 나이가 지긋한 남자의 호의로 그것이 무료로 행해졌다는 것을 알려 주었다.

(C) 우연히 그 옆을 지나가던 한 나이가 지긋한 인도 남자는 그 여자가 괴로워하는 것을 눈치챘다. 그는 서투른 영어로 그녀에게 "부인, 도와드릴까요, 제가? 의학을 잘 알아요."라고 물었다. 그가 교육받지 못한 이민자일 것이라고 판단하고, 그녀는 정중하게 거절한 뒤 천천히 사무실로 돌아갔다.

포인트 해설

주어진 문장에서 한 여성이 공원에서 점심을 먹던 중 고통을 느끼기 시작했다고 언급한 뒤, (C)에서 한 나이 지긋한 인도 남자가 그 여자가 괴로워하는 것(the woman suffering)을 눈치채고 도움을 권했지만 그녀가 거절했음을 보여 주고 있다. 이어서 (A)에서 그 고통(the pain)은 훨씬 강해져 그녀는 결국 맹장 수술을 받게 되었다고 하고, (B)에서 수술팀의 수석 의사가 공원에서 만난 그 남자(the man)였으며, 그의 호의로 수술이 무료로 행해졌음을 그녀가 알게 되었다고 서술하고 있다. 따라서 ③ (C) – (A) – (B)가 정답이다.

정답 ③

어휘

unpleasant 불쾌한   double over 몸을 웅크리다   appendix 맹장
anesthesia 마취   pro bono 무료로 행해진   courtesy of ~의 호의로
rashly 경솔히, 성급히   assume 생각하다, 가정하다   immigrant 이민자

❯ 해커스 공무원시험연구소 총평

난이도	많은 수험생들이 어려워하는 추상적인 소재의 지문이 독해 영역에서 출제되어, 제한 시간 내에 풀어내기가 쉽지 않았습니다.
어휘·생활영어 영역	1번 문제와 같이 동사구 표현을 묻는 문제는 국가직과 지방직 9급 시험에 꾸준히 출제되어 왔습니다. 평소 하나의 동사에서 파생된 다양한 동사구의 의미를 학습해 두면 도움이 될 것입니다.
문법 영역	4번 문제의 경우, 정답은 비교적 난도가 낮은 병치 구문 포인트인 반면, 지엽적인 포인트들이 오답 보기를 구성하고 있습니다. 특히 부정대명사와 관련된 세부 포인트는 '이것도 알면 합격!'을 통해 추가로 학습해 둡니다.
독해 영역	9번 문제를 비롯한 '빈칸 완성 - 연결어' 유형에서는 지문 전반을 꼼꼼하게 읽어내기보다, 빈칸 앞뒤에 있는 문장을 읽고 두 문장 사이의 논리적 관계를 파악하는 전략을 적용합니다.

❯ 정답

01	①	어휘	06	③	독해
02	②	어휘	07	③	독해
03	④	생활영어	08	④	독해
04	②	문법	09	③	독해
05	②	문법	10	④	독해

❯ 취약영역 분석표

영역	맞힌 답의 개수
어휘	/ 2
생활영어	/ 1
문법	/ 2
독해	/ 5
TOTAL	**/ 10**

---

01 | 어휘 turn up | 난이도 중 ●●○

밑줄 친 부분에 들어갈 말로 가장 적절한 것은?

> The detectives began secretly observing the location yesterday, knowing that the criminal would _____ again at least once.

① turn up   ② carry on
③ fall apart   ④ pass away

해석

형사들은 범인이 최소한 한 번은 다시 나타날 것을 알기에, 어제 그 장소를 은밀히 감시하기 시작했다.

① 나타나다   ② 계속 이어 가다
③ 무너지다   ④ 사망하다

정답 ①

어휘

criminal 범인 turn up 나타나다, 찾게 되다
carry on 계속 이어 가다, 속행하다 fall apart 무너지다, 허물어지다
pass away 사망하다, 사라지다

🖋 이것도 알면 **합격!**

turn up(나타나다)과 유사한 의미의 표현
= appear, surface, show up

---

02 | 어휘 jubilant = overjoyed | 난이도 중 ●●○

밑줄 친 부분의 의미와 가장 가까운 것은?

> When news broke that the national team finally won a gold medal, which had not happened in over 30 years, the jubilant citizens took to the streets to celebrate.

① delusional   ② overjoyed
③ apathetic   ④ callous

해석

국가 대표팀이 30년 동안 일어나지 않았던 일인 금메달을 마침내 획득했다는 소식이 전해졌을 때, 기쁨에 넘친 시민들은 축하하기 위해 거리로 나섰다.

① 망상의   ② 기쁨에 넘친
③ 무관심한   ④ 냉담한

정답 ②

어휘

jubilant 기쁨에 넘친 delusional 망상의 apathetic 무관심한
callous 냉담한

🖋 이것도 알면 **합격!**

jubilant(기쁨에 넘친)의 유의어
= ecstatic, elated, delighted

03 생활영어 I'm all eyes and ears. 난이도 중 ●●○

밑줄 친 부분에 들어갈 말로 가장 적절한 것은?

A: Welcome back! How was your trip to Spain?
B: I had the time of my life.
A: Tell me everything. _____.
B: OK. First of all, the hotel was amazing. Here's a photo.
A: Wow! It looks beautiful. I wouldn't have wanted to leave.

① You had your hands full
② I know it by heart
③ You played a big part
④ I'm all eyes and ears

해석

A: 돌아온 것을 환영해! 스페인 여행은 어땠어?
B: 나는 내 인생에서 최고의 시간을 보냈어.
A: 나에게 모두 다 말해 줘. 나는 귀를 기울이고 있어.
B: 알겠어. 먼저, 호텔이 굉장했어. 여기 사진이 있어.
A: 우와! 멋져 보인다. 나라면 떠나고 싶지 않았을 거야.

① 너는 아주 바빴어
② 나는 그것을 외우고 있어
③ 네가 큰 역할을 했어
④ 나는 귀를 기울이고 있어

포인트 해설

스페인 여행이 어땠는지 묻는 A의 질문에 대해 B가 인생에서 최고의 시간을 보냈다고 대답하고, 빈칸 앞에서 다시 A가 Tell me everything(나에게 모두 다 말해 줘)이라고 말하고 있으므로, '나는 귀를 기울이고 있어'라는 의미의 ④ 'I'm all eyes and ears'가 정답이다.

정답 ④

어휘

have one's hands full 아주 바쁘다　by heart 외워서

🎯 이것도 알면 합격!

기대감을 표현할 때 사용할 수 있는 다양한 표현들을 알아 두자.
· I'm looking forward to it. 정말 기다려지는데요.
· I'll make a day of it. 즐거운 하루를 보낼 거예요.
· It's going to be a blast! 신나는 경험이 될 거예요!
· I can't wait to get my feet wet. 시작하는 게 정말 기다려져요.

04 문법 병치 구문 | to 부정사 | 대명사 난이도 중 ●●○

밑줄 친 부분 중 어법상 옳지 않은 것은?

Economics shares a need ① to remain impartial, methodical, ② accuracy, and uniform in ③ its evaluation of fiscal activity with other social ④ disciplines.

해석

경제학은 재정 활동에 대한 그것의 평가에 있어서 계속 공정하고, 체계적이고, 정확하고, 일관적이어야 할 필요성을 다른 사회 학문들과 공유하고 있다.

포인트 해설

② **병치 구문** 접속사(and)로 연결된 병치 구문에서는 같은 품사끼리 연결되어야 하는데 and 앞뒤에 형용사 impartial, methodical, uniform이 왔으므로 명사 accuracy를 형용사 accurate로 고쳐야 한다.

[오답 분석]
① **to 부정사의 역할** '계속 ~할 필요성'이라는 의미를 표현하기 위해 형용사 역할을 하며 명사(a need)를 수식할 수 있는 to 부정사 to remain이 올바르게 쓰였다.
③ **인칭대명사** 대명사가 지시하는 것은 명사 Economics인데, 학문 이름(Economics)은 단수 취급하므로 단수 소유격 대명사 its가 올바르게 쓰였다.
④ **부정대명사** 복수 명사 앞에 쓰이는 부정형용사 other 뒤에 복수 명사 disciplines가 올바르게 쓰였다.

정답 ②

어휘

economics 경제학　disciplines 학문　impartial 공정한
methodical 체계적인　accuracy 정확, 정확도　uniform 일관적인, 획일적인
evaluation 평가　fiscal activity 재정 활동

🎯 이것도 알면 합격!

other는 '이미 언급한 것 이외의 것의'라는 뜻의 형용사로 복수 명사 앞에 쓰이는 반면, others는 '이미 언급한 것 이외의 것들 중 몇몇'이라는 뜻의 대명사로 쓰인다는 것을 함께 알아 두자.
· The red car was sold out, so I had to choose among **other** available colors.
　빨간색 차가 품절되어서, 나는 다른 가능한 색상들 중에 선택해야 했다.
· Some students excel in math, while **others** may find it challenging.
　일부 학생들은 수학에 뛰어나지만, 다른 학생들은 그것이 어렵다고 느낄지도 모른다.

05 문법 동명사 | 관계절 | 주어 | 부사절   난이도 중 ●●○

우리말을 영어로 잘못 옮긴 것은?

① 그 목격자는 그날 밤에 일어난 모든 일을 설명할 준비가 되었다.
→ The witness is prepared to explain everything that happened that night.

② 그녀는 식당에서 식사를 하는 것보다 집에서 몸에 좋은 식사를 하는 것을 더 좋아한다.
→ She'd prefer to have a healthy meal at home than having one at a restaurant.

③ 당신과 같은 비전을 가진 사람들과 일하는 것은 즐겁다.
→ It's nice working with people who have the same vision as you do.

④ 그는 꽤나 배가 불렀음에도 불구하고 케이크 한 조각을 더 원했다.
→ He wanted another piece of cake even though he was quite full.

포인트 해설

② **동명사와 to 부정사 둘 다 목적어로 취하는 동사** 동사 prefer는 '~보다 -을 더 선호하다'라는 의미로 사용될 때 'prefer + to 부정사 + rather than + to 부정사' 또는 'prefer + (동)명사 + to + (동)명사'의 형태로 쓴다. 따라서 prefer to have ~ than having을 prefer to have ~ rather than (to) have 또는 prefer having ~ to having으로 고쳐야 한다.

[오답 분석]

① **관계대명사 that** 선행사가 -thing으로 끝나는 대명사(everything)인 경우 관계대명사 that이 와야 하므로, 사물을 나타내는 주격 관계대명사 that이 올바르게 쓰였다.

③ **가짜 주어 구문** 동명사구(working ~ you do)와 같은 긴 주어가 오면 진주어인 동명사구를 문장 맨 뒤로 보내고 가주어 it이 주어 자리에 대신해서 쓰이므로 It's nice working ~이 올바르게 쓰였다.

④ **부사절 접속사** '꽤나 배가 불렀음에도 불구하고'를 나타내기 위해 양보를 나타내는 부사절 접속사 even though(비록 ~이지만)가 올바르게 쓰였다.

정답 ②

어휘

witness 목격자   vision 비전, 미래상

이것도 알면 합격!

동명사가 목적어일 때와 to 부정사가 목적어일 때 의미가 다른 동사들도 함께 알아 두자.

구분	+ -ing (과거 의미)	+ to 부정사 (미래 의미)
remember	~한 것을 기억하다	~할 것을 기억하다
forget	~한 것을 잊다	~할 것을 잊다
regret	~한 것을 후회하다	~하게 되어 유감스럽다

06 독해 제목 파악   난이노 중 ●●○

다음 글의 제목으로 가장 적절한 것은?

Air and noise pollution are regarded as serious problems for residents in Seoul, and a lot of effort has gone into curbing their detrimental effects. However, something equally problematic was neglected: malodor. The city is now struggling to find ways to get rid of bad smells, particularly in the summer. Drain pipes, factories, and food waste all contribute to the offensive scent, which is unpleasant for passersby and a common complaint among tourists. It also affects the quality of living for those unfortunate enough to reside close to restaurants or sewers. Being forced to constantly breathe in foul smells can lead to headaches, nausea, and other symptoms. While the installation of malodor reduction devices has helped somewhat, the health department is looking for a more comprehensive approach to fight the stink.

① Ways to Mitigate City Pollution
② Common Health Effects of Malodor
③ A Serious Odor Problem in Seoul
④ The Effects of Bad Smells on Tourism

해석

대기 오염과 소음 공해는 서울의 거주민들에게 심각한 문제로 여겨지고, 그것들의 해로운 영향을 억제하기 위해 많은 노력이 들었다. 하지만, 마찬가지로 문제를 안고 있는 것이 등한시되었는데, 바로 악취이다. 그 도시는 현재 악취를 없애기 위한 방법을 찾으려고 노력하고 있고 특히 여름철에 그러고 있다. 수도관과 공장, 그리고 음식물 쓰레기는 모두 거슬리는 냄새의 원인이 되는데, 이는 행인 입장에서 불쾌하며 여행객들 사이에서도 가장 흔한 불만 사항이다. 이는 또한 식당이나 하수관 주변에 거주하는 꽤나 불운한 사람들의 삶의 질에도 영향을 준다. 어쩔 수 없이 늘 악취 속에서 숨 쉬어야 하는 것은 두통, 메스꺼움, 그리고 여타 증후로 이어질 수 있다. 악취 감소 장치의 설치가 어느 정도 도움이 되어 왔지만, 보건부는 악취에 맞서기 위해 보다 포괄적인 접근법을 찾고 있다.

① 도시의 공해를 완화하는 방안
② 악취가 갖는 보편적인 건강상의 영향
③ 서울의 심각한 악취 문제
④ 악취가 관광 사업에 미치는 영향

포인트 해설

지문 전반에 걸쳐 대기 오염과 소음 공해만큼의 문제를 안고 있으나 등한시되었던 악취 문제를 해결하고자 서울이 현재 노력하고 있는데, 악취 문제는 행인과 여행객들에게 불쾌감을 줄 뿐만 아니라 식당이나 하수관 주변에 사는 사람들의 삶의 질에도 영향을 준다고 설명하고 있다. 따라서 ③ '서울의 심각한 악취 문제'가 이 글의 제목이다.

정답 ③

어휘

curb 억제하다   detrimental 해로운   neglect 등한시하다, 무시하다
malodor 악취   struggle 노력하다, 애쓰다   get rid of ~을 없애다
contribute ~의 원인이 되다, 기여하다   offensive 거슬리는, 모욕적인
scent 냄새, 향기   passersby 행인   sewer 하수관
constantly 지속적으로   foul 악취의, 더러운   nausea 구역질
comprehensive 포괄적인, 종합적인   approach 접근법
mitigate 완화하다, 줄이다

---

07 독해 빈칸 완성 - 절 난이도 하 ●○○

밑줄 친 부분에 들어갈 말로 가장 적절한 것은?

In our daily lives, we make a number of financial decisions every month. However, when we run low on funds, we often focus on unnecessary purchases without scrutinizing our spending habits regarding necessities. No one questions the need to buy food, but meal expenditures can't be justified merely because the buyer is hungry. Factors such as relative cost, taste, healthiness, and how filling the food is need to be gauged across food choices. For example, someone with undiscerning tastes may be spending twice as much money at a restaurant when they could buy the same ingredients and prepare them at home. It is important to pay attention to these minor choices because _____.

① some food items can cause illnesses
② physical and financial health are related to each other
③ your decisions directly affect your financial state
④ saving for the future requires a long-term commitment

해석

우리의 일상생활에서, 우리는 매달 수많은 재정상의 결정을 내린다. 하지만, 자금이 모자랄 때 우리는 흔히 생활필수품 관련 소비 습관을 세심히 살피지 않은 채 불필요한 구매에 초점을 맞춘다. 그 누구도 먹을 것을 살 필요성에 의문을 제기하지는 않지만, 단지 구매자가 배고프다고 해서 식량 지출이 정당화될 수는 없다. 상대적 비용, 맛, 건강함, 그리고 얼마나 포만감을 주는지 등의 요인들은 식품 선택에 있어서 판단될 필요가 있다. 예를 들어, 미각이 둔한 사람은 같은 재료를 사서 집에서 조리할 수 있을 때에도 음식점에서 두 배의 돈을 쓰고 있을지도 모른다. 당신의 결정들이 당신의 재정 상태에 직접적으로 영향을 주기 때문에, 이러한 작은 선택들에 주목하는 것이 중요하다.

① 몇몇 식품들은 병을 유발할 수 있다
② 육체 건강과 재무 건전성은 서로 관련되어 있다
③ 당신의 결정들이 당신의 재정 상태에 직접적으로 영향을 준다
④ 미래를 위한 저축은 장기간의 헌신을 필요로 한다

포인트 해설

빈칸 앞부분에서 비용, 맛, 건강함, 그리고 포만감의 정도와 같은 요인들이 식품 선택에 있어 판단될 필요가 있는데, 이는 같은 재료로 집에서 조리할 수 있음에도 음식점에서 두 배의 돈을 쓰고 있을지 모르기 때문이라고 했으므로, '당신의 결정들이 당신의 재정 상태에 직접적으로 영향을 주'기 때문에 이러한 작은 선택들에 주목하는 것이 중요하다고 한 ③번이 정답이다.

정답 ③

어휘

scrutinize 세심히 살피다   question 이의를 제기하다   expenditure 지출
filling 포만감을 주는   gauge 판단하다   undiscerning 감각이 둔한
ingredient 재료   minor 작은, 사소한   commitment 헌신

---

08 독해 문장 삽입 난이도 중 ●●○

주어진 문장이 들어갈 위치로 가장 적절한 곳은?

Her subsequent analysis of army data showed that nearly 90 percent of all deaths were caused not by battle wounds but by diseases that could have been prevented with improved sanitation.

Florence Nightingale was the founder of modern nursing and is remembered for her contributions to revolutionizing health care. (①) Unlike other young women from wealthy families and much to the disappointment of her parents, she rejected a life of domesticity and decided that her purpose in life was to serve others. (②) Soon after she finished her schooling in Germany, she headed to Eastern Europe to help care for soldiers that were wounded fighting in the Crimean War. (③) Upon arriving at the hospital, however, Nightingale became convinced that the appallingly unsanitary conditions were responsible for the extremely high death rates. (④) Her findings led to the implementation of more hygienic hospital procedures and played a major role in dramatically decreasing the percentage of those dying.

해석

군 자료에 대한 그녀의 뒤이은 분석은 모든 사망의 약 90퍼센트가 전쟁에서의 부상 때문이 아니라 위생 시설 개선으로 막을 수 있었던 질병 때문이라는 것을 보여 주었다.

Florence Nightingale은 근대 간호학의 창시자였으며 보건에 혁신을 일으킨 것에 대한 그녀의 기여로 기억된다. ① 부유한 가정의 다른 젊은 여성들과는 다르게 그리고 그녀의 부모님에게는 실망스럽게도, 그녀는 가정적인 삶을 거부했고 그녀의 삶의 목표가 다른 사람을 위해 봉사하는 것이라고 마음먹었다. ② 머지않아 그녀는 독일에서 학업을 마쳤고, 크림 전쟁에서 싸우다 부상당한 군인들을 돌보는 것을 돕기 위해 동유럽으로 향했다. ③ 하지만, 병원에 도착하자마자, 나이팅게일은 지독하게 비위생적인 환경이 극심하게 높은 사망률의 원인이라고 확신하게 되었다. ④ 그녀의 연구 결과는

보다 위생적인 병원에서의 처치 시행으로 이어졌고 사망하는 사람들의 비율을 크게 줄이는 데 주요한 역할을 했다.

포인트 해설

④번 앞 문장에 Nightingale은 병원의 비위생적인 환경이 높은 사망률의 원인이라고 확신했다는 내용이 있고, ④번 뒤 문장에 그녀의 연구 결과는 보다 위생적인 병원에서의 처치 시행으로 이어져 사망률 감소에 주요한 역할을 했다는 내용이 있으므로, ④번 자리에 군 자료에 대한 그녀의 뒤이은 분석(Her subsequent analysis of army data)은 모든 사망의 약 90퍼센트가 위생 시설 개선으로 막을 수 있었던 질병 때문임을 보여 주었다는 내용, 즉 병원 위생 환경의 개선을 촉발한 Nightingale의 연구 결과를 설명하는 주어진 문장이 나와야 지문이 자연스럽게 연결된다.

정답 ④

어휘

subsequent 뒤이은, 차후의   wound 부상, 상처; 상처를 입히다
founder 창시자   contribution 기여, 이바지   revolutionize 혁신을 일으키다
reject 거부하다   domesticity 가정적인 삶   convince 확신시키다
appallingly 지독하게   unsanitary 비위생적인   extremely 극심하게
implementation 시행, 구현   hygiene 위생적인   procedure 처치, 수술
dramatically 크게, 극적으로

---

09 독해 빈칸 완성 - 연결어   난이도 중 ●●○

밑줄 친 (A), (B)에 들어갈 말로 가장 적절한 것은?

Wise men have long recognized the shortcomings of their own knowledge. As a result, variations of the saying "I know that I know nothing" can be found in the writings of philosophers throughout history.   (A)   , the earliest quote of this type is known as the Socratic paradox because it is believed to have been spoken by Socrates. However old the quote is, it doesn't detract from the meaning of the saying, which signifies that the more we learn about something, the more we realize that our knowledge of it is scant. That must have been how astronomers felt when the existence of dark matter was first theorized. Many scientists challenged the theory, but by the 1980s, most were convinced that dark matter exists around galaxies and clusters. Currently, scientists believe that dark matter and dark energy make up about 95 percent of cosmic density.   (B)   , most still admit that they know little about dark matter or the universe as a whole, even with the greater knowledge they have today.

	(A)	(B)
①	Similarly	Therefore
②	Moreover	Otherwise
③	For example	Nevertheless
④	In contrast	However

해석

현명한 사람들은 오랫동안 그들의 지식이 갖는 결함을 인정해 왔다. 결과적으로, "나는 내가 아무것도 모른다는 것을 안다"라는 격언의 변형들을 역사에 걸친 철학자들의 글에서 찾아볼 수 있다. (A) 예를 들어, 이 유형의 가장 이른 시기의 발언은 그것이 소크라테스가 말한 것으로 생각되어 왔기 때문에 소크라테스의 역설로 알려져 있다. 그 발언이 아무리 오래되었다 한들, 그 점이 우리가 무언가에 대해 더 많이 알게 될수록, 그것에 대한 우리의 지식이 부족함을 더욱 깨닫게 된다는 것을 뜻하는 그 격언이 갖는 중요성을 손상시키지 않는다. 그것은 천문학자들이 암흑 물질의 존재가 처음 이론으로 제시되었을 때 느꼈던 방식이었음에 틀림없다. 많은 과학자들이 그 이론에 이의를 제기했지만, 1980년대쯤에는 대부분이 암흑 물질이 은하계와 성단 주변에 존재한다는 것을 납득했다. 현재, 과학자들은 암흑 물질과 암흑 에너지가 우주 밀도의 약 95퍼센트를 구성한다고 여긴다. (B) 그럼에도 불구하고, 대부분은 오늘날 더 많은 지식을 가지고도, 여전히 암흑 물질이나 우주에 대해 대체로 거의 알지 못한다는 것을 인정한다.

	(A)	(B)
①	마찬가지로	그러므로
②	게다가	그렇지 않으면
③	예를 들어	그럼에도 불구하고
④	대조적으로	하지만

포인트 해설

(A) 빈칸 앞 문장은 "나는 내가 아무것도 모른다는 것을 안다"라는 격언의 변형들을 역사에 걸친 철학자들의 글에서 찾아볼 수 있다는 내용이고, 빈칸 뒤 문장은 이 유형의 가장 이른 시기의 발언은 소크라테스의 역설로 알려져 있다는 예를 드는 내용이다. 따라서 빈칸에는 예시를 나타내는 연결어인 For example(예를 들어)이 들어가야 한다.
(B) 빈칸 앞부분은 1980년대쯤에는 대부분의 과학자들이 암흑 물질의 존재를 납득했으며, 현재는 암흑 물질과 암흑 에너지가 우주 밀도의 95퍼센트를 구성한다고 여긴다는 내용이고, 빈칸 뒤 문장은 대부분은 오늘날 더 많은 지식을 가지고도 암흑 물질에 대해 거의 알지 못함을 인정한다는 양보적인 내용이다. 따라서 빈칸에는 양보를 나타내는 연결어인 Nevertheless(그럼에도 불구하고)가 들어가야 한다.

정답 ③

어휘

shortcoming 결함, 단점   variation 변형, 차이   philosopher 철학자
quote 발언, 인용구   paradox 역설
detract from ~을 손상시키다, ~의 주의를 딴 데로 돌리다
meaning 중요성, 의미   signify 뜻하다, 나타내다   scant 부족한
astronomer 천문학자   existence 존재   theorize 이론을 제시하다
challenge 이의를 제기하다, 도전하다   convince 납득시키다
galaxy 은하계   cluster 성단, 무리   density 밀도   admit 인정하다
as a whole 대체로, 전반적으로

구문 분석

That must have been / how astronomers felt / when the existence of dark matter was first theorized.

: 이처럼 의문사가 이끄는 절(how / when / where / who / what / why + 주어 + 동사 ~)이 보어 자리에 와서 주어의 의미를 보충해 주는 경우, '주어가 동사하는 방식/때/곳/사람/것/이유' 또는 '어떻게/언제/어디서/누가/무엇을/왜 주어가 동사하는지'라고 해석한다.

10 독해 내용 일치 파악   난이도 중 ●●○

다음 글의 내용과 일치하는 것은?

Ravaging Europe in the mid-14th century, the Black Death brought about unprecedented devastation. Peasants were particularly vulnerable due to their cramped and unhygienic living conditions and limited nutrition, but there was an unexpected silver lining for those who managed to survive. When the Black Death was over, there were far fewer laborers to work the land. This labor shortage meant that wealthy landowners' crops were going unharvested, resulting in lost revenues. In order to attract a workforce, landowners had no choice but to pay peasants more and provide better working conditions. If they refused or were unreasonable in their demands, many peasants sought employment elsewhere. In fact, although it was technically illegal for a laborer to leave before the completion of a contract, court records show that this occurred, especially when they were offered more money somewhere else.

① Peasants were less susceptible to the Black Death due to their living conditions.
② Landowners' crops generated substantial profits after the Black Death.
③ Laborers were at an economic disadvantage in the post-Black Death years.
④ Peasants abandoned their positions for a chance to earn more elsewhere after the Black Death.

해석

14세기 중반 유럽을 황폐하게 만든 흑사병은 전례 없는 참상을 야기했다. 농민들은 비좁고 비위생적인 생활 환경과 부족한 영양분 섭취로 인해 특히나 취약했지만, 가까스로 생존한 사람들에게는 예상치 못했던 희망이 있었다. 흑사병이 종식되었을 때, 토지를 경작할 노동자들은 훨씬 더 적었다. 이러한 노동력 부족은 부유한 토지 소유주들의 농작물이 수확되지 않아 수익 손실로 이어졌음을 의미했다. 노동 인력을 끌어모으기 위해서, 토지 소유주들은 농민들에게 임금을 더 주고 더 나은 노동 환경을 제공할 수밖에 없었다. 그들(토지 소유주들)이 거부하거나 그들의 요구에 있어 비합리적인 경우, 많은 농민들은 다른 곳에서 일자리를 찾았다. 사실, 노동자가 계약 만료 이전에 떠나는 것은 엄밀히 말해서 불법이었음에도 불구하고, 재판 기록은 그러한 일이 일어났음을 보여 주는데, 그들(노동자들)이 어딘가 다른 곳에서 더 많은 돈을 제안받았을 때 특히 그러했다.

① 농민들은 그들의 생활 환경 때문에 흑사병에 덜 취약했다.
② 흑사병 이후 토지 소유주들의 농작물은 상당한 수익을 창출해 냈다.
③ 흑사병 이후 여러 해 동안 노동자들은 경제적으로 불리한 처지에 있었다.
④ 농민들은 흑사병 이후 다른 곳에서 더 많이 돈을 벌 기회를 위해 자신들의 일자리를 버리고 떠났다.

포인트 해설

④번의 키워드인 earn more elsewhere(다른 곳에서 더 많이 돈을 벌다)를 바꾸어 표현한 지문의 were offered more money somewhere else (어딘가 다른 곳에서 더 많은 돈을 제안받았다) 주변의 내용에서 노동자가 계약 만료 이전에 떠나는 것은 불법이었음에도 불구하고 그러한 일이 일어났고 그들이 다른 곳에서 더 많은 돈을 제안받았을 때 특히 그러했다고 했으므로, ④ '농민들은 다른 곳에서 더 많이 돈을 벌 기회를 위해 자신들의 일자리를 버리고 떠났다'가 지문의 내용과 일치한다.

[오답 분석]
① 농민들은 비좁고 비위생적인 생활 환경과 부족한 영양분 섭취로 인해 특히나 흑사병에 취약했다고 했으므로, 농민들이 그들의 생활 환경 때문에 흑사병에 덜 취약했다는 것은 지문의 내용과 반대이다.
② 흑사병 이후의 노동력 부족은 토지 소유주들의 수익 손실로 이어졌다고 했으므로, 흑사병 이후 토지 소유주들의 농작물이 상당한 수익을 창출해 냈다는 것은 지문의 내용과 다르다.
③ 흑사병 이후 노동 인력을 끌어모으기 위해 토지 소유주들은 농민들에게 추가 임금과 더 나은 노동 환경을 제공할 수밖에 없었다고 했으므로, 흑사병 이후 여러 해 동안 노동자들이 경제적으로 불리한 처지에 있었다는 것은 지문의 내용과 다르다.

정답 ④

어휘

ravage 황폐하게 만들다, 유린하다   unprecedented 전례 없는
devastation 참상, 파괴   peasant 농민   vulnerable 취약한
cramped 비좁은   unhygienic 비위생적인   nutrition 영양분 섭취, 영양
silver lining 희망   shortage 부족   landowner 토지 소유주
crop 작물   unharvested 수확되지 않은   revenue 수익   attract 끌어모으다
workforce 노동 인력   unreasonable 비합리적인, 불합리한
demand 요구, 수요   seek 찾다   employment 일자리, 고용
technically 엄밀히 말하면   illegal 불법의   completion 완료
contract 계약   susceptible 취약한, 감염되기 쉬운
substantial 상당한, 실질적인   disadvantage 불리한 처지, 불이익
abandon 버리고 떠나다, 그만두다

해커스 공무원시험연구소 총평

난이도	문법 영역에서 일부 지엽적인 포인트가 등장하여 풀이가 까다로웠던 반면, 독해 영역에서는 답을 고르기가 어렵지 않았을 것입니다.
어휘·생활영어 영역	3번 문제와 같이 자연스럽지 않은 대화를 고르는 유형에서는 첫 번째 화자의 말에서 일어나는 상황을 파악한 후, 두 번째 화자의 답변에서 앞의 상황과 어울리지 않는 대화가 있는지 확인합니다.
문법 영역	4번과 5번 문제를 통해 조동사의 기본적인 문법 포인트가 확실하게 학습되었는지 파악해 볼 수 있습니다. 헷갈리는 부분이 있었다면 기본 이론을 예문과 함께 익혀 두는 것이 좋습니다.
독해 영역	7번 문제를 비롯한 전체 내용 파악 유형에서는, 지문의 길이가 길더라도 중심 내용은 주로 지문의 처음이나 끝에 등장하는 경우가 많으므로, 해당 위치에서 주제문을 찾아본 후, 나머지 내용이 이를 뒷받침하고 있는지 빠르게 읽으며 풀이 시간을 단축합니다.

정답

01	①	어휘	06	①	독해
02	②	어휘	07	④	독해
03	④	생활영어	08	②	독해
04	③	문법	09	③	독해
05	④	문법	10	④	독해

취약영역 분석표

영역	맞힌 답의 개수
어휘	/ 2
생활영어	/ 1
문법	/ 2
독해	/ 5
TOTAL	**/ 10**

---

01 어휘 suspicious = dubious 난이도 중 ●●○

밑줄 친 부분의 의미와 가장 가까운 것은?

> Although her little brother claimed it was an accident, she was suspicious. She believed that he had broken her new computer on purpose.

① dubious
② spontaneous
③ deliberate
④ pretentious

해석

비록 그녀의 남동생은 그것이 사고였다고 주장했지만, 그녀는 의심스러웠다. 그녀는 그가 그녀의 새 컴퓨터를 고의로 망가뜨렸다고 생각했다.

① 의심스러운
② 자연스러운
③ 신중한
④ 가식적인

정답 ①

어휘

suspicious 의심스러운 on purpose 고의로 dubious 의심스러운
spontaneous 자연스러운, 자발적인 deliberate 신중한, 의도적인
pretentious 가식적인, 허세를 부리는

🎓 이것도 알면 합격!

suspicious(의심스러운)의 유의어
= doubtful, skeptical, mistrustful

---

02 어휘 portend = indicate 난이도 중 ●●○

밑줄 친 부분의 의미와 가장 가까운 것은?

> The meteorologist speculated that mild summer temperatures portend a cold winter.

① lessen
② indicate
③ guarantee
④ prevent

해석

그 기상학자는 온화한 여름 온도가 추운 겨울을 예고한다고 추측했다.

① 줄이다
② 조짐이 되다
③ 보장하다
④ 예방하다

정답 ②

어휘

meteorologist 기상학자 speculate 추측하다
portend 예고하다, 전조가 되다 lessen 줄이다
indicate 조짐이 되다, 나타내다

🎓 이것도 알면 합격!

portend(예고하다)의 유의어
= forecast, predict, foreshadow

03 생활영어 I've never had a problem with my boss and coworkers. 난이도 중 ●●○

두 사람의 대화 중 자연스럽지 않은 것은?

① A: Why don't you finish off the last of the mashed potatoes?

B: Are you sure you've had enough?

② A: Hey, where are you off to in such a rush?

B: Have you seen my car keys anywhere? I'm late for a meeting.

③ A: I'm looking for pasta sauce, but it looks like you're all sold out.

B: If you'll give me a minute, I'll see if we have more in the back.

④ A: Why did you decide to quit your job?

B: I've never had a problem with my boss and coworkers.

해석

① A: 으깬 감자 남은 것 마저 다 먹지 그래요?

B: 당신은 정말 충분히 먹었나요?

② A: 이봐, 어딜 그렇게 바쁘게 가는 거야?

B: 내 자동차 키 어디서 본 적 있어? 나 회의에 늦었어.

③ A: 저는 파스타 소스를 찾고 있는데, 다 팔린 것 같네요.

B: 잠시 기다려 주시면, 제가 뒤쪽에 더 있는지 확인해 보겠습니다.

④ A: 직장을 왜 그만두기로 결정한 거야?

B: 나는 내 상사와 직장 동료들과 문제 있었던 적이 없어.

포인트 해설

④번에서 A는 직장을 그만두기로 결정한 이유를 묻고 있으므로, 상사와 직장 동료들과 문제 있었던 적이 없었다는 B의 대답 ④ 'I've never had a problem with my boss and coworkers'(나는 내 상사와 직장 동료들과 문제 있었던 적이 없어)는 어울리지 않는다.

정답 ④

어휘

finish off ~을 마저 다 먹다, 끝마치다 in a rush 바쁘게, 서둘러
sold out 다 팔린

🖋 이것도 알면 **합격!**

직장을 그만둘 때 사용할 수 있는 다양한 표현들을 알아 두자.

- That's a pretty bold move you're making. 꽤 대담한 이직이네요.
- Why is she so fed up at her job? 왜 그녀가 일에 그렇게 싫증이 났을까?
- I've decided to quit my job. 저는 직장을 그만두기로 결정했습니다.
- I'm stepping down from my role. 저는 제 역할에서 물러날 예정입니다.

04 문법 조동사 | 비교 구문 | 수동태 | 이중 부정 난이도 중 ●●○

어법상 옳은 것은?

① He has been recognized the world over as one of most influential actors of all time.

② The president's position on the matter can infer from his unwillingness to comment on it.

③ To speed up production, the supervisor proposed that the company hire additional workers.

④ The guards who stood on watch from midnight till dawn claimed not to have seen nothing.

해석

① 그는 역사상 세계 도처에서 가장 영향력 있는 배우 중 한 명으로 인정받아 왔다.

② 그 문제에 대한 대통령의 입장은 그가 그것에 대한 언급을 꺼리는 것을 통해 추측될 수 있다.

③ 생산 속도를 높이기 위해, 감독관은 회사가 추가 직원을 고용할 것을 제안했다.

④ 자정에서 새벽까지 보초를 섰던 경비들은 아무것도 보지 못했다고 주장했다.

포인트 해설

③ **조동사 should의 생략** 제안을 나타내는 동사 propose(제안하다)가 주절에 나오면 종속절의 동사 자리에 '(should +) 동사원형'이 와야 하므로, 종속절에 (should) hire가 올바르게 쓰였다.

[오답 분석]

① **최상급 관련 표현** 문맥상 '가장 영향력 있는 배우 중 한 명'이라는 의미가 되어야 자연스러운데, '가장 ~한 − 중 하나'는 최상급 관련 표현 'one of the + 최상급'의 형태로 나타낼 수 있으므로 one of most를 one of the most로 고쳐야 한다.

② **능동태·수동태 구별** 주어(The president's position)와 동사가 '대통령의 입장이 추측되다'라는 의미의 수동 관계이므로 능동태 can infer를 수동태 can be inferred로 고쳐야 한다.

④ **이중 부정** 대명사 nothing(아무것도 ~하지 않음)은 이미 부정의 의미를 내포하고 있으므로 부정어 not과 함께 쓰일 수 없다. 따라서 nothing을 anything으로 고치거나, claimed not to have seen nothing을 부정어 not을 삭제한 claimed to have seen nothing으로 고쳐야 한다.

정답 ③

어휘

influential 영향력 있는 infer 추측하다, 추론하다
supervisor 감독관, 관리자 dawn 새벽

🖋 이것도 알면 **합격!**

④번의 이중 부정과 관련하여, 부사절 접속사 lest(~하지 않도록)도 이미 부정의 의미를 포함하고 있으므로 부사절 내 동사에 다시 부정어를 쓰지 않아야 한다는 것을 알아 두자.

- They locked all the doors before leaving, **lest** anyone should ~~not~~ try to break in.
  누구도 침입할 수 없도록, 그들은 떠나기 전에 모든 문을 잠갔다.

05 문법 조동사 | 전치사 | 어순 | 관계절 | 수동태 난이도 상 ●●●

우리말을 영어로 잘못 옮긴 것은?

① 지방 정부는 그것이 정당한 불만 사항이 있는 주민들을 대하는 방식에 대해 책임이 있다.
→ The local government is accountable for how it treats constituents with legitimate complaints.

② 착용할 수 있는 기기들의 증가에도 불구하고, 많은 사람들은 그것들이 스마트폰보다 용도가 다양하지 않다고 생각한다.
→ Despite the increase in wearable devices, many consider them less versatile than smartphones.

③ 내가 운동을 할 수 있는 유일한 시간은 일과가 완료되고 난 늦은 저녁이다.
→ The only time I have for exercise is late in the evening after the chores are done.

④ Steven이 얼마나 활동적인지를 알고 있기 때문에, 나는 그가 사무직보다 차라리 현장에서 일하는 것이 더 나을 것이라고 확신한다.
→ Knowing how restless Steven is, I'm sure he could work in the field than at a desk.

포인트 해설

④ **조동사 관련 표현** '사무직보다 차라리 현장에서 일하는 것이 더 나을 것이다'는 조동사 관련 숙어 would rather(차라리 ~하는 게 낫다)를 사용해서 나타낼 수 있으므로 could work를 would rather work로 고쳐야 한다.

[오답 분석]

① **전치사 | 어순** '주민들을 대하는 방식에 대해 책임이 있다'를 나타내기 위해 전치사 숙어 표현 accountable for(~에 책임이 있는)가 올바르게 쓰였다. 또한, 의문문이 다른 문장 안에 포함된 간접 의문문은 '의문사 + 주어 + 동사'의 어순이 되어야 하므로 how it treats가 올바르게 쓰였다.

② **전치사** '착용할 수 있는 기기들의 증가에도 불구하고'를 나타내기 위해 양보를 나타내는 전치사 Despite(~에도 불구하고)가 명사구(the increase in wearable devices) 앞에 올바르게 쓰였다.

③ **관계대명사 | 능동태·수동태 구별** 선행사(The only time) 뒤에 목적격 관계대명사 that이 생략된 관계절 (that) I have for exercise가 올바르게 쓰였다. 또한 부사절의 주어 the chores와 동사가 '일과가 완료되다'라는 의미의 수동 관계이므로 수동태 are done이 올바르게 쓰였다. 참고로, 선행사에 the same/the only/the very가 포함되는 경우, 관계대명사 that을 사용한다

정답 ④

어휘

accountable 책임이 있는 constituent 주민, 유권자
legitimate 정당한, 합법적인 wearable 착용할 수 있는
versatile 용도가 다양한, 만능의 chore 일과, 가사 restless 활동적인

이것도 알면 합격!

다양한 전치사 숙어 표현들을 함께 알아 두자.

identical to ~와 똑같은	renowned for ~으로 유명한
sensitive to ~에 민감한	absent from ~에 결석한
consistent with ~와 일치하는	

06 독해 빈칸 완성 – 절 난이도 중 ●●○

밑줄 친 부분에 들어갈 말로 가장 적절한 것은?

Native to New Zealand, the kakapo is the only nocturnal, flightless parrot species known to exist. Though kakapos lack the ability to fly, they do possess strong legs for walking and climbing. They are extremely friendly, behaving more like dogs than birds. In fact, wild specimens are known to climb up onto people and even groom them. When defending themselves against potential predators, kakapos rely largely on camouflage; they become motionless in order to blend into their surroundings. Unfortunately, this strategy was useful only when the enemy was the keen-sighted eagle. It ceased to be effective once the Maori settlers arrived and cleared away large areas of the birds' habitat. They also introduced mammalian predators such as rats, weasels, and cats, which easily detect these birds as they give off a sweet-smelling odor. Thus, it is no surprise that today, _____.

① the kakapo is classified as critically endangered in New Zealand
② kakapos are one of the longest-living bird species known to man
③ the country's plan to protect kakapos has been successful
④ the birds are able to repel other animals with their odor

해석

뉴질랜드 토종인 올빼미 앵무새는 존재하는 앵무새 중 유일하게 야행성이고 날지 못하는 종이다. 올빼미 앵무새에게 날 수 있는 능력은 없지만, 그들은 걸어 다니고 기어오를 수 있는 강한 다리를 가지고 있다. 그들은 새보다는 개와 비슷하게 행동하는 매우 친화적인 동물이다. 실제로, 야생종들이 사람 위로 기어오르거나 심지어 그들의 털을 다듬어 주기까지 하는 것으로 알려져 있다. 잠재적 포식 동물로부터 자신을 방어할 때, 올빼미 앵무새는 주로 위장에 의존한다. 즉, 그들은 주위 환경에 뒤섞이기 위해 움직이지 않는다. 유감스럽게도, 이 전략은 그들의 적이 시력이 좋은 독수리였을 경우에만 유용했다. 그것은 마오리 정착민들이 당도하여 그 새의 서식지 대부분을 제거했을 때 효과적이지 않게 되었다. 그들은 또한 쥐, 족제비, 그리고 고양이와 같은 포유류 포식동물들을 들여왔는데, 그것(올빼미 앵무새)들이 달콤한 냄새를 풍기기 때문에 이 새들을 쉽게 찾아낼 수 있다. 따라서, 오늘날 뉴질랜드에서 올빼미 앵무새가 심각한 멸종 위기에 처한 것으로 분류되는 것은 놀라운 일이 아니다.

① 뉴질랜드에서 올빼미 앵무새가 심각한 멸종 위기에 처한 것으로 분류된다
② 올빼미 앵무새는 가장 오래 사는 새의 종으로 인간에게 알려진 종의 하나이다
③ 올빼미 앵무새를 보호하려는 국가의 계획은 성공적이었다
④ 그 새는 다른 동물들을 그것의 냄새로 물리칠 수 있다

포인트 해설

지문 중간에 올빼미 앵무새는 포식 동물로부터 자신을 방어할 때 주로 위장에 의존했는데, 마오리 정착민들이 당도하여 그것들의 서식지를 제거하면서 그 전략은 효과적이지 않게 되었고, 마오리 정착민들은 이 새를 냄새로 찾아낼 수 있는 포유류 포식 동물을 들여왔다는 내용이 있으므로, '뉴질랜드에서 올빼미 앵무새가 심각한 멸종 위기에 처한 것으로 분류되는 것은 놀라운 일이 아니라고 한 ①번이 정답이다.

정답 ①

어휘

nocturnal 야행성의   groom (털을) 다듬다   predator 포식동물
camouflage 위장   motionless 움직이지 않는   blend into 뒤섞이다
mammalian 포유류의   odor 냄새   endangered 멸종 위기에 처한
repel 물리치다

---

07   독해 제목 파악   난이도 중 ●●○

다음 글의 제목으로 가장 적절한 것은?

Several years ago in summer, roughly 1,400 citizens succumbed to a severe heat wave in Karachi, Pakistan. The surprisingly high number of fatalities could have been much lower were it not for an unlucky combination of factors that aggravated the situation. For instance, environmental experts had cautioned officials about the possibility of extreme temperatures when similar weather hit India a month prior. The warning unfortunately went unheeded until it was too late. The city itself further provided an ideal environment for temperatures to increase exponentially. Karachi is made up of narrow streets that trap heat in its confined spaces. There is also little natural shade available around town because of deforestation. Perhaps worst of all, the first day of the heat coincided with a religious tradition involving fasting. Many who were already weak due to hunger fell ill much more quickly from dehydration and heat stroke.

① Fatal Heat Waves on the Rise in South Asia
② When Culture and Extreme Weather Collide
③ Measures that Failed to Stop Deaths in Karachi
④ Karachi's Deadly Heat Wave: Compounded Problems

해석

몇 해 전 여름, 약 1,400명의 시민이 파키스탄의 카라치에서의 극심한 폭염으로 사망했다. 놀랍도록 많았던 사망자 수는 상황을 악화시킨 요인들의 공교로운 결합이 아니었다면 훨씬 줄어들 수 있었을 것이다. 예를 들어, 환경 전문가들은 한 달 전 비슷한 기후가 인도를 강타했을 때 고위 관리들에게 극한 기온의 가능성에 대해 경고했었다. 그 경고는 유감스럽게도 너무 늦어버린 때까지 무시되었다. 그뿐만 아니라 그 도시 자체가 온도를 기하급수적으로 높이는 데 이상적인 환경을 제공했다. 카라치는 비좁은 공간 안에 열을 가두는 좁은 골목길들로 이루어져 있다. 삼림 벌채로 인해 마을 주변에서 이용할 수 있는 자연 그늘도 거의 없다. 아마도 가장 최악인 것은, 폭

염의 첫날이 금식을 수반하는 종교 전통과 동시에 일어났다는 것이다. 배고픔 때문에 이미 허약했던 많은 사람들은 탈수증과 열사병으로 인해 훨씬 더욱 빨리 병들었다.

① 남아시아에서 증가하고 있는 치명적인 폭염
② 문화와 극한의 기후가 충돌하는 경우
③ 카라치에서 죽음을 막지 못했던 조치들
④ 카라치의 치명적인 폭염: 뒤엉킨 문제들

포인트 해설

지문 전반에 걸쳐 파키스탄의 카라치에서 폭염으로 많은 사망자가 발생한 것은 환경 전문가들의 경고를 무시한 고위 관리들, 열을 가두는 좁은 골목길, 삼림 벌채로 인한 자연 그늘의 부족, 종교 전통에 따른 금식 등의 요인들의 공교로운 결합 때문이라고 설명하고 있다. 따라서 ④ '카라치의 치명적인 폭염: 복합적인 문제들'이 이 글의 제목이다.

정답 ④

어휘

succumb (병·부상·노령 등으로) 사망하다, 쓰러지다   aggravate 악화시키다
unheeded 무시된   exponentially 기하급수적으로
deforestation 삼림벌채   coincide 동시에 일어나다   fasting 금식

구문 분석

(생략), the first day of the heat coincided with a religious tradition / involving fasting.
: 이처럼 현재분사(involving ~)가 명사를 꾸며 주는 경우, '~하는 명사' 또는 '~한 명사'라고 해석한다.

---

08   독해 문장 삽입   난이도 중 ●●○

주어진 문장이 들어갈 위치로 가장 적절한 곳은?

Although she did not possess a protective suit, like those used by physicians, she did have rubber boots, gloves, and a mask.

When her entire family contracted Ebola, Fatu Kekula was determined to save them herself rather than risk their deaths at the hands of others. (①) The 22-year-old Liberian woman made this decision, believing that the little bit of nurse training she had received would make a difference. (②) She managed to nurse her parents and sister back to health without becoming infected using these minimal defensive measures. (③) This is a remarkable feat given that the mortality rate at hospitals is 70 percent and nearly no family affected by the virus has remained entirely intact. (④) Her actions have helped prove that Ebola doesn't have to be a death sentence, while giving hope to others with afflicted loved ones.

[해석]

> 그녀는 비록 의사가 사용하는 것과 같은 안전복을 가지고 있지는 않았지만, 고무장화, 장갑, 그리고 마스크를 가지고 있었다.

그녀의 가족 모두가 에볼라에 걸렸을 때, Fatu Kekula는 다른 사람의 손에 그들의 죽음을 맡기기보다는 직접 그들을 구하기로 결심했다. ① 22세의 그 라이베리아인 여성은 그녀가 받았던 약간의 간호 교육이 변화를 가져올 것이라고 믿으며 이러한 결정을 내렸다. ② 그녀는 이러한 최소한의 방어 수단을 사용하여 자신은 감염되지 않고 그녀의 부모님과 여동생을 간호해서 다시 건강을 회복시켰다. ③ 병원에서의 사망률이 70퍼센트이고 그 바이러스에 감염된 가족이 온전히 살아남은 경우가 거의 없었다는 점을 고려하면, 이것은 놀랄 만한 업적이다. ④ 그녀의 행동은 에볼라가 반드시 사형 선고인 것은 아니라는 점을 증명하는 데 도움이 되었으며, 동시에 사랑하는 사람들이 고통받는 다른 이들에게 희망을 주었다.

[포인트 해설]

②번 뒤 문장에서 그녀는 이러한 최소한의 방어 수단(these minimal defensive measures)을 사용하여 가족을 간호했다고 했으므로, ②번 자리에 그녀가 비록 안전복을 가지고 있지는 않았지만, 고무장화, 장갑, 마스크를 가지고 있었다는 내용, 즉 그녀가 갖추었던 최소한의 방어 수단이 무엇인지에 대해 설명하는 주어진 문장이 나와야 지문이 자연스럽게 연결된다.

정답 ②

[어휘]

physician 의사 rubber 고무 contract (병에) 걸리다
make a difference 도움이 되다 infect 감염시키다 remarkable 놀랄 만한
feat 업적 mortality 사망 intact 온전한 death sentence 사형 선고
afflicted 고통받는

---

09 독해 빈칸 완성 - 절   난이도 하 ●○○

밑줄 친 부분에 들어갈 말로 가장 적절한 것은?

> Certified financial planners often bemoan the unrealistic expectations of people who come to them for advice on saving money. Everyone seems to be looking for a way to save quickly. Invariably, they are told the same thing—unless they win the lottery, they won't make thousands of dollars overnight. One reason people have trouble saving is that _____.
> Thus, instead of controlling their spending and putting aside a couple of hundred bucks every month, they splurge on fancy meals and clothes. What they don't realize is that the 200 dollars they spent on a new jacket can become 2,400 dollars in one year. It may not seem like much, but if they keep it up for 30 years, they will have saved a total of 72,000 dollars, plus interest. Essentially, accumulating wealth takes patience and a whole lot of restraint.

① there are many emergencies and unexpected expenses in life

② those who have occupations earn very little income to begin with

③ they prefer instant gratification over the larger benefit in the long term

④ their debts for necessities of life often take years to pay off

[해석]

공인 재무 기획사는 종종 저축에 관한 조언을 얻기 위해 그들을 찾아오는 사람들의 비현실적인 기대를 유감으로 생각한다. 모든 사람들은 빠르게 저축할 방법을 찾고 있는 것처럼 보인다. 언제나, 그들은 그들이 복권에 당첨되지 않는 한, 그들이 하룻밤 사이에 수천 달러를 벌 수는 없다는 같은 말을 듣는다. 그들이 저축에 어려움을 겪는 한 가지 이유는 <u>그들이 장기적으로 더 큰 이익보다 즉각적인 만족을 더 좋아한다</u>는 것이다. 따라서, 그들의 소비를 제한하고 매달 몇백 달러를 저축하는 대신, 그들은 값비싼 식사와 옷에 돈을 물 쓰듯 쓴다. 그들이 깨닫지 못하는 것은 그들이 새로운 재킷을 사는 데 쓴 200달러가 일 년 후에는 2,400달러가 될 수 있다는 것이다. 이것은 많은 돈이 아닌 것처럼 보일지도 모르지만, 만약 그들이 30년 동안 이것을 계속하면, 그들은 이자를 더해 총 72,000달러를 저축하게 될 것이다. 근본적으로, 부를 축적하는 것은 인내심과 많은 절제를 요한다.

① 삶에는 많은 비상 상황과 예상치 못한 지출이 있다
② 직업을 가지고 있는 사람들이 매우 적은 수입을 얻는다
③ 그들이 장기적으로 더 큰 이익보다 즉각적인 만족을 더 좋아한다
④ 생활필수품에 대한 그들의 부채를 갚는 데 수년이 걸린다

[포인트 해설]

빈칸 뒷부분에 사람들은 매달 저축하는 대신 값비싼 식사와 옷에 돈을 물 쓰듯 쓴다는 내용이 있고, 지문 뒷부분에서 근본적으로 부를 축적하는 것은 인내심과 많은 절제를 요한다고 했으므로, 사람들이 저축에 어려움을 겪는 한 가지 이유는 '그들이 장기적으로 더 큰 이익보다 즉각적인 만족을 더 좋아한다'는 것이라고 한 ③번이 정답이다.

정답 ③

[어휘]

certified 공인의 bemoan 유감으로 생각하다 invariably 언제나, 예외 없이
put aside 저축하다 splurge 돈을 물 쓰듯 쓰다
accumulate 축적하다, 모으다 restraint 절제 gratification 만족

10 독해 내용 불일치 파악 난이도 중 ●●○

다음 글의 내용과 일치하지 않는 것은?

Knowing how and when to use all those knives and forks in a place setting can be confusing for first-time fine diners. As a general rule, work from the outside in; the utensil furthest away from the plate should be paired with the initial dish. Leave cutlery on your plate between mouthfuls, and refrain from placing any part of it on the table. Use both hands to cut food each time you prepare to take a bite. Cutting everything at the beginning of the meal and then only using your fork is passable in America, but only do this in Europe if you want to commit a social blunder. Should any silverware happen to fall to the floor, forgo retrieving it. Attentive servers will take care of it discreetly and bring you a new one.

① The meal's first course is to be consumed with the outer cutlery.

② Putting the utensils on the table while eating should not be done.

③ Europe considers it socially unacceptable to cut all the food at once.

④ Silverware should be discreetly picked up if it is accidentally dropped.

해석

식기 한 세트에서 그 모든 나이프와 포크를 어떻게 그리고 언제 사용해야 하는지를 아는 것은 고급 식당에서 식사하는 것이 처음인 사람들에게는 혼란스러울 수 있다. 일반적으로는, 밖에서 안으로 사용한다. 즉, 접시에서 가장 멀리 있는 식기가 첫 요리와 짝을 이루어야 한다. 음식이 입에 있는 동안에는 접시 위에 식기를 올려놓고 식탁 위에는 그중 어느 것도 올려놓지 말아라. 음식을 한 입 먹으려고 준비할 때에는 두 손을 모두 사용해서 잘라라. 식사 초반에 모든 것을 잘라 놓고 포크만 사용하는 것은 미국에서는 그런대로 괜찮지만, 유럽에서는 사회적으로 큰 실수를 저지르고 싶을 때만 그렇게 하라. 은 식기류가 바닥에 떨어졌을 경우에는, 그것을 집는 것을 삼가라. 세심한 종업원들이 그것을 사려 깊게 처리하고는 당신에게 새것을 가져다줄 것이다.

① 식사의 첫 요리는 바깥쪽에 있는 식기로 먹어야 한다.

② 먹는 중에는 식탁 위에 식기를 올려놓지 말아야 한다.

③ 유럽에서는 한 번에 모든 음식을 잘라 두는 것을 사회적으로 용납할 수 없다고 여긴다.

④ 실수로 은 식기류가 떨어졌다면 조심스럽게 주워야 한다.

포인트 해설

④번의 키워드인 Silverware(은 식기류)가 지문에 그대로 언급된 지문 주변의 내용에서, 은 식기류가 바닥에 떨어졌을 경우에는 그것을 집는 것을 삼가라고 했으므로, ④ '실수로 은 식기류가 떨어졌다면 조심스럽게 주워야 한다'는 것은 지문의 내용과 반대이다.

정답 ④

어휘

fine 고급의 utensil 식기 cutlery 식기, 날붙이류
passable 그런대로 괜찮은 blunder 큰 실수 silverware 은 식기류
forgo 삼가다, 그만두다 retrieve 집다, 회수하다 attentive 세심한, 주의 깊은
discreetly 사려 깊게, 조심스럽게 unacceptable 용납할 수 없는

해커스 공무원시험연구소 총평

난이도	다른 회차와 비교하여 어휘 영역이 다소 난도 높게 출제되었습니다.
어휘·생활영어 영역	2번 문제와 같이, 각각의 보기의 정확한 의미를 알지 못하면 답을 고르기 어려운 동사구 문제에 대비하여, 평소 폭넓은 동사구 표현들을 꾸준히 암기해 둡니다.
문법 영역	3번과 4번 문제를 통해 다양한 동사들에 대한 문법 이론을 복습해 볼 수 있었습니다. 특히 특정 전치사와 함께 자주 쓰이는 자동사나, 혼동하기 쉬운 자동사와 타동사는 확실하게 숙지하지 않으면 헷갈리기 쉬우므로, '이것도 알면 합격'에 정리된 내용과 함께 관련 내용을 복습해 봅니다.
독해 영역	6번 문제에서 확인할 수 있는 문단 요약 유형은 주어진 요약문이나 보기를 먼저 읽은 다음, 지문에서 알아내야 하는 내용을 파악함으로써 풀이 시간을 단축할 수 있습니다.

정답

01	③	어휘	06	①	독해
02	①	어휘	07	③	독해
03	②	문법	08	②	독해
04	④	문법	09	②	독해
05	①	생활영어	10	①	독해

취약영역 분석표

영역	맞힌 답의 개수
어휘	/ 2
생활영어	/ 1
문법	/ 2
독해	/ 5
TOTAL	/ 10

---

01 어휘 malignant   난이도 중 ●●○

밑줄 친 부분에 들어갈 말로 가장 적절한 것은?

A _____ tumor is made up of cancerous cells that grow out of control and spread to other areas of the body, causing the prognosis to become progressively worse.

① benign
② latent
③ malignant
④ mediocre

해석

악성 종양은 통제할 수 없이 자라서 신체의 다른 부위로 퍼지는 암세포로 이루어지는데, 이것은 예후가 점차적으로 더 나빠지게 한다.

① 양성의
② 잠복성의
③ 악성의
④ 보통의

정답 ③

어휘

tumor 종양　prognosis 예후　progressively 점차적으로　benign 양성의
latent 잠복성의　malignant 악성의　mediocre 보통의

이것도 알면 합격!

malignant(악성의)의 유의어
= deadly, harmful, destructive

---

02 어휘 let up   난이도 상 ●●●

밑줄 친 부분에 들어갈 말로 가장 적절한 것은?

With so many people complaining that congestion on the streets never _____, city officials have decided to reduce traffic flow by diverting trucks to less traveled roads.

① lets up
② turns around
③ takes over
④ breaks down

해석

매우 많은 사람들이 그 도로의 혼잡이 전혀 완화되지 않는다고 불평하기 때문에, 시 공무원들은 트럭들을 교통량이 더 적은 도로로 우회시킴으로써 교통량을 줄이기로 결정했다.

① 완화되다
② 호전되다
③ 이어받다
④ 고장 나다

정답 ①

어휘

congestion 혼잡, 정체　divert 우회시키다, 방향을 바꾸게 하다
let up 완화되다, 그만두다　turn around 호전되다, 방향을 바꾸다
take over 이어받다, 인계받다　break down 고장 나다, 실패하다

[이것도 알면 합격!]

let up(완화되다)과 유사한 의미의 표현
= ease off, ease up, alleviate, mitigate

---

03 문법 동사의 종류 | 조동사 | 수동태 | 강조 구문 | 상관접속사 난이도 중 ●●○

우리말을 영어로 잘못 옮긴 것은?

① 내가 한 달도 더 전에 주문한 전등은 지금쯤 도착했어야 했다.
→ The lamp I ordered more than a month ago should have arrived by now.

② 운영 비용은 회사 예산의 큰 비중을 차지한다.
→ Operating costs account as a large percentage of the company's budget.

③ 당신이 직장에서 하는 모든 일이 다른 사람들에게 인정받는 것은 아니다.
→ Not everything you do at the workplace will be appreciated by others.

④ 궁극적으로 사업을 계속 번창하게 해 주는 것은 창조력이 아니라 노력이다.
→ It is not creativity but effort that ultimately keeps a business thriving.

[포인트 해설]

② **자동사** '회사 예산의 큰 비중을 차지한다'는 전치사 for와 함께 쓰이는 자동사 account를 사용하여 account for(~을 차지하다)로 나타낼 수 있으므로, account as를 account for로 고쳐야 한다.

[오답 분석]

① **조동사 관련 표현** '지금쯤 도착했어야 했다'는 조동사 관련 표현 should have p.p.(~했었어야 했다)로 나타낼 수 있으므로 should have arrived가 올바르게 쓰였다.

③ **능동태·수동태 구별** 주어(Not everything ~ workplace)와 동사가 '당신이 직장에서 하는 모든 일이 인정받는 것은 아니다'라는 의미의 수동 관계이므로 수동태 will be appreciated가 올바르게 쓰였다.

④ **It – that 강조 구문 | 상관접속사** '궁극적으로 사업이 계속해서 번창하도록 하는 것은 창조력이 아닌 노력이다'는 It – that 강조 구문(~한 것은 바로 -이다)을 사용하여 나타낼 수 있고, '창조력이 아니라 노력'은 상관접속사 not A but B(A가 아니라 B)로 나타낼 수 있으므로 It is not creativity but effort that ~이 올바르게 쓰였다.

정답 ②

[어휘]

thrive 번창하다 appreciate 높이 평가하다 account for ~을 차지하다

[이것도 알면 합격!]

상관접속사로 연결된 주어와 동사의 수 일치까지 함께 알아 두자.

항상 복수 동사를 쓰는 주어	both A and B A와 B 둘 다
동사를 B에 일치시키는 주어	not A but B A가 아니라 B
	either A or B A 또는 B 중 하나
	neither A nor B A도 B도 아닌
	not only A but (also) B A뿐만 아니라 B도

---

04 문법 조동사 | 수 일치 | 시제 | 동사의 종류 난이도 중 ●●○

어법상 옳은 것은?

① He went to the library to find information that are relevant to his research paper.

② As soon as the plane will depart, phones must be turned off.

③ They brought the man laying down on the stretcher into the hospital.

④ The woman asked that her neighbors not leave their garbage out.

[해석]

① 그는 연구 논문과 관련된 자료를 찾기 위해 도서관에 갔다.

② 비행기가 출발하자마자, 전화기는 꺼져야 한다.

③ 그들은 들것에 누워 있는 남자를 병원으로 데려왔다.

④ 여자는 이웃 주민들에게 쓰레기를 밖에 내놓지 말아 달라고 요청했다.

[포인트 해설]

④ **조동사 should의 생략** 주절에 요청을 나타내는 동사(asked)가 나오면 종속절의 동사 자리에 '(should +) 동사원형'이 와야 하므로 (should) not leave가 올바르게 쓰였다.

[오답 분석]

① **주격 관계절의 수 일치** 주격 관계절(that ~ research paper)의 동사는 선행사(information)에 수 일치시켜야 하는데, 선행사가 불가산 명사(information)이고 불가산 명사는 단수 취급하므로, 복수 동사 are를 단수 동사 is로 고쳐야 한다.

② **현재 시제** 시간을 나타내는 부사절(As soon as ~ depart)에서는 미래를 나타내기 위해 미래 시제 대신 현재 시제를 사용하므로, 미래 시제 will depart를 현재 시제 departs로 고쳐야 한다.

③ **혼동하기 쉬운 자동사와 타동사** 현재분사(laying) 뒤에 목적어가 없고, 문맥상 '들것에 누워 있는 남자'라는 의미가 되어야 자연스러우므로 타동사 lay(~을 놓다)의 현재분사형 laying을 자동사 lie(눕다)의 현재분사형 lying으로 고쳐야 한다.

정답 ④

[어휘]

relevant 관련된, 적절한 depart 출발하다 stretcher 들것

[이것도 알면 합격!]

혼동하기 쉬운 자동사와 타동사의 의미를 구별하여 기억해 두자.

자동사	타동사
lie - lay - lain 놓여 있다, 눕다 lie - lied - lied 거짓말하다	lay - laid - laid ~을 놓다, (알을) 낳다
sit - sat - sat 앉다	seat - seated - seated ~을 앉히다
rise - rose - risen 떠오르다	raise - raised - raised ~을 모으다, 올리다

05 생활영어 Have you got anything more modest?

난이도 중 ●●○

밑줄 친 부분에 들어갈 말로 가장 적절한 것은?

> A: This is Marina Resort. How can I help you?
> B: I'd like to make a reservation for July 5 through 8.
> A: Of course. How many are in your party, sir?
> B: Just myself. The name is Eric Tanner.
> A: We have a deluxe suite with a queen-size bed for 210 dollars a night.
> B: _____?
> A: I'm afraid not. All the standard rooms have been booked. The deluxe is the lowest rate available right now.
> B: All right. I'll take it.

① Have you got anything more modest
② Is the breakfast complimentary
③ Don't you have a king-size bed instead
④ Can I get a room with a view

해석

> A: Marina Resort입니다. 무엇을 도와드릴까요?
> B: 7월 5일부터 8일까지 예약하고 싶습니다.
> A: 네. 일행이 모두 몇 분이십니까, 손님?
> B: 저 혼자예요. 제 이름은 Eric Tanner입니다.
> A: 저희는 하룻밤에 210달러인 퀸사이즈 침대가 있는 디럭스 스위트룸이 있습니다.
> B: 더 저렴한 방이 있나요?
> A: 죄송하지만 없습니다. 모든 일반실이 예약되었어요. 디럭스가 현재 이용 가능한 가장 저렴한 가격입니다.
> B: 알겠습니다. 그걸로 할게요.

① 더 저렴한 방이 있나요
② 아침 식사는 무료인가요
③ 대신 킹사이즈 침대는 없나요
④ 전망 좋은 방을 구할 수 있을까요

포인트 해설

하룻밤에 210달러인 디럭스 스위트룸이 있다는 A의 말에 대해 B가 질문하고, 빈칸 뒤에서 다시 A가 I'm afraid not. All the standard rooms have been booked. The deluxe is the lowest rate available right now(죄송하지만 없습니다. 모든 일반실은 예약되었어요. 디럭스가 현재 이용 가능한 가장 저렴한 가격입니다)라고 말하고 있으므로, '더 저렴한 방이 있나요'라는 의미의 ① 'Have you got anything more modest'가 정답이다.

정답 ①

어휘

reservation 예약 rate 가격, 요금 modest 저렴한, 적당한
complimentary 무료의

이것도 알면 합격!

숙소를 예약할 때 쓸 수 있는 다양한 표현들을 알아 두자.
· What are the rates? 숙박비가 어떻게 되나요?
· These room prices are off the charts! 이 방 가격은 너무 비싸네요!
· Do you have a room available for two? 두 명이 묵을 방이 있습니까?
· We'd like to request a late check-out. 늦은 체크아웃을 요청하고 싶어요.

06 독해 문단 요약

난이도 중 ●●○

다음 글의 내용을 한 문장으로 요약하고자 한다. 빈칸 (A), (B)에 들어갈 말로 가장 적절한 것은?

> In what is known as the QS World University Rankings, an education and career advice company called Quacquarelli Symonds scores and ranks over 600 of the globe's top institutions for higher education. The results are published annually and are based on several factors, the principal one being reputation, followed closely by staff-to-student ratio and how research intensive an institution is. These components make up 80 percent of a school's total score. The rating system forces schools to compare themselves with others, driving them to compete to become a leading establishment. It's also a convenient assessment tool for students who lack the time to comb through mountains of data when selecting a school. But in reality, the list is far removed from what directly affects students. The ratings do not take into consideration the quality of teaching, graduation percentages, and tuition costs, which are more helpful standards when making a choice.

> According to the passage, the college ranking system is less ___(A)___ than it seems, because it is based on ___(B)___ criteria.

	(A)	(B)
①	beneficial	incomprehensive
②	detrimental	inaccurate
③	detrimental	incomprehensive
④	beneficial	inaccurate

해석

QS 세계 대학 평가로 알려진 것에서, Quacquarelli Symonds라는 명칭의 교육 및 직업 자문 회사는 600개 이상의 세계 최고의 고등 교육 기관들의 점수와 순위를 매긴다. 결과는 매년 발표되고 몇 가지 요소들을 기반으로 하는데, 평판이 주된 요소이고 직원 대 학생 비율과 기관이 얼마나 연구 중점적인지가 아주 근소한 차이로 그 뒤를 잇는다. 이러한 요소들이 학교 총점의 80퍼센트를 차지한다. 그 평가 체계는 학교들이 어쩔 수 없이 본교와 타교를 비교하게 만들고, 그들로 하여금 뛰어난 기관이 되기 위해 경쟁하도록 몰아붙인다. 그것은 또한 학교를 선택할 때 방대한 자료를 철저히 찾아볼 시간이 부족한 학생들에게도 편리한 평가 도구가 된다. 그러나 현실

적으로, 그 목록은 학생들에게 직접적으로 영향을 미치는 것과 동떨어져 있다. 그 순위는 교육의 질과 졸업률, 그리고 등록금을 고려하지 않고 있는데, 그것들은 선택을 함에 있어 보다 도움이 되는 기준들이다.

> 지문에 따르면, 대학 평가 체계는 보기보다 덜 (A) 유익한데, 그것이 (B) 비포괄적인 기준에 근거하고 있기 때문이다.

(A)	(B)
① 유익한	비포괄적인
② 해로운	부정확한
③ 해로운	비포괄적인
④ 유익한	부정확한

포인트 해설

지문 전반에 걸쳐 대학 평판, 직원 대 학생 비율, 기관의 연구 중점적인 수준 등의 요소를 기반으로 하는 대학 평가 체계는 자료를 찾아볼 시간이 부족한 학생들이 대학을 선택할 때 참고할 수 있는 편리한 평가 도구가 될 수도 있지만, 학생들에게 직접적인 영향을 미치는 수업의 질, 졸업률, 등록금과 같은 기준들을 고려하지 않고 있다고 했으므로, (A)와 (B)에는 대학 평가 체계는 보기보다 덜 유익한(beneficial)데, 그것이 비포괄적인(incomprehensive) 기준에 근거하고 있기 때문이라는 내용을 만드는 말이 들어가야 적절하다. 따라서 ① (A) beneficial – (B) incomprehensive 가 정답이다.

정답 ①

어휘

institution 기관, 제도　principal 주된, 중요한; 교장　reputation 평판
intensive 중점적인, 집약적인　component 요소, 성분
compare 비교하다　compete 경쟁하다　establishment 기관, 설립
assessment 평가　comb through ~을 철저히 찾다
take into consideration ~을 고려하다　criteria 기준
incomprehensive 비포괄적인　detrimental 해로운　inaccurate 부정확한

07　독해 내용 불일치 파악　난이도 중 ●●○

다음 글의 내용과 일치하지 않는 것은?

Barnstorming was a type of entertainment that found its popularity in the US during the 1920s. It involved stunt pilots performing tricks, both individually and in groups. Even air force officers and a few brave women joined the craze and began executing death-defying aerial maneuvers, such as wing walking or midair plane transfers, for thrilled audiences all over the nation. As barnstorming was largely based on one-upmanship, aviators would keep coming up with and executing ever more daring feats in order to outdo their competition. Subsequently, their performances became more and more dangerous. After more accidents became publicized, the government decided it was time to step in and implement stricter safety regulations for the flying entertainers. In the interest of the safety of everyone involved in the air shows, the new policies severely limited what barnstormers could do. The exhibitions became

safer but less exciting. The tamer aerial shows quickly fell out of favor with crowds and all but disappeared by the 1940s.

① Some military personnel became barnstormers when barnstorming was in fashion.
② One barnstorming trick involved switching to a different aircraft while in the air.
③ Changes to aviation technology made barnstorming stunts more difficult to pull off.
④ Barnstorming became unpopular with audiences because it was no longer as thrilling.

해석

곡예비행은 1920년대에 미국에서 인기를 얻었던 오락의 한 종류였다. 그것은 각각 따로 그리고 한 무리로 재주를 부리는 곡예비행사들을 포함했다. 심지어 공군 장교들과 몇몇 용감한 여성들도 열풍에 동참했고 날개 위로 걷기나 공중에서 비행기 갈아타기와 같은 아슬아슬한 공중 동작들을 전국에서 열광하는 관중들을 위해 해 보이기 시작했다. 곡예비행은 대체로 남보다 한발 앞서는 데 기반을 두고 있었기 때문에, 비행사들은 경쟁에서 앞지르기 위해 더 대담한 묘기를 계속해서 떠올려 수행하곤 했다. 그 후, 그들의 공연은 점점 더 위험해졌다. 더 많은 사고가 알려진 후, 정부는 개입을 하여 공중의 엔터테이너들에 대한 보다 엄격한 안전 규정을 시행할 때라고 판단했다. 공중 쇼에 관련된 모든 이들의 안전을 위해, 새로운 정책들은 엄격하게 곡예 비행사들이 할 수 있는 것을 제한했다. 공연은 더 안전해졌지만 덜 흥미로워졌다. 더 단조로운 공중 쇼는 빠르게 대중들에게 인기가 시들해졌고 1940년대 무렵에는 거의 사라졌다.

① 몇몇 군인들은 곡예비행이 대유행일 때 곡예 비행가가 되었다.
② 한 가지 곡예비행 묘기는 공중에 있는 동안 다른 비행기로 바꿔 타는 것을 수반했다.
③ 항공 기술의 변화들은 곡예비행을 잘 해내기 더 어렵게 만들었다.
④ 곡예비행은 더 이상 긴장감 있지 않았기 때문에 관중들에게 인기가 없어졌다.

포인트 해설

③번의 키워드인 pull off(~을 잘 해내다)를 바꾸어 표현한 지문의 keep coming up with and executing(계속해서 떠올려 수행하다) 주변의 내용에서 비행사들은 더 대담한 묘기를 계속해서 떠올려 수행하곤 했고 이로 인해 공연이 점점 더 위험해졌다고는 했지만, ③ '항공 기술의 변화들이 곡예 비행을 잘 해내기 더 어렵게 만들었'는지는 알 수 없다.

정답 ③

어휘

stunt pilot 곡예비행사　craze 열풍　execute 해내다
death-defying 아슬아슬한　aerial 공중의　maneuver 동작, 책략
one-upmanship 남보다 한발 앞섬　aviator 비행사
come up with ~을 제안하다　daring 대담한　feat 묘기　outdo 앞지르다
publicize 알리다　step in 나서다　in the interest of ~을 위하여
tame 단조로운　pull off ~을 잘 해내다

08 독해 문장 삽입 난이도 중 ●●○

주어진 문장이 들어갈 위치로 가장 적절한 곳은?

A rise in global sea levels of 1 meter comes after that thawing.

Scientists once believed that the 3.2-kilometer-thick glacier system in the Antarctic would remain stable for thousands of years. After 40 years of ongoing study, it's clear this is no longer the case. (①) Six of the largest glaciers in the system have now reached the point of no return and will melt within the next two decades. (②) Although it may seem like a trivial escalation, the consequences spell out nothing good for humans and animals alike. (③) Coastal ecosystems and habitats would be washed away, killing thousands of species and displacing even more people. (④) Erosion, flooding, and salinization of soil can also be expected in the aftermath.

해석

그 융해 과정 이후 전 세계 해수면의 1미터 상승이 뒤따르게 된다.

과학자들은 한때 남극의 3.2킬로미터 두께의 빙하 체계가 수천 년 동안 계속 안정된 상태로 남아 있을 것이라고 믿었다. 40년의 계속된 연구 끝에, 이것이 더 이상 사실이 아니라는 점이 분명해졌다. ① 그 체계에서 가장 큰 빙하 중 6개는 현재 돌이킬 수 없는 단계까지 도달했고, 향후 20년 안에 녹게 될 것이다. ② 그것이 별것 아닌 상승처럼 보일 수도 있지만, 그 결과는 인간과 동물 둘 다에게 좋을 것이 없음을 분명히 설명한다. ③ 해안의 생태계와 서식지가 사라져서 수천여 종을 죽이고 훨씬 더 많은 사람들을 쫓아낼 것이다. ④ 그 여파로 침식, 홍수, 그리고 토양의 염류화 또한 예상될 수 있다.

포인트 해설

②번 앞 문장에 가장 큰 빙하 중 6개가 향후 20년 안에 녹게 될 것이라는 내용이 있고, ②번 뒤 문장에 그것(it)이 별것 아닌 상승처럼 보일 수도 있지만 그 결과는 인간과 동물 모두에게 좋지 않을 것이라는 내용이 있으므로, ②번 자리에 그 융해 과정 이후(after that thawing) 전 세계 해수면의 1미터 상승이 뒤따르게 된다는 내용, 즉 가장 큰 빙하 중 여럿이 녹게 되는 결과가 무엇인지, 그리고 뒤 문장에서 말하는 별것 아닌 상승처럼 보이는 것이 무엇인지를 설명하는 주어진 문장이 나와야 지문이 자연스럽게 연결된다.

정답 ②

어휘

thawing 융해(과정) trivial 별것 아닌, 사소한 escalation 상승
spell out ~을 분명히 설명하다 coastal 해안의 erosion 침식
salinization 염류화 aftermath 여파, 영향

09 독해 제목 파악 난이도 중 ●●○

다음 글의 제목으로 가장 적절한 것은?

Siddhartha Mukherjee, a physician and oncologist, published his nonfiction book *The Emperor of All Maladies* in 2010, earning him the Pulitzer Prize the following year. The book opens with Mukherjee recounting the first-ever diagnosis of cancer nearly five thousand years ago in Egypt. He goes on to trace mentions of this disease over time, across various civilizations, as they sought to understand and experiment with different cures. The book is not only scientifically accurate but also accessible, allowing readers with no medical knowledge to comprehend a disease that affects 40 percent of the population. While it extensively covers past unsuccessful attempts to combat cancer and acknowledges its current status as one of the world's deadliest diseases, it also looks forward, exploring potential treatments to end this affliction.

① Ancient Cancer Treatments
② History and Future of Cancer
③ Diseases from the Past
④ New Cancer Experiments

해석

의사이자 종양학자인 Siddhartha Mukherjee는 2010년에 그의 논픽션 저서 『암: 만병의 황제의 역사』를 출판했고, 이것은 그다음 해에 그에게 퓰리처상을 안겨 주었다. 그 책은 Mukherjee가 약 5천 년 전 이집트에서 있었던 최초의 암 진단에 대해 이야기하는 것으로 시작한다. 그는 이어서 그 질병에 대한 언급을 시간의 흐름에 따라 다양한 문명에 걸쳐 추적하는데, 그들이 다양한 치료법을 알고자 했고 실험하고자 했기 때문이다. 그 책은 과학적으로 정확할 뿐만 아니라 이해하기 쉬워서, 의학적 지식이 없는 독자들이 인구의 40퍼센트에 영향을 미치는 질병을 이해하게 한다. 그것은 암에 맞선 과거의 성공적이지 않은 시도들을 폭넓게 다루고 세상에서 가장 치명적인 질병 중 하나인 그것의 현재 위치를 인정하지만, 앞날을 생각하여 그러한 고통을 종식시킬 잠재적인 치료법을 탐구한다.

① 고대의 암 치료법
② 암의 역사와 미래
③ 과거로부터의 질병
④ 새로운 암 실험

포인트 해설

지문 전반에 걸쳐 Siddhartha Mukherjee의 저서 『암: 만병의 황제의 역사』는 최초의 암 진단에 대한 이야기로 시작하여 시간의 흐름에 따라 다양한 문명에 걸친 암에 대한 언급과, 암에 맞선 과거의 성공적이지 않은 시도들을 내용으로 다루며, 나아가 앞날을 생각하여 고통을 종식시킬 잠재적인 치료법을 탐구한다고 설명하고 있다. 따라서 ② '암의 역사와 미래'가 이 글의 제목이다.

정답 ②

어휘

physician 의사   oncologist 종양학자   recount 이야기하다, 묘사하다
diagnosis 진단   cancer 암   trace 추적하다   civilization 문명
cure 치료(법); 치료하다   accurate 정확한
accessible 이해하기 쉬운, 접근 가능한   comprehend 이해하다
extensively 폭넓게, 광범위하게   combat 맞서다; 전투
acknowledge 인정하다   status 위치, 지위   affliction 고통

10   독해 빈칸 완성 - 구   난이도 하 ●○○

밑줄 친 부분에 들어갈 말로 가장 적절한 것은?

Despite years of studying, speakers of foreign languages sometimes find they still lack the degree of fluency that is needed to get their ideas across perfectly. That may be because communicating in another language convincingly requires much more than simply reciting the correct words. Experts say that it also involves emulating the specific mannerisms of native speakers. For example, Italians are often perceived as lively people who use a lot of hand gestures, whereas the Japanese are seen as relatively more reserved. Those who are fluent in multiple tongues tend to be masters at adopting and switching between their different cultural personas. Therefore, one of the quickest ways to improve in a language is to become immersed in an environment where it is regularly spoken. This allows learners to observe native speakers carefully and _____.

① try to imitate their demeanor
② form long-lasting relationships
③ access new career opportunities
④ learn at their own pace

해석

다년간의 학습에도 불구하고, 외국어 사용자들은 가끔 그들의 생각을 완벽하게 이해시키기 위해 필요한 유창함의 수준이 여전히 부족하다는 것을 알게 된다. 그것은 다른 언어로 설득력 있게 의사소통하는 것이 단순히 올바른 단어들을 늘어놓는 것보다 훨씬 더 많은 것을 요구하기 때문일지도 모른다. 전문가들은 그것이 원어민들의 특정한 버릇을 모방하는 것도 포함한다고 말한다. 예를 들어, 이탈리아인들은 주로 많은 손동작을 사용하는 활발한 사람으로 여겨지는 반면, 일본인들은 상대적으로 더 내성적으로 보인다. 여러 언어에 유창한 사람들은 그들의 서로 다른 문화적 모습 사이에서 적용과 전환의 달인인 경향이 있다. 그러므로, 언어를 향상시킬 수 있는 가장 빠른 방법 중 하나는 그 언어가 자주 쓰이는 환경에 몰입하는 것이다. 이는 학습자들이 원어민들을 주의 깊게 관찰하게 하고 <u>그들의 행동을 모방하기 위해 노력</u>하게 한다.

① 그들의 행동을 모방하기 위해 노력하다
② 장기적인 관계를 형성하다
③ 새로운 회사 생활 기회에 접근하다
④ 그들만의 속도로 배우다

포인트 해설

지문 중간에 다른 언어로 설득력 있게 의사소통하는 것은 원어민들의 특정한 버릇을 모방하는 것도 포함할 수 있다는 내용이 있고, 빈칸 앞 문장에서 언어를 향상시킬 수 있는 가장 빠른 방법 중 하나는 그 언어의 환경에 몰입하는 것이라고 했으므로, 그 언어의 환경에 몰입하는 것이 학습자들로 하여금 원어민들을 주의 깊게 관찰하게 하고 '그들의 행동을 모방하기 위해 노력하게' 한다고 한 ①번이 정답이다.

정답 ①

어휘

convincingly 설득력 있게   recite 나열하다   emulate 모방하다
reserved 내성적인   persona 모습   immerse 몰입하다
demeanor 행동, 태도

구문 분석

(생략), one of the quickest ways to improve in a language / is to become immersed in an environment / where it is regularly spoken.

: 이처럼 관계부사가 이끄는 절(where / when / why / how + 주어 + 동사 ~)이 명사를 꾸며 주는 경우, '주어가 동사하는 명사' 또는 '주어가 동사한 명사'라고 해석한다.

해커스 공무원시험연구소 총평

난이도	독해 영역에 몇몇 생소한 소재의 지문들이 등장하여 까다롭게 느껴졌을 수 있으나, 유형별 문제 풀이 전략에 따라 접근했다면 어렵지 않게 풀 수 있는 회차였습니다.
어휘·생활영어 영역	1번 문제의 밑줄 어휘가 생소했을 수 있지만, 접두사와 지문의 문맥을 통해 의미를 유추할 수 있었을 것입니다. 이처럼 접사의 의미도 함께 학습해 두면 어휘 학습에 도움이 됩니다.
문법 영역	to 부정사는 공무원 시험 빈출 포인트이므로 언제든 그리고 어떤 형태로든 출제될 수 있습니다. 3번 문제의 '이것도 알면 합격!' 내용을 통해 'to 부정사의 의미상 주어' 관련 세부 내용도 함께 되짚어 봅니다.
독해 영역	7번 문제와 같은 내용 일치 파악 유형은 각각의 보기 내용을 확인해야 하므로 시간이 오래 걸릴 수 있습니다. 풀이 시간 단축을 위해서는 보기별 키워드를 먼저 파악한 다음, 지문에서 관련 내용을 찾아 대조하는 훈련이 필요합니다.

정답

01	③	어휘	06	③	독해
02	③	어휘	07	③	독해
03	①	문법	08	②	독해
04	③	문법	09	④	독해
05	②	생활영어	10	①	독해

취약영역 분석표

영역	맞힌 답의 개수
어휘	/ 2
생활영어	/ 1
문법	/ 2
독해	/ 5
TOTAL	/ 10

---

01 어휘 extravagant = lavish   난이도 중 ●●○

밑줄 친 부분의 의미와 가장 가까운 것은?

> The amount of money the company spent on preparing for a blizzard that never came was criticized as extravagant.

① impeccable
② stingy
③ lavish
④ impressive

해석

그 회사가 온 적 없는 눈보라를 대비하는 데 사용한 금액은 낭비라는 비판을 받았다.

① 흠잡을 곳 없는
② 인색한
③ 사치스러운
④ 인상적인

정답 ③

어휘

prepare 대비하다, 준비하다   blizzard 눈보라
extravagant 낭비하는, 사치스러운   impeccable 흠잡을 곳 없는, 죄가 없는
stingy 인색한   obstinate 완고한   lavish 사치스러운, 낭비하는
impressive 인상적인

🖋 **이것도 알면 합격!**

extravagant(사치스러운)의 유의어
= exorbitant, wasteful, excessive

---

02 어휘 indifferent   난이도 중 ●●○

밑줄 친 부분에 들어갈 말로 가장 적절한 것은?

> Having lost their enthusiasm hours ago, the audience's reception was _____ when the final speaker took to the stage.

① tenacious
② foolhardy
③ indifferent
④ earnest

해석

관객들은 몇 시간 전에 열의를 잃었기 때문에, 마지막 발표자가 무대에 올랐을 때 그들의 반응은 무관심했다.

① 완강한
② 무모한
③ 무관심한
④ 진심 어린

정답 ③

어휘

enthusiasm 열의, 열정   reception 반응   tenacious 완강한, 집요한
foolhardy 무모한   indifferent 무관심한, 그저 그런   earnest 진심 어린

🖋 **이것도 알면 합격!**

indifferent(무관심한)의 유의어
= apathetic, unresponsive, disinterested

03 문법 전치사 | 동명사 | to 부정사 | 주어 | 관계절 난이도 중 ●●○

우리말을 영어로 잘못 옮긴 것은?

① 한 설문 조사는 대부분의 쇼핑객이 로고와 그 회사가 생산하는 상품을 연관지어 생각한다는 것을 보여 준다.
→ A survey shows that most shoppers associate the logo and the products the company manufactures.

② 우리는 회계상의 오류를 찾아내기 위해 사업 기록을 검토하는 데 몇 시간을 썼다.
→ We spent hours going over the business records to locate an accounting error.

③ 당신의 모든 파일을 보호하기 위해서 비밀번호를 사용하는 것이 매우 중요하다.
→ It is critical for you to use passwords to protect all of your files.

④ 그 자선 단체는 최근 자연재해로 집이 파괴된 가정에 원조를 제공한다.
→ The charity offers aid to families whose homes were destroyed in the recent natural disaster.

포인트 해설

① 기타 전치사 '로고와 상품을 연관지어 생각한다'는 전치사 숙어 표현 associate A with B(A와 B를 연관지어 생각하다)의 형태로 나타낼 수 있으므로, B 자리에 온 명사(the products) 앞의 and를 전치사 with로 고쳐야 한다.

[오답 분석]

② 동명사 관련 표현 | to 부정사의 역할 '사업 기록을 검토하는 데 몇 시간을 보냈다'는 동명사구 관용 표현 'spend + 시간/돈 + (in) -ing'(~하는 데 시간/돈을 쓰다)를 사용하여 나타낼 수 있으므로 spent hours going이 올바르게 쓰였다. 또한, '회계상의 오류를 찾아내기 위해'를 나타내기 위해 부사 역할을 할 때 목적을 나타내는 to 부정사 to locate가 올바르게 쓰였다.

③ 가짜 주어 구문 | to 부정사의 의미상 주어 to 부정사구(to use ~ your files)와 같이 긴 주어가 오면 진주어인 to 부정사구를 문장 맨 뒤로 보내고 가주어 it이 주어 자리에 대신해서 쓰이는데, 문장의 주어(It)와 to 부정사의 행위 주체(you)가 달라서 to 부정사의 의미상 주어가 필요할 경우 'for + 명사'를 to 부정사 앞에 써야 하므로 It is critical for you to use ~가 올바르게 쓰였다.

④ 관계대명사 선행사(families)가 사람이고, 관계절 내에서 homes가 누구의 집인지를 나타내므로 사람을 가리키는 소유격 관계대명사 whose가 올바르게 쓰였다.

정답 ①

어휘

associate 연관지어 생각하다, 연상하다 manufacture 생산하다, 제조하다
go over ~을 검토하다 locate 찾아내다, (특정 위치에) 두다
critical 매우 중요한 charity 자선 단체 destroy 파괴시키다

🏁 **이것도 알면 합격!**

성격·성질을 나타내는 형용사가 to 부정사 앞에 쓰일 경우, to 부정사의 의미상 주어는 'of + 명사/목적격 대명사'로 쓴다는 것도 알아 두자.
• It's generous (of her, ~~for her~~) to volunteer at the local homeless shelter.
지역 노숙자 쉼터에서 봉사하다니 그녀는 인심이 좋다.

04 문법 동사의 종류 | 수 일치 | 형용사 | 동명사 난이도 중 ●●○

밑줄 친 부분 중 어법상 옳지 않은 것은?

Replacing meals with homemade juice drinks ① has become a new trend for people trying to lose weight. ② More people are using their blenders to mix up drinks that consist ③ for fruit, yogurt, and leafy vegetables. Apparently, it's an easier way to consume all the necessary vitamins for a healthy diet without ④ having to cook a whole meal.

해석

집에서 만든 주스 음료로 식사를 대신하는 것은 체중을 감량하려는 사람들에게 새로운 유행이 되었다. 더 많은 사람들이 과일, 요거트, 그리고 잎이 많은 채소로 이루어진 음료를 혼합하기 위해 믹서기를 사용하고 있다. 분명히, 이것은 온전한 식사를 요리할 필요 없이 건강식에 필요한 모든 비타민을 섭취할 수 있는 더 쉬운 방법이다.

포인트 해설

③ 자동사 consist는 전치사 없이 목적어(fruit, yogurt, and leafy vegetables)를 취할 수 없는 자동사이며, '~으로 이루어지다'라는 의미를 나타낼 때는 전치사 of와 함께 쓰이므로 consist 뒤에 쓰인 전치사 for를 전치사 of로 고쳐야 한다.

[오답 분석]

① 주어와 동사의 수 일치 주어 자리에 단수 취급하는 동명사구(Replacing meals ~ drinks)가 왔으므로 단수 동사 has가 올바르게 쓰였다.

② 수량 표현 수량 표현 more(더 많은)는 가산 명사와 불가산 명사 앞에 모두 올 수 있으므로 가산 명사 people 앞에 수량 표현 More가 올바르게 쓰였다.

④ 동명사의 역할 전치사 without 뒤에 명사 역할을 하는 동명사 having이 올바르게 쓰였다.

정답 ③

어휘

replace 대신하다 meal 식사 leafy 잎이 많은 apparently 분명히

🏁 **이것도 알면 합격!**

③번의 consist of(~으로 이루어지다)와 같이, 특정 전치사와 함께 자주 쓰이는 자동사들을 알아 두자.

to	agree to (의견)에 동의하다 object to ~에 반대하다	belong to ~에 속하다 reply to ~에 대답하다
for	look for ~을 찾다 account for ~을 설명하다, 차지하다	wait for ~을 기다리다
with	agree with (사람)에게 동의하다 cooperate with ~와 협력하다	comply with ~을 따르다 deal with ~을 다루다
from	differ from ~과 다르다 arise from ~에서 발생하다	refrain from ~을 삼가다 suffer from ~으로 고통받다
in	engage in ~에 종사하다 succeed in ~에 성공하다	participate in ~에 참여하다 result in ~을 초래하다
of	approve of ~을 인정하다	dispose of ~을 처분하다

05 생활영어 You have a lot on your plate. 난이도 중 ●●○

밑줄 친 부분에 들어갈 말로 가장 적절한 것은?

> A: Do you want to join me for lunch today?
> B: I don't know. I may have to work through lunch and dinner. I'm too busy.
> A: Is it really that bad?
> B: Well, I took a couple days off, so now I'm really behind my work.
> A: Oh, in that case, never mind. I'll pick up something for you. _____.

① Better safe than sorry

② You have a lot on your plate

③ That's a disaster waiting to happen

④ It'd be better to find a happy medium

해석

> A: 오늘 점심 같이 먹을래?
> B: 글쎄. 점심과 저녁 시간에도 일해야 할 것 같아. 너무 바쁘거든.
> A: 정말 그 정도야?
> B: 음, 내가 며칠 휴가를 다녀왔잖아, 그래서 지금 일이 너무 많아.
> A: 아, 그렇다면, 신경 쓰지 마. 내가 뭘 좀 사다 줄게. 네가 해야 할 일이 산더미처럼 있구나.

① 나중에 후회하는 것보다 조심하는 편이 좋아

② 네가 해야 할 일이 산더미처럼 있구나

③ 그건 위험의 소지가 아주 큰 일이야

④ 적절한 타협점을 찾는 것이 좋을 거야

포인트 해설

점심시간에도 일할 정도로 바쁜지 묻는 A의 말에 대해 빈칸 앞에서 B가 I took a couple days off, so now I'm really behind my work(내가 며칠 휴가를 다녀왔잖아, 그래서 지금 일이 너무 많아)라고 말하고 있으므로, '네가 해야 할 일이 산더미처럼 있구나'라는 의미의 ② 'You have a lot on your plate'가 정답이다.

정답 ②

어휘

better safe than sorry 나중에 후회하는 것보다 조심하는 편이 좋다
have a lot on one's plate 해야 할 일이 산더미처럼 있다
happy medium 적절한 타협점

이것도 알면 합격!

바쁠 때 쓸 수 있는 다양한 표현들을 알아 두자.

• I don't have a second to spare. 여유 시간이 없어요.

• I guess we're out of time. 우리 시간이 없는 것 같아.

• I'm running against the clock. 나는 시간을 다투어 일하고 있어.

• I am swamped with things to do. 할 일이 밀려들어서 정신이 없어요.

06 독해 빈칸 완성 – 단어 난이도 중 ●●●

밑줄 친 부분에 들어갈 말로 가장 적절한 것은?

> At the time of its release, the selfie sticks came under fire from local regulatory officials in Korea. A nifty device that enables users to take pictures of themselves beyond an arm's length, a selfie stick operates via remote control in order to communicate with a camera or phone. The requirement of a radio signal raised concerns among authorities about whether or not these gadgets are technically telecommunication devices that may _____ other signals operating in the vicinity. In particular, authorities were worried about selfie sticks that were equipped with Bluetooth technology. Bluetooth capability allows users to automatically capture photos, but it also has the potential to interfere with other telecommunication, industrial, and even medical devices that rely on the same radio frequencies.

① interpret

② produce

③ compromise

④ ignore

해석

출시 당시에, 셀카봉은 한국의 지역 규제 당국으로부터 비난을 받았다. 사용자가 팔 길이를 넘어서서 자신의 사진을 찍을 수 있게 하는 실용적인 기기인 셀카봉은 카메라 또는 휴대폰과 통신하기 위해 원격 조정을 통해 작동된다. 무선 신호라는 요건은 그러한 장치들이 엄밀히 말해 인근에서 작동 중인 다른 신호에 악영향을 끼칠 수 있는 원거리 통신 기기인지 아닌지에 대한 우려를 관계 당국에 불러일으켰다. 특히, 관계 당국은 블루투스 기술이 탑재된 셀카봉에 대해 걱정했다. 블루투스 기능은 사용자가 자동으로 사진을 찍을 수 있게 하지만, 그것은 같은 무선 주파수에 의존하는 다른 원격 통신 기기와 산업 기기, 심지어 의료 기기까지도 방해할 가능성이 있다.

① 해석하다

② 만들어 내다

③ 악영향을 끼치다

④ 무시하다

포인트 해설

빈칸 뒷부분에서 관계 당국이 특히 걱정하고 있는, 블루투스 기술이 탑재된 셀카봉은 같은 무선 주파수에 의존하는 다른 기기들을 방해할 가능성이 있다고 했으므로, 무선 신호라는 요건은 그러한 장치들이 인근에서 작동 중인 다른 신호에 '악영향을 끼칠' 수 있는지에 대한 우려를 관계 당국에 불러일으켰다고 한 ③번이 정답이다.

정답 ③

어휘

come under fire 비난을 받다　nifty 실용적인, 훌륭한　remote 원격의
requirement 필요(조건)　authority 관계 당국, 권위
gadget 장치　vicinity 인근, 부근　equipped with ~이 탑재된
potential 가능성, 잠재력　interfere 방해하다　frequency 주파수, 빈도
interpret 해석하다　compromise 악영향을 끼치다, 손상시키다

07 독해 내용 일치 파악 난이도 중 ●●○

다음 글의 내용과 일치하는 것은?

Zoologists have noted that in addition to having different degrees of vision, animals' eyes are different shapes depending on whether they typically serve the role of the hunter or the hunted. Analyzing over 200 various mammals, scientists found that prey species tend to have pupils running parallel to the ground, rather than perpendicular in the manner of most predators' pupils. Researchers wanted to know why, so computer simulations were run to discover in what way the flat iris may be helping these animals. It turns out that this particular orientation allows more light to enter from the sides of the eyes and less from the top and bottom. The horizontal pupils essentially give grazing animals a panoramic view, enabling them to see further around them to spot potential threats.

※ pupil: 눈동자, 동공
※ iris: 홍채

① Animals that hunt for food have a higher degree of vision than those that don't.
② Prey species are inclined to possess irises that are shaped vertically.
③ Hunted mammal species have eyes that let in excess light from the sides.
④ Predators avoid targeting grazing animals because of those species' good eyesight.

해석

동물학자들은 서로 다른 시력을 가지고 있을 뿐만 아니라, 동물들의 눈은 그것들이 주로 사냥꾼의 역할을 하는지 아니면 쫓기는 쪽의 역할을 하는지에 따라 다른 형태라는 것에 주목해 왔다. 200종 이상의 다양한 포유류를 분석하면서, 과학자들은 피식자 종들이 대부분의 포식자들의 눈동자 모양처럼 수직적이기보다는 지면과 나란히 뻗어 있는 눈동자를 갖는 경향이 있음을 발견했다. 연구자들은 왜 그런지 알고 싶었고, 그래서 평평한 홍채가 이 동물들에게 어떤 방법으로 도움이 될 수 있는지 알아내기 위해 컴퓨터 모의실험이 실시되었다. 이 특정한 방향은 보다 많은 빛이 두 눈의 측면으로부터 들어올 수 있게 하고 위와 아래로부터는 적게 들어오게 하는 것으로 밝혀졌다. 수평적인 눈동자는 기본적으로 초식 동물들이 전경을 보게 하고, 그들이 잠재적 위협들을 포착할 수 있도록 그들 주변부를 더 멀리까지 보게 한다.

① 먹이를 사냥하는 동물들은 그렇지 않은 동물들보다 더 높은 시력을 갖고 있다.
② 피식자 종들은 수직 형태의 홍채를 갖는 경향이 있다.
③ 사냥당하는 포유류 종은 측면에서 과도한 빛이 들어오는 눈을 갖고 있다.
④ 포식자들은 초식 동물들의 좋은 시력 때문에 그것들을 목표로 삼는 것을 피한다.

포인트 해설

③번의 키워드인 excess light from the sides(측면에서 과도한 빛)를 바꾸어 표현한 지문의 more light to enter from the sides(측면으로부터 들어오는 더 많은 빛) 주변의 내용에서 피식자 종들의 평평한 홍채 방향은 보다 많은 빛이 두 눈의 측면으로부터 들어오게 하고 위와 아래로부터는 적게 들어오게 한다고 했으므로, ③ '사냥당하는 포유류 종은 측면에서 과도한 빛이 들어오는 눈을 갖고 있다'가 지문의 내용과 일치한다.

[오답 분석]
① 동물들이 서로 다른 시력을 가지고 있다고는 했지만, 먹이를 사냥하는 동물들이 그렇지 않은 동물보다 더 높은 시력을 갖고 있는지는 알 수 없다.
② 피식자 종들은 대부분 지면과 나란히 뻗어 있는 수평적인 눈동자를 가지고 있다고 했으므로, 피식자 종들이 수직 형태의 홍채를 갖는 경향이 있다는 것은 지문의 내용과 다르다.
④ 초식 동물들의 수평적인 눈동자가 전경을 보게 한다고는 했지만, 포식자들이 초식 동물들의 좋은 시력 때문에 그것들을 목표로 삼는 것을 피하는지는 알 수 없다.

정답 ③

어휘

zoologist 동물학자 analyze 분석하다 prey species 피식자 종류
run parallel to ~와 나란히 뻗다 perpendicular 수직적인
simulation 모의실험 orientation 방향 grazing animal 초식 동물
panoramic view 전경 be inclined to ~하는 경향이 있다
vertically 수직적으로 mammal 포유류 predator 포식자

구문 분석

(생략), animals' eyes are different shapes / depending on whether they typically serve the role of the hunter or the hunted.
: 이처럼 whether 또는 if가 이끄는 절(whether / if + 주어 + 동사 ~)이 목적어 자리에 온 경우, '주어가 동사한지'라고 해석한다.

08 독해 문장 삽입 난이도 중 ●●○

주어진 문장이 들어갈 위치로 가장 적절한 곳은?

This results in the bizarre situation of a child having three biological parents instead of two.

In humans, most DNA is located in the nucleus of the cell, but some of it can also be found in the cell structures known as mitochondria. Unfortunately, women who have mutations in their mitochondrial DNA have a high chance of giving birth to children with life-threatening illnesses. This is where a controversial new procedure called mitochondrial manipulation could help. (①) By transferring only the nuclear DNA of the mother into a donor female's healthy egg cell, the future child would get most of its DNA from its parents, but the mitochondrial DNA from a donor. (②) Critics think that if science can produce children from three individuals, then it will only be a matter of time before people start demanding more. (③) Some fear that this is only a short step away from manufacturing or cloning humans. (④) Though mitochondrial manipulation itself may help to prevent a child from being born with a lifelong and possibly fatal illness, the moral fallout from such biological modifications make many uncomfortable.

해석

이것은 아이가 두 명이 아닌 세 명의 생물학적 부모를 가지는 기이한 상황을 초래한다.

인간의 DNA는 대부분 세포핵에 있지만, 그것 중 몇몇은 미토콘드리아라고 알려진 세포 조직에서도 발견될 수 있다. 안타깝게도, 미토콘드리아 DNA에 돌연변이체가 있는 여성은 생명을 위협하는 질병을 가진 아이를 낳을 가능성이 높다. 이 부분에서 미토콘드리아 조작이라는 논란이 많은 새로운 처치법이 도움이 될 수 있다. ① 여성 기증자의 건강한 난세포에 어머니의 DNA 핵만 옮김으로써, 미래의 아이는 대부분의 DNA를 부모에게서 얻지만, 미토콘드리아 DNA는 기증자로부터 얻는다. ② 반대하는 사람들은 과학이 세 명의 사람으로부터 아이를 만들어 낼 수 있다면, 사람들이 더 많은 것을 요구하기 시작하는 것은 시간문제일 뿐이라고 생각한다. ③ 일부 사람들은 이것이 인간을 복제하는 것에서 조금 떨어져 있을 뿐이라고 염려한다. ④ 미토콘드리아 조작 자체는 아이가 일생의 치명적일 수 있는 질병을 가지고 태어나는 것을 막는 데 도움이 될 수 있지만, 그러한 생물학적 변경에서 오는 도덕상의 부산물은 많은 사람들을 불쾌하게 할지도 모른다.

포인트 해설

②번 앞 문장에서 미토콘드리아 조작이라는 새로운 처치법에서는 아이가 대부분의 DNA를 부모에게서 얻지만 미토콘드리아 DNA는 기증자로부터 얻는다고 했고, ②번 뒤 문장에서 반대하는 사람들은 과학이 세 명의 사람으로부터 아이를 만들어 낼 수 있다면 더 많은 것이 요구되는 것은 시간문제인 상황을 우려하고 있으므로, ②번 자리에 이것(This)은 아이가 세 명의 생물학적 부모를 가지는 상황을 초래한다는 내용, 즉 미토콘드리아 조작이 초래하는 문제를 언급하는 주어진 문장이 나와야 지문이 자연스럽게 연결된다.

정답 ②

bizarre 기이한   nucleus 핵   mutation 돌연변이체, 변이
manipulation 조작   transfer 옮기다, 전달하다   egg cell 난세포
fallout 부산물, 부수적인 결과   modification 변경, 수정

09 독해 요지 파악 난이도 하 ●○○

다음 글의 요지로 가장 적절한 것은?

In classrooms across the country, computers are increasingly taking on the work of teachers. This recent shift in the pedagogical format will affect students long after they have finished their schooling. Studies show that digitally aided learning can alter both interpersonal communication skills and even how one perceives the physical world. Although educational software may impart more information at a faster rate than human instructors, it still lacks the emotional nuances and sensitivity to individual learning styles that people can provide. Effective classrooms rely on factors that are harder to quantify than the number of glowing screens. These include peer-to-peer evaluation and collaboration, as well as the availability of external resources to contextualize the material.

① Teachers are forced to do more work to provide lessons using computers.
② Online learning is quickly replacing the need for classroom teachers.
③ Information delivered through online learning takes longer to understand.
④ Digital education cannot fulfill some crucial elements that in-person teaching provides.

해석

전국의 교실에서, 컴퓨터는 점차 교사의 업무를 맡고 있다. 이러한 최근의 교수법 형태에서의 변화는 학생들이 학교 교육을 끝마친 후에도 오랫동안 이들에게 영향을 미칠 것이다. 연구들은 디지털의 도움을 받은 학습은 대인 간 소통 능력과 심지어는 사람이 현실 세계를 인식하는 방식 모두를 바꿀 수 있다는 것을 보여 준다. 교육용 소프트웨어가 사람인 교사보다 더 많은 정보를 더 빠른 속도로 전할 수 있을지라도, 여기에는 여전히 사람이 전할 수 있는 미묘한 정서적 차이와 개인의 학습 방식에 대한 세심함이 부족하다. 효과적인 교실은 단순히 빛나는 화면의 수보다는 좀 더 수량화하기 어려운 요소들을 필요로 한다. 그러한 것들은 자료의 맥락을 설명하기 위해 외부 자료를 이용할 수 있는 것뿐만 아니라 학급 친구들의 평가와 협력 또한 포함한다.

① 교사들은 컴퓨터를 사용하는 수업을 제공하기 위해 더 많은 근무를 하도록 강요받는다.
② 온라인 학습은 교사들에 대한 수요를 빠르게 대체하고 있다.
③ 온라인 교육을 통해 전달된 정보는 이해하는 데 더 오랜 시간이 걸린다.
④ 디지털 교육은 직접적인 교육이 제공하는 몇몇 필수적인 요소들을 충족시킬 수 없다.

포인트 해설

지문 전반에 걸쳐 전국적으로 컴퓨터는 점차 교사의 업무를 맡고 있는데, 교육용 소프트웨어가 교사보다 더 많은 정보를 빠르게 전할 수 있을지라도 여전히 사람이 전할 수 있는 미묘한 정서적 차이와 개인의 학습 방식에 대한 세심함은 부족하며, 효과적인 교실은 자료의 맥락 설명을 위한 외부 자료 이용과 학급 친구들의 평가 및 협력을 포함한다고 설명하고 있다. 따라서 ④ '디지털 교육은 직접적인 교육이 제공하는 몇몇 필수적인 요소들을 충족시킬 수 없다'가 이 글의 요지이다.

정답 ④

어휘

take on 맡다, 책임을 지다   pedagogical 교수법의, 교육학의   alter 바꾸다
interpersonal 대인 간의   impart 전하다   sensitivity 세심함, 감성
quantify 수량화하다   contextualize 맥락을 설명하다
fulfill 충족시키다, 채우다

| **10** | 독해 주제 파악 | 난이도 중 ●●○ |

다음 글의 주제로 가장 적절한 것은?

From birth, positive attention nurtures trust and security between children and their caregivers. Studies spanning decades have shown that parents who engage in positive interactions with their offspring—through smiling, playing, gentle physical touch, and kind words—tend to raise children who are less prone to negative behaviors as they age. Conversely, research on children who lacked interaction and affection from a guardian during their formative years illustrates the adverse effects on cognitive and social development. Nonetheless, the modern approach of "good enough" parenting has gained popularity in recent years. This method seeks to find equilibrium by providing children with the necessary attention while giving them the space to develop their independence. Not only does this parenting style help cultivate their patience, as they learn that their parents won't always be available, but it also teaches them the coping skills they will need to flourish on their own later when they're older.

① balancing attention and autonomy for child development
② changing parenting styles to emphasize playful interaction
③ learning appropriate behaviors in group settings
④ understanding factors affecting cognitive growth

해석

태어날 때부터, 긍정적인 관심은 아이들과 그들의 양육자 사이의 신뢰와 안정감을 키운다. 수십 년에 걸친 연구들은 미소, 놀이, 가벼운 신체적 접촉, 다정한 말을 통해 그들의 자녀들과의 긍정적인 상호작용에 참여한 부모들이 나이가 들면서 부정적인 행동을 덜 하는 아이들을 키워 내는 경향이 있음을 보여 왔다. 반대로, 발달에 중요한 시기에 보호자로부터의 상호작용과 애정이 부족했던 아이들을 대상으로 한 연구는 인지 발달과 사회적 발달 측면

에서의 부정적 영향을 보여 준다. 그럼에도 불구하고, '적당히 좋은' 양육이라는 현대의 방식이 최근에 인기를 얻고 있다. 이 방식은 아이들에게 자립심을 키울 여지를 주는 동시에 필요한 관심을 제공함으로써 균형점을 찾고자 한다. 이러한 양육 방식은 그들이 부모가 언제나 시간이 있는 것이 아니라는 것을 배우기 때문에 그들의 인내심을 기르는 데 도움이 될 뿐만 아니라, 나중에 그들이 나이가 들었을 때 스스로 잘 헤쳐 나가는 데 필요한 대처 기술을 가르쳐 준다.

① 아동 발달을 위해 관심과 자립 사이의 균형 맞추기
② 유쾌한 상호작용을 강조하기 위해 양육 방식 바꾸기
③ 집단 환경에 적합한 행동 배우기
④ 인지 발달에 영향을 미치는 요인들 이해하기

포인트 해설

지문 뒷부분에서 '적당히 좋은' 양육이라는 현대의 방식이 최근에 인기를 얻고 있는데, 이 방식은 아이들에게 자립심을 키울 여지와 필요한 관심을 동시에 제공함으로써 균형점을 찾고자 하며 아이들에게 인내심을 길러줄 뿐 아니라 나중에 커서 스스로 잘 헤쳐 나가는 데 필요한 대처 기술을 가르쳐 준다고 설명하고 있다. 따라서 ① '아동 발달을 위해 관심과 자립 사이의 균형 맞추기'가 이 글의 주제이다.

정답 ①

어휘

attention 관심, 주의   nurture 키우다, 기르다   security 안정감, 보안
caregiver 양육자, 돌보는 사람   engage in ~에 참여하다
offspring 자녀, 후손   tend to ~하는 경향이 있다   affection 애정
guardian 보호자   formative 발달에 중요한, 형성하는   illustrate 보여 주다
adverse effect 부정적 영향, 부작용   cognitive 인지적인
equilibrium 균형(점), 평형   independence 자립(심), 독립성
cultivate 기르다, 재배하다   patience 인내심
available 시간이 있는, 이용 가능한   cope 대처하다
flourish 잘 헤쳐 나가다, 번창하다   autonomy 자립, 자주성
emphasize 강조하다   appropriate 적합한, 적절한

❯ 해커스 공무원시험연구소 총평

난이도	생활영어 영역과 7번 독해 문제를 제외하고는 전반적으로 두드러지게 어려운 문제가 없어, 평이하게 풀어낼 수 있었습니다.
어휘·생활영어 영역	반드시 맞추어야 하는 생활영어 영역에서 관용 표현의 의미를 물음으로써 답을 찾기 어려웠을 수 있습니다. 관용 표현의 경우 포함하는 단어들이 갖는 표면적인 의미와 전혀 다른 의미를 가지기도 하므로, 문제 풀이를 통해 생소한 표현들을 정리해 둡니다.
문법 영역	2번 문제의 가정법, 5번 문제의 '전치사 + 관계대명사' 포인트처럼 문장의 해석이 병행되어야 하는 문법 포인트들은 문장의 해석이 자연스러운지, 문법 포인트가 올바른지를 함께 확인해야 합니다.
독해 영역	내용 일치/불일치 파악 유형의 문제에서는 보기에 쓰인 키워드가 지문에 언급되는 경우와, 그렇지 않은 경우가 있음을 유의하여 알아 둡니다.

❯ 정답

01	①	어휘	**06**	④	독해
02	②	문법	**07**	③	독해
03	④	생활영어	**08**	②	독해
04	①	어휘	**09**	②	독해
05	②	문법	**10**	③	독해

❯ 취약영역 분석표

영역	맞힌 답의 개수
어휘	/ 2
생활영어	/ 1
문법	/ 2
독해	/ 5
TOTAL	**/ 10**

---

01 어휘 deferential = courteous 난이도 중 ●●○

밑줄 친 부분의 의미와 가장 가까운 것은?

> A person's speech can become more effective and convincing when deferential terminologies are used.

① courteous
② insightful
③ antiquated
④ ludicrous

해석

개인의 주장은 공손한 용어들이 사용되었을 때 더 효과적이고 설득력 있게 될 수 있다.

① 정중한
② 통찰력 있는
③ 구식인
④ 터무니없는

정답 ①

어휘

convincing 설득력 있는 deferential 공손한, 경의를 표하는
courteous 정중한, 공손한 insightful 통찰력 있는 antiquated 구식인
ludicrous 터무니없는

🏃 이것도 알면 합격!

deferential(공손한)의 유의어
= respectful, reverent, polite

---

02 문법 도치 구문 | 가정법 | 수 일치 | 병치 구문 난이도 중 ●●○

어법상 옳지 않은 것은?

① If she had worn her glasses, she would have enjoyed the film more.
② Seldom he does receive his phone calls after he gets home from work.
③ Many a room in the business hotel is currently unoccupied.
④ Taking advantage of discounts and using coupons are two smart ways to shop.

해석

① 만약 그녀가 안경을 썼더라면, 그녀는 영화를 더욱 즐길 수 있었을 것이다.
② 그는 퇴근하여 귀가한 이후에는 좀처럼 전화를 받지 않는다.
③ 그 비즈니스호텔의 많은 객실은 현재 비어 있다.
④ 할인을 이용하는 것과 쿠폰을 사용하는 것은 현명하게 구매하는 방법이다.

포인트 해설

② 도치 구문 부정을 나타내는 부사(Seldom)가 강조되어 절의 맨 앞에 나오면 주어와 조동사가 도치되어 '조동사(does) + 주어(he) + 동사(receive)'의 어순이 되어야 하므로 Seldom he does receive를 Seldom does he receive로 고쳐야 한다.

[오답 분석]

① **가정법 과거완료** 문맥상 '만약 그녀가 안경을 썼었더라면 ~ 더욱 즐길 수 있었을 것이다'라는 의미로 과거 상황의 반대를 가정하고 있으므로 가정법 과거완료 'If + 주어 + had p.p., 주어 + would + have p.p.'의 형태로 나타낼 수 있다. 따라서 If she had worn ~, she would have enjoyed가 올바르게 쓰였다.

③ **수량 표현의 수 일치** 복수 취급하는 수량 표현 many가 'many a + 단수 명사'(Many a room)의 형태로 쓰이면 뒤에 단수 동사가 와야 하므로 단수 동사 is가 올바르게 쓰였다.

④ **병치 구문 | 접속사로 연결된 주어의 수 일치** 접속사(and)로 연결된 병치 구문에서는 같은 구조끼리 연결되어야 하는데, and 앞에 동명사구(Taking advantage of discounts)가 왔으므로 and 뒤에도 동명사구 using coupons가 올바르게 쓰였다. 또한 접속사 and로 연결된 주어(Taking ~ coupons)는 복수 취급하므로 복수 동사 are도 올바르게 쓰였다.

정답 ②

[어휘]

take advantage of ~을 이용하다

📝 **이것도 알면 합격!**

부정과 제한을 나타내는 부사(구)가 강조되어 문장의 맨 앞에 나올 때 주어와 조동사가 도치되어 '조동사 + 주어 + 동사'의 어순이 된다는 것을 알아 두자.

- never 결코 ~않다
- hardly / seldom / rarely / little 거의 ~않다
- not until ~하고 나서야 비로소 −하다
- no sooner ~ than - ~하자마자 −하다
- no longer 더 이상 ~않다
- nowhere 어디에서도 ~않다
- not only ~일뿐 아니라
- only + 부사구 오직 ~

---

03 생활영어 It's hard to stay grounded these days.
난이도 상 ●●●

두 사람의 대화 중 자연스럽지 않은 것은?

① A: Have you decided what you'd like to order?

B: I'm in the mood for something spicy tonight.

② A: I'm struggling with geometry. Any tips on understanding it better?

B: Try visualizing geometric shapes. Drawing them can make it easier to grasp.

③ A: Did you hear the news about Mark? He got laid off from his company.

B: That's terrible. We should reach out to him and see if there's anything we can do.

④ A: Hi, how's it going? Did you hit the ground running this morning?

B: It's hard to stay grounded these days.

해석

① A: 무엇을 주문할지 결정했나요?

B: 오늘 밤엔 뭔가 매운 걸 먹고 싶어요.

② A: 기하학 때문에 어려움을 겪고 있어요. 그걸 더 잘 이해하는 것에 관한 조언이 있나요?

B: 기하학적 형상을 시각화해 보세요. 그것들을 그려보면 더 쉽게 이해할 수 있습니다.

③ A: Mark에 대한 소식 들었어? 그가 회사에서 해고당했어.

B: 큰일이네. 그에게 연락을 취해서 우리가 할 수 있는 일이 있을지 알아 보자.

④ A: 안녕, 어떻게 지내? 오늘 아침은 일이 잘되어 나가니?

B: 요즘에는 감정에 흔들리지 않기가 어려워.

포인트 해설

④번에서 A가 오늘 아침 일이 잘 풀리는지 안부를 묻고 있으므로, 요즘에는 감정에 흔들리지 않기가 어렵다는 B의 대답 ④ 'It's hard to stay grounded these days'(요즘에는 감정에 흔들리지 않기가 어려워)는 어울리지 않는다.

정답 ④

어휘

in the mood for ~하고 싶은, ~할 기분인 geometry 기하학
visualize 시각화하다, 마음속에 그려 보다 grasp 이해하다, 잡다
lay off ~를 해고하다 reach out to ~에게 연락을 취하다, 접근하다
hit the ground running (활동 등이) 잘 되어 나가다, 의욕적으로 임하다
grounded (감정에) 흔들리지 않는, 현실에 기반을 둔

📝 **이것도 알면 합격!**

동사 'hit'을 포함하는 다양한 표현들을 알아 두자.
- hit the books 열심히 공부하다
- hit the sack 잠자리에 들다
- hit the jackpot 대박을 터뜨리다
- hit the nail on the head 정확히 맞는 말을 하다

---

04 어휘 pass up
난이도 중 ●●○

밑줄 친 부분에 들어갈 말로 가장 적절한 것은?

> Though it meant that he would have to move, the chance to work with the renowned photographer was an offer he could not _____.

① pass up
② bring up
③ wrap up
④ back up

해석

비록 그것은 그가 이사해야 함을 의미했지만, 유명한 사진작가와 함께 일할 수 있는 기회는 그가 거절할 수 없는 제안이었다.

① ~을 거절하다
② ~을 불러일으키다
③ ~을 마무리하다
④ ~을 지지하다

정답 ①

어휘

renowned 유명한 pass up ~을 거절하다, 놓치다
bring up ~을 불러일으키다 wrap up ~을 마무리하다
back up ~을 지지하다

이것도 알면 합격!

pass up(~을 거절하다)과 유사한 의미의 표현
= decline, reject, refuse, turn down, miss out on

이것도 알면 합격!

see와 같이 원형 부정사를 목적격 보어로 취하는 동사들을 기억해 두자.

지각동사	watch ~이 –하는 것을 보다
	notice ~이 –하는 것을 알아채다
	hear ~이 –하는 소리를 듣다
	feel ~이 –하는 것을 느끼다
사역동사	have ~이 –하게 시키다
	let ~이 –하도록 허락하다
	make ~이 –하게 만들다

---

05 문법 관계절 | 수동태 | 동명사 | 동사의 종류 난이도 중 ●●○

우리말을 영어로 가장 잘 옮긴 것은?

① 참가자들은 경기가 끝날 때 설문지를 작성해 줄 것을 부탁받았다.
→ The participants were asked fill out a survey at the end of the competition.

② 우리가 처해 있는 상황은 우리를 상당히 긴장하게 만들었다.
→ The situation in which we found ourselves made us more than a little nervous.

③ 그녀는 유기농 과일과 채소를 구입할 것을 추천한다.
→ She recommends to purchase organic fruits and vegetables.

④ 우리는 그 작가가 그녀가 쓴 요리책의 최신판에 서명하는 것을 보았다.
→ We saw the author signed copies of the latest edition of her cookbook.

포인트 해설

② **전치사 + 관계대명사** 완전한 절(we found ourselves) 앞에는 '전치사 + 관계대명사' 형태가 올 수 있는데, 이때 전치사는 선행사 또는 관계절의 동사에 따라 결정된다. 문맥상 '상황에 처하다'라는 의미가 되어야 자연스러우므로 전치사 in(~에)이 관계대명사 which 앞에 온 in which가 올바르게 쓰였다.

[오답 분석]
① **5형식 동사의 수동태** to 부정사를 목적격 보어로 취하는 5형식 동사(ask)가 수동태가 되면 목적격 보어는 수동태 동사(were asked) 뒤에 그대로 남아야 하므로, fill out을 to 부정사 to fill out으로 고쳐야 한다.

③ **동명사를 목적어로 취하는 동사** 동사 recommend는 동명사를 목적어로 취하므로 to 부정사 to purchase를 동명사 purchasing으로 고쳐야 한다.

④ **원형 부정사를 목적격 보어로 취하는 동사** 지각동사 see는 목적어와 목적격 보어가 능동 관계이면 목적격 보어로 원형 부정사나 현재분사를, 목적어와 목적격 보어가 수동 관계이면 목적격 보어로 과거분사를 취하는데, 목적어(the author)와 목적격 보어가 '그 작가가 서명하다'라는 의미의 능동 관계이므로 과거분사 signed를 원형 부정사 sign이나 현재분사 signing으로 고쳐야 한다. 참고로, 현재분사(signing)가 올 경우 동작의 진행을 강조한다.

정답 ②

어휘

participant 참가자 more than a little 상당히, 적잖이 author 작가

---

06 독해 제목 파악 난이도 하 ●○○

다음 글의 제목으로 가장 적절한 것은?

The word "deadline" which refers to the latest possible time or date for finishing something, has not always meant what it does today. Originally coined during the American Civil War, the term "dead line" literally meant a physical line or makeshift fence around a prisoner-of-war camp. Anyone attempting to cross this "line" was shot. After the war, the word began to denote any line that should not be crossed, socially or otherwise. It especially gained popularity in the printing and newspaper business. The "dead line" in this context referred to the borders within which the text had to fit in order for it to appear on the page. Any text beyond the dead line would not print properly. By the 1920s, the word's increasing connection to the newspaper industry, of which time was a daily concern, gave the word its current definition.

① "Deadline" as a Term Used in War
② Deadlines in the Newspaper Industry
③ The Consequences of Crossing a Deadline
④ The Use of "Deadline" in Different Settings

해석

무언가를 끝내는 데 있어 가능한 한 가장 늦은 시간이나 날짜를 지칭하는 단어인 '데드라인'은 그것이 오늘날 의미하는 바를 항상 의미해 오지는 않았다. 미국 남북 전쟁 중에 처음 만들어진, '데드라인'이라는 용어는 문자 그대로 전쟁 포로수용소 주변의 물리적인 경계나 일시적인 울타리를 의미했다. 누구든지 이 '경계'를 넘으려고 시도하는 자는 바로 총살했다. 전쟁이 끝난 후, 그 단어는 사회적으로든 그 밖에 다른 것으로든 넘어서는 안 되는 어떤 선을 의미하기 시작했다. 그것은 특히 인쇄 및 신문 업계에서 인기를 얻었다. 이러한 환경에서의 '데드라인'은 원고가 페이지에 나타나기 위해 맞추어야 했던 경계를 나타냈다. 데드라인을 넘는 원고는 제대로 인쇄되지 않았다. 1920년대 즈음, 시간이 늘 걱정거리였던 신문 산업과 이 단어의 높아진 연관성이 그 단어에 현재의 의미를 부여했다.

① 전쟁에서 사용된 용어인 '데드라인'
② 신문 산업에서의 데드라인
③ 데드라인을 넘기는 것의 결과
④ 다양한 환경에서의 '데드라인'의 용법

포인트 해설

지문 전반에 걸쳐 '데드라인'이라는 단어의 의미가 본래는 문자 그대로 넘으려고 시도하는 사람은 총살을 당했던 전쟁 포로수용소 주변의 경계나 울타리를 의미했지만, 전쟁이 끝나고 특히 인쇄 및 신문 업계에서 인기를 얻으며 원고를 한 페이지에 나타내기 위해 맞추어야 하는 경계를 의미하기 시작했고, 이후 시간이 걱정거리였던 신문 산업과 그 단어의 연관성이 높아지면서 현재의 의미가 부여되었다고 설명하고 있다. 따라서 ④ '다양한 환경에서의 '데드라인'의 용법'이 이 글의 제목이다.

정답 ④

어휘

coin 만들다 literally 문자 그대로 makeshift 일시적인, 임시의
prisoner-of-war 전쟁 포로 shoot 총살하다, 사격하다
denote 의미하다, 나타내다 definition 의미, 정의

---

07 독해 내용 일치 파악 난이도 상 ●●●

다음 글의 내용과 일치하는 것은?

Price discrimination refers to the practice of modifying the price of a commodity or service contingent on the financial ability of the buyer. Its main goal is to increase overall profits by making it possible for different market segments to buy an item at a price they can afford. In order for a company to use this technique successfully, it must have price-setting power. If the market is very competitive and many firms are offering a similar item, price discrimination is impossible. It is also necessary for a company to be aware of their consumers' spending power so that they can strategically divide the entire market into groups based on income. A movie theater is an example of a place where price discrimination is routinely practiced. Children and senior citizens usually have less money than do other segments of the market, so they are charged a reduced admission rate. Although this cuts the profit for that market segment, it increases both the number of viewers and the theater's total profit.

① Businesses tend to discriminate against low-income consumers.
② A market is more diverse than companies are aware of.
③ Offering a variety of prices helps the buyer and the seller.
④ Companies that sell at lower prices are changing the market.

해석

가격 차별은 소비자의 재정 능력에 따라 상품이나 서비스의 가격을 변경하는 관행을 나타낸다. 그것의 주된 목적은 다양한 시장 계층들이 지불할 수 있는 가격에 상품을 살 수 있게 하여 전체 수익을 증가시키는 것이다. 회사가 이 수법을 성공적으로 이용하기 위해서는, 가격을 정할 힘이 있어야 한다. 시장이 매우 경쟁적이고 많은 회사가 비슷한 상품을 제공하고 있다면, 가격 차별은 불가능하다. 회사가 수입에 근거하여 전체 시장을 전략적으로

여러 그룹으로 나눌 수 있도록 소비자의 소비 능력을 아는 것도 필요하다. 영화관은 가격 차별이 관행적으로 이루어지는 장소의 좋은 예시이다. 아이들과 노인들은 일반적으로 시장의 다른 계층들보다 적은 돈을 가지고 있으므로, 그들에게는 할인된 입장료가 청구된다. 이것은 그 시장 부문의 수익은 줄이지만, 관객 수와 극장의 전체 수익은 증가시킨다.

① 기업들은 수입이 적은 소비자들을 차별하는 경향이 있다.
② 시장은 회사가 인지하고 있는 것보다 더 다양하다.
③ 다양한 가격을 제공하는 것은 소비자와 판매자에게 도움이 된다.
④ 더 저렴한 가격에 판매하는 회사들이 시장을 바꾸고 있다.

포인트 해설

③번의 키워드인 a variety of prices(다양한 가격)를 바꾸어 표현한 지문의 price discrimination(가격 차별) 주변의 내용에서 가격 차별이 관행적으로 이루어지는 장소인 극장에서는 수익이 적은 아이들과 노인들에게는 할인된 입장료를 청구하는데, 이를 통해 관람객 수와 극장의 전체 수익은 증가한다고 했으므로 ③ '다양한 가격을 제공하는 것은 소비자와 판매자에게 도움이 된다'가 지문의 내용과 일치한다.

[오답 분석]
① 가격 차별은 소비자의 재정 능력에 따라 상품이나 서비스의 가격을 변경하는 관행을 나타낸다고 했지만, 기업들이 수입이 적은 소비자들을 차별하는 경향이 있는지는 알 수 없다.
② 시장이 회사가 인지하고 있는 것보다 더 다양한지는 알 수 없다.
④ 회사가 소비자의 소비 능력을 아는 것도 필요하다고 했지만, 더 저렴한 가격에 판매하는 회사들이 시장을 바꾸고 있는지는 언급되지 않았다.

정답 ③

어휘

discrimination 차별 modify 변경하다, 수정하다
contingent 여부에 따라, 조건으로 하는 segment 계층, 부분
strategically 전략적으로 routinely 관행적으로, 일상적으로
charge 청구하다, 고발하다; 요금 diverse 다양한

08 독해 빈칸 완성 연결어 난이도 중 ●●○

밑줄 친 (A), (B)에 들어갈 말로 가장 적절한 것은?

Tom Thomson, like countless painters, was inspired by the natural world. His paintings had a characteristic style, especially in regard to their vivid colors and vigorous brushstrokes, and became iconic in the Canadian art world. Working at roughly the same time as Thomson was a collection of artists who came to be known as the Group of Seven. Incidentally, Thomson's style and choice of subjects were similar to those in the group. ____(A)____, he is often spoken of as belonging to the Group of Seven even though he passed away prior to its formation. Like Tom Thomson, the Group of Seven believed that a unique Canadian artistic style could be created through direct experience with nature, and they worked hard toward that goal. ____(B)____, their works highlighted the robust beauty of the nation's outdoor spaces. Moreover, their technique created a vibrancy that was utterly distinctive.

	(A)	(B)
①	However	Meanwhile
②	Accordingly	As a result
③	Therefore	In contrast
④	For instance	Thus

해석

Tom Thomson은 무수한 화가들과 마찬가지로 자연의 세계에서 영감을 받았다. 그의 그림은 특유의 스타일을 가졌는데, 특히 선명한 색채와 강한 붓놀림과 관련해서 그러했고, 그의 그림은 캐나다 예술계의 상징이 되었다. 그룹 오브 세븐으로 알려지게 된 예술가 집단은 Thomson과 대략 같은 시기에 작업을 하고 있었다. 우연히도, Thomson의 스타일과 주제 선정은 그 집단의 것들과 유사했다. (A) 따라서, 그는 그룹 오브 세븐의 결성 이전에 사망했음에도 불구하고 그 모임에 속한 것으로 자주 언급된다. Tom Thomson과 같이, 그룹 오브 세븐은 고유한 캐나다만의 예술 방식이 자연에 대한 직접적 경험을 통해 창조될 수 있다고 생각했고, 그 목표를 향해 열심히 노력했다. (B) 결과적으로, 그들의 작품은 그 나라의 야외 공간이 지니는 원기 왕성한 아름다움을 강조했다. 게다가, 그들의 기법은 아주 특색 있는 활기를 창조했다.

	(A)	(B)
①	그러나	한편
②	따라서	결과적으로
③	그러므로	대조적으로
④	예를 들어	그러므로

포인트 해설

(A) 빈칸 앞 문장은 Thomson과 그룹 오브 세븐이라는 예술가 모임의 스타일과 주제 선정이 유사했다는 내용이고, 빈칸 뒤 문장은 그룹 오브 세븐은 Thomson이 사망한 후에 결성되었음에도 불구하고 Thomson이 그 모임에 속한 것으로 자주 언급된다는 결과적인 내용이다. 따라서, 결과를 나타내는 연결어인 Accordingly(따라서)가 들어가야 한다.
(B) 빈칸 앞 문장은 고유한 캐나다만의 예술 방식이 자연에 대한 직접적 경험을 통해 창조될 수 있다고 생각한 그룹 오브 세븐은 그 목표를 향해 노력

했다는 내용이고, 빈칸 뒤 문장은 그들의 작품은 캐나다의 야외 공간이 지니는 원기 왕성한 아름다움을 강조했다는 결과적인 내용이다. 따라서, 결과를 나타내는 연결어인 As a result(결과적으로)가 들어가야 한다.

정답 ②

어휘

vivid 선명한 vigorous 강한 iconic 상징이 되는 formation 성립
robust 원기 왕성한, 강력한 vibrancy 활기 utterly 아주
distinctive 특색 있는

09 독해 문단 순서 배열 난이도 중 ●●○

주어진 글 다음에 이어질 글의 순서로 가장 적절한 것은?

The invention of the light bulb is considered as life-changing for mankind as the discovery of fire. However, its innovation had a long history and rivalry that spanned about 150 years.

(A) It was no more than two wires connected to a battery. The light was powerful, but the battery did not last long. In the latter part of the 19th century, a more practical lamp that extended battery life was created, but people considered it too bright for indoor use.

(B) Before electric lighting arrived in the 19th century, people used candles and oil lamps that were no brighter than moonlight. Then in 1809, Sir Humphrey Davy introduced the first electric light.

(C) To address this new problem, Thomas Edison and other inventors turned their attention to incandescent light, which used a metal filament inside a bulb that produced a radiant glow for domiciliary usage. Over time, the inventors made small improvements to the bulb, but eventually, Edison received credit for producing a commercially viable light bulb.

① (A) – (B) – (C) ② (B) – (A) – (C)
③ (B) – (C) – (A) ④ (C) – (A) – (B)

해석

전구의 발명은 불의 발견만큼 인류의 삶을 변화시킨 것으로 여겨진다. 그러나, 그것의 혁신에는 약 150년에 걸친 긴 역사와 경쟁이 있었다.

(A) 그것은 단지 하나의 배터리에 연결된 두 개의 전선에 지나지 않았다. 조명은 강했지만, 배터리는 오래 지속되지 않았다. 19세기 후반, 배터리 수명을 연장시킨 더욱 실용적인 등이 제작되었지만, 사람들은 이것이 실내용으로는 너무 밝다고 생각했다.

(B) 19세기에 전기 조명이 도래하기 전에, 사람들은 달빛보다 밝지 않았던 촛불과 석유램프를 사용했다. 그 후 1809년에, Humphrey Davy 경이 최초의 전기 조명을 선보였다.

(C) 이 새로운 문제를 해결하기 위해, Thomas Edison과 다른 발명가들은 그들의 관심을 백열전구로 돌렸는데, 이것은 전구 내부에 금속 필

라멘트를 사용했고 가정용에 맞는 환한 불빛을 만들어 냈다. 시간이 지나며, 그 발명가들은 그 전구에 약간의 개선을 더했지만, 결국에는 Edison이 상업적으로 이용 가능한 백열 전구를 만들어낸 것으로 공적을 인정받았다.

포인트 해설

주어진 문장에서 전구의 혁신에는 약 150년에 걸친 역사와 경쟁이 있었다고 언급한 뒤, (B)에서 전기 조명 이전에 사람들은 촛불과 석유램프를 사용했고 1809년 최초의 전기 조명이 도입되었다고 설명하고 있다. 뒤이어 (A)에서 조명(The light)은 강했지만 배터리는 오래 지속되지 않았으며, 19세기 후반에 제작된 배터리 수명을 연장시킨 등도 실내용으로는 너무 밝다고 하고, (C)에서 Thomas Edison과 다른 발명가들이 이 새로운 문제(this new problem)를 해결하기 위해 백열전구로 관심을 돌린 결과, 결국에는(eventually) Edison이 백열전구를 만든 공적을 인정받았음을 알리고 있다. 따라서 ② (B) – (A) – (C)가 정답이다.

정답 ②

어휘

invention 발명 mankind 인류 innovation 혁신, 쇄신 rivalry 경쟁 (관계)
span ~에 걸치다; 기간 address 해결하다, 처리하다
incandescent 백열의, 백열광을 내는 radiant 환한, 빛나는 glow (불)빛
domiciliary 가정의, 주거의 usage 활용, 용법
receive credit for ~로 공적을 인정받다 commercially 상업적으로
viable 이용 가능한, 실행 가능한

---

10 독해 내용 불일치 파악   난이도 중 ●●○

다음 글의 내용과 일치하지 않는 것은?

The practice of city zoning seeks not only to achieve an aesthetically pleasing arrangement of structures but also to meet standards of safety in case of natural disasters—especially flooding. Zoning advocates claim that leaving a certain percentage of the city area as undeveloped grassland will allow for rain runoff to be sufficiently absorbed. However, zoning efforts have been found to make little difference when it comes to severe flooding. Cities that cover wide spreads of flat land will have trouble draining water regardless, and no amount of tactical zoning can prevent flooding during unusually high amounts of rainfall.

① City zoning prioritizes aesthetics as well as safety considerations.
② Land that is undeveloped can be beneficial with regard to natural disasters.
③ Zoning efforts are considered to be effective at preventing mass flooding.
④ Flooding is especially likely and unpreventable in cities with flat topography.

해석

도시 지역제 관행은 미관상 만족스러운 구조물 배치 달성뿐만 아니라 특히 홍수와 같은 자연재해를 대비한 안전 기준을 충족하는 것도 추구한다. 지역제 옹호자들은 특정 비율의 도시 구역을 미개발된 풀밭으로 놔둔다면 땅 위를 흐르는 빗물이 충분히 흡수되게 할 것이라고 주장한다. 그러나, 지역제를 위한 노력은 심각한 홍수의 경우 큰 차이를 낳지 않는 것으로 밝혀졌다. 넓게 펼쳐진 평지를 가진 도시들은 그럼에도 불구하고 배수에 어려움을 겪을 것이고, 아무리 전략적인 지역제라도 강우량이 몹시 많을 동안에는 홍수를 막을 수 없다.

① 도시 지역제는 안전 관련 고려 사항뿐만 아니라 미학도 중시한다.
② 미개발 토지는 자연재해와 관련하여 유익할 수 있다.
③ 지역제를 위한 노력은 대홍수를 방지하는 데 효과적이라고 여겨진다.
④ 홍수는 특히 평평한 지형의 도시에서 가능성이 높고 피하기 어렵다.

포인트 해설

③번의 키워드인 mass flooding(대홍수)을 바꾸어 표현한 지문의 severe flooding(심각한 홍수) 주변의 내용에서 지역제를 위한 노력은 심각한 홍수의 경우 큰 차이를 낳지 않는 것으로 밝혀졌다고 했으므로, ③ '지역제를 위한 노력은 대홍수를 방지하는 데 효과적이라고 여겨진다'는 지문의 내용과 다르다.

정답 ③

어휘

city zoning 지역제, 지대 설정 aesthetically 미관상, 미학적으로
arrangement 배치, 정리 advocate 옹호하다, 지지하다
runoff 땅 위를 흐르는 빗물 flooding 홍수 drain 배수하다
regardless 그럼에도 불구하고, 여하튼
no amount of 아무리 많은 ~도 clever 창의적인 topography 지형

구문 분석

The practice of city zoning seeks / not only to achieve an aesthetically pleasing arrangement of structures / but also to meet standards of safety (생략).
: 'not only A but (also) B' 구문의 A에는 기본이 되는 내용, B에는 첨가하는 내용이 나오며, 'A뿐만 아니라 B도'라고 해석한다.

해커스 공무원시험연구소 총평

난이도	독해 영역에서 대기 오염, 새의 깃털, 사진 촬영 기법의 발전 등 실생활 속 소재들이 두루 등장하며 제한 시간 내에 무리 없이 풀 수 있었을 것입니다.
어휘·생활영어 영역	5번 문제와 같이 관용 표현이 쓰이지 않은, 일상적인 대화 상황을 제시한 생활영어 문제는 반드시 맞추어야 합니다.
문법 영역	3번과 4번 문제에 모두 포함된 조동사 관련 표현은 국가직 9급과 지방직 9급 시험에서의 최신 출제경향이므로, 3번 문제의 '이것도 알면 합격!'을 통해 다양한 조동사 관련 표현들까지 확실하게 암기해 둡니다.
독해 영역	6번 문제에서 알 수 있듯이, 제목 파악 유형에서는 오답 보기에 지문의 내용과 무관하지 않은 단어들이 언급될 수 있으므로, 일부분만 보고 성급하게 정답을 고르지 않도록 유의합니다.

정답

01	④	어휘	06	④	독해
02	③	어휘	07	③	독해
03	③	문법	08	④	독해
04	②	문법	09	④	독해
05	③	생활영어	10	③	독해

취약영역 분석표

영역	맞힌 답의 개수
어휘	/ 2
생활영어	/ 1
문법	/ 2
독해	/ 5
TOTAL	/ 10

---

01 어휘 meticulous · 난이도 상 ●●●

밑줄 친 부분에 들어갈 말로 가장 적절한 것은?

The janitorial staff always applies _____ care to the upkeep and cleanliness of the national museum of art, ensuring that its pristine condition delights visitors.

① feeble
② indolent
③ turbulent
④ meticulous

해석
청소부들은 국립 예술 박물관의 유지 및 청결에 언제나 꼼꼼한 주의를 기울여서, 그곳의 깨끗한 상태가 관람객들에게 기쁨을 주는 것을 보장한다.

① 미약한
② 게으른
③ 사나운
④ 꼼꼼한

정답 ④

어휘
janitorial staff 청소부 upkeep 유지 pristine 깨끗한, 원시적인
delight 기쁨을 주다, 즐거움을 주다 feeble 미약한 indolent 게으른
turbulent 사나운 meticulous 꼼꼼한

🖋 이것도 알면 합격!
meticulous(꼼꼼한)의 유의어
= thorough, scrupulous, fastidious

---

02 어휘 bolster = strengthen · 난이도 중 ●●○

밑줄 친 부분의 의미와 가장 가까운 것은?

The successive release of several best-selling novels helped to bolster the reputation of the fledgling publisher, attracting the press and the attention of a number of talented new writers.

① recover
② imperil
③ strengthen
④ deconstruct

해석
몇몇 베스트셀러 소설의 연이은 발간은 그 신생 출판사의 명성을 강화하는 것을 도왔고, 언론과 많은 유능한 신예 작가들의 관심을 끌었다.

① 회복하다
② 위태롭게 하다
③ 강화하다
④ 해체하다

정답 ③

어휘
successive 연이은, 연속적인 release 발간 bolster 강화하다
reputation 명성 fledgling 신출내기, 초보자
publisher 출판사, 출판업자 recover 회복하다 imperil 위태롭게 하다
strengthen 강화하다 deconstruct 해체하다

bolster(강화하다)의 유의어
= enhance, boost, fortify

---

03 문법 부사 | 어순 | 동사의 종류 | 동명사 | 조동사
난이도 중 ●●○

어법상 옳지 않은 것은?

① Residents of the building didn't know why the power had been turned off.

② The caps on medicine bottles are designed to prevent children from opening them.

③ Many visitors have complained that the restaurant's dishes are not enough filling.

④ We may as well take a seat, since we have to wait a while.

해석

① 그 건물의 주민들은 전원이 꺼졌던 이유를 알지 못했다.

② 약병의 뚜껑들은 아이들이 그것들을 여는 것을 막기 위해 고안되었다.

③ 많은 방문객들은 그 식당의 요리들이 충분히 포만감을 주지 못한다고 불평했다.

④ 우리는 한참 더 기다려야 하기 때문에 자리에 앉는 편이 더 낫겠다.

포인트 해설

③ **강조 부사** 강조 부사 enough는 형용사(filling)를 뒤에서 강조하므로 enough filling을 filling enough로 고쳐야 한다.

[오답 분석]

① **어순** 의문문이 다른 문장 안에 포함된 간접 의문문은 '의문사(why) + 주어(the power) + 동사(had been turned off)'의 어순이 되어야 하므로 why the power had been turned off가 올바르게 쓰였다.

② **타동사 | 동명사의 역할** 문맥상 '아이들이 여는 것을 막다'라는 의미가 되어야 자연스러운데, prevent는 '~가 -하는 것을 막다'라는 의미로 쓰일 때 'prevent + 목적어 + from'의 형태를 취하고, 전치사(from) 뒤에는 명사 역할을 하는 것이 와야 하므로, 전치사 from의 목적어 자리에 동명사 opening이 쓰인 prevent children from opening이 올바르게 쓰였다.

④ **조동사 관련 표현** 조동사 관련 숙어 may as well 뒤에는 동사원형이 와야 하므로 may as well take가 올바르게 쓰였다.

정답 ③

어휘

complain 불평하다 filling 포만감을 주는

다양한 조동사 관련 숙어들을 기억해 두자.

- would rather 차라리 ~하는 게 낫다
- may well ~하는 게 당연하다
- cannot ~ too 아무리 ~해도 지나치지 않다
- cannot (help) but ~할 수밖에 없다

---

04 문법 관계절 | 비교 구문 | 분사 | 조동사 | 수 일치 난이도 중 ●●●

어법상 옳지 않은 것은?

① The teacher said that Joaquin is unquestionably the brightest student in the class.

② She visited Italy during the summer, which she had taken a week off of work.

③ Having been proofread several times, the manuscript probably contains zero errors.

④ The delivery boy must have dropped the box of groceries as a number of eggs are broken.

해석

① 그 교사는 Joaquin이 분명 학급에서 가장 똑똑한 학생이라고 말했다.

② 그녀는 여름 동안 이탈리아를 방문했는데, 그곳에서 그녀는 직장에서 벗어나 일주일을 보냈던 것이다.

③ 여러 번 교정되었기 때문에, 그 원고에는 아마도 오류가 없을 것이다.

④ 다수의 계란이 깨졌으므로 배달하는 소년이 식료품 상자를 떨어뜨렸음에 틀림없다.

포인트 해설

② **관계부사와 관계대명사 비교** 선행사(Italy)가 장소를 나타내고 관계사 뒤에 완전한 절(she had ~ work)이 왔으므로, 관계대명사 which를 장소를 나타내는 선행사(Italy)와 함께 쓰이는 관계부사 where 또는 '전치사 + 관계대명사' 형태의 in which로 고쳐야 한다.

[오답 분석]

① **최상급** '최상급 + 명사'(brightest student) 앞에는 정관사 the가 와야 하므로 the brightest student가 올바르게 쓰였다.

③ **분사구문의 형태** 주절의 주어(the manuscript)와 분사구문이 '그 원고가 교정되다'라는 의미의 수동 관계이므로 과거분사가 와야 한다. 이때 '그 원고가 여러 번 교정된' 것이 '그 원고에 오류가 없을' 것보다 이전 시점에 일어났으므로 분사구문의 완료형 Having been proofread가 올바르게 쓰였다.

④ **조동사 관련 표현 | 수량 표현의 수 일치** '식료품 상자를 떨어뜨렸음에 틀림없다'라는 의미가 되어야 자연스러운데, '~했었음에 틀림없다'는 조동사 관련 표현 must have p.p.를 사용하여 나타낼 수 있으므로 must have dropped가 올바르게 쓰였다. 또한, 종속절의 주어 자리에 복수 취급하는 수량 표현 'a number of + 복수 명사'(a number of eggs)가 왔으므로 뒤에 복수 동사 are가 올바르게 쓰였다.

정답 ②

어휘

unquestionably 분명히, 의심의 여지 없이 proofread 교정을 보다

선행사의 종류에 따라 관계부사를 선택해야 한다는 것도 알아 두자.

선행사	관계부사
시간 (time, day, week 등)	when
장소 (place, park, house 등)	where
이유 (the reason)	why
방법 (the way)	how

05 생활영어 I couldn't tell you exactly. 난이도 하 ●○○

밑줄 친 부분에 들어갈 말로 가장 적절한 것은?

A: Did you know that you talk in your sleep?
B: No, I didn't. Are you sure?
A: Yes. It sounded like you were speaking in complete sentences.
B: Oh, yeah? What was I saying?
A: _____. You were mumbling too quietly for me to make out words.
B: Well, that's embarrassing! I hope I wasn't giving away any secrets in my sleep.

① You were dreaming
② I'll tell you all about it
③ I couldn't tell you exactly
④ At least you weren't snoring

해석

A: 너 잘 때 말하는 거 알고 있었어?
B: 아니, 몰랐어. 정말이야?
A: 응. 네가 완벽한 문장으로 말하고 있는 것처럼 들리던데.
B: 그래? 내가 뭐라고 말하고 있었어?
A: 정확히는 모르겠어. 내가 말을 알아듣기에는 너무 작게 웅얼거렸거든.
B: 음, 당황스럽네! 내가 잠결에 비밀을 누설하지 않았기를 바라.

① 너는 꿈을 꾸고 있었어
② 내가 그 일에 대해 다 말해 줄게
③ 정확히는 모르겠어
④ 적어도 코를 골지는 않았어

포인트 해설

자신이 잠꼬대하며 무엇을 말했는지 묻는 B의 질문에 대해 A가 빈칸 뒤에서 You were mumbling too quietly for me to make out words(내가 말을 알아듣기에는 너무 작게 웅얼거렸거든)라고 말하고 있으므로, '정확히는 모르겠어'라는 의미의 ③ 'I couldn't tell you exactly'가 정답이다.

정답 ③

어휘

mumble 웅얼거리다   make out 알아듣다, 이해하다
embarrass 당황스럽게 만들다   give away ~을 누설하다, 거저 주다
snore 코를 골다

이것도 알면 합격!

동사 make를 포함하는 다양한 표현들을 알아 두자.
• make a concession 양보하다
• make a face 얼굴을 찌푸리다
• make ends meet 겨우 먹고살 만큼 벌다
• make up one's mind 결심하다

06 독해 제목 파악 난이도 중 ●●○

다음 글의 제목으로 가장 적절한 것은?

Most people know that they should wear sunscreen to prevent damage to their skin, but there's another threat besides the sun that gets much less attention: air pollution. Studies have found that repeated exposure to airborne contaminants such as smog, particulate matter (PM), ozone, and volatile chemicals can lead to premature aging, acne, dermatitis, and cancer. Moreover, the burning of materials like certain types of wood releases allergens into the air that can trigger rashes. To minimize the effects of pollution on skin, exposed areas should be thoroughly washed twice daily and exfoliated every few days. Moisturizers also help by creating a sticky barrier between harmful nanoparticles and the skin.

① Activities that Contribute to Air Pollution
② The Main Risk Factors for Skin Cancer
③ The Necessity of Using Sunscreen
④ Harmful Effects of Air Pollution on Skin

해석

대부분의 사람들은 피부의 손상을 막기 위해 자외선 차단제를 발라야 한다는 것을 알지만, 태양 외에 훨씬 덜 주목을 받는 또 다른 위험이 있다. 바로 대기 오염이다. 연구들은 스모그, 미세먼지, 오존, 그리고 휘발성 화학물질과 같은 공기 매개 오염물에 대한 반복적인 노출이 정상보다 이른 노화, 여드름, 피부염, 그리고 암을 야기할 수 있다는 것을 밝혀 왔다. 더 나아가, 특정한 종류의 목재와 같은 물질을 태우는 것은 발진을 유발할 수 있는 알레르기 유발 항원을 대기중에 방출한다. 피부에 미치는 오염의 영향을 최소화하기 위해, 노출되는 부위들은 매일 두 번씩 완전히 씻어내야 하고 며칠마다 박피되어야 한다. 보습제 또한 유해한 나노 입자와 피부 사이에 끈적거리는 장벽을 만들어냄으로써 도움이 된다.

① 대기 오염에 원인이 되는 활동
② 피부암의 주요 위험 요소들
③ 자외선 차단제 사용의 필요성
④ 피부에 미치는 대기 오염의 해로운 영향들

포인트 해설

지문 전반에 걸쳐 태양 외에 피부에 위협을 주는 것은 대기 오염이고, 피부가 스모그, 미세먼지, 오존, 휘발성 화학 물질 등에 반복적으로 노출될 경우, 정상보다 이른 노화, 피부염, 암이 야기될 수 있다고 설명하고 있다. 따라서 ④ '피부에 미치는 대기 오염의 해로운 영향들'이 이 지문의 제목이다.

정답 ④

어휘

exposure 노출   airborne contaminant 공기 매개 오염물
particulate matter 미세먼지   volatile chemicals 휘발성 화학 물질
premature 정상보다 이른   dermatitis 피부염   allergen 알레르기 유발 항원
rash 발진   exfoliate 박피하다   nanoparticle 나노 입자

07 독해 무관한 문장 삭제 | 난이도 중 ●●○

다음 글의 흐름상 어색한 문장은?

All birds have feathers, which, depending on their type, give their bearers the ability to perform various functions. ① Stiff wing feathers enable them to fly, while soft down and semi-plume feathers keep them warm when temperatures drop. The pliant tail feathers are useful in distracting and even getting rid of predators. ② For example, dark-eyed juncos have bright tail feathers that they display while being pursued and then conceal just as they are changing direction. Other species have bristle feathers on their beaks that help protect their eyes when they are eating squirming insect prey. ③ Adult birds usually replace their feathers over several months, ensuring that feather loss is staggered. ④ In addition, facial feathers in some birds are arranged in such a way so as to allow sounds to be channeled into the ears, helping them to accurately locate prey.

해석

모든 새는 깃털을 가지고 있으며, 이것은 그것의 종류에 따라 그 깃털을 가지고 있는 새들에게 다양한 기능을 수행할 능력을 준다. ① 뻣뻣한 날개 깃털은 그들이 날 수 있게 해 주는 반면, 부드러운 솜털과 반 깃털은 기온이 떨어졌을 때 그들을 따뜻하게 유지해 준다. 유연한 꼬리 깃털은 포식동물의 주의를 산만하게 하고 심지어 쫓아내는 데도 유용하다. ② 예를 들어, 검은 눈방울새는 밝은 빛의 꼬리 깃털을 가지고 있는데, 그들은 쫓기고 있을 때 이것을 펼치고 있다가 방향을 바꿀 때 숨긴다. 다른 종들은 부리에 꿈틀대는 벌레 먹이를 먹고 있을 때 그들의 눈을 보호하는 것을 돕는 짧고 뻣뻣한 깃털을 가지고 있다. ③ 다 자란 새들은 보통 몇 달에 걸쳐 그들의 깃털을 교체하며, 반드시 깃털이 시차를 두고 빠지게 한다. ④ 게다가, 몇몇 새들의 얼굴 깃털은 소리가 귀로 전해질 수 있게 하는 방식으로 배열되어 있어서, 그들이 먹이를 정확히 찾는 것을 돕는다.

포인트 해설

첫 문장에서 '종류에 따라 다양한 기능을 수행하는 새의 깃털'에 대해 언급하고, ①번은 '날개 깃털과 솜털 및 반 깃털의 역할', ②번은 '검은눈방울새의 꼬리 깃털 사용법', ④번은 '얼굴 깃털의 역할'에 대해 설명하고 있으므로 모두 첫 문장과 관련이 있다. 그러나 ③번은 '다 자란 새들이 깃털을 교체하는 방식'에 대한 내용으로, 첫 문장의 내용과 관련이 없다.

정답 ③

어휘

feather 깃털 stiff 뻣뻣한 down 솜털, 부드러운 털 semi-plume 반 깃털
pliant 유연한, 잘 휘는 get rid of ~을 쫓아내다 pursue 쫓다, 추적하다
bristle 짧고 뻣뻣한 털 beak 부리 squirm 꿈틀대다 staggered 시차를 둔

구문 분석

(생략), facial feathers in some birds are arranged in such a way / so as to allow sounds to be channeled into the ears, (생략).
: to 부정사가 목적을 나타낼 때는 to 대신 so as to를 쓸 수 있는데, 그러한 경우 so as to는 '~할 수 있게' 또는 '~하기 위해'로 해석한다.

08 독해 문장 삽입 | 난이도 하 ●○○

주어진 문장이 들어갈 위치로 가장 적절한 곳은?

In the following scene, however, Harold betrays his promise and receives the crown himself.

The Bayeux Tapestry is an extraordinary work of art depicting the Norman conquest of England in 1066. The tapestry begins with Harold, the future King of England, traveling to Normandy to meet William, the Duke of Normandy. (①) Harold arrives at the wrong place and is captured and released to William. (②) For unknown reasons, the two are then shown coming together to defeat the Duke of Brittany. (③) Afterward, Harold tells William that he will support William's attempt to win the throne of England. (④) Thus, the two become enemies and William begins plans to attack England.

해석

하지만, 그다음 장면에서 Harold는 그의 약속을 저버리고 자신이 왕위를 계승한다.

바이외 태피스트리는 1066년에 있었던 노르만족의 영국 정복을 묘사하는 놀라운 예술 작품이다. 그 태피스트리는 훗날 영국의 왕이 되는 Harold가 노르망디의 공작인 William을 만나기 위해 노르망디로 여행하는 것에서 시작한다. ① Harold는 엉뚱한 곳에 도착하고 포로로 잡혀 William에게 인도된다. ② 알 수 없는 이유로, 그 둘은 그다음에 브르타뉴 공작을 물리치기 위해 단합하는 것으로 그려진다. ③ 그 후에, Harold는 William에게 영국의 왕좌를 차지하려는 그의 시도를 지지할 것이라고 말한다. ④ 그래서, 그 둘은 적이 되고 William은 영국을 공격할 계획을 시작한다.

포인트 해설

④번 앞 문장에 Harold는 William에게 영국의 왕좌를 차지하려는 그의 시도를 지지할 것이라고 말한다는 내용이 있고, ④번 뒤 문장에 Harold와 적이 되어 William은 영국을 공격할 계획을 시작한다는 내용이 있으므로, ④번 자리에 하지만(however) 그다음 장면에서 Harold가 약속을 저버리고 왕위를 계승한다는 내용, 즉 단합했던 Harold와 William이 적이 되는 배경을 설명하는 주어진 문장이 들어가야 지문이 자연스럽게 연결된다.

정답 ④

어휘

betray 저버리다, 배반하다 crown 왕위 extraordinary 놀라운
depict 묘사하다 conquest 정복 duke 공작 capture 포로로 잡다
defeat 물리치다, 패배시키다 attempt 시도; 시도하다 throne 왕좌

09 독해 내용 불일치 파악   난이도 중 ●●○

다음 글의 내용과 일치하지 않는 것은?

"Rent-seeking" is a term used in economics to refer to any use of land or natural resources that enriches the pockets of a few without creating new wealth or boosting the economy. An example of rent-seeking behavior is the feudal lord who decides to lower a chain across a river. He extracts tolls from passing boats for their use of an otherwise free resource. The money he collects benefits only himself and does not contribute to goods and services. Other instances of rent-seeking include situations where companies, organizations, or individuals lobby the government in order to gain access to critical infrastructure such as public utilities. Rent-seeking does not stimulate the broader economy or create jobs; it only aims to improve the financial position of those who engage in it.

① Rent seekers control natural resources without contributing to the economy.

② The hypothetical feudal lord who collects tolls does so only for personal gain.

③ Rent-seeking can include petitioning the government to use common services.

④ Organizations will typically hire more workers following a period of rent-seeking.

해석

'지대 추구'는 새로운 부의 창출이나 경기 부양 없이 소수의 주머니 사정을 좋게 만드는 토지나 천연자원의 사용을 가리키는 용어이다. 지대 추구 행위의 한 가지 예시는 강을 가로지르는 쇠사슬을 내리기로 결정하는 영주이다. 그는 지나가는 배들로부터 쇠사슬을 내리지 않았더라면 무료로 사용할 수 있는 자원에 대한 통행료를 받아낸다. 그가 수금하는 돈은 그 자신에게만 이득을 주며 상품과 서비스에는 기여하지 않는다. 지대 추구의 다른 예는 회사, 기관, 또는 개인이 공익사업 같은 주요 사회 간접 자본에 접근하기 위해 정부와 은밀히 만나 협상하는 상황을 포함한다. 지대 추구는 보다 전반적인 경제를 활성화하거나 일자리를 창출하지 않는다. 그것은 그것에 관여하는 사람들의 재정 상태를 더욱 좋게 하는 것만을 목표로 한다.

① 지대 추구자는 경제에는 기여하지 않고 천연자원을 통제한다.

② 통행료를 수금하는 가상의 봉건 영주는 개인적 이득을 위해서만 그렇게 한다.

③ 지대 추구는 정부에 공공 서비스를 이용하게 해 달라고 청원하는 것을 포함할 수 있다.

④ 기관들은 보통 지대 추구 기간 이후에 더 많은 노동자를 고용할 것이다.

포인트 해설

④번의 키워드인 hire more workers(더 많은 노동자를 고용하다)를 바꾸어 표현한 지문의 create jobs(일자리를 창출하다) 주변의 내용에서 지대 추구 행위는 일자리를 창출하지 않는다고 했으므로, ④ '기관들은 보통 지대 추구 기간 이후에 더 많은 노동자를 고용할 것이다'는 지문의 내용과 다르다.

정답 ④

어휘

rent-seeking 지대 추구   boost 부양하다, 증진시키다
feudal lord 봉건 군주   extract 받아내다, 뽑다   toll 통행료
contribute 기여하다   infrastructure 사회 간접 자본, 기반 시설
public utility 공익사업, 공공시설   stimulate 활성화시키다, 고무하다
engage in ~에 관여하다, 참여하다   hypothetical 가상의, 가정된
petition 청원하다   typically 보통, 전형적으로

10 독해 빈칸 완성 - 구   난이도 중 ●●○

밑줄 친 부분에 들어갈 말로 가장 적절한 것은?

The Crimean War of 1853 was the first widespread conflict to be thoroughly documented by the British media. Telegraphs and railways, used for communication and transportation purposes between far-flung armies, were also exploited by the press to cover the war. Additionally, advances in photography brought the grisly nature of battle closer to the public eye. Because of the intense coverage, readers from all over the world were _____ than ever before. Some stories exposed the lack of sanitation for troops serving the British army, which intensified public compassion and respect for the self-sacrificing soldiers and even resulted in revolutionary healthcare improvements that are still in place today.

① reluctant to continue supporting the war effort

② dismayed about the increase in international conflicts

③ better informed about the soldiers on the battlefields

④ unwilling to see the photographs that were taken

해석

1853년의 크림 전쟁은 영국 대중 매체에 의해 철저히 기록된 최초의 광범위한 충돌이었다. 멀리 떨어진 군부대 간의 통신과 수송을 위해 사용되었던 전보와 철도는 그 전쟁을 보도하기 위해 언론에 의해서도 활용되었다. 게다가, 사진 촬영 기법의 발전은 세상 사람들에게 소름 끼치는 전쟁의 본모습을 더 자세히 전달했다. 그 강렬한 보도 덕분에, 전 세계의 독자들은 그 어느 때보다 전장에 있는 군인들에 대해 더 많이 알게 되었다. 어떤 기사들은 영국군에서 복무하는 군인들을 위한 위생 시설의 부족을 폭로했는데, 이는 대중의 연민과 헌신적인 군인들에 대한 존경심을 강화했으며 오늘날에도 여전히 쓰이는 혁신적인 의료 서비스의 발전을 일으키기까지 했다.

① 전쟁 활동을 계속해서 지원하길 주저하는

② 국제적인 충돌의 증가에 놀란

③ 전장에 있는 군인들에 대해 더 많이 알게 된

④ 찍힌 사진을 보고 싶어 하지 않는

포인트 해설

빈칸 앞 문장에서 사진 촬영 기법의 발전은 세상 사람들에게 소름 끼치는 전쟁의 본모습을 더 자세히 전달했다고 하고, 빈칸 뒤 문장에서 어떤 기사들은 영국군을 위한 위생 시설의 부족을 폭로하여 대중의 연민과 군인에 대한

존경심을 강화했다는 내용이 있으므로, 전 세계 독자들은 그 어느 때보다
'전장에 있는 군인들에 대해 더 많이 알게 되'었다고 한 ③번이 정답이다.

정답 ③

어휘

telegraph 전보 transportation 수송 far-flung 멀리 떨어진
exploit 활용하다 cover 보도하다, 취재하다 grisly 소름 끼치는
sanitation 위생 시설 intensify 강화하다, 심화시키다
compassion 연민, 동정심 reluctant 주저하는, 꺼리는
dismay 놀라게 하다

해커스 공무원시험연구소 총평

난이도	문법 영역에서 다소 지엽적인 포인트들이 등장하기는 했지만, 그 외에는 무난한 문제들이었기에 충분히 고득점을 얻을 수 있는 회차였습니다.
어휘·생활영어 영역	유의어 문제는 밑줄 어휘를 모를 경우를 대비해 문맥을 통해 어휘의 의미를 유추하는 연습 또한 필요합니다. 한편, 특정 상황과 관련된 표현을 익혀 두면 2번 문제와 같은 생활영어 문제를 더 수월하게 풀 수 있습니다.
문법 영역	두 개 이상의 문법 포인트가 결합된 문장들이 출제됨으로써 꼼꼼한 문장 분석이 필요했습니다. 지금까지 학습해 온 기본 이론들이 출제되는 방식에 익숙해지기 위해서는 다양한 형태의 문장들에 대한 문제 풀이가 필요합니다.
독해 영역	빈칸 완성 유형에서는 정답의 단서가 주로 빈칸이 있는 문장 앞뒤에 위치하지만, 8번 문제처럼 지문 전반을 해석하여 단서를 파악해야 하는 경우도 있으므로 지문의 흐름에 유념하며 읽는 것 또한 필요합니다.

정답

01	③	어휘	06	③	독해
02	②	생활영어	07	②	독해
03	①	문법	08	①	독해
04	②	문법	09	④	독해
05	④	어휘	10	②	독해

취약영역 분석표

영역	맞힌 답의 개수
어휘	/ 2
생활영어	/ 1
문법	/ 2
독해	/ 5
TOTAL	/ 10

---

01 어휘 cut down on   난이도 중 ●●○

밑줄 친 부분에 들어갈 말로 가장 적절한 것은?

> After skimming over my transaction history, the financial advisor recommended that I _____ my monthly expenses by 15 percent.

① queue up for
② blend in with
③ cut down on
④ stand up to

해석

나의 거래 내역을 훑어본 후, 재정 자문가는 내가 한 달 경비를 15퍼센트 줄일 것을 권고했다.

① ~을 줄 서서 기다리다
② ~와 조화를 이루다
③ ~을 줄이다
④ ~에 맞서다

정답 ③

어휘

skim over 훑어보다   transaction 거래   queue up 줄을 서서 기다리다
blend in with ~와 조화를 이루다   cut down on ~을 줄이다
stand up to ~에 맞서다, 저항하다

이것도 알면 합격!

cut down on(~을 줄이다)과 유사한 의미의 표현
= reduce, curtail, scale back

---

02 생활영어 They all look the same.   난이도 하 ●○○

밑줄 친 부분에 들어갈 말로 가장 적절한 것은?

> A: Hi. I'd like to buy a melon, preferably one that's unripe.
> B: OK, these have a few days to go, while those are ready to be eaten.
> A: How can you tell if a melon is ripe? Honestly, _____ if you ask me.
> B: It's really easy. Just give it the sniff, shake, and squeeze test.
> A: What's that test? Could you explain it, please?
> B: It should smell good, the seeds inside should move when you shake it, and it should be a little soft.

① you should sell them
② they all look the same
③ you need to buy one
④ they are a little pricey

해석

A: 안녕하세요. 멜론을 하나 사고 싶은데요, 되도록 덜 익은 것으로요.
B: 알겠습니다, 이것들은 익으려면 며칠 더 남았고, 저것들은 먹을 때가 되었습니다.
A: 멜론이 익었는지를 어떻게 아시나요? 솔직히, 제 생각에는 저것들

은 모두 똑같이 생겼어요.

B: 아주 간단해요. 그것의 냄새를 맡아 보고, 흔들어 보고, 꽉 쥐어도 보는 검사를 해 보면 돼요.

A: 그 검사를 어떻게 하는 건데요? 저에게 설명해 주시겠어요?

B: 그것은 반드시 좋은 냄새가 나야 하고, 흔들었을 때 안쪽의 씨가 움직여야 하고, 그리고 약간 물러야 해요.

① 당신은 그것들을 팔아야 해요
② 저것들은 모두 똑같이 생겼어요
③ 당신은 하나를 사야 해요
④ 그것들은 약간 비싸요

포인트 해설

멜론들이 익은 정도를 알려 주는 B의 말에 대해 A가 멜론이 익었는지를 알 수 있는 방법을 묻고, 빈칸 뒤에서 다시 B가 Just give it the sniff, shake, and squeeze test(그것의 냄새를 맡아 보고, 흔들어 보고, 꽉 쥐어도 보는 검사를 해 보면 돼요)라고 말하고 있으므로, '저것들은 모두 똑같이 생겼어요'라는 의미의 ② 'they all look the same'이 정답이다.

정답 ②

어휘

preferably 되도록 unripe 덜 익은 sniff 냄새 squeeze 꽉 쥐다

이것도 알면 합격!

상품을 구매하는 상황에서 쓸 수 있는 다양한 표현들을 알아 두자.
· I wish it were cheaper. 더 저렴했으면 좋겠어요.
· I'll check our inventory. 재고를 확인해 보겠습니다.
· I'm of two minds about it. 살지 말지 결정을 못 하겠어.
· That style is temporarily out of stock. 그 스타일은 일시 품절입니다.

---

03 | 문법 동사의 종류 | 어순 | 부사절 | 전치사 | 분사 난이도 중 ●●○

우리말을 영어로 잘못 옮긴 것은?

① 그가 그 어린 소년을 구하자, 모두 그를 영웅이라 불렀다.
→ After he saved the little boy, everyone called the man was a hero.

② 모든 중요한 것은 잊어버리지 않도록 적어 두어야 한다.
→ Everything important should be written down so that you don't forget.

③ 그 유치원 교사는 아이들의 요구에 대해 이해심이 많다.
→ The kindergarten teacher is considerate of the children's needs.

④ 오랜 친구가 나를 향해 걸어오는 것을 보았을 때 나는 신이 났다.
→ I got excited when I saw an old friend walking toward me.

포인트 해설

① 5형식 동사 '그를 영웅이라 불렀다'는 5형식 동사 call을 사용하여 'call + 목적어(the man) + 목적격 보어(a hero)'(~을 -라고 부르다)의 형태로 나타낼 수 있다. 따라서 was a hero를 a hero로 고쳐야 한다.

[오답 분석]

② 명사를 수식하는 여러 요소들의 어순 | 부사절 접속사 -thing으로 끝나는 명사(Everything)는 형용사(important)가 뒤에서 수식하므로 Everything important가 올바르게 쓰였다. 또한, '잊어버리지 않도록'이라는 의미를 나타내기 위해, 절(Everything important ~ down)과 절(you don't forget)을 연결하며 '~하도록'이라는 의미를 나타내는 부사절 접속사 so that이 올바르게 쓰였다.

③ 기타 전치사 '~에 대해 이해심이 많은'은 전치사 숙어 표현 be considerate of(~에 대해 이해심이 많은)로 나타낼 수 있으므로 is considerate of가 올바르게 쓰였다.

④ 현재분사 vs. 과거분사 | 원형 부정사를 목적격 보어로 취하는 동사 감정을 나타내는 분사의 경우 주어(I)가 감정의 원인이면 현재분사를, 감정을 느끼는 주체인 경우 과거분사를 써야 하는데, 문맥상 '내가 신이 났다'라는 의미로 주어(I)가 감정을 느끼는 주체이므로 과거분사 excited가 올바르게 쓰였다. 또한 지각동사 see(saw)는 원형 부정사나 현재분사를 목적격 보어로 취할 수 있으므로 현재분사 walking도 올바르게 쓰였다. 참고로, 지각동사의 목적격 보어 자리에 현재분사가 올 경우 동작의 진행을 강조한다.

정답 ①

어휘

write down 적어놓다 kindergarten 유치원 considerate 이해심이 많은

이것도 알면 합격!

②번의 so that(~하도록)과 구별하여 부사절 접속사 so ~ that(매우 ~해서 -하다)의 쓰임을 알아 두자.
· The rain was so heavy that the streets quickly flooded.
비가 너무 심하게 와서 길이 금세 물에 잠겼다.

---

04 | 문법 명사절 | 수 일치 | 보어 | 대명사 | 수동태 난이도 중 ●●○

밑줄 친 부분 중 어법상 옳지 않은 것은?

The debate over whether raising the minimum wage for workers ① is good for a society continues. The side in favor of the increase argues ② who employees need to make enough money to support their families. ③ Those against the idea think that an increase will hurt the economy as a whole, since businesses will be forced to raise prices to offset the loss in employee pay. Whatever the reality may be, businesses ④ are encouraged to look into financially viable ways to subsist in the case that a minimum wage increase is passed.

해석

근로자들의 최저 임금을 인상하는 것이 사회에 이로운지에 대한 논쟁은 계속된다. 인상을 찬성하는 쪽은 근로자들이 가족을 부양하기 위해서 충분한 돈을 벌어야 한다고 주장한다. 그 의견에 반대하는 사람들은 사업체들이 근로자의 임금으로 인한 손실을 상쇄하기 위해 가격을 올릴 수밖에 없게 될 것이기 때문에 (최저 임금의) 인상이 결국 전반적으로 경제를 해칠 것이라고 생각한다. 현실이 어떠하든지, 사업체들은 최저 임금 인상이 통과될 경우에 존속하기 위한 재정적으로 실행 가능한 방법들을 찾도록 권장된다.

포인트 해설

② 명사절 접속사 완전한 절(employees ~ families)을 이끌며 동사 (argues)의 목적어 자리에 올 수 있는 것은 명사절 접속사 that이므로, 불완전한 절을 이끄는 의문대명사 who를 명사절 접속사 that으로 고쳐야 한다.

[오답 분석]

① 주어와 동사의 수 일치 | 보어 자리 주어 자리에 단수 취급하는 명사절 주어(whether ~ for workers)가 왔으므로 단수 동사 is가 올바르게 쓰였다. 또한 be 동사(is)의 주격 보어 자리에 형용사 good이 올바르게 쓰였다.

③ 지시대명사 '~한 사람들'이란 뜻으로 쓰일 수 있는 지시대명사 those는 뒤에서 수식어(against the idea)의 꾸밈을 받으므로 Those against the idea가 올바르게 쓰였다.

④ 5형식 동사의 수동태 to 부정사를 목적격 보어로 취하는 5형식 동사 (encourage)가 수동태가 되면, to 부정사는 수동태 동사 뒤에 그대로 남아야 하므로 are encouraged to look into가 올바르게 쓰였다.

정답 ②

어휘

minimum wage 최저 임금   in favor of ~에 찬성하는   offset 상쇄하다
look into ~을 찾다   viable 실행 가능한   subsist 존속하다

이것도 알면 합격!

'의문사 + to 부정사'는 명사절 자리에 오며, '의문사 + 주어 + should + 동사원형'으로 바꿔 쓸 수 있다는 것도 함께 알아 두자.

• She was unsure **what movie to watch**(= what movie she **should watch**) tonight.
그녀는 오늘 밤에 무슨 영화를 봐야 할지 확신이 서지 않았다.

05 어휘 stark = barren 난이도 중 ●●○

밑줄 친 부분의 의미와 가장 가까운 것은?

Images of Mars's surface collected by automated robots make it look like a <u>stark</u> wasteland, but some scientists still believe that it is a suitable environment for microbes.

① thriving
② expansive
③ cordial
④ barren

해석

자동화 로봇들에 의해 수집된 화성 표면의 사진들은 그것을 황량한 불모지처럼 보이게 만들지만, 몇몇 과학자들은 여전히 그것이 미생물들에게 적합한 환경이라고 생각한다.

① 번화한
② 널찍한
③ 마음에서 우러난
④ 척박한

정답 ④

어휘

stark 황량한, 삭막한   wasteland 불모지, 황무지   microbe 미생물
thriving 번화한, 번성하는   expansive 널찍한, 광대한
cordial 마음에서 우러난, 진심의   barren 척박한, 불모의

이것도 알면 합격!

stark(황량한)의 유의어
= bleak, harsh, desolate

06 독해 무관한 문장 삭제 난이도 중 ●●○

다음 글의 흐름상 어색한 문장은?

Planned obsolescence is an inherently wasteful strategy that prioritizes short-term profits over environmental sustainability and consumer value. ① By designing products—especially technological gadgets—to stop working after a certain amount of time, break easily, or effectively become obsolete when a new version is released, manufacturers can ensure continued sales and economic growth. ② This approach also spurs innovation as companies are driven to constantly improve and update their products. ③ Early adopters purchase the most innovative new products despite the fact that they may have unrecognized flaws and high costs. ④ However, this business model exacerbates the global e-waste problem and promotes a culture of disposability. Consumers find themselves unable to avoid these problems as they increasingly need the latest model of their favorite gadgets to keep up with software updates or societal pressures.

해석

계획적 노후화는 환경상의 지속 가능성과 소비자 가치보다 본질적으로 단기적인 이익을 우선시하는 낭비적인 전략이다. ① 제품들, 특히 기술 장치들이 일정 시간 후에 작동을 멈추거나, 쉽게 고장이 나거나, 새로운 버전이 출시되면 사실상 쓸모없게 되도록 설계함으로써, 제조업자들은 지속적인 판매와 경제적 성장을 보장할 수 있다. ② 이 접근법은 회사들이 그들의 제품을 지속적으로 개선하고 업데이트하도록 동기가 부여되기 때문에 혁신을 자극하기도 한다. ③ 얼리 어답터들은 가장 혁신적인 신제품에 인식되지 않은 결함이 있을지도 모른다는 사실과 비싼 가격에도 불구하고 그것들을 구매한다. ④ 하지만, 이 비즈니스 모델은 전 세계적인 전자 폐기물 문제와 쓰고 버림의 문화를 악화시킨다. 소비자들은 소프트웨어 업데이트나 사회적인 압력에 발맞추기 위해 그들이 좋아하는 장치의 최신 모델을 점점 더 필요로 하게 되면서 이러한 문제들이 불가피함을 깨닫게 된다.

포인트 해설

지문 앞부분에서 계획적 노후화는 단기적인 이익을 우선시하는 낭비적인 전략이라고 언급한 뒤, ①, ②번은 '계획적 노후화의 단기적 이점', ④번은 '계획적 노후화가 환경과 소비자에게 미치는 악영향'에 대해 설명하고 있다. 그러나 ③번은 '인식되지 않은 결함의 가능성과 비싼 가격을 감수한 채 혁신적인 신제품을 구매하는 얼리 어답터'에 대한 내용으로, 지문 앞부분의 내용과 관련이 없다.

정답 ③

어휘

obsolescence 노후화, 구식화 inherently 본질적으로
prioritize 우선시하다 sustainability 지속 가능성 gadget 장치, 도구
effectively 사실상, 효과적으로 obsolete 쓸모없는, 구식의
release 출시하다, 놓아 주다, 개봉하다 manufacturer 제조업자, 제조업체
spur 자극하다, 박차를 가하다 innovation 혁신
unrecognized 인식되지 않은 flaw 결함 exacerbate 악화시키다
promote 촉진하다, 홍보하다 disposability 쓰고 버림, 처분 가능성
keep up with ~에 발맞추다, ~에 뒤지지 않다

포인트 해설

빈칸 앞부분에 사서가 제공할 수 있는 도움은 학생의 시험과 과제 성적을 향상시킬 수 있으며, 학생들이 시간을 절약하고 성과 없는 검색을 하는 것을 방지해 준다는 내용이 있으므로, 그들은 또한 '그들이 돕는 학생들로부터 매우 높이 평가받는'것으로 알려져 있다고 한 ②번이 정답이다.

정답 ②

어휘

librarian 사서 navigate 길을 찾다, 돌아다니다 reference 참고 문헌
explosion 폭발적인 증가 assignment 과제 fruitless 성과 없는
stereotypical 정형적인, 진부한 frustrated 좌절감을 느낀, 불만스러워하는

---

07 독해 빈칸 완성 – 구   난이도 하 ●○○

밑줄 친 부분에 들어갈 말로 가장 적절한 것은?

A good librarian helps students navigate through the many resources available in a library. Persons trained in library science are familiar with a wide variety of academic materials and are capable of finding appropriate references in a huge library database. Being able to locate exactly what students need to meet classroom requirements is an important skill, seeing that the information explosion has made it harder to select materials that are relevant to a research topic. The assistance that librarians provide can actually improve a student's scores on tests and assignments. It can also save time and prevent students from conducting fruitless searches on the Internet. While the stereotypical librarian may be the one who tells students to be quiet, they are also known to _____.

① read reference materials on a regular basis
② be highly appreciated by the students they help
③ purchase books and magazines for the library
④ be frustrated by the amount of accessible information

해석

훌륭한 사서는 학생들이 도서관에서 이용할 수 있는 많은 자료들 사이에서 길을 찾는 것을 돕는다. 도서관학을 훈련받은 사람들은 다양한 종류의 학술 자료에 익숙하며 거대한 도서관 데이터베이스에서 적절한 참고 문헌을 찾을 수 있다. 정보의 폭발적인 증가가 연구 주제와 관련된 자료를 선택하는 것을 더욱 어렵게 만들었다는 것을 고려하면, 학생들이 수업의 요구 조건을 충족시키는 데 필요로 하는 것을 정확히 찾을 수 있는 것은 중요한 기술이다. 사서가 제공할 수 있는 도움은 실제로 학생의 시험과 과제 성적을 향상시킬 수 있다. 이것은 또한 시간을 절약하고 학생들이 인터넷에서 성과 없는 검색을 하는 것을 방지해 줄 수 있다. 정형적인 사서는 학생들에게 조용히 하라고 말하는 사람일지도 모르지만, 그들은 또한 그들이 돕는 학생들로부터 매우 높이 평가받는 것으로 알려져 있다.

① 정기적으로 참고 문헌 자료를 읽는다
② 그들이 돕는 학생들로부터 매우 높이 평가받는다
③ 도서관을 위해 책과 잡지를 구매한다
④ 이용할 수 있는 정보의 양 때문에 좌절감을 느낀다

---

08 독해 빈칸 완성 – 절   난이도 중 ●●○

밑줄 친 부분에 들어갈 말로 가장 적절한 것은?

Gothic fiction, a literary style fashionable in Europe during the end of the 18th century, features elements of horror and despair. The stories tend to be about a victim struggling against an obscure, menacing being that is increasingly gaining control over him or her. Due to the grotesque and often violent nature of the genre, one might be inclined to think that gothic novels are written with the simple intention of shocking or frightening the reader. However, gothic fiction is far more profound. This is because the supernatural beings and all the other imaginary terrors characteristic of the genre represent the thoughts people keep contained within their subconscious minds; thoughts that, in all their irrationality, depravity, and aggression, must be repressed. Essentially, the monsters are not peripheral elements from unknown origins but products of our own creation. By personifying them in literature, _____ _____.

① the things buried in our subconscious confront us
② gothic fiction's superficial nature is apparent
③ we are compelled to act on our impulses
④ the horror and dread we feel is intensified

해석

18세기 후반에 유럽에서 유행한 문학 양식이었던 고딕 소설은 공포와 절망의 요소들을 특징으로 삼는다. 그 이야기는 그에 대한 지배력을 점차 얻어가는 어둡고 위협적인 존재에 맞서는 한 피해자에 대한 내용인 경향이 있다. 괴상하고 종종 폭력적인 그 장르의 특징 때문에, 어떤 이는 고딕 소설이 독자를 충격에 빠뜨리거나 겁먹게 만들려는 단순한 의도로 쓰여졌다고 생각하게 될 수도 있다. 하지만, 고딕 소설은 훨씬 더 심오하다. 이것은 그 장르 특유의 초자연적인 존재와 다른 모든 상상 속 공포의 대상들이 사람들이 잠재의식 속에 계속 억눌러 두었던 생각을 나타내기 때문인데, 그 생각은 모두 그들의 부조리와, 타락, 그리고 공격성에 대한 것으로, 억눌러져 있어야 한다. 근본적으로, 괴물들은 알 수 없는 근원에서 비롯된 부차적 요소가 아니라, 우리 스스로가 창조한 결과물이다. 문학에서 그것들을 의인화함으로써, 우리의 잠재의식에 묻혀 있는 것들이 우리와 마주한다.

① 우리의 잠재의식에 묻혀 있는 것들이 우리와 마주한다
② 고딕 소설의 피상적인 특징이 명백해진다
③ 우리는 어쩔 수 없이 충동에 따라 행동하게 된다
④ 우리가 느끼는 공포와 불안이 증폭된다

포인트 해설

지문 전반에 걸쳐 고딕 소설에 등장하는 괴물은 사람들이 잠재의식 속에 계속 억눌러 두었던 생각을 나타내며, 알 수 없는 근원에서 비롯된 부차적 요소가 아니라 우리 스스로가 창조한 결과물이라는 내용이 있으므로, 문학에서 그것들을 의인화함으로써 '우리의 잠재의식에 묻혀 있는 것들이 우리를 마주한다'고 한 ①번이 정답이다.

정답 ①

어휘

literary 문학의 obscure 어두운 menacing 위협적인
grotesque 괴상한 profound 심오한 supernatural 초자연적인
subconscious 잠재의식 irrationality 부조리, 비합리성 depravity 타락
peripheral 부차적인, 지엽적인 personify 의인화하다
superficial 피상적인 dread 불안, 공포

09　독해 내용 불일치 파악　　난이도 중 ●●○

다음 글의 내용과 일치하지 않는 것은?

> Only a finite amount of resources are available to satisfy otherwise infinite desires. In economics, this principle is called scarcity. The natural limits dictate how these raw materials will be apportioned. Over time, society has taken various approaches to resource distribution but they lie more or less between two main options: top-down control by the government or a market-based solution. In some countries, governments requisition and deliver scarce raw materials to different sectors of society. For example, during war time in France, greater amounts of scarce coal and metal were used in weapons production, resulting in lower production of other goods that needed these resources. In other countries, the market is used to achieve the most efficient allocation of resources. Consumer demand drives decisions by suppliers in an effort to create an optimal amount of a scarce raw material, which often finds its value reflected in the price of a product once it hits the shelf.

① Finite resources limit the ability of consumers to get everything they want.
② Either the government or the market plays a role in distributing resources.
③ Production quotas are an example of top-down allocation of resources.
④ The allocation of resources is determined by the supplier in a market society.

해석

무한했을 욕구를 충족시키기 위해 오직 한정된 양의 자원만이 이용 가능하다. 경제학에서, 이러한 원리는 희소성이라고 불린다. 자연의 한계는 이러한 원자재가 어떻게 배분되어야 할지를 결정한다. 시간이 흐르면서, 사회는 자원 분배에 여러 가지 접근법을 취했지만, 그것들은 대개 두 가지 주요 선택 사이에 있다. 바로 정부에 의한 하향식 통제 혹은 시장 기반 해결책이다. 몇몇 국가들에서, 정부는 희소한 원자재를 징발하여 사회의 여러 부문에 전달한다. 예를 들어, 프랑스에서 전쟁 시기 동안, 더 많은 양의 희소한 석탄과 금속이 무기 생산에 쓰여서, 이 자원들을 필요로 하는 다른 물품들의 더 적은 생산을 초래했다. 다른 국가들에서는, 가장 효율적인 자원 분배를 달성하기 위해 시장이 활용된다. 소비자 수요는 희소한 원자재의 최적량을 생산해 내기 위한 공급자의 결정을 추진시키는데, 그 결과 상품이 시장에 나올 때 그것의 가치가 상품 가격에 보통 반영되게 된다.

① 한정된 자원은 소비자가 원하는 모든 것을 얻을 수 있는 능력을 제한한다.
② 정부나 시장이 자원을 분배하는 역할을 한다.
③ 생산 할당은 하향식 자원 분배의 한 사례이다.
④ 시장 사회에서는 자원 분배가 공급자에 의해 결정된다.

포인트 해설

④번의 키워드인 determined by the supplier(공급자에 의해 결정된다)를 바꾸어 표현한 지문의 decisions by suppliers(공급자의 결정) 주변의 내용에서 소비자 수요가 희소한 원자재의 최적량을 생산해 내기 위한 공급자의 결정을 추진시킨다고 했으므로, ④ '시장 사회에서는 자원 분배가 공급자에 의해 결정된다'는 것은 지문의 내용과 다르다.

정답 ④

어휘

finite 한정된 satisfy 충족시키다, 만족시키다 infinite 무한한
scarcity 희소성 dictate 결정하다, 지시하다 apportion 배분하다
distribution 분배 top-down 하향식의 requisition 징발하다
allocation 분배, 할당 drive 추진시키다 reflect 반영하다

10 독해 제목 파악   난이도 중 ●●○

다음 글의 제목으로 가장 적절한 것은?

> It appears that humans are not the only living beings that display symptoms when undergoing depression or extreme duress. New evidence indicates that some animals manifest similar behaviors for the same reasons. Primatologists monitoring the behavior of bonobo apes living in captivity have observed that several of the adult females not only pulled out their own hair obsessively, but also removed that of their young to the point of baldness—something that has never been seen in wild bonobos. Although grooming is a natural activity of these apes, experts determined that the excessive nature of the hair pulling indicated its use as a self-soothing technique. Unable to quell their internal feelings of melancholy in their unnatural environment, scientists theorized that the apes were trying to alleviate their suffering by engaging in a familiar activity to excess, in the same way that some humans may drink or eat excessively when deeply saddened.

① The Causes of Depression in Big Apes like the Bonobos
② Bonobos' Symptoms of Sadness Like those of Humans
③ How Captivity Can Affect the Mental Health of Zoo Animals
④ Great Stress in Animals Caused by Inhumane Treatment

해석

인간만이 우울증이나 극심한 압박을 겪을 때 증세를 나타내는 유일한 생명체가 아닌 것으로 보인다. 새로운 증거는 몇몇 동물들이 같은 이유로 유사한 행동을 나타낸다는 것을 보여 준다. 감금된 상태로 사는 난쟁이 침팬지의 행동을 추적 관찰하는 영장류 동물학자들은 다 자란 암컷 몇 마리가 자신의 털을 강박적으로 뽑을 뿐만 아니라, 새끼의 털도 대머리가 될 정도로 제거하는 것을 목격했다. 이는 야생 난쟁이 침팬지에게서는 목격된 적 없는 것이었다. 털 손질은 이 영장류들의 정상적인 활동이지만, 전문가들은 이러한 털 뽑기의 극단적인 성질은 이것이 자기 스스로를 달래는 기술로 사용되고 있다는 것을 나타낸다고 밝혔다. 인위적인 환경에서는 그것들(난쟁이 침팬지들) 내면의 우울한 감정을 누그러뜨릴 수 없었으므로, 과학자들은 몇몇 사람들이 깊은 슬픔에 잠겼을 때 지나치게 많이 마시거나 먹는 것과 마찬가지로 그 영장류들이 가족 활동에 과도하게 몰두함으로써 고통을 완화하려고 노력하고 있다는 이론을 세웠다.

① 난쟁이 침팬지 같은 거대 영장류의 우울증 유발 원인
② 인간의 슬픔의 증세와 유사한 난쟁이 침팬지의 슬픔의 증세
③ 감금이 동물원 동물들의 정신 건강에 어떤 영향을 미칠 수 있는가
④ 비인도적인 대우가 유발하는 동물의 엄청난 스트레스

포인트 해설

지문 처음에서 인간만이 우울증이나 극심한 압박으로 인한 증상을 나타내는 것은 아니라고 하고, 이어서 그에 대한 증거이자 예시로 감금된 상태에서 자신과 새끼의 털을 강박적으로 뽑는 행동을 보인 한 난쟁이 침팬지는 인위적인 환경에서 우울함을 누그러뜨릴 수 없게 되자, 몇몇 사람들이 슬픔에 잠겼을 때 많이 마시거나 먹는 것과 마찬가지로 털 손질에 과도하게 몰두하며 고통을 완화하려 했다는, 과학자들이 세운 이론을 제시하고 있다.

따라서 ② '인간의 슬픔의 증세와 유사한 난쟁이 침팬지의 슬픔의 증세'가 이 글의 제목이다.

정답 ②

어휘

duress 압박, 강박   **manifest** 나타내다
primatologist 영장류 동물학자   **captivity** 감금, 사로잡힘
obsessively 강박적으로   **grooming** 털 손질   **quell** 누그러뜨리다
theorize 이론을 세우다   **engage** 몰두하다   **alleviate** 완화하다
inhumane 비인도적인, 무자비한

구문 분석

New evidence indicates that / some animals manifest similar behaviors / for the same reasons.

: 이처럼 that이 이끄는 절(that + 주어 + 동사 ~)이 목적어 자리에 온 경우, '주어가 동사하다는 것을' 또는 '주어가 동사하다고'라고 해석한다.

해커스 공무원시험연구소 총평

난이도	문단과 문장 사이 논리적 흐름을 확실하게 파악해야 하는 문장 삽입, 문단 순서 배열 문제가 포함되어 있었지만, 정답의 단서가 확실하여 문제 풀이에 어려움은 없었을 것입니다.
어휘·생활영어 영역	형용사는 어휘 영역에서 가장 자주 출제되는 품사 중 하나입니다. 1번과 2번 문제를 풀이하면서 모르는 어휘가 있었다면 빠짐없이 정리해 둡니다.
문법 영역	각각의 문법 문제를 통해 3·4형식 동사의 쓰임을 확인할 수 있었습니다. 동사의 종류 관련 포인트는 수동태, 준동사구 등과 결합하여 다양하게 출제될 수 있음에 유의합니다.
독해 영역	6번 빈칸 완성 문제에서는 보기로 다소 까다로운 단어들이 제시되었습니다. 법과 관련된 어휘들이므로, 암기해 두면 유사한 소재의 지문을 읽는 데 도움 될 것입니다.

정답

01	②	어휘	06	②	독해
02	③	어휘	07	②	독해
03	①	생활영어	08	①	독해
04	③	문법	09	①	독해
05	④	문법	10	④	독해

취약영역 분석표

영역	맞힌 답의 개수
어휘	/ 2
생활영어	/ 1
문법	/ 2
독해	/ 5
TOTAL	/ 10

---

01 어휘 absurd = illogical
난이도 중 ●●○

밑줄 친 부분의 의미와 가장 가까운 것은?

It stands to reason that she will decline the absurd offer from the rival company.

① alluring
② illogical
③ worrisome
④ offensive

해석

경쟁사가 해 온 터무니없는 제안을 그녀가 거절하리라는 것은 당연하다.

① 매혹적인
② 불합리한
③ 걱정스러운
④ 불쾌한

정답 ②

어휘

stand to reason 당연하다 absurd 터무니없는, 불합리한
alluring 매혹적인, 유인하는 illogical 불합리한, 비논리적인
worrisome 걱정스러운 offensive 불쾌한, 모욕적인

✍ 이것도 알면 **합격!**

absurd(터무니없는)의 유의어
= ridiculous, irrational, ludicrous, outrageous

---

02 어휘 prevalent = widespread
난이도 중 ●●○

밑줄 친 부분의 의미와 가장 가까운 것은?

Merging African spirituality and Native American botany, Hoodoo is a belief system that is prevalent across much of the Southern United States, as well as in some northern regions.

① taboo
② defunct
③ widespread
④ clandestine

해석

아프리카의 영성과 미국 원주민의 식물학을 합친 부두교는 일부 북부 지역뿐만 아니라 미국 남부의 많은 지역에 널리 퍼진 신앙 체계이다.

① 금기의
② 현존하지 않는
③ 널리 퍼진
④ 은밀한

정답 ③

어휘

spirituality 영성, 정신성 botany 식물학 merge 합치다
prevalent 널리 퍼진, 유행하는 taboo 금기의 defunct 현존하지 않는, 죽은
widespread 널리 퍼진, 광범위한 clandestine 은밀한, 비밀리에 하는

✍ 이것도 알면 **합격!**

prevalent(널리 퍼진)의 유의어
= common, ubiquitous, pervasive

03 생활영어 I would like to request a late check-out.
난이도 하 ●○○

밑줄 친 부분에 들어갈 말로 가장 적절한 것은?

A: I'm calling to confirm my reservation. My name is Dan Williams.
B: We have you booked from May 20th to 24th with breakfast included, Mr. Williams. Is there anything else I can do for you?
A: _____.
B: Certainly. That'll be an additional $20 charge. You'll have an extra hour before you need to vacate the room.
A: Thank you.

① I would like to request a late check-out
② The heater in my room doesn't seem to be working
③ The amount on the bill seems to be incorrect
④ It would be great if I can get a wake-up call tomorrow

해석

A: 예약을 확인하려 전화했어요. 제 이름은 Dan Williams예요.
B: Mr. Williams, 5월 20일부터 24일까지 조식이 포함된 숙박을 예약하셨습니다. 더 도와드릴 것이 있나요?
A: 저는 늦은 퇴실을 요청하고 싶어요.
B: 알겠습니다. 20달러의 추가 비용이 있을 것입니다. 방을 비워야 하기 전에 추가로 한 시간이 더 주어질 것입니다.
A: 감사해요.

① 저는 늦은 퇴실을 요청하고 싶어요
② 제 방의 히터가 작동하지 않는 것 같아요
③ 청구서의 액수가 잘못된 것 같아요
④ 내일 아침 모닝콜을 받을 수 있으면 좋을 것 같아요

포인트 해설

숙박 예약을 확인하고 싶은 A에게 B가 확인을 해 준 뒤 더 도울 것이 있는지 묻고, 빈칸 뒤에서 B가 다시 You'll have an extra hour before you need to vacate the room(방을 비워야 하기 전에 추가로 한 시간이 더 주어질 것입니다)이라고 말하고 있으므로, '저는 늦은 퇴실을 요청하고 싶어요'라는 의미의 ① 'I would like to request a late check-out'이 정답이다.

정답 ①

어휘

confirm 확인하다 book 예약하다 vacate 비우다, 떠나다

이것도 알면 **합격!**

여행 예약과 관련된 다양한 표현들을 알아 두자.

• You can get a better deal by going through our agency.
  저희 여행사를 이용하시면 더 좋은 대우를 받으실 수 있습니다.
• Surely you can have anything you want.
  물론 당신이 원하는 대로 하실 수 있어요.
• We'll apply that to your order. 저희가 그것을 당신의 주문에 적용해 둘게요.
• I'm afraid it's too late to make a reservation.
  죄송하지만 예약을 하기엔 너무 늦었습니다.

04 문법 동명사 | 동사의 종류 | 관계절 | 분사
난이도 중 ●●○

어법상 옳지 않은 것은?

① Laura gave me a pretty cell phone case for my birthday.
② Next week I have interviews at all three companies that I applied to.
③ He prefers to arriving roughly an hour after most of the guests show up.
④ All officers must adhere to the rules of the law themselves when enforcing it.

해석

① Laura는 내 생일에 나에게 예쁜 휴대전화 케이스를 주었다.
② 나는 다음 주에 내가 지원했던 세 회사 모두에서 면접이 있다.
③ 그는 대부분의 손님들이 오고 나서 대략 한 시간 후에 도착하는 것을 선호한다.
④ 모든 공무원들은 법률을 집행할 때 본인들 스스로 그것을 지켜야 한다.

포인트 해설

③ **동명사와 to 부정사 둘 다 목적어로 취하는 동사** 동사 prefer는 to 부정사나 동명사를 모두 목적어로 취할 수 있으므로 to arriving을 to 부정사 to arrive 또는 동명사 arriving으로 고쳐야 한다.

[오답 분석]
① **4형식 동사** 동사 give는 두 개의 목적어를 '간접 목적어 + 직접 목적어'의 순서로 취하는 4형식 동사이므로 gave me a pretty cell phone case가 올바르게 쓰였다.
② **관계대명사 that** 선행사(all three companies)가 사물이고, 관계절 내에서 전치사 to의 목적어 역할을 하므로, 사물을 가리키는 목적격 관계대명사가 쓰여야 하는데, all이 포함된 경우 관계대명사 that을 사용해야 하므로 all three companies that이 올바르게 쓰였다.
④ **자동사 | 분사구문의 형태** 동사 adhere는 전치사(to) 없이 목적어(the rules of the law)를 취할 수 없는 자동사이므로 adhere to가 올바르게 쓰였다. 또한, 주절의 주어(All officers)와 분사구문이 '모든 공무원들이 집행하다'라는 의미의 능동 관계이므로 현재분사 enforcing이 올바르게 쓰였다. 참고로, 분사구문의 의미를 분명하게 하기 위해 부사절 접속사(when)가 분사구문 앞에 쓰였다.

정답 ③

어휘

roughly 대략 adhere to ~을 지키다, 고수하다 enforce 집행하다

이것도 알면 **합격!**

동사 give처럼 두 개의 목적어를 '간접 목적어(~에게) + 직접 목적어(~을/를)' 순서로 취하는 4형식 동사들을 알아 두자.

send ~을 보내 주다	lend ~을 빌려주다	buy ~을 사 주다
offer ~을 제공하다	make ~을 만들어 주다	owe ~을 빚지다
ask ~을 질문하다, 요청하다		

05 문법 수 일치 | 관계절 | 수동태 | 어순   난이도 중 ●●○

우리말을 영어로 잘못 옮긴 것은?

① 그 드럼 연주자는 단순한 리듬을 연주했는데, 그것은 관객들이 소리에 따라 박수를 치는 분위기를 조성했다.
→ The drummer played a simple beat, which created an atmosphere for audience to clap along the sound.

② 그들은 새로운 기차가 얼마나 빠르게 그들을 목적지에 데려다줄 수 있었는지에 대해 감명받았다.
→ They were impressed by how fast the new train was able to get them to their destination.

③ 그 아동용 장난감은 무해하고 독성이 없는 플라스틱으로 표면이 덮여 있다.
→ The children's toys are coated with a harmless, toxic-free plastic.

④ 하루에 30분만 기타를 연습하는 것으로도 빠르게 실력을 향상하는 데 도움이 된다.
→ Practicing the guitar for a mere 30 minutes a day help one improve quickly.

포인트 해설

④ **주어와 동사의 수 일치** 동명사구 주어(Practicing the guitar ~ a day)는 단수 취급하므로 복수 동사 help를 단수 동사 helps로 고쳐야 한다.

[오답 분석]

① **관계절 자리와 쓰임** 선행사(The drummer played a simple beat)가 앞에 나온 절 전체이고, 콤마(,) 뒤에서 관계절이 계속적 용법으로 쓰였으므로 관계대명사 which가 올바르게 쓰였다.

② **3형식 동사의 수동태 | 어순** 감정을 나타내는 동사(impress)의 경우 주어가 감정을 느끼는 주체이면 수동태를 써야 하는데, 주어(They)와 동사가 '그들이 감명받았다'라는 의미로 주어가 감정을 느끼는 주체이므로, 수동태 were impressed가 올바르게 쓰였다. 또한, 의문문이 다른 문장 안에 포함된 간접 의문문은 '의문사 + 주어 + 동사'의 어순이 되어야 하므로 how fast the new train was able to get이 올바르게 쓰였다.

③ **능동태·수동태 구별** 주어(The children's toys)와 동사가 '그 아동용 장난감은 표면이 덮여 있다'라는 의미의 수동 관계이므로 수동태 are coated가 올바르게 쓰였다.

정답 ④

어휘

clap 손뼉을 치다   destination 목적지, 행선지   coat 표면을 덮다, 입히다

🖊️ **이것도 알면 합격!**

②번의 동사 impress처럼 감정을 나타내는 동사들을 알아 두자.

interest ~에게 흥미를 일으키다	please ~를 기쁘게 하다
satisfy ~를 만족시키다	disappoint ~를 실망시키다
depress ~를 낙담시키다	frustrate ~를 좌절시키다

06 독해 빈칸 완성 - 단어   난이도 중 ●●○

밑줄 친 부분에 들어갈 말로 가장 적절한 것은?

In 1982, scrap metal dealers from Argentina arrived on the remote British island St. Georgia and erected their national flag. The country was then in the throes of an economic crisis and wanted to occupy the nearby territory, which it claimed to have inherited from Spain in 17th century. With international law seemingly _____, the British sent a group of Royal Marines to oust the invaders. Despite executing an illegal move in the eyes of the British, the Argentines refused to leave, arguing that Britain had taken the land by force during its imperialist past. This led to retaliation by the British and the brief conflict known as the Falklands War.

① blemished
② breached
③ amended
④ acknowledged

해석

1982년, 아르헨티나 출신의 고철상이 외딴 영국 섬인 St. Georgia에 도착했고, 그들의 국기를 세웠다. 그 당시 그 국가는 경제적 위기로 인한 심한 고통을 겪고 있었고 인근의 영토를 점령하고 싶어 했는데, 그 영토가 17세기 스페인에게서 물려받은 것이라고 주장했다. 겉보기에 국제법에 <u>위반</u>되어, 영국은 침입자들을 몰아내기 위해 영국 해병대 한 부대를 보냈다. 영국이 보는 바로는 불법적 조처를 감행했음에도 불구하고, 아르헨티나 사람들은 영국이 과거 그들의 제국주의 시기에 강제로 땅을 빼앗았다고 주장하며 떠나기를 거부했다. 이는 영국의 보복과 포클랜드 전쟁이라고 알려진 짧은 충돌로 이어졌다.

① 손상된
② 위반된
③ 개정된
④ 인정된

포인트 해설

빈칸 뒤 문장에 영국이 보는 바로는 아르헨티나 사람들이 불법적 조처를 감행했다는 내용이 있으므로 겉보기에 국제법에 '위반되'었다고 한 ②번이 정답이다.

정답 ②

어휘

scrap metal dealer 고철상   erect 세우다   throe 심한 고통
oust 몰아내다   execute 행하다, 수행하다   imperialist 제국주의의
retaliation 보복   blemish 손상하다, 흠집을 내다   breach 위반하다
amend 개정하다   acknowledge 인정하다

07 독해 내용 일치 파악   난이도 중 ●●○

다음 글의 내용과 일치하는 것은?

From the mid-1940s to the mid-1970s, China's population exploded under Mao Zedong's encouragement to have as many children as possible. By 1979, the country was barely able to sustain the overpopulation, so the family planning policy was introduced; families could only have one child lest they be subject to penalties. While it did much to rein in the birth rate, the mandate might have worked too well. The nation is facing a new crisis as the over-60 demographic is growing faster than any other age group. Hoping to ease some of the societal and financial burden of the younger generations, the government has finally loosened the legislation after more than 30 years and allowed couples to welcome a second child into their family starting in 2016. Seeing the great success this policy change had, a new three-child policy was implemented in 2021.

① Having multiple children was questioned during Mao Zedong's rule.
② In China, the law limiting each couple to one child lasted more than three decades.
③ China had the highest birthrate in the world after 1979.
④ The Chinese government relaxed restrictions in response to growing public pressure.

해석

1940년대 중반에서 1970년대 중반까지, 중국 인구는 가능한 한 많은 자녀를 가지라는 Mao Zedong의 권유 아래 폭발적으로 증가했다. 1979년에 이르자, 그 국가는 인구 과잉을 거의 견딜 수 없었고, 따라서 가족이 벌금의 대상이 되지 않으려면 한 명의 자녀만 가질 수 있었던 가족계획 정책이 도입되었다. 그것은 출생률을 억제하는 데 크게 기여했지만, 그 명령이 지나치게 잘 작용했는지도 모른다. 그 국가는 60세 이상의 인구층이 다른 어느 연령층보다도 더 빠르게 증가함에 따라 새로운 위기에 직면하고 있다. 젊은 세대의 사회적 부담과 재정적 부담을 조금 덜어 주고자, 정부는 30년 이상이 지난 후에야 마침내 그 법률을 완화했으며 2016년부터 부부가 그들의 가정에 두 번째 자녀를 맞아들이도록 허용했다. 정책 변경이 큰 성공을 거두는 것을 보면서, 2021년에는 새로운 세 자녀 정책이 시행되었다.

① Mao Zedong의 통치 기간 동안에는 여러 명의 자녀를 갖는 것이 문제시되었다.
② 중국에서, 각 부부당 한 명의 자녀로 제한하는 법은 30년 이상 지속되었다.
③ 1979년 이후 중국은 전 세계에서 출생률이 가장 높았다.
④ 중국 정부는 커져 가는 대중의 압박에 대응하여 규제를 완화했다.

포인트 해설

②번의 키워드인 more than three decades(30년 이상)를 바꾸어 표현한 지문의 more than 30 years(30년 이상) 주변의 내용을 통해, 중국 정부는 30년 이상이 지난 후에야 마침내 그 법률을 완화하여 가족이 두 번째 자녀를 맞아들이도록 허용했다고 했으므로, ② '중국에서, 각 부부당 한 명의 자녀로 제한하는 법은 30년 이상 지속되었다'가 지문의 내용과 일치한다.

[오답 분석]

① 가능한 한 많은 아이를 가지라는 Mao Zedong의 권유 아래 중국의 인구가 폭발적으로 증가했다고 했으므로, Mao Zedong의 통치 기간 동안 여러 명의 아이를 갖는 것이 문제시되었다는 것은 지문의 내용과 다르다.
③ 1979년에 이르자 중국은 인구 과잉을 거의 견딜 수 없게 되었다고는 했지만, 1979년 이후 중국이 전 세계에서 출생률이 가장 높았는지는 알 수 없다.
④ 중국 정부는 60세 이상 인구층이 다른 어느 연령층보다도 빠르게 증가함에 따라 젊은 세대가 짊어지게 될 부담을 덜어 주기 위해 한 자녀만을 가지는 가족계획 정책을 완화했다고는 했지만, 중국 정부가 커져 가는 대중의 압박에 대응하여 규제를 완화했는지는 알 수 없다.

정답 ②

어휘

explode 폭발적으로 증가하다, 폭발하다   encouragement 권유, 격려
sustain 견디다, 지탱하다   overpopulation 인구 과잉
be subject to ~의 대상이다   penalty 벌금, 처벌   rein 억제하다
mandate 명령, 지시   demographic 인구층, 인구 통계(학) 집단
ease 덜어 주다   implement 시행하다   question 문제시하다, 질문하다

08 독해 문장 삽입   난이도 중 ●●○

주어진 문장이 들어갈 위치로 가장 적절한 곳은?

To prevent this loss of sight, the lens is usually removed and replaced with an artificial one in a risky procedure that can result in complications, especially in young children.

Cataracts, which cause the lens of the eye to become cloudy, affect people of all age groups and can lead to blindness in more than half of those afflicted. (①) But these problems may soon be eliminated thanks to a promising new medical procedure invented by researchers in China. (②) They hypothesized that by extracting the cataract from inside the lens keeping in place the outer structure, known as the lens capsule, the stem cells within it would regenerate the lens naturally. (③) After successfully carrying out the technique on animals, the Chinese researchers tested it out on a dozen children. (④) Sure enough, the children were able to regenerate new, fully functional lenses after several months.

해석

이러한 실명을 막기 위해, 수정체는 보통 제거되고 특히 어린아이들의 경우에는 합병증을 일으킬 수 있는 위험한 수술을 통해 인공 수정체로 교체된다.

안구의 수정체가 흐릿하게 되도록 만드는 백내장은 모든 연령대의 사람들에게 영향을 미치며 피해자의 절반 이상을 실명에 이르게 할 수 있다. ① 하지만 이런 문제들은 중국 연구원들에 의해 발명된 촉망받는 새로운 의학 수술 덕분에 곧 없어지게 될지도 모른다. ② 그들은 수정체낭이라고 알려진 수정

체 바깥 구조는 그대로 두고 속에서 백내장을 추출함으로써 그 안에 있는 줄기세포들이 수정체를 자연적으로 재생시킨다는 가설을 세웠다. ③ 동물들에게 그 수법을 성공적으로 실행한 후, 중국 연구원들은 열두 명의 아이들에게 그것을 실험했다. ④ 예상한 대로, 몇 개월 후 아이들은 새롭고, 완전하게 기능하는 수정체를 재생시킬 수 있었다.

[포인트 해설]

①번 앞 문장에 백내장 환자 중 절반 이상이 실명에 이를 수 있다는 내용이 있고, ①번 뒤 문장에 하지만 이런 문제들은 새로운 의학 수술 덕분에 없어지게 될지 모른다는 내용이 있으므로, ①번 자리에 이러한 실명(this loss of sight)을 막기 위해 수정체가 합병증을 일으킬 수 있는 위험한 수술을 통해 인공 수정체로 교체된다는 내용, 즉 백내장이 일으키는 실명을 막기 위해 불가피하게 진행되는 위험한 수술에 대해 설명하는 주어진 문장이 나와야 지문이 자연스럽게 연결된다.

정답 ①

[어휘]

lens 수정체　procedure 수술　complications 합병증　cataracts 백내장
cloudy 흐릿한　afflicted 고통받는　hypothesize ~라는 가설을 세우다
extract 추출하다　lens capsule 수정체낭　stem cell 줄기세포
regenerate 재생시키다　carry out 실행하다

09　독해 제목 파악　　난이도 중 ●●○○

다음 글의 제목으로 가장 적절한 것은?

The pink ribbon has become the universal symbol of hope for a breast cancer cure. Yet journalist Laurie Becklund, who had the illness herself, considered it a false hope and even wrote a scathing editorial about it just before she died. She lamented that the upbeat message it stood for—the need for more awareness and early detection—was misleading. According to her, essential information about the disease and its victims is lacking, making any awareness programs insufficient and outdated. She also points out that early detection did not save her, as those with certain types of breast cancer have little chance for survival. Lastly, only a small portion of the 2.5 billion dollars the pink ribbon campaign has generated in the past few decades has gone towards research and helping people who are already very sick. In Becklund's view, everything the bow conveys to the public only covers up what it is really like to live with the terrible disease.

① The Pink Ribbon: A Meaningless Symbol
② Corruption in the Pink Ribbon Campaign
③ The Effectiveness of Early Breast Cancer Detection
④ Cancer Survivors: Bearers of Hope

[해석]

핑크 리본은 유방암 치료에 대한 희망의 보편적인 상징이 되었다. 하지만 그 병을 앓던 기자 Laurie Becklund는 그것을 거짓된 희망이라고 생각했고, 그녀가 죽기 직전 그것에 대해 신랄한 사설을 쓰기까지 했다. 그녀는 그것이 나타냈던 더 많은 인지와 조기 발견의 필요라는 낙관적인 메시지에는 오해의 소지가 있다고 비탄했다. 그녀에 따르면, 그 질병과 그 질병의 피해자들에 대한 본질적인 정보가 결여되어 있는데, 이는 그 어떤 인지 프로그램도 부적절하고 시대에 뒤지게 만든다. 그녀는 또한 특정 종류의 유방암은 생존 확률이 거의 없기 때문에 조기 발견이 그녀를 구해 주지 않았음을 지적한다. 마지막으로, 핑크 리본 운동이 지난 몇십 년 동안 창출해 온 25억 달러의 적은 부분만이 연구와 이미 매우 아픈 사람들을 돕는 데 쓰여 왔다. Becklund의 관점에서는, 그 나비매듭 리본이 대중에게 전달하는 모든 것이라곤 그 끔찍한 질병을 가지고 사는 것이 실제로는 어떠한지를 숨기는 것이 전부이다.

① 핑크 리본: 의미 없는 상징
② 핑크 리본 운동의 변질
③ 유방암 조기 발견의 효과성
④ 암 생존자: 희망을 전하는 사람

[포인트 해설]

지문 전반에 걸쳐 유방암을 앓았던 기자 Laurie Becklund는 유방암 치료에 대한 희망의 상징인 핑크 리본이 거짓된 희망이라고 생각했는데, 이는 그것이 그 질병과 그 질병의 피해자들에 대한 본질적인 정보를 포함하지 않았던 점, 특정 종류의 유방암은 조기 발견이 무의미한 점, 그리고 핑크 리본 운동으로 모금된 25억 달러 중 적은 부분만이 연구와 환자들을 위해 쓰여 왔던 점 때문이라고 설명하고 있다. 따라서 ① '핑크 리본: 의미 없는 상징'이 이 글의 제목이다.

정답 ①

[어휘]

breast cancer 유방암　scathing 신랄한　lament 비탄하다
upbeat 낙관적인　stand for 나타내다　detection 발견
misleading 오해의 소지가 있는　victim 피해자, 희생자
outdated 시대에 뒤진　go toward (돈이) ~에 쓰이다　bow 나비매듭 리본
convey 전달하다　cover up 숨기다　corruption 변질, 부패

10 독해 문단 순서 배열　　　　　　난이도 중 ●●○

주어진 글 다음에 이어질 글의 순서로 가장 적절한 것은?

> In the northeastern United States, the steady increase and spread of white-tailed deer populations have had such a drastic effect on the local flora and fauna. Environmental officials are declaring the overpopulation of the deer to be a threat perhaps more severe than climate change.

> (A) Unfortunately, this initiative has been less than successful, as hunters currently have enjoyed the abundance of the white-trailed deer. Thinning the population would result in scarcer game, making the task of hunting them more difficult.
>
> (B) With no incentive for hunters to cooperate, it will be up to local governments to devise other solutions. People are eager to hear them, as the animal, once considered a majestic specimen of nature, is now commonly regarded as a pest.
>
> (C) One means of trying to alleviate the problem and control deer populations has been for states to dedicate a specific season for deer hunting. Specifically, they encourage hunters not to merely hunt for game but to intentionally seek to reduce their numbers.

① (A) – (B) – (C)　　　② (A) – (C) – (B)
③ (B) – (C) – (A)　　　④ (C) – (A) – (B)

해석

미국 북동부에서 흰 꼬리 사슴 개체 수의 꾸준한 증가와 확산은 현지 식물군과 동물군에 매우 극단적인 영향을 끼쳤다. 환경부 공무원들은 그 사슴의 개체 수 과잉이 어쩌면 기후 변화보다 더 심각한 위협이라고 선언하고 있다.

(A) 안타깝게도, 이 계획은 사냥꾼들이 현재 흰 꼬리 사슴의 풍부함을 달가워하고 있기 때문에 성공적이지 못하다. 개체 수를 줄이는 것은 더 적어진 사냥감으로 이어지게 되고, 그리하여 그것들을 사냥하는 일을 더 어렵게 만든다.

(B) 사냥꾼들을 협조하게 만들 유인책이 없다면, 그 밖의 다른 해결책들을 생각해 내는 것은 지방 정부들이 할 일이다. 사람들은 예전에 자연의 장엄한 표본으로 여겨졌던 그 동물들이 이제는 보통 골칫거리로 간주되기 때문에, 해결책들을 듣고 싶어 한다.

(C) 그 문제를 완화하고 사슴의 개체 수를 통제하는 한 가지 방법은 주에서 특정 시기를 사슴 사냥에 주력하는 것이었다. 특히 주들은 사냥꾼들에게 그저 사냥감을 사냥하는 것뿐만 아니라 의도적으로 그들의 수를 줄일 것을 장려한다.

포인트 해설

주어진 문장에서 미국 북동부에서의 흰 꼬리 사슴 개체 수 증가 및 확산이 기후 변화보다 더 심각한 위협으로 간주된다는 것을 언급한 뒤, (C)에서 그 문제(the problem)를 완화하고 사슴의 개체 수를 통제하는 방법은 주에서 특정 시기를 사슴 사냥에 주력하는 것이라고 설명하고 있다. 이어서 (A)

에서 안타깝게도(Unfortunately) 이 계획(this initiative)은 사냥꾼들이 흰 꼬리 사슴의 풍부함을 달가워하고 있기 때문에 성공적이지 못하다고 하고, (B)에서 사냥꾼들이 협조하게 만들 별다른 유인책이 없다면, 그 밖의 다른 해결책(other solutions)을 생각해 내는 것은 지방 정부들이 할 일이라고 주장하고 있다. 따라서 ④ (C) – (A) – (B)가 정답이다.

정답 ④

어휘

drastic 극단적인　**flora** 식물군　**fauna** 동물군　**initiative** 계획
majestic 장엄한, 고귀한　**specimen** 표본　**pest** 골칫거리, 전염병
alleviate 완화하다

구문 분석

Thinning the population would result in scarcer game, / making the task of hunting them more difficult.

: 이처럼 분사구문이 문장 뒤에 올 경우, 종종 앞 문장에 대한 결과를 나타내는데, 이때 분사구문은 '그래서 (그 결과) ~하다'라고 해석한다.

해커스 공무원시험연구소 총평

난이도	풀이 시간이 비교적 긴 편인 내용 일치/불일치 파악 유형이 두 문제 포함되었고, 생활영어 영역 또한 난이도 높게 출제된, 고난도 공무원 9급 시험의 수준이었습니다.
어휘·생활영어 영역	동사구 표현을 묻는 2번과 4번 문제를 풀어내는 데 어려움이 없었다면, 문법과 독해 영역에 더욱 학습 시간을 할애해도 좋습니다.
문법 영역	시제의 적절한 쓰임은 종종 출제되는 포인트이므로 정리해 둘 필요가 있습니다. 5번 문제의 '이것도 알면 합격'에 정리된 내용을 통해 각각의 시제와 자주 함께 쓰이는 표현들까지 짚어 보고 넘어갑니다.
독해 영역	6번 문제처럼 복잡한 내용을 다룬 내용 일치/불일치 파악 유형이 등장할 경우, 실험 조건과 결과 등 세부 사항까지 확인할 필요가 있음에 주의합니다.

정답

01	②	어휘	06	④	독해
02	③	어휘	07	①	독해
03	②	문법	08	③	독해
04	③	생활영어	09	③	독해
05	①	문법	10	④	독해

취약영역 분석표

영역	맞힌 답의 개수
어휘	/ 2
생활영어	/ 1
문법	/ 2
독해	/ 5
TOTAL	/ 10

---

01 어휘 coerce 난이도 중 ●●○

밑줄 친 부분에 들어갈 말로 가장 적절한 것은?

> Some singers at the recording label claimed that the company _____ them into signing a "slave" contract. The artists told reporters that they were pressed to do so or else they would be let go.

① appeased ② coerced
③ launched ④ dissuaded

해석

음반 회사에 있는 몇몇 가수들은 회사가 '노예' 계약에 서명할 것을 강요했다고 주장했다. 예술가들은 그렇게 하도록 압박을 받았고 그렇지 않으면 떠나야 했다고 기자들에게 말했다.

① 달래 주었다 ② 강요했다
③ 시작했다 ④ 설득했다

정답 ②

어휘

recording label 음반 회사 appease 달래다 coerce 강요하다
launch 시작하다 dissuade 설득하다

📝 이것도 알면 **합격!**

coerce(강요하다)의 유의어
= compel, force, pressure

---

02 어휘 set down 난이도 상 ●●●

밑줄 친 부분에 들어갈 말로 가장 적절한 것은?

> Parents _____ strict rules for their child, but sometimes flexibility is needed.

① set off ② set back
③ set down ④ set apart

해석

부모들은 자녀를 위한 엄격한 규칙을 정하지만, 때로는 융통성이 필요하다.

① ~을 일으키다 ② ~을 방해하다
③ ~을 정하다 ④ ~을 따로 떼어 두다

정답 ③

어휘

strict 엄격한 flexibility 융통성, 유연성 set off ~을 일으키다, 시작하게 하다
set back ~을 방해하다, 지연시키다 set down ~을 정하다, 적어 두다
set apart ~을 따로 떼어 두다

📝 이것도 알면 **합격!**

set down(~을 정하다)과 유사한 의미의 표현
= establish, prescribe, lay down

---

03 문법 동명사 | 어순 | 등위접속사 | 도치 구문 | 관계절 | 동사의 종류
난이도 중 ●●○

어법상 옳지 않은 것은?

① Should we move the deadline to Friday, or should we leave it as it is?

② He admitted to pretend that he was sick in order to be excused from class.

③ Only after the vendor receives the payment will the item be shipped out.

④ Rory had lunch with a colleague who wanted to collaborate with him on a new venture.

해석

① 우리가 마감 날짜를 금요일로 옮겨야 하나요, 아니면 그대로 내버려둬야 하나요?

② 그는 수업을 면제받기 위해 아픈 척을 했다는 것을 인정했다.

③ 판매자가 지불금을 받은 후에야 그 상품은 배송될 것이다.

④ Rory는 신규 개발 사업에 대해 그와 협력하고 싶어 하는 동료와 점심을 먹었다.

포인트 해설

② **동명사 관련 표현** '아픈 척을 했다는 것을 인정했다'는 동명사 관련 표현 admit (to) -ing(~을 인정하다)로 나타낼 수 있으므로 pretend를 동명사 pretending이나 동명사의 완료형 having pretended로 고쳐야 한다.

[오답 분석]

① **어순 | 등위접속사** 의문문은 조동사가 있는 경우 '(의문사 +) 조동사 + 주어 + 동사' 순으로 와야 하므로 Should we move와 should we leave가 올바르게 쓰였다. 또한 절(Should we move the deadline to Friday)과 절(should we leave it as it is)은 접속사 없이 콤마(,)로 연결될 수 없고 문맥상 '우리가 마감 날짜를 금요일로 옮겨야 하나요, 아니면 그대로 내버려둬야 하나요?'라는 의미가 되어야 자연스러우므로 등위접속사 or(아니면)가 올바르게 쓰였다.

③ **도치 구문** 제한을 나타내는 부사절(Only after the vendor receives the payment)이 강조되어 문장 맨 앞에 오면 주절의 주어와 조동사가 도치되어 '조동사 + 주어 + 동사'의 어순이 되어야 하므로 will the item be shipped가 올바르게 쓰였다.

④ **관계대명사 | 자동사** 선행사(a colleague)가 사람이고 관계절 내에서 동사 wanted의 주어 역할을 하므로 사람을 나타내는 주격 관계대명사 who가 올바르게 쓰였다. 또한 동사 collaborate는 전치사 with와 함께 자주 쓰이는 자동사이므로 collaborate with(~와 협력하다)가 올바르게 쓰였다.

정답 ②

어휘

excuse 면제하다   vendor 판매자   collaborate 협력하다, 공동으로 작업하다

이것도 알면 합격!

②번에서처럼, to 부정사가 목적을 나타낼 때는 to 대신 in order to, so as to를 쓸 수 있다는 것도 알아 두자.

• She enrolled in night classes (**in order to, so as to**) improve her language skills.
그녀는 어학 실력을 향상시키기 위해 야간반에 등록했다.

04 생활영어 fill in on
난이도 상 ●●●

밑줄 친 부분에 들어갈 말로 가장 적절한 것은?

A: How come you weren't at the meeting?
B: I had the morning off, remember?
A: Oh, I forgot. By the way, there was an important issue.
B: Would you mind _____ it?
A: To make a long story short, the deal was rejected. What do we do now?
B: Well, I guess we'll just have to find another investor.

① taking me down from

② putting me through to

③ filling me in on

④ dropping me off at

해석

A: 회의에는 왜 안 오셨나요?
B: 저는 오늘 아침 휴무였어요, 기억하나요?
A: 오, 제가 잊었네요. 어쨌든, 중요한 안건이 있었어요.
B: 그 회의에 대해 제게 알려 줄 수 있나요?
A: 간략하게 말하자면, 그 거래는 거절되었어요. 이제 어떻게 하죠?
B: 음, 우리는 다른 투자자를 찾아봐야 할 것 같네요.

① ~에서 저를 꺼내줄

② ~로 저를 연결해 줄

③ ~에 대해 제게 알려 줄

④ ~에서 저를 내려 줄

포인트 해설

오늘 아침 회의에서 중요한 안건이 있었다는 A의 말에 대해 B가 질문한 후, 빈칸 뒤에서 다시 A가 To make a long story short, the deal was rejected(간략하게 말하자면, 그 거래는 거절되었어요)라고 말하고 있으므로, 그 회의'에 대해 제게 알려 줄' 수 있는지 묻는 ③ 'filling me in on'이 정답이다.

정답 ③

어휘

reject 거절하다   investor 투자자   take down from ~에서 꺼내다
put through to (전화로) 연결하다   fill in on ~에 대해 알려 주다
drop off at ~에서 내려 주다

이것도 알면 합격!

회의·보고와 관련된 상황에서 쓸 수 있는 다양한 표현들을 알아 두자.

• Keep me in the loop. 계속 제게 보고해 주세요.

• The meeting was called off. 그 회의는 취소되었어요.

• I hope the meeting doesn't drag on. 회의가 지연되지 않으면 좋겠어요.

• I think we'll have to postpone the meeting.
우리는 회의를 미뤄야 할 것 같아요.

05 문법 시제 | 동사의 종류   난이도 중 ●●○

밑줄 친 부분 중 어법상 옳지 않은 것은?

> My father and I ① have had a discussion about my career a week ago. He said that he ② read an article about computer engineering. My father thought that this would be a good career for me. I ③ told him that I had been thinking about studying biology, but I still ④ haven't made a final decision.

해석

아버지와 나는 일주일 전에 나의 진로에 대해 의논했다. 그는 컴퓨터 공학에 관한 기사를 읽었다고 말했다. 아버지는 이 일이 나에게 좋은 직업이 될 것으로 생각하고 있었다. 나는 그에게 생물학을 공부하는 것에 대해 생각해 왔다고 말했지만, 나는 여전히 최종 결정을 내리지 못했다.

포인트 해설

① 과거 시제 과거 시제와 자주 함께 쓰이는 표현 '시간 표현 + ago' (a week ago)가 왔고, '아버지와 의논했다'라는 이미 끝난 과거의 동작을 표현하고 있으므로 현재완료 시제 have had를 과거 시제 had로 고쳐야 한다.

[오답 분석]

② 시제 일치 주절에 과거 시제(said)가 오면 종속절(that he ~ computer engineering)에는 주로 과거나 과거완료 시제가 오므로 과거 시제 read가 올바르게 쓰였다.

③ 4형식 동사 동사 tell은 'tell + 간접 목적어(~에게) + 직접 목적어(that절)'의 형태를 취하는 4형식 동사이므로, told 뒤에 간접 목적어 him이 올바르게 쓰였다.

④ 현재완료 시제 문맥상 '여전히 최종 결정을 내리지 못했다'라는 의미로 과거에 시작된 일이 현재까지 계속되는 경우를 표현하고 있으므로 현재완료 시제 haven't made가 올바르게 쓰였다.

정답 ①

어휘

career 진로, 직업   biology 생물학

이것도 알면 합격!

각각의 시제와 자주 함께 쓰이는 표현들을 알아 두자.

과거	yesterday 어제 last + 시간 표현 지난 ~에
현재완료	yet 아직 so far 지금까지 since + 과거 시간 표현 ~ 이래로 over / for + 시간 표현 ~ 동안
미래·미래완료	tomorrow 내일 next + 시간 표현 다음 ~에 by / until + 미래 시간 표현 ~까지 *단, until은 미래완료와 함께 쓰이지 않는다. by the time + 주어 + 현재 동사 ~할 때쯤에

06 독해 내용 일치 파악   난이도 중 ●●○

다음 글의 내용과 일치하는 것은?

> In a Swiss study published in 2015, researchers concluded that chimpanzees possess a sense of morality based on their reactions to videos that were shown to them. A control group saw video clips of chimps walking around or cracking nuts open, while the other group watched videos of an infant being hunted and killed by an adult male monkey. There was little reaction among members of the first group, but the second group watched the violent video with more attention and for a greater length of time. This led researchers to believe that chimpanzees can identify socially deviant behavior. Some evolutionists even argued that the morality of humans must have evolved from primates. Many scientists, however, rejected this idea because it is impossible to infer the social norms of humans considering what happens in nature.

① The reasons why adult primates kill infant monkeys was explained in the video used in a Swiss study.

② Primates in both groups involved in a Swiss study had strong reactions to the videos they watched.

③ A study on chimps found no indication that they can recognize abnormal behavior.

④ The communal norms of humans cannot be deduced from the natural world.

해석

2015년 발표된 스위스의 한 연구에서, 연구원들은 침팬지들에게 상영된 영상에 대한 그들의 반응을 바탕으로, 침팬지들이 도덕심을 지니고 있다는 결론을 내렸다. 한 통제 집단이 침팬지들이 돌아다니거나 견과류를 깨는 영상을 보는 동안, 다른 한 집단은 새끼 한 마리가 다 자란 수컷 원숭이에게 사냥 당해 죽게 되는 영상을 시청했다. 첫 번째 집단의 구성원들 사이에서는 반응이 거의 없었으나, 폭력적인 영상을 시청한 두 번째 집단은 더 많은 관심을 가지고 더 긴 시간 동안 시청했다. 이것은 연구원들로 하여금 침팬지들이 사회적으로 비정상적인 행동을 식별할 수 있다고 믿게 했다. 몇몇 진화론자들은 심지어 인간의 도덕성이 영장류로부터 진화했음에 틀림없다고 주장했다. 하지만, 많은 과학자들은 이 생각을 받아들이지 않았는데, 자연 속에서 벌어지는 일을 감안해 인간의 사회 규범을 추론하기란 불가능하기 때문이다.

① 한 스위스 연구에 쓰인 영상에서 성인 영장류들이 새끼 원숭이를 죽이는 이유가 설명되었다.

② 한 스위스의 연구에 참여하게 된 두 집단의 영장류들은 그들이 시청한 영상들에 대해 강한 반응을 보였다.

③ 침팬지에 대한 한 연구는 그들이 비정상적인 행동을 인지할 수 있다는 어떠한 징후도 찾지 못했다.

④ 인간의 공동 사회 규범은 자연 세계로부터 추론될 수 없다.

포인트 해설

④번의 키워드인 communal norms of humans(인간의 공동 사회 규범)를 바꾸어 표현한 지문의 social norms of humans(인간의 사회 규범) 주변의 내용에서 몇몇 진화론자들이 인간의 도덕성은 영장류로부터 진화했다고 주장했지만, 많은 과학자들은 인간의 사회 규범을 자연에서 일어나는 것을 고려하여 추론하기란 불가능하기 때문에 이 생각을 받아들이지 않았다고 했으므로, ④ '인간의 공동 사회 규범은 자연 세계로부터 추론될 수 없다'가 지문의 내용과 일치한다.

[오답 분석]

① 스위스의 한 연구에서 한 통제 집단이 침팬지 새끼 한 마리가 다 자란 수컷 원숭이에게 사냥당해 죽임을 당하는 영상을 시청했다고는 했지만, 한 스위스 연구에 쓰인 영상에서 다 자란 영장류들이 새끼 원숭이를 죽이는 이유가 설명되었는지는 알 수 없다.

② 한 스위스 연구에서 침팬지들이 돌아다니거나 견과류를 깨는 영상을 본 침팬지 집단은 거의 반응이 없었던 반면, 폭력적인 영상을 시청한 침팬지 집단은 더 많은 관심을 가지고 긴 시간 동안 영상을 시청했다고 했으므로, 한 스위스의 연구에 관여한 두 집단의 영장류들이 그것들이 시청한 영상들에 대해 강한 반응을 보였다는 것은 지문의 내용과 다르다.

③ 스위스의 한 연구 결과를 바탕으로 연구원들은 침팬지들이 비정상적인 행동을 식별할 수 있다고 믿었다고 했으므로, 침팬지에 대한 한 연구는 그들이 비정상적인 행동을 인지할 수 있다는 어떠한 징후도 찾지 못했다는 것은 지문의 내용과 다르다.

정답 ④

어휘

conclude 결론을 내리다 possess 지니다, 소유하다
morality 도덕심, 도덕성 infant 새끼, 유아 violent 폭력적인
attention 관심, 집중 identify 식별하다, 확인하다 deviant 비정상적인
evolutionist 진화론자 primate 영장류 reject 받아들이지 않다, 거절하다
infer 추론하다, 암시하다 norm 규범 indication 징후, 암시
abnormal 비정상적인 communal 공동 사회의 deduce 추론하다, 연역하다

07 독해 제목 파악　난이도 중 ●●○

다음 글의 제목으로 가장 적절한 것은?

Ralph Waldo Emerson, who is widely considered to be the founder of transcendentalism in the 19th century, believed that independence and individual thought were essential for the discovery of truth. He and other supporters of the movement encouraged people to trust themselves rather than rely on others to gain knowledge about the world. What's more, they openly criticized contemporary American society, especially political parties and organized religion, for promoting conformity and corrupting otherwise pure individuals. Transcendentalists argued that true community could only be achieved after all individuals had reached this elevated state of awareness.

① A Fundamental Principle of Transcendentalism
② Key Figures in the Transcendentalist Movement
③ History of the Transcendental School of Thought
④ Influence of Transcendentalism on US Politics

해석

19세기에 초절주의를 창시한 사람으로 널리 인정되는 Ralph Waldo Emerson은 진실을 발견하기 위해서는 자립과 독자적인 사고가 필수적이라고 생각했다. 그와 그 운동의 여타 지지자들은 사람들이 세상에 대한 지식을 얻기 위해 다른 사람들에게 의존하기보다는 스스로를 믿을 것을 장려했다. 게다가, 그들은 현대 미국 사회, 특히 정당들과 조직화된 종교가 순응을 장려하고 그렇지 않았더라면 순수했을 사람들을 타락시키는 것에 대해 공공연하게 비판했다. 초절주의자들은 모든 사람들이 그러한 높은 의식 수준에 도달한 후에만 진정한 공동체가 이루어질 수 있다고 주장했다.

① 초절주의의 기본 원리
② 초절주의자 운동의 주요 인물들
③ 초절주의 사상 학파의 역사
④ 초절주의가 미국 정치에 미친 영향

포인트 해설

지문 전반에 걸쳐 초절주의를 창시한 Emerson은 진실을 발견하기 위해서는 자립과 독자적 사고가 필요하다고 생각했으며, 초절주의자들은 사람들이 다른 사람들에게 의존하기보다는 스스로를 믿음으로써 세상에 대한 지식을 얻는, 높은 의식 수준에 도달했을 때 진정한 공동체가 이루어질 수 있음을 주장했다고 설명하고 있다. 따라서 ① '초절주의의 기본 원리'가 이 글의 제목이다.

정답 ①

어휘

transcendentalism 초절주의, 초월주의 independence 자립, 독립
rely on 의존하다 openly 공공연하게 conformity 순응
corrupt 타락시키다 elevated 높은, 고결한 awareness 의식, 자각
figure 인물

08 독해 내용 불일치 파악 난이노 중 ●●○

다음 글의 내용과 일치하지 않는 것은?

In 2013, the planned construction of a 278-kilometer-long canal across Lake Nicaragua was expected to spur Nicaragua's economy and turn the nation into a lucrative trading hub. But even before it started, the project was beset by problems, a paramount one being the engineering complexity due to several physical obstacles, such as the Isthmus of Rivas. The expected cost was 50 billion dollars, an enormous amount considering the Panama Canal cost six billion dollars. A Chinese investment firm indicated interest; however, Nicaragua had no diplomatic relations with China at that time. In fact, the Chinese government had warned companies not to get involved with the risky project. Nevertheless, Nicaragua and a newly formed Hong Kong Nicaragua Canal Development Group (HKND), an investment enterprise led by billionaire Wang Jing, signed a memorandum. Construction began in 2014, but by 2016, the project had stalled. Essentially, Wang closed HKND, citing unrelated financial difficulties, and the project was abandoned.

※ Isthmus: 지협(두 개의 육지를 연결하는 좁고 잘록한 땅)

① It was anticipated that a new canal would stimulate Nicaragua economically.
② The Isthmus of Rivas was an impediment to the construction of the canal in Nicaragua.
③ China sought diplomatic relations with Nicaragua to participate in the canal project.
④ A Chinese investment group that supported the Nicaraguan canal eventually backed out.

해석

2013년에, 니카라과 호수를 가로지르는 278킬로미터 길이의 운하 건설의 계획은 니카라과의 경제를 활성화시키고 그 나라를 수익성 좋은 무역 중심지로 변모시킬 것으로 기대되었다. 그러나 그것이 시작하기도 전에, 그 프로젝트는 문제에 시달렸는데, 가장 주요한 것은 리바스 지협과 같은 몇몇 물리적인 장애물들로 인한 공학 기술상의 복잡함이었다. 예상 비용은 500억 달러였는데, 파나마 운하가 60억 달러가 들었던 것을 고려하면 이는 엄청난 금액이었다. 한 중국 투자 회사가 관심을 보였지만, 니카라과는 그 당시 중국과 외교적인 관계가 없었다. 사실, 중국 정부는 회사들에게 그 위험한 프로젝트에 관여하지 말라고 경고했다. 그럼에도 불구하고, 니카라과와 억만장자 Wang Jing이 이끄는 투자 회사인, 신생의 홍콩 니카라과 운하 개발 그룹(HKND)은 각서에 서명했다. 건설은 2014년에 시작되었지만, 2016년쯤 그 프로젝트는 교착 상태에 빠졌다. 근본적으로, Wang이 무관한 재정상의 어려움을 언급하며 홍콩 니카라과 운하 개발 그룹을 문 닫았고, 그 프로젝트는 포기되었다.

① 새로운 운하가 니카라과를 경제적으로 활성화시킬 것으로 예상되었다.
② 리바스 지협은 니카라과의 운하 건설에 있어 방해물이었다.
③ 중국은 운하 프로젝트에 참여하기 위해 니카라과와 외교 관계를 모색했다.
④ 니카라과 운하를 지원하던 중국 투자 그룹이 결국 발을 뺐다.

포인트 해설

③번의 키워드인 diplomatic relations(외교 관계)가 그대로 언급된 지문 주변의 내용에서 한 중국 투자 회사가 니카라과 운하에 관심을 보였지만 니카라과는 그 당시 중국과 외교적인 관계가 없었고, 중국 정부는 회사들에게 그 위험한 프로젝트에 관여하지 말 것을 경고했다고 했으므로, ③ '중국은 운하 프로젝트에 참여하기 위해 니카라과와 외교 관계를 모색했다'는 지문의 내용과 다르다.

정답 ③

어휘

construction 건설, 공사 canal 운하 spur 박차를 가하다, 자극하다
lucrative 수익성 좋은 hub 중심지 beset 시달리게 하다, 포위하다
paramount 가장 주요한 complexity 복잡함 obstacle 장애물
enormous 엄청난, 거대한 investment 투자 diplomatic 외교적인
get involve with ~에 관여하다, 몰두하다 billionaire 억만장자
memorandum 각서, 비망록, 기록 stall 교착 상태에 빠지다, 지연되다
cite 언급하다 abandon 포기하다, 버리다 anticipate 예상하다
stimulate 활성화하다, 자극하다 impediment 장애물

09 독해 빈칸 완성 - 절 난이도 상 ●●●

밑줄 친 부분에 들어갈 말로 가장 적절한 것은?

Much of nuclear waste is currently stored in salt deposits, accumulations of salt deep in the bedrock that were left over from evaporated seas. However, geologists recently made an unexpected discovery about them that may change this practice. It turns out, under certain circumstances of high pressure and temperatures, _____. Although experts are not too concerned about this yet, they aren't taking the news lightly. The main reason that salt mines are considered a perfect location to get rid of waste is because of their extreme density. While rocks and other minerals crack and break over time, causing toxins to spill out, salt is capable of "repairing" itself of any small crevices that may develop. This made the deposits virtually impenetrable for millions of years. But in the right environment, the mines would leak, so that even liquids like oil could escape. This means that nuclear waste may do the same sometime in the future, which is a worrying thought.

① salt mines contain leaky substances
② nuclear waste turns into liquids
③ salt deposits became porous
④ the bedrock repairs itself

해석

많은 핵폐기물은 현재 소금 침전물에 저장되어 있는데, 이는 증발된 바닷물의 잔재였던 기반암 깊숙이 있는 소금의 퇴적물이다. 하지만, 지질학자들은 최근 들어 이러한 관행을 바꾸게 만들 수 있을 뜻밖의 발견을 했다. 밝혀진 바로는, 고압과 고온의 특정 환경 아래에서 소금 침전물들은 구멍이 많

아졌다. 비록 전문가들이 아직 이것에 대해 크게 염려하지 않지만, 그 소식을 가볍게 여기지는 않는다. 암염 산지가 폐기물을 없애는 데 완벽한 장소로 여겨지는 주된 이유는 초고밀도 때문이다. 시간이 흐르면서 암석과 다른 광물들은 금이 가고 부서지면서 독소를 쏟아 내지만, 소금은 생길 수 있는 어떤 작은 틈도 '복구할 수 있는' 능력을 가지고 있다. 이는 침전물들을 수억만 년 동안 거의 뚫고 들어갈 수 없게 만들었다. 하지만 적절한 환경에서, 그 보관고는 누출될 수 있으며, 그래서 기름과 같은 액체도 빠져나올 수 있다. 이는 핵폐기물도 앞으로 언젠가 이와 똑같을 수 있다는 것을 의미하며, 이는 우려되는 바이다.

① 암염 산지는 새는 물질을 가지고 있다
② 핵폐기물은 액체로 변한다
③ 소금 침전물들은 구멍이 많아졌다
④ 기반암은 스스로 복구된다

포인트 해설

지문 처음에서 핵 폐기물을 소금 침전물에 저장하는 관행을 바꾸게 만들 수 있는 뜻밖의 발견이 있다고 하고, 지문 뒷부분에 어떤 작은 틈도 복구할 수 있다고 여겨지는 소금이 적절한 특정 환경에서 누출될 수 있어 우려된다는 내용이 있으므로, 고압과 고온의 특정 환경 아래에서 '소금 침전물은 구멍이 많아졌다'고 한 ③번이 정답이다.

정답 ③

어휘

nuclear waste 핵폐기물 deposit 침전물 accumulation 퇴적물, 축적
bedrock 기반암 left over 잔재, 유물 evaporate 증발하다
get rid of ~을 없애다 density 밀도, 농도
spill out ~이 쏟아져 나오다, ~을 털어놓다 crevice 틈
impenetrable 뚫고 들어갈 수 없는 porous 구멍이 많은, 스며드는

구문 분석

While rocks and other minerals crack and break over time, / causing toxins to spill out, / salt is capable of "repairing" (생략).
: 이처럼 접속사가 이끄는 절(접속사 + 주어 + 동사 ~)이 문장을 꾸며주는 경우, 접속사의 의미에 따라 '~하긴 하지만(while/although)', '~하는 한편(meanwhile)', '~할 때(when)' 등으로 해석한다.

---

10 독해 빈칸 완성 – 구 　　　난이도 중 ●●○

밑줄 친 부분에 들어갈 말로 가장 적절한 것은?

Many public schools only provide one class wherein all gifted children are expected to learn. This is because accomplished kids are frequently regarded as having similar abilities or characteristics with each other—overly analytical, high achieving, and able to understand lessons easily. The truth of the matter is that talented individuals vary in their skills and learning processes as much as other students. Some may do poorly in school, some absorb information in distinct ways, and still others even possess disabilities. Putting them together in a single "advanced" classroom with a uniform curriculum does them little good. When teaching, educators must realize that the gifted _____ if they want to make sure that no academic and intellectual potential is lost.

① cannot learn faster as individuals
② are in need of more rigid discipline
③ have difficulty interacting with adults
④ do not form a homogenous group

해석

많은 공립 학교는 모든 영재 아이들이 학습할 것으로 예상해 둔 단 하나의 학급을 제공한다. 이는 뛰어난 아이들이 흔히 대단히 분석적이고, 성취도가 높으며, 수업을 쉽게 이해할 수 있는 등 서로 비슷한 능력이나 특성을 지닌다고 여겨지기 때문이다. 그 문제에 대한 진실은 영재 아이들도 다른 학생들 못지않게 능력과 학습 과정에 있어서 서로 다르다는 것이다. 누군가는 학교에서 형편없을 수도 있고, 누군가는 독특한 방법으로 정보를 받아들이며, 또 다른 아이들은 심지어 장애를 가지고 있을 수도 있다. 그들 모두를 획일적인 교육 과정으로 운영되는 하나의 '상급' 교실에 두는 것은 그들에게 별 도움이 되지 않는다. 가르칠 때, 학습과 지능에 있어 어떠한 잠재력도 잃지 않게 하기를 원한다면 교육자들은 영재 아이들이 동질의 집단을 형성하지 않는다는 것을 깨달아야 한다.

① 혼자서는 더 빨리 배울 수 없다
② 더 엄격한 훈육이 필요하다
③ 어른들과 소통하는 데 어려움이 있다
④ 동질의 집단을 형성하지 않는다

포인트 해설

지문 중간에 영재 아이들도 다른 학생들 못지않게 능력과 학습 과정에 있어서 서로 다르다는 내용이 있고, 빈칸 앞 문장에 영재 아이들을 획일적인 교육 과정으로 운영되는 하나의 '상급' 교실에 두는 것은 별 도움이 되지 않는다는 내용이 있으므로, 영재 아이들은 '동질의 집단을 형성하지 않는다'고 한 ④번이 정답이다.

정답 ④

어휘

accomplished 뛰어난 overly 대단히, 몹시 analytical 분석적인
disability 장애 uniform 획일적인, 균일한 rigid 엄격한
discipline 훈육, 규율 interact 소통하다 homogenous 동질의

해커스 공무원시험연구소 총평

난이도	문법 영역에 고난도 문제가 등장하고, 독해 영역에 전문 분야의 단어들이 일부 사용됨으로써 체감 난이도가 높았을 수 있습니다.
어휘·생활영어 영역	5번 문제에 어렵고 생소한 표현이 보기로 출제되었습니다. 정답 보기에 쓰인 표현 raise objections to처럼 특정 표현은 표현에 포함된 명사(objections)만으로 의미를 어느 정도 유추할 수 있음을 알아둡니다.
문법 영역	동사의 종류는 해마다 출제되어 오고 있는 포인트입니다. 3번 문제를 통해 4형식 동사의 다양한 활용 형태와 문법 포인트를 확실하게 복습해 둡니다.
독해 영역	과학·사회·자연 등 다양한 주제의 깊이 있는 지문들이 출제되었지만, 유형별 문제 풀이 전략을 적용하며 정답에 대한 단서를 정확히 파악했다면 어렵지 않게 풀어냈을 것입니다.

정답

01	②	어휘	06	②	독해
02	④	생활영어	07	④	독해
03	①	문법	08	②	독해
04	③	문법	09	④	독해
05	④	어휘	10	③	독해

취약영역 분석표

영역	맞힌 답의 개수
어휘	/ 2
생활영어	/ 1
문법	/ 2
독해	/ 5
TOTAL	/ 10

---

01 어휘 elementary = basic 난이도 중 ●●○

밑줄 친 부분의 의미와 가장 가까운 것은?

> To fully understand the current situation in the Middle East, more than just underlined elementary knowledge of the region's history is required.

① academic
② basic
③ vast
④ valuable

해석

현재의 중동 상황을 완전히 이해하기 위해서는, 그 지역의 역사에 관한 기초적인 지식 이상의 것이 필요하다.

① 학문적인
② 기본적인
③ 방대한
④ 귀중한

정답 ②

어휘

current 현재의 elementary 기초적인, 초보의
academic 학문적인, 이론상의 basic 기본적인, 근본적인
vast 방대한, 막대한 valuable 귀중한

이것도 알면 합격!

elementary(기초적인)의 유의어
= fundamental, rudimentary, introductory

---

02 생활영어 What was the root of the problem? 난이도 하 ●○○

밑줄 친 부분에 들어갈 말로 가장 적절한 것은?

> A: Good afternoon, sir. I received your call about the clogged sink.
> B: Thank you for coming over so quickly. It's been causing quite a mess.
> A: Not to worry, sir. I'll take a look at it right away.
> B: _____?
> A: Nothing major. Just a piece of plastic stuck in the pipes.
> B: I see. But I don't have any idea how that plastic got in there.

① Is this a common problem in homes
② Can you also fix the shower
③ Would you mind doing me a favor
④ What was the root of the problem

해석

> A: 안녕하세요, 고객님. 세면대가 막혔다는 고객님의 전화를 받았습니다.
> B: 이렇게 빨리 와 주셔서 감사해요. 그 세면대가 난처한 상황을 만들었거든요.
> A: 걱정하지 마세요, 고객님. 제가 바로 한번 봐 보겠습니다.
> B: 그 문제의 원인이 무엇이었나요?
> A: 심각한 건 아닙니다. 그냥 플라스틱 조각 하나가 배관에 끼여 있었어요.
> B: 그렇군요. 그런데 그 플라스틱이 어떻게 거기에 들어갔는지 전혀 모르겠네요.

① 이것이 가정에서 흔한 문제인가요
② 샤워기도 고쳐 주실 수 있나요
③ 제 부탁 좀 들어줄래요
④ 그 문제의 원인이 무엇이었나요

포인트 해설

막힌 세면대를 살펴보겠다는 A의 말 이후에 빈칸에서 B가 질문하자, 빈칸 뒤에서 다시 A가 Nothing major. Just a piece of plastic stuck in the pipes(심각한 건 아닙니다. 그냥 플라스틱 조각 하나가 배관에 끼여 있었어요)라고 말하고 있으므로, '그 문제의 원인이 무엇이었나요'라는 의미의 ④ 'What was the root of the problem'이 정답이다.

정답 ④

어휘

major 심각한, 주요한   root 원인, 뿌리

이것도 알면 합격!

수리를 문의할 때 쓸 수 있는 다양한 표현들을 알아 두자.
• The toilet is clogged up. 변기가 완전히 막혔어요.
• I'll ring up the plumber. 배관공을 부를게요.
• Our faucet is leaking badly. 수도꼭지가 심하게 새요.
• The bike is beyond repair. 자전거가 수리할 수 없을 정도입니다.

---

03   문법 동사의 종류 | to 부정사   난이도 상 ●●●

우리말을 영어로 잘못 옮긴 것은?

① 조화로운 공동 작업은 모든 구성원들의 지속적인 협력을 요한다.
  → Harmonious teamwork demands the sustained cooperation in all members.

② 그녀는 친구들에게 자신의 공연에 참석할 수 있는 무료입장권을 제공했다.
  → She offered her friends free tickets to attend her performance.

③ 그녀는 우리에게 최고의 친절로 고객들을 대할 것을 상기시켰다.
  → She reminded us to treat the customers with the utmost hospitality.

④ 교장은 학생들에게 정오에 소방 훈련이 있을 것이라고 알렸다.
  → The principal notified the students that there would be a fire drill at noon.

포인트 해설

① **4형식 동사** 동사 demand는 두 개의 목적어를 '간접 목적어 + 직접 목적어'의 순서로 취하는 4형식 동사인데, 이를 3형식 문장으로 전환하면 '직접 목적어(the sustained cooperation) + 전치사 + 간접 목적어(all members)'의 형태로 나타낼 수 있다. 이때 동사에 따라 알맞은 전치사를 사용해야 하는데, 동사 demand는 4형식에서 3형식으로 전환되었을 때, 간접 목적어 앞에 전치사 of를 사용하므로 전치사 in을 of로 고쳐야 한다.

[오답 분석]

② **to 부정사의 역할** '공연에 참석할 수 있는 무료입장권'이라는 의미를 표현하기 위해 명사(free tickets)를 수식할 수 있는 to 부정사 to attend가 올바르게 쓰였다.

③ **to 부정사를 취하는 동사** 동사 remind는 목적격 보어로 to 부정사를 취하므로 목적격 보어 자리에 to 부정사 to treat이 올바르게 쓰였다.

④ **4형식 동사** 동사 notify는 'notify + 간접 목적어 + 직접 목적어(that절)'의 형태를 취하는 4형식 동사이므로 notified the students that이 올바르게 쓰였다.

정답 ①

어휘

harmonious 조화로운   sustained 지속적인   cooperation 협력, 합동
treat 대하다, 다루다   utmost 최고의, 극도의   hospitality 친절, 환대
notify 알리다, 통지하다   fire drill 소방 훈련

이것도 알면 합격!

①번처럼 4형식 문장이 3형식 문장으로 전환되어 '직접 목적어(~을/를) + 전치사 + 간접 목적어(~에게)' 순서로 오게 될 때, 동사에 따라 간접 목적어 앞에 올 알맞은 전치사를 알아 두자.

to	give ~을 주다	lend ~을 빌려주다
	bring ~을 가져다주다	show ~을 보여 주다
	send ~을 보내 주다	offer ~을 제공하다
for	buy ~을 사 주다	make ~을 만들어 주다
	choose ~을 골라 주다	
of	ask ~을 질문하다, 요청하다	require ~을 요구하다

04 문법 동사의 종류 | 전치사 | 동명사 | 동사의 종류 난이도 중 ●●○

어법상 옳은 것은?

① She enjoyed walking to school because she had been used to commute every day.

② She spent an hour making a list of what she needed to purchase for.

③ He expressed reluctance at letting his friend stay as a guest for a week.

④ Beside recreational swimming, the pool facility also organizes water sports.

해석

① 그녀는 매일 통학하는 것에 익숙했기 때문에 학교에 걸어가는 것을 즐겼다.

② 그녀는 구매해야 하는 것의 목록을 작성하는 데 한 시간을 들였다.

③ 그는 일주일 동안 그의 친구를 손님으로 머물게 하는 것에 대해 주저함을 나타냈다.

④ 오락용 수영 외에도, 그 수영장 시설은 수상 스포츠 또한 편성한다.

포인트 해설

③ **원형 부정사를 목적격 보어로 취하는 동사 | 전치사** 사역동사 let은 목적어와 목적격 보어가 능동 관계일 때 목적격 보어로 원형 부정사를 취할 수 있으므로, 원형 부정사 stay가 올바르게 쓰였다. 또한 숫자를 포함한 시간 표현(a week) 앞에 와서 '얼마나 오래 지속되는가'를 나타내는 전치사 for(~ 동안)가 올바르게 쓰였다.

[오답 분석]

① **동명사 관련 표현** 문맥상 '통학하는 것에 익숙했다'라는 의미가 되어야 자연스러운데, '~에 익숙하다'는 동명사구 관용 표현 'be used to -ing'의 형태로 나타낼 수 있으므로 to commute를 to commuting으로 고쳐야 한다.

② **타동사** 동사 purchase는 전치사(for) 없이 목적어를 취하는 타동사이므로 purchase for를 purchase로 고쳐야 한다.

④ **전치사** 문맥상 '오락용 수영 외에도'라는 의미가 되어야 자연스러우므로 전치사 Beside(~ 옆에)를 전치사 Besides(~외에도)로 고쳐야 한다.

정답 ③

어휘

commute 통학하다, 통근하다 reluctance 주저함 recreational 오락의 organize 편성하다, 준비하다

이것도 알면 합격!

③번의 전치사 for(~ 동안)와 달리 전치사 during(~ 동안)은 명사 앞에 와서 '언제 일어나는가'를 나타낸다는 것도 함께 알아 두자.

• The city experiences heavy snowfall (during, ~~for~~) the winter months.
  그 도시는 겨울철 여러 달 동안 폭설을 겪게 된다.

05 어휘 raise objections to 난이도 중 ●●○

밑줄 친 부분에 들어갈 말로 가장 적절한 것은?

Community residents may _____ the council's attempt to build a dam in the area as it will definitely have a negative impact on the environment.

① look back on
② go along with
③ lose track of
④ raise objections to

해석

지역 사회 주민들은 그것이 환경에 분명히 부정적인 영향을 미칠 것이기 때문에 그 지역에 댐을 건설하려는 의회의 시도에 이의를 제기할 수도 있다.

① ~을 돌아보다
② ~에 동조하다
③ ~을 놓치다
④ ~에 이의를 제기하다

정답 ④

어휘

community 지역 사회, 공동체 council 의회
look back on ~을 돌아보다, 회고하다 go along with ~에 동조하다
lose track of ~을 놓치다 raise objections to ~에 이의를 제기하다

이것도 알면 합격!

raise objections to(~에 이의를 제기하다)와 유사한 의미의 표현
= take exception to, disapprove of, oppose

06 독해 내용 불일치 파악 난이도 중 ●●○

다음 글의 내용과 일치하지 않는 것은?

Residents of Cork are concerned after a six-year-old girl was confronted by a coyote in her backyard late yesterday. Although her mother managed to scare the animal away, close encounters like this are becoming increasingly common across the region. "As suburban areas continue to expand, wildlife habitat is shrinking," explains government biologist Jane Humphries. "Folks get excited when they see a coyote roaming around their neighborhood. And because many of the animals are skinny, people feed them. This reduces the coyotes' instinctive fear of humans. We want the public to remember that these are wild animals they're dealing with, not pet dogs." The Department of Wildlife says it is currently looking for ways to manage the issue.

① There has been a rise in coyote sightings in the region of Cork.

② Coyote populations are declining due to suburban development.

③ The coyotes that have been spotted are often malnourished.

④ Coyotes have a natural tendency to be afraid of people.

해석

코크의 주민들은 어제 늦은 시간에 6살 난 여자아이가 뒷뜰에서 코요테와 마주친 이후 염려하고 있다. 그녀의 엄마가 겁을 주어 그 동물을 간신히 쫓아버렸지만, 그 지역 전역에 걸쳐 이처럼 가까이 맞닥뜨리는 일은 점점 더 흔한 일이 되어가고 있다. "근교 지역이 계속해서 확장되면서, 야생 동물 서식지가 줄어들고 있습니다,"라고 정부 생물학자 Jane Humphries는 설명한다. "코요테가 인근을 돌아다니는 것을 보고 사람들은 흥분했습니다. 그리고 그 동물 대부분이 말랐기 때문에, 사람들은 그것들에게 먹이를 주었습니다. 이것이 코요테의 인간에 대한 본능적인 두려움을 약화시켰습니다. 우리는 그들이 상대하고 있는 이것들이 반려견이 아니라 야생 동물이라는 것을 사람들이 기억하기를 바랍니다." 야생 동물 부서는 현재 그 문제를 처리할 방법을 모색 중이라고 말한다.

① 코크 지역에서 코요테 목격이 증가하고 있다.
② 교외 개발 때문에 코요테 개체 수가 줄어들고 있다.
③ 이제까지 발견된 코요테들은 보통 영양실조가 있었다.
④ 코요테는 인간을 두려워하는 선천적 기질을 가지고 있다.

포인트 해설

②번의 키워드인 suburban development(교외 개발)를 지문에서 바꾸어 표현한 suburban areas continue to expand(근교 지역이 계속해서 확장되다) 주변의 내용에서 근교가 계속 확장되면서 야생 동물의 서식지가 줄어들고 있다고는 했지만, ② '교외 개발 때문에 코요테 개체 수가 줄어들고 있'는지는 알 수 없다.

정답 ②

어휘

confront 마주치다   scare away 겁을 주어 쫓아버리다
suburban area 근교   habitat 서식지   shrink 줄어들다   folk 사람들
roam around 돌아다니다   instinctive 본능적인   sighting 목격
spot 발견하다   malnourished 영양실조의

---

07 독해 요지 파악 난이도 중 ●●○

다음 글의 요지로 가장 적절한 것은?

Finding life on Mars may soon be more than just the plot of a science fiction movie. What has geobiologists optimistic about the chances of such a discovery is the recent tenfold spike in methane gas. Given that 95 percent of Earth's methane is formed by microscopic organisms that gather by the trillions to form communities called microbial mats, scientists believe that the exponential increase of gas on Mars may indicate a biological signature like that of Earth's. And since the kind of geologic activity on Mars that could have caused such a big escalation in gas has not occurred in more than a million years, the prospect of finding microbes as the origin of the methane is not so far-fetched.

① Methane-producing microbes can help experts figure out how life began.
② The formation of microbial mats on Mars is dependent on the amount of geologic activity.
③ The makeup of the biological gases on Earth and Mars is surprisingly similar.
④ Increased methane points towards the possible existence of microbes on Mars.

해석

화성에서 생명체를 찾는 것은 머지않아 그저 공상 과학 영화의 줄거리 이상의 것이 될 수도 있다. 지구생물학자들이 이러한 발견의 가능성에 대해 낙관하게 만드는 것은 최근 있었던 10배에 달하는 메탄가스의 급증이다. 지구 메탄의 95퍼센트가 미생물 매트라고 불리는 군체를 형성하기 위해 조 단위로 모이는 미생물들에 의해 형성된다는 것을 고려하면, 과학자들은 화성에서 가스의 기하급수적인 증가는 지구와 같은 생물학적 특징을 나타낼 수도 있다고 생각한다. 또한 그러한 가스의 큰 증가를 야기할 수 있었던 화성의 지질 활동 유형은 백만 년 이상 발생하지 않았기 때문에, 미생물을 메탄의 원인으로 보는 예상은 그다지 무리인 것이 아니다.

① 메탄을 생성하는 미생물은 전문가들이 생명이 어떻게 시작되는지를 알아내는 데 도움이 될 수 있다.
② 화성에서의 미생물 매트의 형성은 지질 활동량에 의해 좌우될 것이다.
③ 지구와 화성의 생물학적 가스의 구성은 놀랍도록 유사하다.
④ 증가한 메탄은 화성에 미생물이 존재할 가능성을 암시한다.

포인트 해설

지문 처음에서 화성에서 생명체를 찾는 것이 머지않아 영화 줄거리 이상의 것이 될 수 있다고 하고, 이어서 화성에서 메탄가스 급증 현상이 최근 확인되었는데, 지구에서 메탄이 주로 미생물들에 의해 형성되는 점을 고려하면 화성의 메탄가스 급증은 미생물의 존재를 암시하는 것일 수 있다고 주장하고 있다. 따라서 ④ '증가한 메탄은 화성에 미생물이 존재할 가능성을 암시한다'가 이 글의 요지이다.

정답 ④

어휘

geobiologist 지구생물학자   tenfold 10배의   spike 급증, 급등
microbe 미생물   microscopic organism 미생물
exponential 기하급수적인, 급격한   signature 특징, 표시   geologic 지질의
escalation 증가, 상승   far-fetched 무리인, 억지의   makeup 구성, 구조

구문 분석

And since the kind of geologic activity on Mars / that could have caused such a big escalation in gas / has not occurred in more than a million years, (생략).
: 이처럼 주격 관계대명사가 이끄는 절(that / which / who + 동사 ~)이 명사를 꾸며주는 경우, '동사한 명사' 또는 '동사하는 명사'라고 해석한다.

08 독해 빈칸 완성 - 구
난이도 중 ●●○

밑줄 친 부분에 들어갈 말로 가장 적절한 것은?

Citizens in a democratic nation are granted the inalienable right of freedom of speech, but sometimes the government takes it upon itself to restrict it for the peoples' own good. For instance, many widely circulated magazines and newspapers are prohibited from printing advertisements of tobacco and alcoholic beverages. This is based on the assumption that such images might encourage young people to drink or smoke, which could be detrimental to their overall health and happiness. Regardless of whether this may be a legitimately helpful move, critics claim that people who make their own choices without the "benefit" of suppressed information make up the basic foundation of a free society. For them, any kind of government censorship is merely another way to _____.

① fuel the fight for equality and justice
② infringe on an individual's liberty
③ spend more tax dollars on health care
④ limit the use of controlled substances

해석

민주주의 국가의 시민들은 양도할 수 없는 언론의 자유를 부여받지만, 때때로 정부는 국민의 안녕을 위해 이를 제한할 책임을 진다. 예를 들어, 널리 배포되는 잡지와 신문은 담배와 알코올음료의 광고를 게재하는 것이 금지된다. 이것은 이러한 이미지가 젊은 사람들이 음주나 흡연을 하도록 부추길 수 있고, 이는 그들의 전반적인 건강과 행복에 해로울 수 있다는 가정을 바탕으로 한다. 이것이 정당하게 도움을 주는 조치인지 여부에 관계없이, 반대하는 사람들은 은폐된 정보라는 '혜택' 없이 스스로 선택을 내리는 사람이 자유로운 사회의 근간을 이룬다고 주장한다. 그들에게는, 어떠한 유형의 정부 검열도 그저 개인의 자유를 침해하는 또 다른 수단일 뿐이다.

① 평등과 정의를 위한 투쟁을 부채질하다
② 개인의 자유를 침해하다
③ 의료 서비스에 더 많은 세금을 쓰다
④ 규제 물질의 사용을 제한하다

포인트 해설

빈칸 앞 문장에서 젊은이들의 전반적인 건강과 행복에 해로울 수 있다는 이유로 언론의 자유를 부분적으로 제한하는 것에 반대하는 사람들은 스스로 선택을 내리는 사람이 자유로운 사회의 근간을 이룬다고 주장한다는 내용이 있으므로, 그들에게는 어떠한 유형의 정부 검열도 '개인의 자유를 침해하'는 또 다른 방법이라고 한 ②번이 정답이다.

정답 ②

어휘

inalienable 양도할 수 없는　take upon oneself ~의 책임을 지다
circulate 배포하다　assumption 전제　detrimental 해로운
legitimately 정당하게, 합법적으로　suppress 은폐하다, 감추다
censorship 검열　fuel 부채질하다, 자극하다　infringe 침해하다
liberty 자유

09 독해 무관한 문장 삭제
난이도 중 ●●○

다음 글의 흐름상 어색한 문장은?

Jellyfish were believed to be valueless as food for other fish species in the oceans and were damaging to fish farms. A research is beginning to show, however, that these water-filled animals may be playing a bigger role in how aquatic species feed themselves and what they consume. ① Scientists have based their conclusions on observations of how fish behave when large numbers of jellyfish are present. ② It turns out that jellyfish are prey for diverse animals like penguins, lobsters, and bluefin tuna. ③ Moreover, when plentiful, jellyfish can divert the flow of water and the nutrients in it so that species closer to the surface can take advantage. ④ Jellyfish are not that picky on what they feed on, as they consume tiny crustaceans, zooplankton, fish eggs and larvae. Scientists are now paying closer attention to spikes in jellyfish counts as they clearly affect ocean ecology.

해석

해파리는 해양에 사는 다른 수생 생물종에게 식량으로서 가치가 없다고 생각되었으며 양식장에 피해를 주고 있었다. 그러나, 한 연구는 수분 가득한 그러한 동물들이 수생 생물종들이 자급하는 방식과 그들이 먹는 것에 있어서 보다 중요한 역할을 담당할 수도 있다는 것을 보여주기 시작하고 있다. ① 과학자들은 그들의 결론을 많은 수의 해파리들이 존재하는 상황에서 수생 동물들이 행동하는 방식에 대한 관찰에 기초해 왔다. ② 해파리는 펭귄, 바닷가재, 그리고 참다랑어 같은 다양한 동물들의 먹이인 것으로 나타난다. ③ 게다가, 해파리는 그것들이 풍부할 때 바다 표면에 사는 종들이 이익을 볼 수 있도록 물과 그 안에 있는 영양분의 흐름을 전환시킬 수 있다. ④ 해파리는 그것들이 먹는 것에 있어서 그렇게 까다롭지 않은데, 그것들은 작은 갑각류, 동물성 플랑크톤, 물고기 알, 유충을 섭취하기 때문이다. 과학자들은 해파리들이 분명히 해양 생태에 영향을 주기 때문에 현재 해파리의 총 수요 급증에 더 관심을 가지고 있다.

포인트 해설

지문 앞부분에서 한 연구에 따르면 해파리는 수생 생물들이 자급하는 방식과 먹는 것에 있어서 보다 중요한 역할을 담당할 수도 있다고 언급하고, ①번은 '해파리가 많은 환경에서의 수생 동물들의 행동에 기초한 과학자들의 연구 결론', ②번은 '해파리를 먹이로 하는 다양한 수생 동물들', ③번은 '바닷물 속 풍부한 수의 해파리가 가져다주는 이로운 영향'에 대해 설명하고 있다. 그러나 ④번은 '해파리의 먹이'에 대한 내용으로, 수생 생물들의 섭식에 있어 중요한 역할을 담당하는 해파리에 대해 언급한 지문 앞부분의 내용과 관련이 없다.

정답 ④

어휘

feed 먹이다　observation 관찰　prey 먹이; 먹이로 삼다　plentiful 풍부한
divert 우회시키다　nutrient 영양분　surface 표면　spike 급증
ecology 생태

10 독해 빈칸 완성 – 단어 난이도 하 ●○○

밑줄 친 부분에 들어갈 말로 가장 적절한 것은?

David Suzuki is a Canadian scientist and environmentalist who is best known as the host of *The Nature of Things*, the longest-running science show on television. Over the years, he has used this platform to teach key lessons about sustainability and interconnectedness in the natural world. On October 23, 2022, the 86-year-old Suzuki announced that he would be stepping down as the show's host after the end of the 2023 season. In an interview with CBC's Ian Hanomansing, he stated that he wasn't exactly retiring as he planned to devote more of his time to environmental activism, which he remains passionate about. However, reflecting on his career, he admitted to feeling a sense of _____, saying, "Overall I feel like a failure, being part of a movement that has failed."

① relief ② pride
③ frustration ④ urgency

해석

David Suzuki는 캐나다의 과학자이자 환경 운동가로, 텔레비전에서 가장 오래 방영된 과학 쇼인 'The Nature of Things'의 진행자로 가장 잘 알려져 있다. 수년에 걸쳐, 그는 자연 세계에서의 지속 가능성과 상호 연결성에 대한 핵심 교훈을 가르치기 위해 이 플랫폼을 사용해 왔다. 2022년 10월 23일, 86세의 Suzuki는 2023년 시즌을 끝으로 그 쇼의 진행자 자리에서 물러날 것이라고 발표했다. CBC의 Ian Hanomansing과의 인터뷰에서, 그는 정확히 은퇴하지는 않을 것이라고 말했는데, 그가 여전히 열정을 가지고 있는 환경 운동 활동에 더 많은 시간을 바칠 계획이기 때문이었다. 하지만, 자신의 경력을 되돌아보며 "실패한 운동에 참여했기에, 전반적으로 저는 실패자가 된 기분입니다"라고 말하면서, 그는 <u>좌절감</u>을 느끼는 것을 인정했다.

① 안도감 ② 자부심
③ 좌절감 ④ 긴급함

포인트 해설

빈칸이 있는 문장에 David Suzuki가 자신의 경력을 되돌아보며 전반적으로 실패자가 된 기분이라고 말했다는 내용이 있으므로, 그가 '좌절감'을 느끼는 것을 인정했다고 한 ③번이 정답이다.

정답 ③

어휘

environmentalist 환경 운동가 host 진행자; 주최하다
sustainability 지속 가능성 interconnectedness 상호 연결(성)
step down 물러나다, 내려가다 retire 은퇴하다 devote 바치다, 전념하다
passionate 열정적인 reflect on ~을 되돌아보다, 반성하다 relief 안도감
frustration 좌절감 urgency 긴급함

해커스 공무원시험연구소 총평

난이도	문법 영역의 빈출 포인트에 대한 기본 이론과 독해 영역의 유형별 문제 풀이 전략을 평소 꼼꼼하게 학습해 두었다면 고득점을 획득할 수 있었을 것입니다.
어휘·생활영어 영역	2번 문제의 보기에 쓰인 어휘들처럼, 같은 접두사를 공유하는 어휘들은 함께 정리해 암기해 두면 유사한 형태의 문제에 대비할 수 있습니다.
문법 영역	4번과 5번 문제에 모두 도치 구문 포인트가 출제되었습니다. 도치 구문 포인트는 문장 구조를 분석하여 정확한 해석을 하기 위해서도 꼭 필요하므로, 다양한 도치 구문의 형태를 익혀 둡니다.
독해 영역	9번 문제처럼 빈칸에 적절한 연결어를 찾는 문제 유형은 비교적 난이도가 평이하므로, 지문 전체의 모든 세부 내용을 해석하려고 하기보다 신속하게 빈칸 앞뒤 문장의 논리적 관계를 파악하여 정답을 고를 수 있는지 확인합니다.

정답

01	②	어휘	06	④	독해
02	②	어휘	07	④	독해
03	④	생활영어	08	③	독해
04	③	문법	09	④	독해
05	②	문법	10	③	독해

취약영역 분석표

영역	맞힌 답의 개수
어휘	/ 2
생활영어	/ 1
문법	/ 2
독해	/ 5
TOTAL	/ 10

---

01 어휘 make out = comprehend 난이도 중 ●●○

밑줄 친 부분의 의미와 가장 가까운 것은?

When the air filtration unit in the woodworking shop began malfunctioning, Evan consulted the troubleshooting guide that had come with it. But, despite his best efforts, he couldn't make out the instructions.

① replicate
② comprehend
③ contemplate
④ endorse

해석

목공소에 있는 공기 정화 장치가 제대로 작동하지 않기 시작했을 때, Evan은 그것에 딸려 있던 고장 수리 안내서를 참고했다. 그러나 그의 최선의 노력에도 불구하고, 그는 그 설명서를 이해하지 못했다.

① 복제하다
② 이해하다
③ 생각하다
④ 보증하다

정답 ②

어휘

air filtration 공기 정화 장치 woodworking shop 목공소
malfunction 제대로 작동하지 않다 consult 참고하다, 찾아보다
troubleshooting 고장 수리, 문제 해결 come with ~에 딸려 있다
make out ~을 이해하다, 작성하다 replicate 복제하다
comprehend 이해하다 contemplate 생각하다
endorse 보증하다, 지지하다

이것도 알면 합격!

make out(~을 이해하다)과 유사한 의미의 표현
= decipher, interpret, grasp, figure out

---

02 어휘 explore 난이도 중 ●●○

밑줄 친 부분에 들어갈 말로 가장 적절한 것은?

The discovery of some eighteenth century artifacts at a construction site has attracted local authorities, who plan to hire an archaeologist to _____ the area.

① execute
② explore
③ expand
④ expedite

해석

건설 현장에서의 몇몇 18세기 공예품들의 발견은 지역 당국의 관심을 사로잡았는데, 이들은 그 지역을 답사할 고고학자를 고용할 예정이다.

① 집행하다
② 답사하다
③ 확장시키다
④ 촉진시키다

정답 ②

어휘

artifact 공예품, 인공물   authorities 당국, 관계자   archeologist 고고학자
execute 집행하다, 처형하다   explore 답사하다, 탐험하다
expand 확장시키다   expedite 촉진시키다

이것도 알면 합격!

explore(답사하다)의 유의어
= investigate, examine, survey

어휘

trust 안심하고 ~ 시켜 두다, 신뢰하다   have a word with ~와 이야기를 하다
put on airs 잘난 체하다   turn the table 보복하다
play it by ear 상황에 따라 행동하다   drop the ball 실수로 망치다

이것도 알면 합격!

실수했을 때 쓸 수 있는 다양한 표현들을 알아 두자.
• It's my fault. 제 잘못입니다.
• I beg your pardon. 저를 용서하십시오.
• I owe you an apology. 당신에게 사과할게요.
• I promise it won't happen again.
  다시는 이런 일이 일어나지 않을 것이라 약속해요.

---

03 생활영어 drop the ball   난이도 상 ●●●

밑줄 친 부분에 들어갈 말로 가장 적절한 것은?

A: Can I talk to you? It's about Brad.
B: I know what you're going to say. He's been _____ a lot lately.
A: I can't trust him to perform even the simplest tasks.
B: Well, he's going through a hard time these days.
A: I see. Still, he needs to leave his personal problems at home.
B: True. I'll have a word with him.

① putting on airs
② turning the tables
③ playing it by ear
④ dropping the ball

해석

A: 이야기 좀 할 수 있어요? Brad에 관한 거예요.
B: 저는 당신이 뭐라고 할지 알아요. 그는 최근에 많은 것들을 실수로 망쳤죠.
A: 저는 그에게 가장 간단한 일도 안심하고 시킬 수가 없어요.
B: 음, 그는 요즘 힘든 시간을 보내고 있어요.
A: 알아요. 하지만, 그는 사적인 문제는 집에 두고 와야 해요.
B: 맞아요. 제가 그와 이야기를 해 볼게요.

① 잘난 체하는
② 보복하는
③ 상황에 따라 행동하는
④ 실수로 망치는

포인트 해설

Brad에 대해 할 이야기가 있다는 A의 말에 대해 B가 무슨 이야기인지 알고 있다고 하고, 빈칸 뒤에서 다시 A가 I can't trust him to perform even the simplest tasks(저는 그에게 가장 간단한 일도 안심하고 시킬 수가 없어요)라고 말하고 있으므로, 그가 최근에 많은 것들을 '실수로 망쳤'다는 의미의 ④ 'dropping the ball'이 정답이다.

정답 ④

---

04 문법 동명사 | 수 일치 | 가정법 | 병치 구문   난이도 중 ●●○

어법상 옳지 않은 것은?

① The number of animals changing habitats because of climate change is growing.
② If I had any talent, I wouldn't need to practice so hard to improve.
③ After years of effort, the architect finally finished to design her greatest creation.
④ She showed me what I would be paid and how much time I would get off.

해석

① 기후 변화 때문에 서식지를 옮기는 동물들의 수가 증가하고 있다.
② 만약 내가 어떠한 재능이라도 가지고 있다면, 나는 향상하기 위해 그렇게 열심히 연습할 필요가 없을 것이다.
③ 수년의 노력 끝에, 그 건축가는 마침내 그녀의 가장 위대한 창작품을 설계하는 것을 마쳤다.
④ 그녀는 내가 무엇을 지급받을지 그리고 얼마 동안 휴직할지를 보여 주었다.

포인트 해설

③ 동명사를 목적어로 취하는 동사   동사 finish는 동명사를 목적어로 취하므로 to 부정사 to design을 동명사 designing으로 고쳐야 한다.

[오답 분석]

① 수량 표현의 수 일치   주어 자리에 단수 취급하는 수량 표현 'the number of + 명사'(The number of animals)가 왔으므로 단수 동사 is가 올바르게 쓰였다.
② 가정법 과거   문맥상 '만약 내가 ~ 가지고 있다면, 나는 ~ 연습할 필요가 없을 것이다'라는 의미로 현재 상황의 반대를 가정하고 있으므로, 가정법 과거를 사용해 나타낼 수 있다. 이때 가정법 과거는 'If + 주어 + 과거 동사, 주어 + would + 동사원형'의 형태로 나타내므로 If I had ~, I wouldn't need ~가 올바르게 쓰였다.
④ 병치 구문   접속사로 연결된 병치 구문에서는 같은 구조끼리 연결되어야 하는데, and 앞에 간접 의문문(what I would be paid)이 왔으므로 and 뒤에도 간접 의문문이 와야 한다. 따라서 what I would be paid and how much time I would get off가 올바르게 쓰였다.

정답 ③

habitat 서식지   get time off 휴직하다

이것도 알면 합격!

단수/복수 취급하는 수량 표현을 구분하여 알아 두자.

단수 취급	• one, each (+ 명사) • every, one of, neither of + 명사 • somebody, someone, something • anybody, anyone, anything • everybody, everyone, everything • nobody, no one, nothing
복수 취급	• many, several, few, both (+ of the)+ 복수 명사 • a number of, a couple of, a range of, a variety of + 복수 명사

---

05   문법 비교 구문|도치 구문|동사의 종류|등위접속사|부사
난이도 중 ●●○

우리말을 영어로 가장 잘 옮긴 것은?

① 선생님은 우리 반 학생들에게 여름 동안 읽은 책에 대한 보고서를 쓰게 했다.
 → The teacher had our class to write reports about the books we read over the summer.

② 우리가 탁자에 앉자마자 종업원이 우리에게 메뉴를 주러 왔다.
 → No sooner had we sat down at our table than our waiter came to give us menus.

③ 은행 계좌에 돈이 거의 없어서, 그는 수표 몇 장을 예금했다.
 → He had little money in his bank account, he deposited several checks.

④ 선수들은 심판들이 승자를 결정하기 어려울 정도로 기량이 충분히 막상막하였다.
 → The athletes were enough close in ability that the judges had trouble deciding on a winner.

포인트 해설

② **비교급 관련 표현 | 도치 구문** '우리가 탁자에 앉자마자 종업원이 ~ 주러 왔다'는 비교급 관련 표현 no sooner ~ than -(~하자마자 –하다)을 사용하여 나타낼 수 있는데, 부정을 나타내는 부사구(No sooner)가 강조되어 문장의 맨 앞에 나오면 주어와 조동사가 도치되어 '조동사(had) + 주어(we) + 동사(sat down)'의 어순이 되어야 하므로 No sooner had we sat down이 올바르게 쓰였다.

[오답 분석]

① **원형 부정사를 목적격 보어로 취하는 동사** 사역동사 have는 목적어와 목적격 보어가 능동 관계일 때, 목적격 보어로 원형 부정사를 취하므로 to 부정사 to write를 원형 부정사 write로 고쳐야 한다.

③ **등위접속사** 접속사 없이 절(He had ~ account)과 절(he ~ checks)을 연결할 수 없으므로, '돈이 거의 없어서 ~ 예금했다'를 나타내기 위해 접속사 so(그래서)가 와야 한다. 따라서 he deposited several checks를 so he deposited several checks로 고쳐야 한다.

④ **강조 부사** 부사 enough는 형용사(close)를 뒤에서 강조히므로 enough close를 close enough로 고쳐야 한다.

정답 ②

어휘

deposit 예금하다; 보증금   close 막상막하인, 가까운   judge 심판, 판사

이것도 알면 합격!

강조 부사 quite는 'a(n) + 형용사 + 명사'를 앞에서 강조한다는 것도 함께 알아 두자.

• Her decision to change careers was **quite** a bold move.
 직업을 바꾸기로 한 그녀의 결정은 꽤 대담한 행동이었다.

---

06   독해 빈칸 완성 – 단어
난이도 하 ●○○

밑줄 친 부분에 들어갈 말로 가장 적절한 것은?

People on the Indonesian island of Bali believe that all babies are divine beings from heaven. Because of this, they maintain that a newborn's feet are not supposed to touch the ground, which the Balinese consider to be impure. Thus, babies are carried around by their mothers and extended family members for approximately 105 days. On the 105th day, a special celebration is held. The town priest does a cleansing ceremony, blesses the baby, and feeds him or her some solid food for the first time. The child is given a name, and only then is she or he allowed to be put down. This first _____ with the earth signifies that the infant has now fully transitioned from a spirit to a human.

① elusion   ② compliance
③ reflection   ④ connection

해석

인도네시아의 발리섬의 사람들은 모든 아기들이 천국에서 온 신성한 존재라고 믿었다. 이 때문에, 그들은 신생아들의 발이 땅에 닿지 않도록 지켜 주었는데, 이는 발리 사람들이 불결하다고 여기는 것이었다. 그래서, 아기들은 약 105일 동안 엄마와 대가족 구성원들에 의해서 들린다. 105번째 날에는, 특별한 기념행사가 열린다. 마을의 성직자는 정화 의식을 하고, 아기의 축복을 빌며, 그에게 처음으로 단단한 음식을 먹인다. 아이는 이름을 가지게 되고, 그 이후에야 그가 내려놓아질 수 있다. 땅과의 그러한 첫 접촉은 유아가 이제 영혼에서 사람으로 완전히 변했다는 것을 의미한다.

① 도피   ② 준수
③ 모습   ④ 접촉

포인트 해설

지문 앞부분에 발리 사람들은 아기들이 천국에서 온 신성한 존재라고 믿었기 때문에 105일 동안 발이 그들이 불결하다고 여기는 땅에 닿지 않게 한다는 내용이 있고, 빈칸 앞부분에서 105번째 날 이후에 아이는 땅에 내려놓아질 수 있다고 했으므로, 땅과의 그러한 첫 '접촉'이라고 한 ④번이 정답이다.

정답 ④

어휘

divine 신성한　impure 불결한, 더러운　priest 성직자　signify 의미하다
elusion 도피, 회피　compliance 준수　reflection 모습, 반사

---

07 독해 내용 일치 파악　난이도 중 ●●○

다음 글의 내용과 일치하는 것은?

Foods high in fiber, such as brown rice, almonds, and oatmeal, have tremendous health benefits. Fiber is usually known to make bowel movements more regular, but it also lowers the risk of diabetes and high cholesterol, which can lead to heart disease and strokes. Another health benefit of fiber-filled foods is that they aren't broken down by the body very easily, so they make you feel fuller for longer. This helps to lower blood sugar and prevents overeating, making it easier to maintain a healthy weight. It's recommended that women eat about 25 grams of fiber daily, while men are advised to consume at least 40 grams. However, most people only eat about 15 grams a day, unless they make a conscious choice to add fiber to their diet.

① People with stomach disorders can turn to fiber as an effectual remedy.
② Taking in too much fiber can lead to a higher cardiovascular disease risk.
③ Fiber can be easily processed and turned into energy by the body.
④ People tend to consume fiber in smaller amounts than is recommended.

해석

현미, 아몬드, 그리고 오트밀같이 섬유질이 많은 음식은 굉장한 건강상의 이점이 있다. 섬유질은 보통 장의 움직임을 더욱 규칙적으로 만들어 준다고 알려졌지만, 그것은 심장 질환과 뇌졸중으로 이어질 수 있는 당뇨병과 높은 콜레스테롤의 위험 또한 낮춰 준다. 섬유질이 가득한 식품의 또 다른 건강상 이점은, 몸에서 매우 쉽게 분해되지 않아, 포만감을 더 오랫동안 느끼게 해 준다는 것이다. 이는 혈당을 낮추고 과식을 막는 데 도움이 되는데, 이로 인해 건강한 체중을 유지하기 쉬워진다. 여성은 하루에 25그램 정도의 섬유질을 섭취하는 것이 권장되고, 한편 남성은 하루에 최소한 40그램을 섭취하는 것이 권장된다. 하지만, 대부분의 사람들은 그들의 식단에 섬유질을 더하려는 의식적인 선택을 하지 않는 한, 하루에 겨우 15그램 정도만 섭취하게 된다.

① 위장병이 있는 사람들은 효과적인 치료 약으로서 섬유질에 의지할 수 있다.
② 너무 많은 섬유질을 섭취하는 것은 더 높은 심혈관 질병의 위험으로 이어질 수 있다.
③ 섬유질은 몸에서 쉽게 처리되어 에너지가 된다.
④ 사람들은 권장량보다 더 적은 양의 섬유질을 섭취하는 경향이 있다.

포인트 해설

④번의 키워드인 is recommended(권장되다)가 그대로 언급된 지문 주변의 내용에서 여성은 하루에 25그램, 남성은 최소한 40그램의 섬유질을 섭취하는 것이 권장되지만, 대부분의 사람들은 의식적인 선택을 하지 않는 한, 여성과 남성의 일일 권장 섭취량보다 적은 15그램 정도만 섭취한다는 것을 알 수 있다. 따라서 ④ '사람들은 권장량보다 더 적은 양의 섬유질을 섭취하는 경향이 있다'가 지문의 내용과 일치한다.

[오답 분석]
① 섬유질이 장의 움직임을 더욱 규칙적으로 만들어 준다고는 했지만, 위장병이 있는 사람들이 효과적인 치료 약으로서 섬유질에 의지할 수 있는지는 알 수 없다.
② 섬유질이 심장 질환과 뇌졸중으로 이어질 수 있는 당뇨병과 높은 콜레스테롤의 위험을 낮춰 준다고 했지만, 너무 많은 섬유질을 섭취하는 것이 더 높은 심혈관 질병의 위험으로 이어질 수 있는지는 알 수 없다.
③ 섬유질이 가득한 식품은 몸에서 쉽게 분해되지 않아 포만감을 더 오랫동안 느끼게 해 준다고 했으므로, 섬유질이 몸에서 쉽게 처리되어 에너지가 된다는 것은 지문의 내용과 다르다.

정답 ④

어휘

fiber 섬유질　tremendous 굉장한, 엄청난　bowel 장, 창자
diabetes 당뇨병　stroke 뇌졸중　blood sugar 혈당　overeating 과식
conscious 의식적인, 의도적인　turn to ~에 의지하다, 의존하다
effectual 효과적인, 효험이 있는　remedy 치료 약, 요법
take in 섭취하다, 흡수하다　cardiovascular 심혈관의
process 처리하다, 가공하다; 과정

---

08 독해 무관한 문장 삭제　난이도 중 ●●○

다음 글의 흐름상 어색한 문장은?

Natural disturbances can cause a river to curve in a snakelike fashion. ① If a rock formation is created on one side of a river, for instance, the water's flow on that side will be impeded. At the same time, the flow of water on the opposite side will speed up. ② Erosion will intensify in response to the faster-flowing water, making that part of the riverbed deeper and wider. ③ The amount of soil that the water erodes is not necessarily equal to the amount of soil that gets deposited onto the riverbank. ④ Meanwhile, sediment accumulates on the slow-flowing side, causing that section of the river to become shallower. The result is a bend in the watercourse, also known as a meander. The river will continue to flow in the new dominant direction until the next disturbance changes its course and causes it to curve once again.

해석

자연적 방해물은 강이 뱀과 같은 모양으로 곡선을 이루게 할 수 있다. ① 예를 들어, 강의 한쪽에 암석층이 새로 만들어진다면, 그쪽으로 흐르는 물은 방해받게 될 것이다. 동시에, 반대쪽의 물의 흐름은 더 빨라질 것이다. ② 침식은 더 빠르게 흐르는 물에 대한 반응으로 더 심해져서, 그 부분의 강

바닥을 더 깊고 넓게 만들 것이다. ③ 물이 침식시키는 흙의 양이 강둑에 퇴적되는 흙의 양과 언제나 같은 것은 아니다. ④ 한편, 퇴적물은 느리게 흐르는 쪽에 쌓여서, 강의 그 부분이 더 얕아지게 할 것이다. 그 결과는 곡류라고도 알려진 물줄기가 굽은 곳이다. 그 강은 다음 교란이 그것의 경로를 바꾸고 다시 한번 곡선을 이루게 하기 전까지 새로운 우세한 방향으로 계속해서 흐를 것이다.

포인트 해설

첫 문장에서 자연적 방해물은 강이 곡선을 이루게 할 수 있다고 언급한 후, 이어서 ①, ②, ④번에서 강의 한쪽에 암석층이 생긴다면 그쪽으로 흐르는 물은 방해받아 흐름이 느려지고 퇴적물이 쌓여 얕아지는 반면, 반대쪽의 물의 흐름이 빨라져서 더 깊고 넓은 강바닥이 그 부분에 만들어진다고 설명하고 있다. 그러나 ③번은 물이 침식시키는 흙의 양과 강둑에 퇴적되는 흙의 양은 같지 않다는 내용으로, 자연적 방해물로 인한 강의 모양 변화 과정에 대해 설명하는 지문 전반의 내용과 관련이 없다.

정답 ③

어휘

disturbance 방해물, 교란 impede 방해하다 erosion 침식, 부식
intensify 심해지다 riverbed 강바닥 deposit 퇴적시키다, 예금하다
riverbank 강둑 sediment 퇴적물 accumulate 축적하다, 쌓이다
shallow 얕은 dominant 우세한

---

09 독해 빈칸 완성 - 연결어 · 난이도 중 ●●○

밑줄 친 (A), (B)에 들어갈 말로 가장 적절한 것은?

Volapük was a language created by a German priest named Johann Schleyer in 1879. Meant to be a universal dialect, it comprised very simple words taken from various European languages. Because it was easy to learn, Volapük was the first invented language to experience rapid success. It might have succeeded internationally and still exist today had Schleyer given in to calls to do away with its heavy use of umlauts, the two dots that commonly appear above vowels in German and some other languages. ___(A)___, he chose to maintain the vowels, defending his decision by writing, "A language without umlauts sounds monotonous, harsh, and boring." But most non-Europeans found them to be an awkward aspect of the language. ___(B)___, his rejection of any reforms caused the language to lose learners and fall into obscurity.

※ umlaut: 일부 언어에서 발음을 명시하기 위해 모음 위에 붙이는 표시

	(A)	(B)
①	In addition	Therefore
②	For instance	Conversely
③	Similarly	Moreover
④	Nevertheless	Eventually

해석

볼라퓌크어는 1879년에 독일인 목사 Johann Schleyer에 의해 만들어졌다. 전 세계적인 통용어가 되도록 만들어진 이 언어는 다양한 유럽의 언어에서 가져온 매우 간단한 단어들로 구성되었다. 볼라퓌크는 배우기 쉬웠기 때문에, 빠른 성공을 경험한 최초의 고안 언어였다. 독일어와 다른 언어의 모음 위에 흔히 나타나는 두 개의 점인 움라우트의 과도한 사용을 타파하라는 요청에 Schleyer가 굴복했다면 그 언어는 국제적으로 성과를 거두고 오늘날까지 여전히 존재하고 있었을지도 모른다. (A) 그럼에도 불구하고, 그는 자신의 기준을 유지하기로 했으며, "움라우트가 없는 언어는 단조롭고, 거칠며, 지루한 소리가 난다"라고 글을 써서 그의 결정을 변호했다. 하지만, 대부분의 비유럽인들은 그것이 그 언어의 불편한 측면이라고 생각했다. (B) 결국, 개선에 대한 그의 거절은 그 언어가 학습자들을 잃고 잊혀지게 만들었다.

	(A)	(B)
①	게다가	따라서
②	예를 들어	대조적으로
③	마찬가지로	게다가
④	그럼에도 불구하고	결국

포인트 해설

(A) 빈칸 앞 문장은 Schleyer가 볼라퓌크어에서 움라우트의 과도한 사용을 타파하라는 요청에 굴복했더라면 그 언어는 국제적으로 성과를 거두고 오늘날까지 존재했을지도 모른다는 내용이고, 빈칸 뒤 문장은 Schleyer는 움라우트 사용에 관한 자신의 기준을 유지하기로 했다는 양보적인 내용이다. 따라서 빈칸에는 양보를 나타내는 연결어인 Nevertheless(그럼에도 불구하고)가 들어가야 한다.
(B) 빈칸 앞 문장은 대부분의 비유럽인들은 움라우트의 과도한 사용이 볼라퓌크어의 불편한 측면이라고 생각했다는 내용이고, 빈칸 뒤 문장은 개선에 대한 그(Schleyer)의 거절은 볼라퓌크어가 학습자들을 잃고 잊혀지게 만들었다는 결론적인 내용이다. 따라서 빈칸에는 결론을 나타내는 연결어인 Eventually(결국)가 들어가야 한다.

정답 ④

어휘

priest 목사 dialect 통용어, 방언 comprise 구성되다
give in to ~에 굴복하다 do away with 타파하다, 없애다 vowel 모음
monotonous 단조로운 awkward 불편한 obscurity 잊혀짐

구문 분석

It might have succeeded internationally and still exist today / had Schleyer given in to calls / to do away with its heavy use of umlauts, (생략).

: 이처럼 if가 생략되면서 주어(Schleyer)와 조동사(had)가 도치된 가정법 과거완료(had + 주어 + p.p., 주어 + might/would/should/could + have + p.p.) 구문은 '~했다면, ~했을 것이다'라고 해석한다.

10 독해 주제 파악   난이도 중 ●●○

다음 글의 주제로 가장 적절한 것은?

Very rarely have the Olympics been held without some controversy marring the event. These have taken the form of rampant cheating, poor sportsmanship, and biased judging. The athletes, coaches, and officials involved in such disputes and scandals lose the public's respect, not to mention any medal awarded them or official position they held. The seriousness of cheating in early Olympic games was dealt with in a more physical way. Not only were the erring athletes publicly whipped, but they were also forced to pay for the construction of a "Zane." Actually a bronze statue of Zeus, a Zane bore a plaque with the rule breaker's name and crime. It was placed outside the stadium to shame the athlete and the city from which he came.

① the most disgraceful disputes and scandals at the Olympic games
② the first recorded instance of cheating at the ancient Olympic Games
③ consequences of misconduct at the Olympics in the past and present
④ making statues to memorialize the participants in early Olympic games

어휘

mar 망치다, 손상시키다   take the form of ~의 형태로 나타나다
rampant 만연하는   cheating 부정행위   erring 잘못을 저지른
publicly 공개적으로   whip 매질하다   bear 가지다   plaque 명판
disgraceful 수치스러운   scandal 추문, 치욕
misconduct 부정행위, 불법 행위   memorialize 기념하다, 추모하다

해석

올림픽은 그 행사를 망치는 몇 가지 논란 없이 열렸던 적이 거의 없다. 그러한 것들은 만연한 부정행위, 형편없는 스포츠 정신, 그리고 편파 판정의 형태로 나타났다. 이러한 논란과 추문에 연루된 운동선수, 코치, 그리고 임원들은 그들에게 수여된 메달이나 그들이 차지하고 있던 공식적인 직위는 말할 것도 없고, 대중의 존경을 잃는다. 초기 올림픽에서 부정행위의 심각성은 더 물리적인 방식으로 처리되었다. 잘못을 저지른 운동선수는 공개적으로 매질을 당했을 뿐만 아니라, 'Zane'의 건설 비용을 내도록 강요받았다. 실제로 제우스의 동상인 Zane은 규칙 위반자들의 이름과 죄명의 명판을 가지고 있었다. 그것은 운동선수와 그의 도시에 창피를 주기 위해 경기장 밖에 놓였다.

① 올림픽에서 가장 수치스러운 논란과 추문
② 고대 올림픽 경기에서 부정행위로 처음 기록된 사례
③ 과거와 현재의 올림픽 부정행위의 결과
④ 초기 올림픽 참가자들을 기념하기 위한 조각상 만들기

포인트 해설

지문 전반에 걸쳐 부정행위, 형편없는 스포츠 정신, 편파 판정 등의 형태로 나타났던 올림픽 논란은 연루된 사람들의 메달 또는 직위를 박탈하는데, 초기 올림픽에서 부정행위의 심각성은 매질과 건설 비용 징수처럼 더 물리적인 방식으로 처리되었다고 설명하고 있다. 따라서 ③ '과거와 현재의 올림픽에서 부정행위의 결과'가 이 글의 주제이다.

정답 ③

해커스 공무원시험연구소 총평

난이도	문제 풀이 전략에 따라 손쉽게 정답을 찾을 수 있는 문제들이 독해 영역에 출제되어, 전반적으로 평이한 공무원 9급 시험의 난이도입니다.
어휘·생활영어 영역	밑줄과 보기로 나온 단어가 생소했더라도 문맥 추론을 통해 답을 골라낼 수 있었습니다. 어휘 영역에서 길이가 긴 지문이 등장하는 경우, 중요한 단서가 숨어 있을 수 있으므로 정확하게 해석하도록 합니다.
문법 영역	'전치사 + 관계대명사' 포인트는 특히 지방직 9급의 최신 출제 경향이므로, 문제 풀이에 어려움이 있었다면 관련 기출 문제들을 다시 한번 정리해 보는 것이 좋습니다.
독해 영역	7번 문제처럼 추상적인 소재의 지문이 나오는 경우, 어려움을 느끼는 수험생들이 많습니다. 하지만 상식에 의존하지 않고 지문 내용에 기반하여 문제 유형에 맞게 접근한다면 차근차근 풀어낼 수 있습니다.

정답

01	②	어휘	06	②	독해
02	④	문법	07	①	독해
03	④	생활영어	08	③	독해
04	③	문법	09	①	독해
05	①	어휘	10	④	독해

취약영역 분석표

영역	맞힌 답의 개수
어휘	/ 2
생활영어	/ 1
문법	/ 2
독해	/ 5
TOTAL	/ 10

---

01 어휘 take for a ride = deceive 난이도 중 ●●○

밑줄 친 부분의 의미와 가장 가까운 것은?

They felt they had been taken for a ride after they received the product and noticed it did not match the advertisement at all.

① appraised
② deceived
③ intimidated
④ compensated

해석

그들은 그 제품을 받고 그것이 광고와 전혀 일치하지 않는다는 것을 알아챈 후에 그들이 속았다고 느꼈다.

① 평가받은
② 속은
③ 협박받은
④ 보상받은

정답 ②

어휘

take for a ride 속이다 notice 알아채다, 인지하다 match 일치하다; 시합
appraise 평가하다 deceive 속이다 intimidate 협박하다
compensate 보상하다

🏋️ 이것도 알면 합격!

take for a ride(속이다)와 유사한 의미의 표현
= dupe, swindle, pull the wool over someone's eyes

---

02 문법 동명사 | 부사절 | 동사의 종류 | 분사 | 명사절 난이도 중 ●●○

우리말을 영어로 잘못 옮긴 것은?

① 그는 무슨 문제가 있으면 그녀가 그에게 전화할 수 있도록 자신의 전화번호를 남겼다.
→ He left his phone number so that she could call him if there were any problems.

② 다양한 국가에서 온 대표들은 정상 회담에 참석하기 위해 뉴욕에 도착했다.
→ Representatives from various countries arrived in New York to attend the summit meeting.

③ 상황의 심각성을 고려하면, 나는 내가 어떻게 해야 할지에 대해 생각할 시간이 더 필요하다.
→ Considering the gravity of the situation, I need more time to think about what I should do.

④ 그녀는 똑같은 것이 다른 가게에서 할인 판매 중인 것을 알았을 때 그 스카프를 산 것을 후회했다.
→ She regretted to buy the scarf when she found the same one on sale at another shop.

포인트 해설

④ 동명사와 to 부정사 둘 다 목적어로 취하는 동사 동사 regret은 to 부정사나 동명사를 모두 목적어로 취할 수 있는데, '~한 것을 후회했다'라는 과거의 의미를 나타낼 때는 동명사를 목적어로 취하므로 to 부정사 to buy를 동명사 buying으로 고쳐야 한다.

[오답 분석]

① **부사절 접속사** '그에게 전화할 수 있도록'은 부사절 접속사 so that ~ can(~하도록)을 사용하여 나타낼 수 있으므로 so that she could call이 올바르게 쓰였다.

② **타동사** 동사 attend는 전치사 없이 목적어(the summit meeting)를 바로 취하는 타동사이므로 attend the summit meeting이 올바르게 쓰였다.

③ **분사구문 관용 표현 | 명사절 접속사** '상황의 심각성을 고려하면'을 나타내기 위해 분사구문 관용 표현 Considering(~을 고려해 보면)이 올바르게 쓰였다. 또한, 목적어가 없는 불완전한 절(I should do)을 이끌면서 전치사 about의 목적어 자리에 올 수 있는 명사절 접속사 what이 올바르게 쓰였다.

정답 ④

어휘

representative 대표　summit meeting 정상 회담　gravity 심각성, 중력

이것도 알면 합격!

②번의 attend처럼, 전치사 없이 목적어를 바로 취하는 타동사들을 기억해 두자.

discuss ~에 대해 토론하다	explain ~에 대해 설명하다
address ~에게 연설하다	greet ~에게 인사하다
resemble ~와 닮다	join ~와/~에 합류하다
accompany ~와 함께하다	survive ~보다 오래 살다
inhabit ~에 살다	obey ~에 복종하다
affect ~에 영향을 미치다	

---

03 생활영어 It was like a bolt out of the blue! 난이도 중 ●●○

두 사람의 대화 중 자연스럽지 않은 것은?

① A: What took you guys so long to get here?
　B: The traffic was bumper to bumper.

② A: Let's buy some snacks before the movie starts.
　B: I'll get them. Why don't you grab us some seats?

③ A: I'm calling about the cashier job.
　B: Sorry. The position has been filled.

④ A: Do you like living in your new apartment?
　B: It was like a bolt out of the blue!

해석

① A: 너희들 여기 오는 데 왜 그렇게 오래 걸렸어?
　B: 교통이 정체되었어.

② A: 영화가 시작하기 전에 간식 좀 사자.
　B: 내가 사 올게. 네가 자리를 잡는 건 어때?

③ A: 계산원 일자리 때문에 전화했습니다.
　B: 죄송합니다. 그 자리는 채워졌어요.

④ A: 너의 새 아파트에서 사는 게 마음에 드니?
　B: 그건 마른하늘에 날벼락이었어!

포인트 해설

④번에서 A는 B에게 새 아파트에서 사는 것이 마음에 드는지를 묻고 있으므로, 뜻밖의 상황에 놀란 심경을 나타내는 B의 대답 ④ 'It was like a bolt out of the blue'(그건 마른하늘에 날벼락이었어)는 어울리지 않는다.

정답 ④

어휘

bumper to bumper (교통이) 정체된, 차가 꽉 들어찬
a bolt out of the blue 마른하늘에 날벼락

이것도 알면 합격!

'blue'를 포함하는 다양한 관용 표현들을 알아 두자.
• feel blue 울적하다
• out of the blue 갑자기
• once in a blue moon 극히 드물게
• blue in the face 몹시 지친, 몹시 화난

---

04 문법 관계절 | 동명사 | 분사 난이도 중 ●●○

밑줄 친 부분 중 어법상 옳지 않은 것은?

People ① who have experienced success often feel that they are qualified to give advice to others. They may think that their accomplishments indicate that the choices they made are the only correct ones. Such people run the risk ② of ignoring the unique circumstances that created the opportunities from ③ what they seized success. Moreover, some may possess advantageous backgrounds ④ allowing such opportunities to exist in the first place.

해석

성공을 경험한 사람들은 종종 자신이 다른 사람들에게 조언할 자격이 있다고 생각한다. 그들은 그들이 내렸던 선택이 유일한 올바른 선택이었음을 그들의 업적이 나타낸다고 생각할지 모른다. 그러한 사람들은 그들이 성공을 잡게 했던 기회를 만들어 준 특수한 상황을 무시할 위험이 있다. 게다가, 몇몇 사람들은 애초부터 이와 같은 기회를 허락한 유리한 배경을 가지고 있었을지 모른다.

포인트 해설

③ **전치사 + 관계대명사** 명사절 접속사 what은 완전한 절(they seized success)을 이끌 수 없으므로, 전치사 from과 함께 완전한 절을 이끌 수 있는 '전치사 + 관계대명사'의 형태가 와야 한다. 이때 선행사 opportunities가 사물이고 관계절 내에서 전치사 from의 목적어 역할을 하므로 명사절 접속사 what을 목적격 관계대명사 which로 고쳐야 한다. 참고로, 전치사(from) 뒤에 관계대명사 that은 올 수 없다.

[오답 분석]

① **관계대명사** 선행사(People)가 사람이고, 관계절 내에서 동사 have experienced의 주어 역할을 하므로 사람을 나타내는 주격 관계대명사 who가 올바르게 쓰였다.

② **동명사의 역할** 전치사(of) 뒤에 명사 역할을 하는 동명사 ignoring이 올바르게 쓰였다.

④ **현재분사 vs. 과거분사** 수식받는 명사(backgrounds)와 분사가 '배경이 허락하다'라는 의미의 능동 관계이므로 현재분사 allowing이 올바르게 쓰였다.

정답 ③

어휘

qualify 자격을 주다 ignore 무시하다, 못 본 척하다 seize 잡다
advantageous 유리한, 이로운

🔖 이것도 알면 **합격!**

'전치사 + 관계대명사'에서 전치사는 선행사 또는 관계절의 동사에 따라 결정된다는 것을 함께 알아 두자.

• They held the meeting in the room **from which** the noise <u>was emanating</u>.
그들은 소음이 흘러나오고 있는 방에서 회의를 열었다.

→ 관계절의 동사 emanate는 전치사 from과 짝을 이루어 '~에서 흘러나오다'라는 의미로 사용되므로 from which가 쓰였다.

---

05 어휘 confidential   난이도 중 ●●○

밑줄 친 부분에 들어갈 말로 가장 적절한 것은?

The movie star is notoriously _____ about his personal life, refusing to answer the media's questions about anything besides his films.

① confidential   ② restless
③ approachable   ④ humble

해석

그 영화배우는 영화 외의 것에 대한 대중 매체의 질문에 대답하기를 거절하기 때문에, 그의 사생활에 대해 <u>비밀스러운</u> 것으로 악명 높다.

① 비밀스러운   ② 불안한
③ 말을 붙이기 쉬운   ④ 겸손한

정답 ①

어휘

notoriously 악명 높게 confidential 비밀스러운 restless 불안한
approachable 말을 붙이기 쉬운, 이해하기 쉬운 humble 겸손한

🔖 이것도 알면 **합격!**

confidential(비밀스러운)의 유의어
= secretive, private, personal

---

06 독해 빈칸 완성 - 절   난이도 하 ●○○

밑줄 친 부분에 들어갈 말로 가장 적절한 것은?

As the price of copper falls, market analysts worry it could signal a potential slowdown in the world economy. During periods of strong economic growth, the cost of purchasing the metal is relatively high. With copper being an integral component of phone lines and cables, high copper prices hint at wider production in other areas of manufacturing. Consequently, the fall in value of this raw material suggests a decrease in infrastructure growth. A general pattern of weaker demand across the world only compounds the dire outlook. It is a worrying sign for everybody because this _____.

① natural resource is in danger of running out completely
② trend forecasts the possibility of a global recession
③ fragile market cannot withstand more scarcity
④ resource struggles to maintain investor confidence

해석

구리의 가격이 하락하면서, 시장 분석가들은 이것이 잠재적인 세계 경제 둔화의 조짐이 될 수 있다고 우려하고 있다. 두드러진 경제 성장의 시기에, 그 금속의 구매 가격은 상대적으로 높다. 구리는 전화선과 케이블의 필수 요소이기 때문에, 높은 구리 가격은 다른 제조업 분야에서의 더 광범위한 생산을 암시한다. 따라서, 이 원자재 가치의 하락은 경제 기반의 성장 저하를 의미한다. 전 세계에 걸쳐 보편적으로 수요가 더 약해지는 양상은 불길한 전망을 악화시킬 뿐이다. 이러한 <u>추세는 세계 불황의 가능성을 예보하기 때문</u>에 모두에게 걱정스러운 징조이다.

① 천연자원은 완전히 고갈될 위기에 처해 있다
② 추세는 세계 불황의 가능성을 예보한다
③ 취약한 시장은 더 이상의 결핍을 버틸 수 없다
④ 자원은 투자자의 신뢰를 유지하기 위해 분투한다

포인트 해설

지문 앞부분에서 구리 가격의 하락은 세계 경제 둔화의 조짐이 될 수 있다는 내용이 있고, 빈칸 앞 문장에서 전 세계에 걸쳐 보편적으로 수요가 더 약해지는 양상은 불길한 전망을 악화시킬 뿐이라는 내용이 있으므로, 이러한 '추세는 세계 불황의 가능성을 예보한다'라고 한 ②번이 정답이다.

정답 ②

어휘

integral 필수의 component (구성) 요소, 부품 hint 암시하다
raw material 원자재 infrastructure 경제 기반, 사회 기반 시설
compound 악화시키다 dire 불길한, 심한 outlook 전망, 가능성
forecast 예보하다, ~의 전조가 되다 recession 불황, 불경기
fragile 취약한 withstand 버티다, 저항하다 scarcity 결핍

07 독해 내용 불일치 파악 　　　　난이도 상 ●●●

다음 글의 내용과 일치하지 않는 것은?

Though brought up as a Christian, philosopher Friedrich Nietzsche grew disillusioned with religion by the time he was in college. He claimed that Christianity ultimately kept humans submissive and stagnant, a "slave" to the morality set forth by faith. This ran contrary to Nietzsche's thoughts that people should constantly be striving to advance as a species. As a result, he proposed the idea of the superman, a highly enhanced version of man. Nietzsche posited that the superman should be the ultimate goal for humanity rather than some form of spiritual enlightenment, which he believed did not exist. The superman would be the ideal human, one which became better as each subsequent generation passed. While Nietzsche did not think there were any true supermen in the world at the time, he referred to several persons who he thought were close enough to be regarded as models, including William Shakespeare, Socrates, Leonardo da Vinci, and Julius Caesar.

① Nietzsche felt that man's enhancement was achieved by being ethical.

② An issue Nietzsche had with religion was that he felt it kept people complacent.

③ Nietzsche believed that becoming a superman should be humanity's ambition.

④ Shakespeare and Leonardo are approximate supermen according to Nietzsche.

해석

기독교인으로서 자랐지만, 철학자 Friedrich Nietzsche는 그가 대학교에 다닐 무렵 종교에 환멸을 느끼기 시작했다. 그는 기독교가 결국 사람들을 순종적이고 발전이 없게 하여, 종교가 전하는 도덕의 '노예'가 되게 했다고 주장했다. 이는 사람들이 인류로서 발전하기 위해 끊임없이 노력해야 한다는 Nietzsche의 생각과 어긋난다. 결과적으로, 그는 매우 향상된 인간의 형태인 초인의 개념을 제시했다. Nietzsche는 그가 존재하지 않는다고 믿었던 일종의 종교적 깨우침이 아니라 초인이 인류의 궁극적인 목표가 되어야 한다고 단정했다. 그 초인은 바로 각각의 다음 세대를 거치면서 점점 더 나아지는 이상적인 인간일 것이다. Nietzsche는 그 당시에 세상엔 진정한 초인이 있다고 생각하지 않았지만, 본보기로 여길 수 있을 만큼 이에 충분히 가깝다고 생각되는 몇 사람들을 언급했는데, William Shakespeare, Socrates, Leonardo da Vinci, 그리고 Julius Caesar가 이에 속한다.

① Nietzsche는 인간의 발전이 도덕적으로 행동함으로써 이뤄졌다고 생각했다.

② Nietzsche가 종교에 대해 품었던 문제점은 그것이 사람들을 현실에 안주하게 만든다고 여겼던 것이다.

③ Nietzsche는 초인이 되는 것이 인류의 야망이 되어야 한다고 믿었다.

④ Nietzsche에 따르면 Shakespeare와 Leonardo는 초인과 비슷하다.

포인트 해설

①번의 키워드인 by being ethical(도덕적으로 행동함으로써)을 바꾸어 표현한 지문의 morality(도덕) 주변의 내용에서 Nietzsche는 기독교가 사람들을 종교가 전하는 도덕의 '노예'가 되게 했다고 주장했다 했지만, ① 'Nietzsche가 인간의 발전이 도덕적으로 행동함으로써 이뤄졌다고 생각했'는지는 알 수 없다.

정답 ①

어휘

philosopher 철학자　disillusion 환멸을 느끼게 하다　submissive 순종적인
stagnant 발전이 없는　morality 도덕　set forth ~을 제시하다
faith 종교, 신앙　species 인류, 종　posit 단정하다, 사실로 가정하다
enlightenment 깨우침　subsequent 그다음의
enhancement 발전, 강화　complacent 현실에 안주하는
ambition 야망, 포부　approximate 비슷한, 대략적인

구문 분석

(생략), he referred to several persons / who he thought were close enough / to be regarded as models, (생략).
: 이처럼 '… enough to ~' 구문이 정도를 나타내는 경우, '~할 만큼 충분히 …하다'라고 해석한다.

08 독해 글의 감상 　　　　난이도 하 ●○○

다음 글에 드러난 화자의 심경으로 가장 적절한 것은?

There is a small diner near my home that I frequently go to. Most of the staff know me by name and are always sweet and attentive. Imagine my surprise, then, when I went to the diner last week and had the complete opposite experience. There were two new servers working and none of the regular staff was there. Rather than show me to my favorite table in the corner, one of the new servers hurriedly waved me over to a stool at the counter. I placed my usual order of toast with jam but when the plate arrived, the server had forgotten the jam and had given me white bread even though I had specifically asked for whole wheat. I'm not sure I'll be back if that's the level of service I can expect from now on.

① impressed and delighted

② pleased and satisfied

③ discontented and frustrated

④ impatient and angry

해석

우리 집 근처에는 내가 자주 가는 작은 식당이 있다. 대부분의 직원들은 나의 이름을 알고 있고, 항상 친절하고 세심하다. 그렇다면 지난주에 내가 그 식당에 가서 정반대의 경험을 했을 때의 나의 놀라움을 상상해 보라. 새로운 직원 두 명이 일하고 있었고 평소에 있던 직원은 아무도 없었다. 내가 가장 좋아하는 구석 자리로 나를 안내하는 대신, 새로운 직원 중 한 명은 허둥지둥 손을 흔들어 나를 카운터에 있는 의자로 불렀다. 나는 평소대로 잼을 바른 토스트를 주문했지만, 음식을 받았을 때 직원은 잼을 잊었으며, 내

가 특별히 통밀빵을 요청했음에도 불구하고 흰빵을 주었다. 그것이 내가 앞으로 기대할 수 있는 서비스의 수준이라면 내가 다시 갈지는 잘 모르겠다.

① 감동받고 열정적인
② 기쁘고 만족한
③ 불만족스럽고 실망한
④ 조급하고 화난

포인트 해설

지문에서 화자(I)는 자주 가던 식당에 갔지만 평소에 있던 친절하고 세심한 직원들 대신 새로운 직원들이 있었고, 이들은 화자가 평소에 선호하던 자리 대신 카운터의 자리를 주었으며, 주문한 음식과 다른 음식을 갖다 주었다고 이야기하고 있다. 따라서 화자의 심경을 '불만족하고 실망한'이라고 표현한 ③번이 정답이다.

정답 ③

어휘

attentive 세심한, 상냥한   hurriedly 허둥지둥, 황급히   stool 의자
place an order 주문하다   from now on 앞으로는, 이제부터
impressed 감동받은   discontented 불만족한   impatient 조급한, 안달하는

---

09   독해 제목 파악   난이도 중 ●●○

다음 글의 제목으로 가장 적절한 것은?

If asked whether a coin dropped from the top of a very tall building could gain enough momentum to kill someone struck on the head by it, many say yes. The reasoning behind their answer is that the falling object, under the influence of gravity, would continue to accelerate on the way down and eventually attain incredible velocity. But this is not true where coins are involved, according to physicists. Because a coin is flat and weighs little, it would encounter resistance from air molecules as it traveled down, which would keep it from continually accelerating. In fact, it would even tremble as a leaf does when it falls, and if it were to hit somebody, it would feel more like a mild flick than a whack on the head. Heavier objects like rocks and more streamlined ones like pens are a different story, though—those could fall with enough force or a more linear trajectory to seriously injure or kill a person.

① Dispelling the Myth of the Falling Coin
② Influence of Gravity on Metal Objects
③ Why Objects Accelerate as They Descend
④ The Dangers of Very Tall Structures

해석

매우 높은 건물의 꼭대기에서 떨어뜨린 동전이 그것을 머리에 맞은 사람을 죽이기에 충분한 가속도를 얻을 수 있을지에 대해 질문하면, 많은 사람들은 그렇다고 대답한다. 그들의 대답 이면의 논거는 중력의 영향 아래에서, 떨어지는 물체는 내려가는 중에 계속해서 가속화되고 결국 엄청나게 빠른 속도를 얻는다는 것이다. 그러나 물리학자들에 따르면 동전에 관해서는 이것

은 사실이 아니다. 동전은 평평하고 무게가 적게 나가기 때문에, 그것이 아래로 이동할 때 공기 분자로부터의 저항을 마주하게 되는데, 이는 그것이 계속해서 가속화되지 못하게 막는다. 사실, 그것은 떨어질 때 나뭇잎처럼 흔들거릴 것이며, 만약 그것이 누군가와 부딪친다면 그것은 머리를 세게 치는 것보다는 가볍게 치는 것에 더 가깝게 느껴질 것이다. 그러나 돌멩이처럼 더 무거운 물체와 펜처럼 더 유선형인 것들은 이야기가 다르다. 이것들은 사람을 심각하게 부상을 입히거나 죽이기에 충분한 힘으로 혹은 좀 더 직선 모양의 궤도로 떨어질 수 있다.

① 떨어지는 동전에 대한 근거 없는 믿음 없애기
② 금속 물체에 미치는 중력의 영향
③ 물체가 하강할 때 가속화되는 이유
④ 매우 높은 건축물의 위험성

포인트 해설

지문 전반에 걸쳐 높은 건물에서 떨어진 동전이 사람을 해치기에 충분한 가속도를 얻을 수 있다는 생각은 사실이 아니라고 한 후, 이어서 동전은 평평하고 가볍기 때문에 공기 분자로부터의 저항을 마주하게 되어 가속화되지 못하므로 그 동전이 누군가와 부딪친다면 머리를 가볍게 치는 것 정도로만 느껴질 것이라고 설명하고 있다. 따라서 ① '떨어지는 동전에 대한 근거 없는 믿음 없애기'가 이 글의 제목이다.

정답 ①

어휘

momentum 가속도   reasoning 논거, 추론   accelerate 가속화되다
velocity 빠른 속도   physicist 물리학자   encounter 부딪히다
tremble 흔들리다   flick 가볍게 침   whack 세게 치기
streamlined 유선형의   linear 직선 모양의   trajectory 궤도   dispel 없애다
descend 하강하다

---

10   독해 빈칸 완성 – 단어   난이도 중 ●●○

밑줄 친 (A), (B)에 들어갈 말로 가장 적절한 것은?

The Day of the Dead originated with the indigenous population in Mexico. Decorated in colorful and unique costumes, they paraded through the streets in celebration of those who had passed. The holiday was celebrated throughout all of Mexico except in the north, as the people living there supported their orthodox Catholic beliefs and regarded the aboriginal custom as _____(A)_____. Instead, they observed All Saints' Day like other Catholics around the world. In recent history, however, those pagan views have since been assimilated, and citizens today _____(B)_____ the traditional festivities as a way of honoring their native ancestors. The historic practice was made a national holiday in the 1960s and is now recognized as a unique part of Mexican culture worldwide.

	(A)	(B)
①	standard	overlook
②	advanced	overlook
③	formal	embrace
④	offensive	embrace

해석

죽은 자들의 날은 멕시코 토착 주민들에 의해 시작되었다. 형형색색의 독특한 의상으로 치장한 사람들은 사망한 이들을 기리며 거리를 행진했다. 그 축제일은 북부를 제외한 멕시코 전역에서 기념되었는데, 그곳에 살고 있는 사람들은 정통 가톨릭 신앙을 지지하고 그 토착민의 풍습을 (A) 불쾌한 것으로 여겼기 때문이다. 그 대신에, 그들은 전 세계의 여타 가톨릭 신자들처럼 만성절을 기념했다. 하지만, 근래의 역사에서는 그러한 이교도적 사고방식이 그 이후로 받아들여져 왔으며, 오늘날의 시민들은 전통 축제를 그들의 토착 조상을 기리는 하나의 방식으로서 (B) 수용한다. 그 역사적 관행은 1960년대에 국경일로 지정되었고 현재 전 세계에서 고유한 멕시코 문화의 일부로 인식되고 있다.

	(A)	(B)
①	일반적인	간과하다
②	진보한	간과하다
③	공식적인	수용하다
④	불쾌한	수용하다

포인트 해설

(A) 빈칸이 있는 문장에 죽은 자들의 날은 멕시코 북부를 제외한 멕시코 전역에서 기념되었다는 내용이 있고, 빈칸 뒤 문장에 그 대신 그들(멕시코 북부에 사는 사람들)은 전 세계의 여타 가톨릭 신자들처럼 만성절을 기념했다는 내용이 있으므로, 빈칸에는 그곳(북부)에 살고 있는 사람들은 정통 가톨릭 신앙을 지지하고 그 토착민의 풍습을 '불쾌한' 것으로 여겼다는 부정적인 내용이 나와야 적절하다.

(B) 빈칸이 있는 문장에 하지만 근래의 역사에서 그러한 이교도적 사고방식이 받아들여져 왔다는 내용이 있고, 빈칸 뒤 문장에 죽은 자들의 날 관행은 1960년대에 국경일로 지정되어 현재 전 세계에서 고유한 멕시코 문화의 일부로 인식되고 있다는 내용이 있으므로, 오늘날의 시민들은 전통 축제를 그들의 토착 조상을 기리는 하나의 방식으로서 '수용한다'는 긍정적인 내용이 나와야 적절하다.

따라서 ④ (A) offensive(불쾌한) - (B) embrace(수용하다)가 정답이다.

정답 ④

어휘

originate 시작되다, 비롯되다 indigenous 토착의, 고유의 costume 의상
orthodox 정통의 aboriginal 토착(민)의
observe 기념하다, 축하하다, 목격하다 pagan 이교도적인, 토속 신앙의
assimilate 받아들이다, 동화하다 ancestor 조상 standard 일반적인
overlook 간과하다 advanced 진보한 embrace 수용하다, 받아들이다
offensive 불쾌한, 모욕적인

해커스 공무원시험연구소 총평

난이도	어휘·생활영어 영역의 일부 어휘와 표현이 다소 까다로울 수 있었지만, 대체로 평이한 난이도의 회차였습니다.
어휘·생활영어 영역	1번 문제의 정답 어휘(reimburse)가 생소했을 수 있지만, 오답 보기를 소거함으로써 충분히 정답을 찾을 수 있었습니다. 어휘 영역에서 출제되는 어휘와 표현의 난이도는 매우 폭넓으므로, 문제에 주어진 다양한 단서들을 활용하는 훈련이 필요합니다.
문법 영역	3번 문제를 통해 공무원 시험의 최빈출 문법 포인트 중 하나인 수동태의 여러 출제 형태를 확인할 수 있었습니다. 빈출 포인트들의 경우, 다른 문법 내용과 결부되어 응용 출제될 수 있음에 유의합니다.
독해 영역	6번 문제와 같은 지칭 대상 파악 문제는 법원직 9급 시험에서 종종 출제됩니다. 다소 생소한 유형이고 전체 문맥을 파악함으로써 정답을 골라야 했다는 점에서 까다롭게 느껴졌을 수 있습니다.

정답

01	①	어휘	06	①	독해
02	③	생활영어	07	④	독해
03	②	문법	08	①	독해
04	④	문법	09	③	독해
05	④	어휘	10	②	독해

취약영역 분석표

영역	맞힌 답의 개수
어휘	/ 2
생활영어	/ 1
문법	/ 2
독해	/ 5
TOTAL	/ 10

---

01 어휘 reimburse 난이도 중 ●●○

밑줄 친 부분에 들어갈 말로 가장 적절한 것은?

> The new DVD player he bought ruined some of his movies, so he took it back to the store and asked to be _____ for his DVDs.

① reimbursed
② pardoned
③ diagnosed
④ loaned

해석

그가 산 새로운 DVD 플레이어가 그의 영화 몇 편을 망가뜨렸기 때문에, 그는 DVD 플레이어를 상점에 반품했고 그의 DVD들을 배상받게 해 달라고 요구했다.

① 배상받는
② 용서받는
③ 진단받는
④ 대여받는

정답 ①

어휘

ruin 망가뜨리다, 망치다 take back 반품하다 reimburse 배상하다
pardon 용서하다 diagnose 진단하다 loan 대여하다

🖋 이것도 알면 **합격!**

reimburse(배상하다)의 유의어
= compensate, repay, remunerate

---

02 생활영어 Why don't we grab a cab? 난이도 중 ●●○

밑줄 친 부분에 들어갈 말로 가장 적절한 것은?

> A: We need to wait 20 minutes for the next bus downtown.
> B: Twenty minutes is too long. It's so cold out! And Martin is already on his way.
> A: Hmm. _____?
> B: Good idea! I'll flag down the next one. It will help us save time.
> A: I hope we won't be late.
> B: I think we'll be just on time.

① What should we do
② Why don't we just wait
③ Why don't we grab a cab
④ How about taking the subway

해석

A: 시내로 가는 다음 버스는 20분을 기다려야 해.
B: 20분은 너무 길어. 밖이 너무 춥잖아! 게다가 Martin은 이미 오는 중이야.
A: 흠. 택시를 잡는 게 어때?
B: 좋은 생각이야! 다음 걸 불러 세울게. 그러면 시간을 아낄 수 있겠다.
A: 우리가 늦지 않으면 좋겠어.

B: 딱 제시간에 도착할 것 같아.

① 어떻게 해야 하지
② 그냥 기다리는 게 어때
③ 택시를 잡는 게 어때
④ 지하철을 타는 게 어때

포인트 해설

다음 버스는 20분을 기다려야 한다는 A의 말에 대해 B가 20분은 너무 길다고 하고, 빈칸 뒤에서 다시 B가 Good idea! I'll flag down the next one(좋은 생각이야! 다음 걸 불러 세울게)이라고 대답하고 있으므로, '택시를 잡는 게 어때'라는 의미의 ③ 'Why don't we grab a cab'이 정답이다.

정답 ③

어휘

flag down 불러 세우다

이것도 알면 합격!

교통수단을 이용할 때 쓸 수 있는 다양한 표현을 알아 두자.
• It's a flat rate to the airport. 공항까지는 고정 요금입니다.
• I need to change my reservation. 예약을 변경해야 합니다.
• Have you decided on how to get there? 그곳에 어떻게 갈지 정했나요?
• Would you like a one-way or round-trip ticket?
  편도를 원하시나요, 왕복을 원하시나요?

---

03 문법 수동태 | 분사 | 부사 난이도 중 ●●○

우리말을 영어로 잘못 옮긴 것은?

① 졸업식에 참가하는 학생들에게, 손님의 숫자는 두 명으로 제한될 것이다.
→ For students attending the graduation ceremony, the number of guests will be limited to two.

② 대단히 뛰어난 그 젊은 사업가는 제2의 스티브 잡스라고 칭찬받았다.
→ Brilliant beyond measure, the young entrepreneur touted as the next Steve Jobs.

③ 연구의 참가자들은 종잇조각 하나를 상자에서 꺼내 달라는 요청을 받았다.
→ The participants in the study were asked to pick a slip of paper out of a box.

④ 모든 수화물은 머리 위 짐칸에 안전하게 실려야 한다.
→ All carry-on luggage must be securely stowed away in the overhead compartments.

포인트 해설

② **능동태·수동태 구별** 주어(the young entrepreneur)와 동사가 '그 젊은 사업가는 칭찬받았다'라는 의미의 수동 관계이므로 능동태 touted를 수동태 was touted로 고쳐야 한다.

[오답 분석]

① **현재분사 vs. 과거분사** 수식받는 명사(students)와 분사가 '학생들이 참석하다'라는 의미의 능동 관계이므로 현재분사 attending이 올바르게 쓰였다.

---

③ **5형식 동사의 수동태** to 부정사를 목적격 보어로 취하는 5형식 동사(ask)가 수동태가 되면 to 부정사는 수동태 동사(were asked) 뒤에 그대로 남아야 하므로 were asked to pick이 올바르게 쓰였다.

④ **부사 자리** 부사(securely)가 수동형 동사(be stowed)를 수식할 때, 부사는 'be + p.p.' 사이나 그 뒤에 와야 하므로 be securely stowed가 올바르게 쓰였다.

정답 ②

어휘

beyond measure 대단히 tout 칭찬하다, 홍보하다
carry-on luggage 수하물 securely 안전하게 stow away ~을 싣다
compartment 짐칸

이것도 알면 합격!

목적격 보어로 원형 부정사를 취하는 5형식 동사가 수동태가 되는 경우, 목적격 보어는 to 부정사가 되어 수동태 동사 뒤에 남는다는 것도 함께 알아 두자.

• 능동태 She made her son clean his room.
            능동태 동사   목적격 보어(원형 부정사)
  그녀는 그녀의 아들이 그의 방을 치우도록 했다.

• 수동태 Her son was made to clean his room.
            수동태 동사   목적격 보어(to 부정사)
  그녀의 아들은 자신의 방을 치우게 되었다.

---

04 문법 관계절 | 부사절 | 수 일치 | 명사절 난이도 중 ●●○

어법상 옳은 것은?

① He has to return the car to the garage until his father notices it is gone.
② The basketball what was autographed by all the team members are going to be auctioned off next month.
③ When my sister told me that she was moving abroad, I didn't know whether laugh or cry.
④ The filter that came with the air purifier should be replaced after three months of regular use.

해석

① 그는 아버지가 차가 사라진 것을 알아채기 전에 차를 차고에 돌려놔야 한다.
② 모든 팀원들이 사인한 농구공은 다음 달에 경매될 것이다.
③ 여동생이 나에게 그녀가 해외로 이사 간다고 말했을 때, 나는 웃어야 할지 울어야 할지 몰랐다.
④ 공기 정화기에 딸려 있는 여과 장치는 석 달 정도 사용한 후에 교체되어야 한다

포인트 해설

④ **관계대명사** 선행사(The filter)가 사물이고 관계절 내에서 동사 came with의 주어 역할을 하므로, 사물을 가리키는 주격 관계대명사 that이 올바르게 쓰였다.

[오답 분석]

① **부사절 접속사** 문맥상 '아버지가 알아채기 전에'라는 의미가 되어야 자연스러우므로, 부사절 접속사 until(~할 때까지)을 부사절 접속사 before(~ 전에)로 고쳐야 한다.

② **관계대명사 | 주어와 동사의 수 일치** 명사 The basketball을 수식하기 위해 형용사 역할을 하는 관계절이 와야 하므로, 명사절 접속사 what이 아닌 관계대명사가 와야 한다. 이때 선행사(The basketball)가 사물이고 관계절 내에서 동사 was autographed의 주어 역할을 하므로 명사절 접속사 what을 주격 관계대명사 that 또는 which로 고쳐야 한다. 또한, 주어 자리에 단수 명사 The basketball이 왔으므로 복수 동사 are를 단수 동사 is로 고쳐야 한다. 참고로, 주어와 동사 사이의 수식어 거품(that/which was ~ members)은 동사의 수 결정에 영향을 주지 않는다.

③ **명사절 접속사** 동사(know)의 목적어 자리에는 명사 역할을 하는 것이 와야 하는데, 명사절 접속사 whether는 완전한 절을 이끌거나 'whether + to 부정사'의 형태로 쓰이므로 whether laugh or cry를 whether I laughed or cried 또는 whether to laugh or cry로 고쳐야 한다. 참고로 to 부정사구 병치 구문에서 두 번째 나온 to는 생략될 수 있다.

정답 ④

어휘

garage 차고 be auctioned off 경매되다 air purifier 공기 정화기

🔖 **이것도 알면 합격!**

명사절 접속사 whether(~인지 아닌지)는 불확실한 사실을, 명사절 접속사 that은 확실한 사실을 나타낸다는 것을 알아 두자.

· Sarah is contemplating **whether** <u>she should go to the party tonight</u>.
　　　　　　　　　　　　　　　　　　　불확실한 사실
  Sarah는 오늘 밤에 파티에 가야 할지 말지 생각 중이다.

· It's a well-established fact **that** <u>the Earth revolves around the sun</u>.
　　　　　　　　　　　　　　　　확실한 사실
  지구가 태양을 중심으로 회전한다는 것은 확고한 사실이다.

05　어휘 pragmatic = realistic　　　난이도 중 ●●○

밑줄 친 부분의 의미와 가장 가까운 것은?

> She was never inclined to have grandiose dreams about her future. Rather, she was extremely <u>pragmatic</u>, choosing to pursue goals that were attainable to avoid the disappointment that comes with unreasonable expectations.

① impulsive　　　　　　② fervent
③ arbitrary　　　　　　④ realistic

해석

그녀는 자신의 미래에 대해 거창한 꿈을 꾸는 경향이 전혀 없었다. 오히려, 그녀는 매우 <u>현실적</u>이어서, 지나친 기대와 함께 오는 실망감을 피하기 위해 달성 가능한 목표들을 추구하고자 했다.

① 충동적인　　　　　　② 열렬한
③ 제멋대로인　　　　　④ 현실적인

정답 ④

어휘

be inclined to ~하는 경향이 있다 grandiose 거창한
pragmatic 현실적인 attainable 달성 가능한
unreasonable 지나친, 부당한 impulsive 충동적인 fervent 열렬한
arbitrary 제멋대로인 realistic 현실적인

🔖 **이것도 알면 합격!**

pragmatic(현실적인)의 유의어
= practical, sensible, rational, down-to-earth

06　독해 지칭 대상 파악　　　난이도 중 ●●○

밑줄 친 "that process"가 다음 글에서 의미하는 바로 가장 적절한 것은?

> A man stumbled across the cocoon of a butterfly that had begun to hatch. Just shy of fully emerging from its confinement, the butterfly began thrashing about, but no amount of effort seemed enough for it to dislodge itself. Stricken by the creature's plight, the man snipped the stubborn vestiges of the cocoon with scissors. He was, at first, relieved to see the butterfly shrug out of its enclosure, but was then shocked by the insect's swollen body and shriveled wings. He kept watch over it, expecting the wings to somehow blossom, but alas they never did. What the man did not grasp in his haste to be kind was that, stripped of the chance to finish <u>that process</u>, nature's way of pushing fluid into the butterfly's wings was impeded. Springing prematurely from its woven capsule ultimately spelled doom for the delicate creature.

① Escaping from a cocoon is crucial for a butterfly's development.
② Using scissors on a cocoon aids a butterfly in its escape.
③ Butterflies struggle to break their cocoons but frequently fail to do so.
④ Butterflies do not always make a proper cocoon.

해석

한 남자가 부화하기 시작한 나비의 고치를 우연히 발견했다. 자신의 갇혀 있는 상태에서 완전히 벗어나기에 조금 부족하여, 나비는 몸부림치기 시작했지만, 아무리 노력해도 나비가 스스로를 벗어나게 만들기에는 충분하지 않은 듯 보였다. 그 생명체의 역경에 감명을 받아, 남자는 고치의 단단한 잔존물들을 가위로 잘랐다. 그는 처음에 나비가 그것을 둘러싼 것에서 벗어나는 것을 보고 안도했지만, 그 후에 그 곤충의 부어오른 몸통과 오그라든 날개에 충격을 받았다. 그는 날개가 어떻게든 펴지기를 기대하며 그것을 지켜보았지만 유감스럽게도 그것들은 결코 펴지지 않았다. 도움을 주기 위해 서두른 나머지 그가 놓친 것은, <u>그 과정</u>을 끝마칠 기회를 박탈당하면서, 체액을 나비의 날개로 밀어 넣는 자연의 방식이 방해받았다는 것이다. 짜여진 피막에서 너무 이르게 나오는 것은 결국 그 연약한 생명체에게 죽음을 의미했다.

① 고치로부터 빠져나오는 것은 나비의 발달에 있어 필수적이다.
② 고치에 가위를 사용하는 것은 나비의 탈출을 돕는다.

③ 나비들은 그들의 고치를 부수고 나오기 위해 발버둥 치지만 그렇게 하는 데 흔히 실패한다.

④ 나비들이 항상 제대로 된 고치를 만드는 것은 아니다.

포인트 해설

빈칸 앞부분에서 부화하는 나비의 고치를 남자가 자르자 고치에서 벗어난 나비의 오그라든 날개는 결코 펴지지 않았다고 했고, 체액을 나비의 날개로 밀어 넣는 자연의 방식이 방해받았다는 내용이 있으므로, 'that process' 가 가리키는 것은 '고치로부터 빠져나오는 것이 나비의 발달에 있어 필수적' 이라고 한 ①번이 정답이다.

정답 ①

어휘

stumble across ~을 우연히 발견하다   cocoon 고치   hatch 부화하다
shy of 부족한   confinement 갇혀 있는 상태
thrash about 몸부림치다, 엎치락뒤치락하다
dislodge 벗어나게 만들다   strike 감명을 주다, 때리다
plight 역경, 고난   snip 자르다   stubborn 단단한, 완고한
vestige 잔존물, 자취   shrug out of ~에서 벗어나다   swollen 부어오른
shrivel 오그라들게 하다   alas 유감스럽게도   haste 서두름, 성급함
strip 박탈하다, 없애다   fluid 체액, 액체; 유동성의   impede 방해하다
spring 나오다, 뛰다   prematurely 너무 이르게   weave 짜다, 엮다
spell 의미하다, 철자를 말하다   doom 죽음   delicate 연약한, 섬세한
escape 빠져나오다, 탈출하다   struggle 발버둥치다, 투쟁하다

구문 분석

What the man did not grasp / in his haste to be kind / was that, (생략).
: 이처럼 what이 이끄는 절(what + 주어 + 동사 ~)이 주어 자리에 온 경우, '주어가 동사하는 것은'이라고 해석한다.

---

07 독해 내용 일치 파악   난이도 중 ●●○

다음 글의 내용과 일치하는 것은?

These days, companies have two main options for storing data: dedicated servers and cloud systems. Dedicated servers are computer programs that can be bought or leased to manage all the information contained in a collection of computers. They are popular because they are private and allow users to fully control their data, but they can occasionally go down or run out of space. Such issues would never occur with cloud systems, though. Using them involves storing information on multiple online servers, which means that cloud systems can handle an infinite amount of data that can be accessed anywhere the Internet is available. While it is undeniable that cloud systems are simplifying the way we use information technology, they are not without disadvantages. The one that concerns most people is their increased vulnerability, owing to the fact that multiple clients may be hosted on the same server. Accordingly, these systems are more prone to insider attacks.

① Information stored on dedicated servers is accessed by any user.

② When space runs out on cloud systems, more can be purchased or leased.

③ Dedicated servers sometimes malfunction, which can make data public.

④ A major weakness of cloud systems is their compromised security.

해석

오늘날, 기업들에게는 자료를 저장하는 두 가지 주요 선택권이 있는데, 전용 서버와 클라우드 시스템이다. 전용 서버는 소장하고 있는 컴퓨터들에 들어 있는 모든 정보를 관리하기 위해 구매되거나 대여될 수 있는 컴퓨터 프로그램이다. 이것은 사용자 전용이며 사용자들이 자료를 완전히 제어할 수 있도록 하기 때문에 인기 있지만, 가끔은 잠시 작동이 중단되거나 공간이 바닥날 수 있다. 그렇지만 클라우드 시스템에서는 이러한 문제들이 절대 발생하지 않는다. 이것을 사용하는 것은 정보를 다수의 온라인 서버에 저장하는 것을 포함하는데, 이는 클라우드 시스템이 인터넷을 이용할 수 있는 곳이라면 어디에서든지 접근할 수 있는 무한한 양의 자료를 처리할 수 있다는 것을 의미한다. 클라우드 시스템이 우리가 정보 기술을 사용하는 방식을 간소화하고 있다는 것은 부정할 수 없지만, 단점이 없는 것은 아니다. 대부분의 사람들이 염려하는 것은 다수의 고객들을 동일한 서버에서 관리하게 될 수도 있다는 점 때문에 높아진 취약성이다. 따라서, 이러한 시스템은 내부자에게 공격을 당하기가 더 쉽다.

① 전용 서버에 저장된 정보는 어느 사용자나 접근할 수 있다.

② 클라우드 시스템의 공간이 바닥나면, 더 많은 공간이 구매되거나 대여될 수 있다.

③ 전용 서버는 가끔씩 제대로 작동하지 않는데, 이는 자료가 공개되게 만들 수 있다.

④ 클라우드 시스템의 주요 약점은 약화된 안전성이다.

포인트 해설

④번의 키워드인 compromised security(위태로운 안정성)를 바꾸어 표현한 지문의 increased vulnerability(높아진 취약성) 주변의 내용에서 클라우드 시스템에 대해 사람들이 염려하는 것은 여러 고객들을 동일 서버에서 관리하는 것에서 기인한 높아진 취약성이라고 했으므로, ④ '클라우드 시스템의 주요 약점은 약화된 안전성이다'가 지문의 내용과 일치한다.

[오답 분석]

① 전용 서버는 사용자 전용이라고 했으므로, 전용 서버에 저장된 정보가 어느 사용자나 접근할 수 있다는 것은 지문의 내용과 다르다.

② 클라우드 시스템에서는 전용 서버처럼 공간이 바닥나는 문제가 절대 발생하지 않는다고 했으므로, 클라우드 시스템의 공간이 바닥나면 더 많은 공간이 구매되거나 대여될 수 있다는 것은 지문의 내용과 다르다.

③ 전용 서버가 가끔 잠시 작동이 중단되거나 공간이 바닥날 수 있다고는 했지만, 이것이 자료가 공개되게 만들 수 있는지는 알 수 없다.

정답 ④

어휘

dedicated server 전용 서버   contain 제어하다, 포함하다
go down 잠시 작동이 중단되다   access 접근하다, 접속하다; 접근
handle 처리하다, 다루다   undeniable 부정할 수 없는
vulnerability 취약성   malfunction 제대로 작동하지 않다
compromise 약화시키다, 타협하다

08　독해 빈칸 완성 - 단어　난이도 중 ●●○

밑줄 친 부분에 들어갈 말로 가장 적절한 것은?

Political cartoons have played a role in shaping public opinion for most of modern history. More often than not, their aim is to _____ public officials and policies in a lighthearted manner. They are recognizable for their pronounced use of caricature, which exaggerates prominent physical characteristics to reveal their subject's inner self. At the same time, these images attempt to raise awareness about important social issues. For example, during the Protestant Reformation in Germany, political cartoons were used to mobilize support for socio-religious reforms against the Catholic Church. In a pair of infamous woodcuts, Jesus giving gifts to the poor was contrasted with the luxury of the Church hierarchy.

① satirize
② rejuvenate
③ flatter
④ defend

해석

정치 풍자만화는 현대 역사 대부분에서 여론을 형성하는 역할을 해 왔다. 대개, 그것들의 목적은 공직자와 정책을 유쾌한 방식으로 <u>풍자하</u>는 것이다. 그것들은 부각되는 캐리커처의 사용으로 쉽게 분간이 가는데, 이것은 대상의 내면을 드러내기 위해 두드러진 신체적 특징을 과장한다. 동시에, 이러한 그림들은 중요한 사회 문제에 대한 인식을 높이려고 시도한다. 예를 들어, 독일의 종교 개혁 시기 동안, 정치 풍자만화는 가톨릭교회에 맞서 사회 종교적 개혁에 대한 지지를 동원하기 위해 사용되었다. 이름난 두 점의 목판화에서, 가난한 이들에게 선물을 주는 예수는 교회 성직자단의 사치와 대조되었다.

① 풍자하다
② 회복시키다
③ 아첨하다
④ 방어하다

포인트 해설

지문 뒷부분에서 정치 풍자만화는 사회 문제에 대한 인식을 높이려고 시도한다고 말한 후, 독일의 종교 개혁 시기에 가난한 사람들에게 선물을 주는 예수와 교회 성직자단의 사치를 대조한 두 장의 목판화를 그 예시로 들고 있으므로, 정치 풍자만화의 목적은 공직자와 정책을 유쾌한 방식으로 '풍자하'는 것이라고 한 ①번이 정답이다.

정답 ①

어휘

lighthearted 유쾌한, 명랑한　recognizable 쉽게 분간이 가는, 인식할 수 있는
pronounced 부각되는, 두드러진　exaggerate 과장하다
prominent 두드러진, 중요한, 유명한　reveal 드러내다, 폭로하다
awareness 인식, 관심　Protestant Reformation 종교 개혁
mobilize 동원하다, 고조시키다　infamous 이름난, 악명 높은
woodcut 목판화　contrast 대조하다; 차이, 대조　hierarchy 성직자단, 계층
satirize 풍자하다　rejuvenate 회복시키다　flatter 아첨하다
defend 방어하다

09　독해 제목 파악　난이도 하 ●○○

다음 글의 제목으로 가장 적절한 것은?

Since the global economic crisis in 2007, the demand for gold has increased substantially, leading to a boom in its excavation. Unfortunately, many gold deposits are found in some of the most biologically sensitive areas of the world. These include the tropical rainforests of South America, where mining activities have contributed to severe deforestation. Researchers estimate that between 2001 and 2013, around 170,000 hectares of rainforest were destroyed by mining alone, with most of the loss occurring in four particularly critical regions. The effects on biodiversity may be profound, as just one hectare of forest can be home to as many as 300 different species of trees. In addition, animals that rely on forest cover to survive and reproduce will likely be at increased risk of extinction due to the rapid loss of their natural habitat.

① The Type of Trees in South American Rainforests
② Quantifying Biological Diversity in Tropical Regions
③ Impacts of Gold Mining on South American Rainforests
④ Increasing Depletion of Gold Ores in South America

해석

2007년의 세계 경제 위기 이후 금에 대한 수요는 크게 증가했고, 이는 금 발굴의 급격한 증가로 이어졌다. 공교롭게도, 많은 금 매장층은 세계에서 생물학적으로 가장 민감한 몇몇 지역에서 발견된다. 이것은 채굴 활동이 심각한 삼림 벌채의 원인이 되어 온 남아메리카의 열대 우림을 포함한다. 연구원들은 2001년에서 2013년 사이에 약 170,000헥타르의 열대 우림이 단지 채굴에 의해 파괴되었으며, 대부분의 피해가 특히 위태로운 네 지역에서 발생했다고 추정한다. 1헥타르의 삼림은 무려 300여 종의 다양한 나무의 서식지가 될 수 있기 때문에, 이것이 생물의 다양성에 미치는 영향은 엄청날지도 모른다. 게다가, 삼림에 의존하여 생존하고 번식하는 동물들은 어쩌면 자연 서식지의 빠른 감소로 인해 증가된 멸종 위기에 처하게 될 것이다.

① 남아메리카 열대 우림의 나무 종류
② 열대 지역의 생물학적 다양성을 수량화하는 것
③ 금 채굴이 남아메리카 열대 우림에 미치는 영향
④ 남아메리카에서의 금광석 고갈 증가

포인트 해설

지문 전반에 걸쳐 금에 대한 수요 증가로 금 발굴이 증가했는데, 금 매장층 중 하나인 남아메리카 열대 우림은 채굴 활동으로 인해 막대한 범위가 파괴되었고, 이는 나무와 동물의 서식지를 감소시켜 생물의 다양성에 엄청난 영향을 미칠지 모른다고 우려하고 있다. 따라서 ③ '금 채굴이 남아메리카 열대 우림에 미치는 영향'이 이 글의 제목이다.

정답 ③

어휘

substantially 크게, 상당히　excavation 발굴　deposit 매장층
sensitive 민감한　rainforest 우림　mining 채굴　estimate 추정하다
critical 위태로운, 중대한　biodiversity 생물의 다양성
profound 엄청난, 심오한　reproduce 번식하다　extinction 멸종

10 독해 문단 요약 난이도 중 ●●○

다음 글의 내용을 한 문장으로 요약하고자 한다. 빈칸 (A), (B)에 들어갈 말로 가장 적절한 것은?

Many species manufacture toxic substances in order to defend themselves from threats. We commonly use the blanket term "poisonous" to refer to them, but this is somewhat of a misnomer. There is a clear distinction between creatures that are venomous and those that are poisonous. While both are capable of producing high levels of toxins, each type has its own way of transmitting them. The former injects the substance directly into the bloodstream of an enemy. Nearly all insects and snakes fall under this category; their stingers and fangs function as deadly needles. In contrast, poisonous animals such as the poison dart frog take a more passive approach with their weapon. Because their toxins are distributed purely through physical contact, they do not have to do anything. Predators that dare to initiate an attack do so at their own risk.

According to the passage, ___(A)___ animals have a different ___(B)___ method than those that bite or sting.

(A) (B)
① venomous defense
② poisonous delivery
③ predatory attack
④ active production

해석

많은 종들은 위협으로부터 스스로를 방어하기 위해 독성 물질을 만들어낸다. 우리는 흔히 그것들을 가리키기 위해 '독성이 있는(poisonous)'이라는 포괄적인 용어를 사용하지만, 이는 다소 부정확한 명칭이다. 독이 있는(venomous) 생물과 독성이 있는(poisonous) 생물 간에는 명확한 차이가 있다. 둘 다 매우 높은 수준의 독소를 만들어낼 수 있지만, 각 유형은 그것을 옮기는 저마다의 방식이 있다. 전자는 이 물질을 적의 혈류에 직접적으로 주입한다. 거의 모든 곤충들과 뱀들이 이 부류에 해당되는데, 그것들의 독침과 송곳니는 치명적인 바늘로 기능한다. 그에 반해서, 독개구리처럼 독성이 있는 동물들은 그것들의 무기를 가지고 더 수동적인 방식을 취한다. 그것들의 독소는 단순히 신체 접촉을 통해 퍼질 수 있기 때문에, 그것들은 어떤 행동을 할 필요가 없다. 감히 공격을 시작하는 포식자들은 위험을 무릅쓰고 그렇게 한다.

지문에 따르면, (A) 독성이 있는 동물들은 물거나 쏘는 동물들과는 다른 (B) 전달 방식이 있다.

(A) (B)
① 독이 있는 방어
② 독성이 있는 전달
③ 포식성의 공격
④ 활동적인 생산

포인트 해설

지문 전반에 걸쳐 '독이 있는' 생물과 '독성이 있는' 생물은 독소를 전달하는 방식에 있어 차이가 있는데, 독이 있는 생물은 침이나 송곳니 등을 통해 적의 혈류에 독소를 직접적으로 주입하는 반면, 독성이 있는 생물은 단순히 신체 접촉만으로도 독을 퍼뜨릴 수 있기 때문에 수동적인 방식을 취한다고 설명하고 있다. 따라서 (A)와 (B)에는 독성이 있는(poisonous) 동물들은 물거나 쏘는 동물들과는 다른 전달(delivery) 방식이 있다는 내용이 나와야 적절하다. 따라서 ② (A) poisonous - (B) delivery가 정답이다.

정답 ②

어휘

substance 물질 blanket 포괄적인, 전체적인, 담요 term 용어, 기간, 조건 poisonous 독성이 있는 misnomer 부정확한 명칭 distinction 차이 venomous 독이 있는 toxin 독소 transmit 옮기다, 전달하다 inject 주입하다 fall under ~에 해당되다 stinger 독침 fang 송곳니 passive 수동적인, 소극적인 purdy 단순히, 순전히 predator 포식자 initiate 시작하다

해커스 공무원시험연구소 총평

난이도	문법과 독해 영역 모두 꼼꼼히 살펴야 하는 문제들이 있어, 영역별 효율적인 시간 분배가 꼭 필요한 회차였습니다.
어휘·생활영어 영역	1번 문제는 동사구에 포함된 동사와 부사를 통해 그 의미를 유추할 수 있었을 것입니다. 이처럼 생소한 동사구가 출제되더라도 가용한 모든 단서를 활용하여 침착하게 문제 풀이에 임해야 합니다.
문법 영역	3번과 4번 문제에서 서로 다른 비교 구문 포인트들을 확인할 수 있었습니다. 모두 복잡한 문장 구조를 해석하는 데에도 유용한 포인트들이므로, '이것도 알면 합격!'에 정리된 내용까지 꼼꼼히 학습해 둡니다.
독해 영역	6번 문제와 같은 문장 삽입 유형에서는, 주어진 문장에 쓰인 연결어나 대명사에 근거하여 앞뒤 내용을 예상한 뒤 지문을 읽어 나간다면, 풀이 시간을 단축할 수 있습니다.

정답

01	③	어휘	06	③	독해
02	③	생활영어	07	④	독해
03	③	문법	08	①	독해
04	②	문법	09	③	독해
05	②	어휘	10	④	독해

취약영역 분석표

영역	맞힌 답의 개수
어휘	/ 2
생활영어	/ 1
문법	/ 2
독해	/ 5
TOTAL	**/ 10**

---

01 어휘 flip through
난이도 중 ●●○

밑줄 친 부분에 들어갈 말로 가장 적절한 것은?

Until the advent of the Internet and the creation of the search engine, people had to _____ heavy telephone directories to find the numbers of people and places they needed to call.

① see beyond
② come across
③ flip through
④ check off

해석

인터넷의 등장과 검색 엔진의 탄생 전까지, 사람들은 그들이 전화해야 하는 사람과 장소의 전화번호를 찾기 위해 두꺼운 전화번호부를 훑어봐야 했다.

① ~의 앞을 내다보다
② ~를 우연히 만나다
③ ~을 훑어보다
④ ~을 점검하다

정답 ③

어휘

see beyond ~의 앞을 내다보다 come across ~를 우연히 만나다
flip through ~을 훑어보다 check off ~을 점검하다

이것도 알면 합격!

flip through(~을 훑어보다)와 유사한 의미의 표현
= skim, leaf through, browse through, glance at

---

02 생활영어 I was photographed by a speed camera.
난이도 하 ●○○

밑줄 친 부분에 들어갈 말로 가장 적절한 것은?

A: Take a look at what I got in the mail.
B: Yeah, I thought it looked pretty serious. You have to pay a fine. Why was the fine mailed to you?
A: _____.
B: Oh, I see. The city is putting up a lot more of them in this area. You should be more cautious when you drive.
A: You can say that again. This ticket is for 80 dollars.

① I wasn't the one who got the fine
② I could not find anywhere to park
③ I was photographed by a speed camera
④ I don't know why I got fined

해석

A: 내가 우편으로 무엇을 받았는지 봐.
B: 그래, 그거 꽤 심각해 보이는 것 같더라. 너는 벌금을 내야겠네. 왜 벌금이 네게 우편으로 온 거야?
A: 내가 속도 감시 카메라에 찍혔거든.
B: 아, 그렇구나. 시에서는 이 구역에 그것들을 더 많이 설치하고 있어. 너는 운전할 때 더욱 주의해야 해.

A: 동감이야. 이 위반 딱지가 80달러야.

① 벌금을 받은 건 내가 아니었어
② 나는 주차할 곳을 전혀 찾을 수 없었거든
③ 내가 속도 감시 카메라에 찍혔거든
④ 나는 내가 왜 벌금을 내는지 알지 못해

[포인트 해설]
벌금 청구 우편이 왜 A에게 발송되었는지 묻는 B의 질문에 대해 A가 대답하고, 빈칸 뒤에서 다시 B가 The city is putting up a lot more of them in this area. You should be more cautious when you drive(시에서는 이 구역에 그것들을 더 많이 설치하고 있어. 너는 운전할 때 더욱 주의해야 해)라고 말하고 있으므로, '내가 속도 감시 카메라에 찍혔거든'이라는 의미의 ③ 'I was photographed by a speed camera'가 정답이다.

정답 ③

[어휘]
fine 벌금 put up 설치하다, 세우다, 올리다 cautious 주의하는, 신중한
you can say that again 동감이야, 맞는 말이야 ticket 딱지, 표
photograph (사진을) 찍다, 촬영하다 speed camera 속도 감시 카메라

🎓 이것도 알면 **합격!**

교통 법규를 위반하는 상황에서 쓸 수 있는 다양한 표현들을 알아 두자.
• He ran a red light. 그는 정지 신호를 무시하고 달렸어요.
• I was pulled over. 저는 차를 갓길에 세웠어요.
• You shouldn't drive under the influence. 음주 운전을 하시면 안 돼요.
• I'll let you off with a warning this time.
  이번에는 경고만 주고 보내 드릴게요.

03　문법 비교 구문 | 명사절 | 수동태 | 시제　난이도 중 ●●○

우리말을 영어로 잘못 옮긴 것은?

① 몇몇 행인들이 그들이 본 것을 경찰에 신고했다.
　→ Several bystanders reported what they saw to the police.
② 어젯밤에 폭풍우가 있었고 거리는 침수되었다.
　→ There was a rainstorm last night and the streets were flooded.
③ 그 영화관은 기껏해야 500명을 수용할 수 있다.
　→ The theater can hold at least 500 people.
④ 나는 오페라 티켓을 살 수 있기 전까지 몇 시간 동안 줄을 서서 기다렸다.
　→ I had waited in line for hours before I was able to buy opera tickets.

[포인트 해설]
③ **최상급 관련 표현** '기껏해야'는 최상급 관련 표현 at (the) most(기껏해야, 많아야) 또는 at (the) best(잘해야, 기껏해야)로 나타낼 수 있으므로 at least(적어도)를 at (the) most 또는 at (the) best로 고쳐야 한다.

[오답 분석]
① **명사절 접속사** 목적어가 없는 불완전한 절(they saw)을 이끌면서 동사(reported)의 목적어 자리에 올 수 있는 명사절 접속사 what이

올바르게 쓰였다.
② **능동태·수동태 구별** 주어(the streets)와 동사가 '거리가 침수되다'라는 의미의 수동 관계이므로 수동태 were flooded가 올바르게 쓰였다.
④ **과거완료 시제** '내가 몇 시간 동안 줄을 서서 기다린' 것이 '오페라 티켓을 살 수 있'게 된 특정 과거 시점 이전에 일어난 일이므로 과거완료 시제 had waited가 올바르게 쓰였다.

정답 ③

[어휘]
bystander 행인 rainstorm 폭풍우 flood 침수시키다

🎓 이것도 알면 **합격!**

③번의 at least(적어도)와 같은 최상급 관련 표현들을 함께 알아 두자.

• at (the) best 잘해야, 기껏해야
• at (the) most 많아야, 기껏해야
• the world's + 최상급 세계에서 가장 ~한
• one of the + 최상급 가장 ~한 −중 하나

04　문법 비교 구문 | 부사절 | 어순 | 관계절　난이도 중 ●●○

어법상 옳은 것은?

① The window was closed, but he felt though someone had left it open.
② No other day is as important to them as their anniversary.
③ Available someone will visit your home soon to repair your refrigerator.
④ I moved to Maine at the age of eight, that I first started hiking.

[해석]
① 창문은 닫혀 있었지만 그는 마치 누군가가 그것을 열어 놓았던 것처럼 느꼈다.
② 그들에게는 다른 어떤 날도 그들의 기념일만큼 중요하지 않다.
③ 가용한 인원이 당신의 냉장고를 수리하기 위해 곧 집으로 방문할 것입니다.
④ 나는 8살에 메인 주로 이사했는데, 이때 나는 처음으로 하이킹을 시작했다.

[포인트 해설]
② **원급 형태로 최상급 의미를 만드는 표현** 원급 형태로 최상급 의미를 만드는 'no other + 단수 명사(day) ~ as + 원급(important) + as'(다른 어떤 −도 …만큼 ~하지 않다)의 형태를 사용하여 No other day is as important ~ as가 올바르게 쓰였다.

[오답 분석]
① **부사절 접속사** 문맥상 '그는 마치 누군가가 그것을 열어 놓았던 것처럼 느꼈다'라는 의미가 되어야 자연스러우므로 '비록 ~이지만'이라는 의미의 부사절 접속사 though를 '마치 ~처럼'이라는 의미의 부사절 접속사 as though로 고쳐야 한다. 참고로, 해당 문장은 과거 상황의 반대를 가정하는 as though 가정법 과거완료를 사용하여 '주어(he) + 동사(felt) + as though + 주어(someone) + had p.p.(had left)'로 나타낸 형태이다.

③ 명사를 수식하는 여러 요소들의 어순 -one으로 끝나는 명사 (someone)는 형용사(available)가 뒤에서 수식하므로 Available someone을 Someone available로 고쳐야 한다.

④ 관계부사와 관계대명사 비교 관계대명사 that은 콤마(,) 뒤에서 계속적 용법으로 쓰일 수 없으며, 선행사(the age of eight)가 시간을 나타내고 관계사 뒤에 완전한 절(I ~ hiking)이 왔으므로, 관계대명사 that을 완전한 절을 이끌면서 시간을 나타내는 선행사(the age of eight)와 함께 쓰이는 관계부사 when으로 고쳐야 한다.

정답 ②

어휘

anniversary 기념일   available 가용한, 시간이 있는

이것도 알면 합격!

②번의 'no other + 단수 명사 ~ as + 원급 + as'(다른 어떤 -도 …만큼 ~하지 않다)뿐만 아니라, 비교급 형태로 최상급 의미를 만드는 표현들을 알아 두자.

• no other + 단수 명사 ~ 비교급 + than   다른 어떤 –도 …보다 더 ~하지 않다
  ex) **No other place** in the city is **more peaceful** to me **than the park.**
      내게는 그 도시의 다른 어떤 장소도 그 공원보다 더 평온하지는 않다.

• 비교급 + than any other + 단수 명사   다른 어떤 –보다 더 ~한
  ex) John's cooking is **more delicious than any other dish** his friends have tasted.
      John의 요리는 그의 친구들이 맛보았던 다른 어떤 요리보다 더 맛있다.

---

05 어휘 considerate = thoughtful   난이도 하 ●○○

밑줄 친 부분의 의미와 가장 가까운 것은?

The <u>considerate</u> parents taught their children by example rather than severely scolding them.

① generous   ② thoughtful
③ supportive   ④ decisive

해석

<u>사려 깊은</u> 부모들은 아이들을 엄하게 꾸짖기보다는 모범을 보임으로써 그들을 훈육했다.

① 관대한   ② 사려 깊은
③ 도와주는   ④ 결단력 있는

정답 ②

어휘

considerate 사려 깊은, 배려심 많은   scold 꾸짖다, 야단치다
generous 관대한   thoughtful 사려 깊은, 배려심 있는
supportive 도와주는, 힘이 되는   decisive 결단력 있는

이것도 알면 합격!

considerate(사려 깊은)의 유의어
= caring, understanding, mindful

---

06 독해 문장 삽입   난이도 중 ●●○

주어진 문장이 들어갈 위치로 가장 적절한 곳은?

For instance, one characteristic pertains to where the birds situate their nests.

Although pigeons are one of the most ubiquitous birds in the world, it's rare for people to get glimpses of their babies. Ornithologists say that one of the reasons for this can be found in the bird's ancestral history. (①) The feral pigeons found in urban areas today are descended from wild rock doves. (②) The two are genetically the same, and as such, modern pigeons have retained many of their ancestors' behaviors. (③) In the days before skyscrapers and sprawling cities, rock doves constructed their roosts on sea cliff ledges or in the depths of sea caves—places that were difficult to get to and hard to see. As the 20th-century cityscape began to take over the natural environment, their descendants maintained this trait by building nests in whatever isolated spots they could find. (④) Church towers, abandoned buildings, and in the crevices under bridges are all common places where the pigeons of today make their homes.

해석

예를 들어, 한 가지 특징은 그 새들이 그것들의 둥지를 어디에 짓는지와 관련있다.

비록 비둘기는 세상에서 가장 흔한 새 중 하나이지만, 사람들이 그것들의 새끼를 언뜻 보는 것은 흔치 않다. 조류학자들은 그 이유 중 하나가 그 새들의 조상의 역사에서 발견될 수 있다고 말한다. ① 오늘날 도시 지역에서 발견되는 야생 비둘기들은 야생 양비둘기의 자손이다. ② 그 둘은 유전적으로 동일하고, 그러한 현대의 비둘기들은 그것들 조상의 습성 중 많은 부분을 유지하고 있다. ③ 고층 건물들과 제멋대로 뻗어 나가는 도시들이 있기 전에, 양비둘기들은 자신들의 보금자리를 바다 절벽에서 튀어나온 바위나 바다 동굴 밑바닥에 만들었는데, 그곳은 다가가기 어렵고 찾아내는 것도 힘든 장소들이었다. 20세기의 도시 경관이 자연환경을 대체하기 시작하면서, 그들의 후손들은 그들이 찾을 수 있는 외딴 장소라면 어디든지 둥지를 만들어 냄으로써 그러한 특성을 유지했다. ④ 교회 탑, 버려진 건물, 그리고 다리 아래 갈라진 틈 모두 오늘날의 비둘기들이 둥지를 만드는 일반적인 장소이다.

포인트 해설

③번 앞 문장에 현대의 비둘기와 그것들의 조상인 야생 양비둘기는 유전적으로 동일하며 현대 비둘기가 그 조상들의 습성 중 많은 부분을 유지하고 있다는 내용이 있고, ③번 뒤 문장에 양비둘기들은 다가가기 어렵고 찾아내기도 힘든 장소에 보금자리를 만들었다는 내용이 있으므로, ③번 자리에 예를 들어(For example) 한 가지 특징은 그 새들이 둥지를 어디에 짓는지와 관련이 있다는 내용, 즉 현대 비둘기와 그것들의 조상이 공유하는 습성 중 둥지를 짓는 위치를 예시로 소개하는 주어진 문장이 나와야 지문이 자연스럽게 연결된다.

정답 ③

---

07 독해 내용 일치 파악 난이도 중 ●●○

다음 글의 내용과 일치하는 것은?

Scientists have repeatedly failed to make a malaria vaccine that works, and a recent finding about the malaria parasite explains why it is such a difficult task. A study of the life cycle of *Plasmodium falciparum* revealed that, when residing in a person's red blood cells, the parasite regularly transforms the proteins that appear on the surface of those host cells. Up to a million new and unfamiliar proteins are created every two days. This effectively disguises the infection and fools the immune system, allowing the parasite to live in the body for extended periods of time. "It is similar to a pack of playing cards that is continuously being shuffled," explains one of the lead researchers behind the study. Due to its rapid rate of change, the malaria parasite can stay ahead of any attempts, by the body's natural defenses and by a potential vaccine, to target and eradicate it.

※ *Plasmodium falciparum*: 말라리아 원충

① Several effective malaria vaccines have been produced.
② Red blood cells die when invaded by malaria parasites.
③ The malaria parasite creates a million new proteins daily.
④ Malaria parasites can outpace the body's immune responses.

해석

과학자들은 효과가 있는 말라리아 백신을 만드는 데 계속 실패해 왔는데, 말라리아 기생충에 관한 최근의 연구 결과는 이것이 왜 그렇게 어려운 일인지를 설명해 준다. '말라리아 원충'의 생애 주기에 관한 한 연구는 그 기생충이 사람의 적혈구에 있을 때 숙주 세포의 표면에 나타나는 단백질을 주기적으로 변형시킨다는 것을 밝혔다. 이틀마다 백만 개에 이르는 새롭고 생소한 단백질이 생겨난다. 이것은 감염을 효과적으로 숨기고 면역 체계를 속여서, 기생충이 긴 시간 동안 몸속에서 살 수 있도록 한다. 그 연구를 지지하는 선임 연구원 중 한 사람은 "이것은 끊임없이 섞이는 한 벌의 카드와 비슷합니다"라고 설명한다. 그것의 빠른 변화 속도로 인해, 말라리아 기생충은 자신을 목표로 하고 박멸하려는 신체의 자연적 방어나 잠재적인 백신에 의한 어떠한 시도보다 앞설 수 있다.

① 효과적인 말라리아 백신 몇 가지가 생산되었다.
② 적혈구는 말라리아 기생충에 의해 침입되었을 때 소멸된다.
③ 말라리아 기생충은 매일 백만 개의 새로운 단백질을 생산한다.
④ 말라리아 기생충은 신체의 면역 반응보다 속도가 빠를 수 있다.

포인트 해설

④번의 키워드인 the body's immune responses(신체의 면역 반응)를 바꾸어 표현한 지문의 the body's natural defenses(신체의 자연적 방어) 주변의 내용에서 말라리아 기생충은 빠른 변화 속도 때문에 자신을 박멸하려는 신체의 자연적인 방어보다 앞설 수 있다고 했으므로, ④ '말라리아 기생충은 신체의 면역 반응보다 속도가 빠를 수 있다'가 지문의 내용과 일치한다.

[오답 분석]

① 과학자들은 효과가 있는 말라리아 백신을 만드는 데 계속 실패해 왔다고 했으므로, 효과적인 말라리아 백신 몇 가지가 생산되었다는 것은 지문의 내용과 반대이다.
② 기생충이 사람의 적혈구에 있을 때 숙주 세포의 표면에 나타나는 단백질을 주기적으로 변형시킨다고는 했지만, 적혈구가 말라리아 기생충에 의해 침입되었을 때 소멸되는지는 알 수 없다.
③ 말라리아 기생충에 의해 이틀마다 백만 개에 이르는 새롭고 생소한 단백질이 생겨난다고 했으므로, 말라리아 기생충이 매일 백만 개의 새로운 단백질을 생산한다는 것은 지문의 내용과 다르다.

정답 ④

---

08 독해 제목 파악 난이도 중 ●●○

다음 글의 제목으로 가장 적절한 것은?

In general, embargoes or trade restrictions are enforced to protect domestic jobs and prevent cheap labor, but they are sometimes used as diplomatic measures. One example is the United States' grain embargo against the Soviet Union for invading Afghanistan in 1979. However, embargoes can have negative repercussions on the country imposing it. American farmers suffered economically as a result of the grain embargo and were forced to either burn their unsold crops or look for new customers in Asia. The Soviet Union, on the other hand, discovered that they didn't need American grain. They began growing their own in Ukraine or importing from South America, and this caused US grain prices to drop drastically.

① How Embargoes Hurt the Nations that Enact Them
② The Reasons Countries Impose Embargoes
③ The Impact of Embargoes on World Economy
④ Why the US Restricted Trade with the Soviet Union

해석

일반적으로, 통상 금지령 또는 무역 제한은 국내 일자리를 보호하고 값싼 노동력을 막기 위해 시행되지만, 때때로 그것들은 외교상의 조치로 사용된다. 1979년에 아프가니스탄을 침략한 것을 이유로 미국이 소비에트 연방에 내린 곡물 통상 금지령이 한 예이다. 하지만, 통상 금지령은 그것을 시행하는 국가에 부정적인 영향을 미칠 수 있다. 곡물 통상 금지령의 결과로 미국의 농민들은 경제적으로 고통받았고 팔리지 않은 작물을 불태우거나 아시아에서 새로운 고객을 찾아볼 수밖에 없었다. 반면에, 소비에트 연방은 그들에게 미국의 곡물이 필요하지 않다는 것을 알게 되었다. 그들은 우크라이나에서 그들의 곡물을 재배하거나 남아프리카에서 수입하기 시작했고, 이것은 미국의 곡물 가격이 급격하게 하락하는 원인이 되었다.

① 통상 금지령이 그것을 시행한 국가에 해를 끼치는 방식
② 국가들이 통상 금지령을 시행하는 이유
③ 통상 금지령이 세계 경제에 미치는 영향
④ 미국이 소비에트 연방과의 무역을 제한한 이유

포인트 해설

지문 전반에 걸쳐 외교상의 조치로 종종 사용되는 통상 금지령은 그것을 시행하는 국가에 부정적인 영향을 줄 수 있다고 한 후, 1979년에 미국이 소비에트 연방에 곡물 통상 금지령을 내린 것이 오히려 미국의 곡물 가격을 급락시켰던 사례를 설명하고 있다. 따라서 ① '통상 금지령이 그것을 시행한 국가에 해를 끼치는 방식'이 이 글의 제목이다.

정답 ①

어휘

embargo 통상 금지령, 제한 enforce 시행하다, 강요하다 domestic 국내의
diplomatic 외교상의 measure 조치; 측정하다 invade 침략하다
repercussion 영향 impose 시행하다 grain 곡물 unsold 팔리지 않은
drastically 급격하게 enact 시행하다, 제정하다

밑줄 친 부분에 들어갈 말로 가장 적절한 것은?

> Back when automobile production was still in its infancy, safety features in cars _____.
> The priorities of car makers were comfort, speed, appearance and, of course, cost cutting. People buying vehicles in those days could add a seat belt if they wanted, but they had to pay an extra 27 dollars, which was a big expense in those days. Then in 1956, it was reported that nearly 40,000 Americans were fatally wounded in car crashes. Since the auto industry and the National Safety Council failed to adequately address this issue, a young lawyer from Connecticut decided to take matters into his own hands. Thanks to him, a public movement was sparked, and it became mandatory for all new cars to have built-in safety features such as seat belts, airbags, and antilock brakes.

① had not yet been invented
② could be requested for a negligible fee
③ were pricey options not required by law
④ were of paramount importance to car manufacturers

해석

자동차 생산이 여전히 초창기였던 과거에, 자동차의 안전 기능들은 법에 의해 요구된 것이 아닌 값비싼 선택 사항들이었다. 자동차 생산자들의 우선 사항은 편안함, 속도, 외관 그리고 당연히 비용 절감이었다. 그 당시에 자동차를 구입하는 사람들은 그들이 원하면 안전벨트를 포함시킬 수 있었지만, 27달러를 추가로 내야만 했고, 이는 그 당시에는 큰돈이었다. 그 후 1956년에, 거의 40,000명의 미국인이 자동차 충돌로 치명적인 부상을 입었다는 것이 발표되었다. 자동차 산업과 국립 안전 위원회가 이 문제를 적절하게 처리하지 못했기 때문에, 코네티컷주 출신의 젊은 변호사는 일을 직접 추진하기로 결정했다. 그 덕분에 사회 운동이 촉발되었고, 모든 새로운 자동차들은 안전벨트, 에어백 그리고 잠금 방지 브레이크와 같은 내장된 안전 기능들을 갖추는 것이 의무가 되었다.

① 아직 발명되지 않았다
② 대수롭지 않은 요금으로 요청될 수 있었다
③ 법에 의해 요구된 것이 아닌 값비싼 선택 사항들이었다
④ 자동차 생산자들에게 가장 중요한 것이었다

포인트 해설

빈칸 뒤 문장에 자동차 생산자들의 우선 사항은 편안함, 속도, 외관, 비용 절감이었으며, 안전벨트를 포함시키기 위해서는 당시로서는 큰돈이었던 27달러를 추가로 내야만 했다는 내용이 있으므로, 과거에 자동차의 안전 기능들은 '법에 의해 요구된 것이 아닌 값비싼 선택 사항들이었다'라고 한 ③번이 정답이다.

정답 ③

어휘

infancy 초창기 priority 우선 사항 fatally 치명적으로
wounded 부상을 입은 address 처리하다, 다루다 spark 촉발시키다
mandatory 의무적인, 법에 정해진 negligible 대수롭지 않은
paramount 가장 중요한

구문 분석

(생략), and it became mandatory / for all new cars to have built-in safety features / such as seat belts, airbags, and antilock brakes.

: 이처럼 긴 진짜 주어를 대신해 가짜 주어 it이 주어 자리에 온 경우, 가짜 주어 it은 해석하지 않고 뒤에 있는 진짜 주어 to 부정사(to have ~)를 가짜 주어 it의 자리에 넣어 '~하는 것은' 또는 '주어가 동사하다는 것은'이라고 해석한다.

10 독해 문단 요약 | 난이도 중 ●●○

다음 글의 내용을 한 문장으로 요약하고자 한다. 빈칸 (A), (B)에 들어갈 말로 가장 적절한 것은?

A common complaint among parents these days is that young people seem to be taking longer than the previous generations did to become independent. After all, the percentage of 18- to 34-year-olds still living at home is the highest ever in the US since 1880, according to a Pew Research Center report. What many parents fail to recognize, however, is that bigger economic factors are contributing to this trend. For example, most young adults cannot afford homes due to rising property prices, so they must resort to renting. But even this is not a real alternative because rent is increasing more quickly than income. Combined with the unpredictable job market and the growing cost of education, today's young adults are actually doing the sensible thing by staying at home until they can realistically afford to support themselves.

Young Americans are experiencing _____(A)_____ that have impeded _____(B)_____ .

	(A)	(B)
①	workplace issues	career growth
②	generational biases	education
③	economic declines	housing availability
④	financial pressures	self-reliance

해석

오늘날 부모들 사이에서 흔한 불평은 젊은이들이 이전 세대보다 독립하는 데 시간이 오래 걸리는 것처럼 보인다는 것이다. 결국, Pew 연구 센터의 보고에 따르면, 1880년 이래로 여전히 집에서 살고 있는 18세부터 34세까지의 비율은 미국 내 사상 최대이다. 하지만, 많은 부모들이 인지하지 못하는 것은 더 큰 경제적 요소들이 이러한 경향의 원인이 되고 있다는 것이다. 예를 들어, 대부분의 젊은 성인들은 상승하는 부동산 가격 때문에 집을 살 여유가 없기 때문에 임차에 의지해야만 한다. 하지만 임차료가 수입보다 더 빠르게 상승하고 있기 때문에 이것은 진정한 대안이 아니다. 예측할 수 없는 인력 시장이 증가하는 교육비와 결합되어, 오늘날의 젊은이들은 사실 그들이 현실적으로 스스로를 부양할 형편이 될 때까지 집에 머무름으로써 합리적인 행동을 하고 있다.

미국의 젊은이들은 (B) 자립을 지연시키는 (A) 재정적 압박을 경험하고 있다.

	(A)	(B)
①	직장 문제	경력 발전
②	세대 간의 편견	교육
③	경제 쇠퇴	주택 가용성
④	재정적 압박	자립

포인트 해설

지문 전반에 걸쳐 오늘날 미국의 부모들은 젊은이들이 이전 세대보다 늦게 독립하는 데 불만을 표현하지만, 상승하는 부동산 가격과 수입보다 빠르게 상승하는 임차료 등 더 큰 경제적 요소들이 이러한 경향의 원인이 되고 있기 때문에 젊은이들이 현실적으로 스스로를 부양할 형편이 될 때까지 집에 머무는 것은 합리적인 행동이라고 주장하고 있으므로, (A)와 (B)에는 미국의 젊은이들은 자립(self-reliance)을 지연시키는 재정적 압박(financial pressures)을 경험하고 있다는 내용이 와야 적절하다. 따라서 ④ (A) financial pressures – (B) self-reliance가 정답이다.

정답 ④

어휘

complaint 불평 independent 독립적인
contribute ~의 원인이 되다, 공헌하다 afford 형편이 되다, 감당하다
property 부동산 resort to ~에 의지하다 alternative 대안 income 수입
combine 결합하다 unpredictable 예측할 수 없는 sensible 합리적인
impede 지연시키다, 방해하다 bias 편견; 편견을 갖게 하다
availability 가용성, 이용 가능성 self-reliance 자립, 자기 의존

해커스 공무원시험연구소 총평

난이도	특히 독해 영역의 난이도가 평이하고 정답의 근거가 명확하여, 수월하게 풀어낼 수 있는 회차입니다.
어휘·생활영어 영역	어휘 영역에서는 동사, 형용사, 동사구의 의미를 묻는 문제가 자주 출제되지만 2번 문제와 같이 그 이외 품사의 어휘를 묻는 경우도 있습니다. 그러므로 고득점을 위해서는 다양한 품사의 어휘에 대한 폭넓은 학습이 필요합니다.
문법 영역	수 일치 포인트는 단순히 주어와 동사의 수 일치를 확인하는 것에서부터 도치 구문의 수 일치를 확인하는 것에 이르기까지 여러 형태로 출제되어 왔으므로, 4번과 5번 문제를 통해 한번 더 정리해 봅니다.
독해 영역	특정 인물에 대한 지문을 읽고 글의 내용과 일치하는/일치하지 않는 보기를 고르는 문제는 최신 출제 경향입니다. 7번 문제를 통해 보기들에 쓰인 키워드를 바탕으로 해당 인물의 업적, 생애, 특정 사건들을 확인하는 연습을 해 봅니다.

정답

01	①	어휘	06	④	독해
02	①	어휘	07	②	독해
03	④	생활영어	08	①	독해
04	②	문법	09	③	독해
05	②	문법	10	④	독해

취약영역 분석표

영역	맞힌 답의 개수
어휘	/ 2
생활영어	/ 1
문법	/ 2
독해	/ 5
TOTAL	/ 10

---

01 어휘 come apart 난이도 중 ●●○

밑줄 친 부분에 들어갈 말로 가장 적절한 것은?

Our road trip plans _____ at the last minute due to poor weather.

① came apart
② fell off
③ perked up
④ balanced out

해석

우리의 장거리 자동차 여행 계획은 나쁜 날씨 때문에 막판에 수포로 돌아갔다.

① 수포로 돌아갔다
② 감소했다
③ 증가했다
④ 균형이 잡혔다

정답 ①

어휘

at the last minute 막판에, 임박해서 poor 나쁜, 가난한, 불쌍한
come apart 수포로 돌아가다, 산산조각 나다 fall off 감소하다
perk up 증가하다, 기운을 차리다 balance out 균형이 잡히다

🖋 **이것도 알면 합격!**

come apart(수포로 돌아가다)와 유사한 의미의 표현
= go awry, break down, fall through

---

02 어휘 in a flash = rapidly 난이도 하 ●○○

밑줄 친 부분의 의미와 가장 가까운 것은?

Every night for weeks, the athlete had been honing his skills, and his performance improved in a flash.

① rapidly
② inevitably
③ abnormally
④ ironically

해석

몇 주간 매일 밤마다, 그 운동선수는 자신의 기술을 갈고닦았기에, 그의 실력은 순식간에 좋아졌다.

① 빠르게
② 불가피하게
③ 비정상적으로
④ 반어적으로

정답 ①

어휘

athlete 운동선수 hone 갈고닦다, 연마하다
in a flash 순식간에, 눈 깜짝할 사이에 rapidly 빠르게
inevitably 불가피하게 abnormally 비정상적으로 ironically 반어적으로

🖋 **이것도 알면 합격!**

in a flash(순식간에)와 유사한 의미의 표현
= in an instant, in no time, in the blink of an eye

03 생활영어 | have time on my hands. 난이도 하 ●○○

두 사람의 대화 중 자연스럽지 않은 것은?

① A: Could you be a substitute for me?

　B: Sure, just tell me when you need me to step in.

② A: My knees are shaking. I don't know if I can do this.

　B: What's there to be afraid of? It'll be fine.

③ A: You're in great shape! What kind of workout do you do?

　B: Jogging and walking on the treadmill.

④ A: What have you got planned for your birthday?

　B: I have time on my hands.

해석

① A: 저를 대신해 주실 수 있나요?

　B: 물론이죠, 제가 언제 돕고 나서야 할지 말씀만 해 주세요.

② A: 다리가 후들거려. 내가 이걸 할 수 있을지 모르겠어.

　B: 두려워할 게 뭐 있어? 다 잘될 거야.

③ A: 너 몸이 좋구나! 너는 어떤 종류의 운동을 하니?

　B: 조깅을 하고 러닝머신 위를 걸어.

④ A: 네 생일을 위해 어떤 계획을 세웠니?

　B: 나는 시간이 남아돌아.

포인트 해설

④번에서 A는 B의 생일 계획을 묻고 있으므로, 시간이 남아돈다는 B의 대답 ④ 'I have time on my hands'(나는 시간이 남아돌아)는 어울리지 않는다.

정답 ④

어휘

substitute 대신하다 step in 돕고 나서다, 개입하다 workout 운동 treadmill 러닝머신 have time on one's hands 시간이 남아돌다

🖋️ **이것도 알면 합격!**

상대방을 초대할 때 쓸 수 있는 다양한 표현들을 알아 두자.

• The door's always open. 언제든지 환영이에요.

• I'm throwing a party at my place. 우리 집에서 파티를 열 거야.

• Would you like to come over to my house? 저희 집에 오실래요?

• It'd be an honor for us if you could come.
　당신이 와주신다면 영광일 거예요.

04 문법 도치 구문 | 수 일치 | 시제 | to 부정사 | 분사 난이도 중 ●●○

밑줄 친 부분 중 어법상 옳지 않은 것은?

Sophia, the must-see theatrical performance of the year, ① is sweeping the nation with its heartwarming storyline. With the end of the war ② come the painful realization that things will never again be as they once were. In *Sophia*, the protagonist's journey ③ to build a new life for herself, despite suffering a great deal of personal loss, is particularly inspiring. The play also features ④ moving musical scores, thanks to the composition and arrangement of Grant Victor Wright.

해석

올해 꼭 봐야 하는 연극 공연인 『소피아』는 마음이 따스해지는 줄거리로 전국을 휩쓸고 있다. 전쟁의 종결과 함께 상황이 다시는 이전처럼 되지 않을 것이라는 고통스러운 자각이 찾아온다. 『소피아』에서는, 크나큰 개인적 상실을 겪었음에도 불구하고, 스스로 새로운 삶을 일구는 주인공의 여정이 특히 인상적이다. 또한 이 연극은 Grant Victor Wright의 작곡과 편곡 덕분에 감동적인 배경 음악을 특징으로 한다.

포인트 해설

② 도치 구문 | 주어와 동사의 수 일치 부사구(With the end of the war)가 강조되어 문장의 맨 앞에 나오면 주어와 동사가 도치되어 '동사 + 주어(the painful realization ~ once were)'의 어순이 되어야 한다. 이때 주어 자리에 단수 명사(the painful realization)가 왔으므로 복수 동사 come을 단수 동사 comes로 고쳐야 한다. 참고로, 주어 뒤에 있는 수식어 거품(that ~ once were)은 동사의 수 결정에 영향을 주지 않는다.

[오답 분석]

① 현재진행 시제 문맥상 '전국을 휩쓸고 있다'라는 의미가 되어야 자연스러우므로 현재 진행되고 있는 일을 표현하는 현재진행 시제 is sweeping이 올바르게 쓰였다.

③ to 부정사의 역할 문맥상 '새로운 삶을 일구는 주인공의 여정'이라는 의미가 되어야 자연스러우므로, 형용사처럼 명사(journey)를 수식할 수 있는 to 부정사 to build가 올바르게 쓰였다.

④ 현재분사 vs. 과거분사 감정을 나타내는 분사의 경우 수식하는 명사가 감정의 원인이면 현재분사를, 감정을 느끼는 주체이면 과거분사를 사용하는데, 문맥상 '배경 음악이 감동시키다'라는 의미로 감정의 원인이므로 현재분사 moving이 올바르게 쓰였다.

정답 ②

어휘

theatrical 연극의 sweep 휩쓸다, 열광시키다 protagonist 주인공 inspiring 인상적인 feature ~을 특징으로 하다 score 배경 음악, 점수 composition 작곡 arrangement 편곡

🖋️ **이것도 알면 합격!**

형용사, 분사 보어가 강조되어 문장의 맨 앞에 나올 때도 주어와 동사가 도치되어 '동사 + 주어'의 어순이 된다는 것을 함께 알아 두자.

• Perfectly aligned **were the books** on the shelf.
　　　　보어　　　　　동사　　주어
　선반 위의 책들은 완벽히 정렬되어 있었다.

05 문법 조동사 | 부사절 | 수 일치 | 강조 구문 난이도 중 ●●○

어법상 옳은 것은?

① They first met while travel separately throughout Europe.

② The plane must have touched down as it is now midnight.

③ One half of the students in this language class has lived abroad.

④ It is after we make an expensive purchase which we may experience buyer's remorse.

해석

① 그들은 유럽에서 각자 여행하는 동안 처음으로 만났다.

② 지금이 자정이기 때문에 비행기는 착륙했음에 틀림없다.

③ 이 언어 강의의 학생 중 절반은 해외에서 살았다.

④ 구매자의 후회를 경험하는 것은 우리가 값비싼 물건을 사고 난 뒤이다.

포인트 해설

② **조동사 관련 표현** 문맥상 '비행기는 착륙했음에 틀림없다'라는 의미가 되어야 자연스러운데, '~했음에 틀림없다'는 조동사 관련 표현 must have p.p.를 사용하여 나타낼 수 있으므로 must have touched down이 올바르게 쓰였다.

[오답 분석]

① **부사절 접속사 | 부사절의 형태** 문맥상 '그들이 유럽에서 각자 여행하는 동안'이라는 의미가 되어야 자연스러운데, '~하는 동안'은 부사절 접속사 while을 사용하여 나타낼 수 있다. 이때 while이 이끄는 부사절은 '부사절 접속사 + 주어 + 동사'의 형태가 되어야 하므로 while travel을 while they traveled 또는 while they were traveling으로 고쳐야 한다. 참고로, while이 이끄는 부사절을 분사구문의 형태로 본다면, while travel을 while traveling으로 고쳐도 맞다.

③ **부분 표현의 수 일치** 부분을 나타내는 표현(One half of)을 포함한 주어는 of 뒤 명사(the students)에 동사를 수 일치시켜야 하므로 단수 동사 has를 복수 동사 have로 고쳐야 한다.

④ **It – that 강조 구문** 문맥상 '구매자의 후회를 경험하는 것은 값비싼 물건을 사고 난 뒤이다'라는 의미가 되어야 자연스러운데, '~한 것은 바로 –이다'는 It – that 강조 구문을 사용하여 나타낼 수 있으므로 which를 that으로 고쳐야 한다.

정답 ②

어휘

separately 각자 touch down 착륙하다 remorse 후회

이것도 알면 합격!

강조하는 대상에 따라 It – that 강조 구문에서 that 대신 관계대명사나 관계부사를 쓸 수 있다는 것도 함께 알아 두자.

• 사람을 강조할 때

ex) It was she **who** won the first prize in the art competition.
그 미술 대회에서 우승했던 사람은 바로 그녀였다.

• 장소를 강조할 때

ex) It was at the beach **where** we built sandcastles.
우리가 모래성을 만들었던 곳은 바로 그 해변가였다.

06 독해 내용 일치 파악 난이도 중 ●●○

다음 글의 내용과 일치하는 것은?

Over the last decade, adjunct professors have become the predominant educators in universities. These "part-time" teachers are required to do everything their tenured counterparts do—prepare for classes, construct a curriculum, assign and grade work—but without the same resources and support. They are paid far less, causing many to seek additional work elsewhere. Furthermore, schools may cancel an adjunct's classes at a moment's notice, which can lead to intense insecurity on the teacher's part. The result of all this is that it undermines what they have to offer. Feeling undervalued and uncertain about their future, these part-timers unsurprisingly have little time or inclination to provide first-rate instruction. While colleges may be able to save a bit by their ongoing employment of adjuncts, the price our students will pay in the classroom is surely too great.

① The lack of available instructors has led universities to hire more adjunct staff.

② Tenured faculty members are given more responsibilities than adjunct professors are.

③ Adjunct teachers tend to have lower teaching qualifications than full-time instructors do.

④ The continued use of adjunct professors may result in a lower quality of education.

해석

지난 10년 동안, 비상근 교수들은 대학에서 주류를 이루는 교육자가 되었다. 이러한 '비상근' 교사들은 수업 준비를 하고, 교육 과정을 구성하고, 과제를 내주고 이를 채점하는 것과 같이 종신직의 교수들이 하는 모든 업무를 하도록 요구받지만, 동일한 자원과 지원은 받지 못한다. 그들은 훨씬 더 적은 급여를 받는데, 이 점이 많은 이들로 하여금 다른 곳에서 추가 업무를 찾게 만든다. 게다가, 학교는 비상근 교수의 수업을 예고 없이 취소할 수도 있는데, 이것은 교사의 입장에서는 극심한 불안감으로 이어질 수 있다. 이 모든 것의 결과는 이것이 그들이 제공해야 하는 것을 서서히 해치고 있다는 것이다. 과소평가되고 미래에 대한 확신이 없는 이 비상근 교사들은 당연하게도 최고의 교육을 제공할 시간도, 그러할 의향도 거의 없다. 대학은 계속되는 비상근 형태의 고용으로 인해 약간의 돈을 절약할 수 있을지 몰라도, 학생들이 교실에서 치러야 하는 대가는 확실히 너무 크다.

① 이용할 수 있는 교사의 부족은 대학이 더 많은 비상근 직원을 고용하게 했다.

② 종신직 교수진은 비상근 교수들보다 더 많은 책임을 진다.

③ 비상근 교사들은 전임 교사들보다 가르치는 능력이 부족한 경향이 있다.

④ 비상근 교수를 계속해서 쓰는 것은 교육의 질이 더 낮아지는 결과를 초래할 수도 있다.

포인트 해설

④번의 키워드인 The continued use of adjunct professors(비상근 교수를 계속해서 쓰는 것)를 바꾸어 표현한 지문의 their ongoing employment of adjuncts(계속되는 비상근 형태의 고용) 주변의 내용에서 과소평가되고 미래에 대한 확신이 없는 비상근 교사들은 최고의 교육을 제공할 시간도 그러할 의향도 거의 없기 때문에, 대학이 계속되는 비상근 형태의 고용으로 약간의 돈을 절약할 수 있을지 몰라도 학생들이 치러야 하는 대가는 너무 크다고 했으므로, ④ '비상근 교수를 계속해서 쓰는 것은 교육의 질이 더 낮아지는 결과를 초래할 수도 있다'가 지문의 내용과 일치한다.

[오답 분석]

① 이용할 수 있는 교사의 부족이 대학으로 하여금 더 많은 비상근 직원을 고용하게 했는지는 언급되지 않았다.

② 비상근 교사들은 종신직 교수들이 하는 모든 업무를 하도록 요구받는다고 했으므로, 종신직 교수진이 비상근 교수들보다 더 많은 책임을 진다는 것은 지문의 내용과 다르다.

③ 과소평가되고 미래에 대한 확신이 없는 비상근 교사들은 최고의 교육을 제공할 시간도 그러할 의향도 거의 없다고는 했지만, 비상근 교사들이 전임 교사들보다 가르치는 능력이 부족한 경향이 있는지는 알 수 없다.

정답 ④

어휘

adjunct professor 비상근 교수, 겸임 교수
predominant 주류를 이루는, 지배적인   tenured 종신직의
at a moment's notice 예고 없이, 즉석에서   insecurity 불안감, 불안정
undermine 서서히 해치다   inclination 의향, 경향

---

07   독해 내용 불일치 파악   난이도 중 ●●○

다음 글의 내용과 일치하지 않는 것은?

The Scottish poet Robert Burns is considered a national icon to his countrymen. His best-known works include *Auld Lang Syne*, which is sung on New Year's Eve throughout the world, and *Scots Wha Hae*, which was at one time the unofficial national anthem of his homeland. Yet life was not easy for the man behind the fame. As the son of a farmer, he began performing strenuous physical labor from an early age. He turned to poetry and drinking whenever he needed to escape, composing and publishing many songs and poems. Unlike other poets at the time, he wrote in the Scots language. As a result, Burns suddenly found himself in the spotlight as one of the leading figures of a national cultural resurgence. But the many years of hard labor and alcohol consumption had taken a toll on his health, and he died at the young age of 37.

① Burns' famous song titled *Auld Lang Syne* is sung all across the globe.

② Burns composed the national anthem that is used in Scotland today.

③ Burns was a major contributor to the revival of Scottish culture.

④ Burns' untimely death was due to hard work and an unhealthy lifestyle.

해석

스코틀랜드인 시인 Robert Burns는 그와 같은 나라 사람들에게는 국가적인 우상으로 여겨진다. 그의 가장 잘 알려진 작품들은 새해 전날에 전 세계에서 불려지는 『올드 랭 사인』과 한때 그의 조국의 비공식 국가였던 『스코츠 와 해』를 포함한다. 그렇지만 그 명성 이면에 감추어진 그의 인생은 순탄하지 않았다. 농부의 아들로서, 그는 어린 나이에서부터 몹시 힘든 육체 노동을 하기 시작했다. 그는 도망치고 싶을 때마다 시와 음주에 의지했고, 많은 노래와 시를 쓰고 발표했다. 당시의 다른 시인들과는 다르게, 그는 스코틀랜드어로 글을 썼다. 그 결과, Burns는 자신이 느닷없이 국가의 문화적 부흥의 주요 인물 중 하나로 주목받고 있다는 것을 알게 되었다. 그러나 수년 동안의 힘든 노동과 음주량은 그의 건강에 큰 타격을 주었고, 그는 37세의 젊은 나이에 사망했다.

① 『올드 랭 사인』이라는 제목의 Burns의 유명한 노래는 전 세계에서 불려진다.

② Burns는 오늘날 스코틀랜드에서 사용되는 국가를 작곡했다.

③ Burns는 스코틀랜드 문화 부흥의 주요 공헌자였다.

④ Burns의 때 이른 죽음은 고된 노동과 건강하지 않은 생활 습관 때문이었다.

포인트 해설

②번의 키워드인 national anthem(국가)이 그대로 언급된 지문 주변의 내용에서 그의 작품 중 『스코츠 와 해』는 한때 그의 조국(스코틀랜드)의 비공식 국가였다고 했으므로, ② 'Burns는 오늘날 스코틀랜드에서 사용되는 국가를 작곡했다'는 지문의 내용과 다르다.

정답 ②

어휘

countryman 같은 나라 사람   national anthem 국가   fame 명성
strenuous 몹시 힘든, 고생스러운   turn to ~에 의지하다
compose 쓰다, 작곡하다   spotlight 주목, 관심   figure 인물, 모습, 숫자
resurgence 부흥, 재기   take a toll 큰 타격을 주다   untimely 때 이른

08 독해 빈칸 완성 – 구 　　　　　　 난이도 중 ●●○

밑줄 친 부분에 들어갈 말로 가장 적절한 것은?

Inflation, the overall rise in the prices of goods and services, affects people in different ways. For the majority, it means lower purchasing power and, ultimately, a decrease in wealth, especially if wages do not catch up with rising costs. On the other hand, people who possess certain physical assets that are consistently popular can benefit from the upward trend, as the worth of these assets automatically adjusts for inflation. For example, real estate is ＿＿＿＿＿＿＿. This means that prices in this industry can skyrocket in response to inflation despite the fact that the currency no longer goes as far as it once did. It also means that in an inflated economy, people with properties are free to demand higher prices and therefore stand to make more money than they would otherwise have made.

① always in high demand
② prone to slight fluctuations
③ expected to decline in value
④ no longer a good investment

해석

재화와 서비스의 전반적인 가격 상승인 인플레이션은 다양한 방식으로 사람들에게 영향을 미친다. 대다수에게 이것은 더 낮은 구매력을 의미하고, 특히 임금이 상승하는 가격을 따라가지 못하는 경우, 결국은 부의 감소를 의미한다. 반면에, 지속적으로 인기 있는 어떠한 유형 자산을 가진 사람들은 이러한 자산의 가치가 인플레이션에 맞춰 자동으로 조정됨에 따라, 상승 추세로부터 이익을 얻을 수 있다. 예를 들어, 부동산은 항상 수요가 많다. 이는 화폐는 더 이상 예전만큼 가치 있지 않다는 사실에도 불구하고 이 업계에서 그것의 가격은 인플레이션에 대응하여 급등할 수 있다는 것을 의미한다. 또한 그것은 물가가 폭등한 경제에서 부동산을 가진 사람들은 훨씬 더 높은 가격을 자유롭게 요구할 수 있고, 그에 따라 그렇게 하지 않았을 경우 벌 수 있었던 것보다 더 많은 돈을 벌게 된다는 것을 의미한다.

① 항상 수요가 많다
② 약간 변동하기 쉽다
③ 가치가 감소할 것으로 예상된다
④ 더 이상은 좋은 투자가 아니다

포인트 해설

빈칸 앞부분에 지속적으로 인기 있는 유형 자산을 가진 사람들은 이러한 자산의 가치가 인플레이션에 맞춰 조정됨에 따라 상승 추세로부터 이익을 얻을 수 있다는 내용이 있고, 빈칸 뒷부분에서 부동산의 가격은 인플레이션에 대응하여 급등할 수 있기 때문에 물가가 폭등한 경제에서 부동산을 가진 사람들은 훨씬 더 높은 가격을 자유롭게 요구할 수 있다고 했으므로, 부동산은 '항상 수요가 많다'고 한 ①번이 정답이다.

정답 ①

어휘

wage 임금　catch up with ~을 따라가다　asset 자산
adjust 조정되다　real estate 부동산　skyrocket 급등하다, 치솟다
currency 화폐, 통화　prone to ~하기 쉬운　fluctuation 변동, 오르내림

구문 분석

This means / that prices in this industry can skyrocket / in response to inflation / despite the fact / that the currency no longer goes as far as it once did.
: 이처럼 that이 이끄는 절이 fact, idea, opinion, belief 등의 명사 뒤에 와서 명사와 동격을 이루는 경우, '주어가 동사한다는 명사' 또는 '주어가 동사라는 명사'라고 해석한다.

09 독해 빈칸 완성 – 단어 　　　　　　 난이도 하 ●○○

밑줄 친 (A), (B)에 들어갈 말로 가장 적절한 것은?

When most people think of the Internet, they associate it with computers, tablets, and smartphones. But this is expected to ＿＿(A)＿＿ to other items in the near future as the Internet of Things (IoT) becomes more of a reality. The IoT is a concept based on networks of sensors, machines that can communicate with one another, and cloud computing. In other words, data gathered by the sensors is uploaded to the cloud, analyzed real time, and then used in ways to help us in our daily lives. For example, your future alarm clock could wake you up, and then tell your coffee maker to start preparing coffee. Also, it might soon be possible to identify exactly what you have in your fridge at home while at the grocery store; the potential ＿＿(B)＿＿ of the IoT concept are endless.

	(A)	(B)
①	reduce	hazards
②	outsource	illusions
③	expand	applications
④	calculate	assessments

해석

대부분의 사람들은 인터넷에 대해 생각할 때 그것으로 컴퓨터, 태블릿, 스마트폰을 연상하게 된다. 그러나 사물 인터넷(IoT)이 더욱 현실의 것이 되어감에 따라 가까운 미래에 이것이 다른 품목들로까지 (A) 확대될 것으로 예상된다. 사물 인터넷은 감지기와 기계가 서로 정보를 전달할 수 있는 통신망과 클라우드 컴퓨팅을 기반으로 하는 개념이다. 다시 말해서, 감지기에 의해 수집된 정보는 클라우드로 전송되어 실시간으로 분석되고, 그런 다음 일상 생활에서 우리를 돕기 위한 방식으로 사용된다. 예를 들어, 미래의 자명종은 당신을 깨우고 난 후에 커피 메이커에 커피를 만들기 시작하라고 시킬 수 있을 것이다. 또한, 머지않아 식료품점에 있는 동안 집에 있는 냉장고 안에 당신이 정확히 무엇을 가지고 있는지를 확인하는 것이 가능해질 수도 있다. 사물 인터넷 개념의 잠재적인 (B) 응용성은 무한하다.

	(A)	(B)
①	감소시키다	위험
②	외부에 위탁하다	환상
③	확대되다	응용성
④	계산하다	평가

포인트 해설

(A) 빈칸 앞 문장에서 대부분의 사람들은 인터넷으로 컴퓨터, 태블릿을 연상한다고 했고, 빈칸 뒷부분에서 사물 인터넷은 감지기에 수집된 정보를 실시간으로 분석하여 일상생활에서 우리를 돕는 방식으로 사용될 수 있다고 했으므로, 빈칸에는 가까운 미래에 사물 인터넷이 다른 품목들로까지 '확대될' 것이라는 내용이 나와야 적절하다.

(B) 빈칸 앞부분에서 예를 들어 미래의 자명종은 당신을 깨우고 나서 커피메이커를 작동시킬 수 있고, 식료품점에서 집에 있는 냉장고 내용물의 확인이 가능해질 수도 있을 것이라고 했으므로, 빈칸에는 사물 인터넷 개념의 잠재적인 '응용성'이 무한하다는 내용이 나와야 적절하다.

따라서 ③ (A) expand(확대되다) – (B) applications(응용성)가 정답이다.

정답 ③

어휘

associate 연상하다, 관련시키다 gather 모으다
identify 확인하다, 식별하다 endless 무한한 hazard 위험
outsource 외부에 위탁하다 illusion 환상, 착각 expand 확대되다, 확대하다
application 응용성, 실용성 calculate 계산하다 assessment 평가

---

10 독해 제목 파악 난이도 중 ●●○

다음 글의 제목으로 가장 적절한 것은?

Obsessive-compulsive disorder (OCD) is a little-understood condition in which individuals have repetitive thoughts and demonstrate behaviors they can't control. This causes a lot of apprehension and can even lead to panic attacks, which means sufferers are constantly stressed. Unfortunately, current therapies and medications have failed to relieve many people's symptoms for any substantial length of time. A new surgical procedure called deep brain stimulation, however, might have the potential to cure OCD sufferers in a way that the previous methods could not. The treatment involves inserting electrodes into the affected region of the brain. The electrodes are connected to a pacemaker embedded in the patient's chest and activated by a device the patient can hold over his or her chest for a few moments whenever anxiety levels become unmanageable.

① OCD Patients and How Their Brains Work
② Long-term Prognosis for OCD Sufferers
③ Criteria for an Accurate Diagnosis of OCD
④ Discovery of a Possible Remedy for OCD

해석

강박 장애(OCD)는 개인이 반복적인 생각을 가지고 그들이 통제할 수 없는 행동을 보이는 잘 알려지지 않은 질환이다. 이것은 많은 불안을 유발하고 심지어 공황 발작을 일으킬 수 있는데, 이는 환자들이 지속적으로 스트레스를 받는다는 것을 의미한다. 안타깝게도, 현재의 치료와 약물은 상당히 오랜 기간 동안 많은 사람들의 증상을 완화시키지 못했다. 하지만, 뇌심부 자극이라고 불리는 새로운 외과 수술은 이전의 방법들은 할 수 없었던 방식으로

강박 장애 환자들을 치료할 가능성이 있을지도 모른다. 그 치료는 뇌의 환부에 전극을 삽입하는 것을 수반한다. 전극은 환자의 흉부에 삽입된 심장 박동 조절 장치와 연결되어, 불안 수준이 제어하기 어려워질 때마다 잠시 동안 환자들이 자신의 가슴에서 누를 수 있는 장치에 의해 작동된다.

① 강박 장애 환자들과 그들의 뇌가 작용하는 방법
② 강박 장애 환자들의 장기적인 예후
③ 강박 장애의 정확한 진단을 위한 기준
④ 강박 장애를 위한 가능성 있는 치료법 발견

포인트 해설

지문 중간에서 뇌심부 자극이라는 새로운 외과 수술이 강박 장애 환자들을 치료할 가능성이 있는데, 그 치료는 불안 수준이 제어하기 어려워 질 때마다 흉부에 삽입된 장치가 전극을 작동시킨다고 설명하고 있다. 따라서 ④ '강박 장애를 위한 가능성 있는 치료법 발견'이 이 글의 제목이다.

정답 ④

어휘

condition 질환, 상태 repetitive 반복적인 demonstrate 보이다
apprehension 불안, 두려움 panic attack 공황 발작 medication 약물
substantial 상당한 surgical 외과의 procedure 수술, 절차
stimulation 자극 insert 삽입하다 electrode 전극
pacemaker 심장 박동 조절 장치 embed 박다, 끼워 넣다
unmanageable 제어하기 어려운 prognosis 예후, 예상 criteria 기준
remedy 치료법

해커스 공무원시험연구소 총평

난이도	특히 독해 영역에 길이가 길고 추상적인 소재의 지문들이 포함되어 있어, 다소 어렵게 느껴질 수 있는 회차였습니다.
어휘·생활영어 영역	익숙한 어휘들이 출제되어 정답을 고르기가 어렵지 않았을 것입니다. 1번 문제에는 수량과 관련된 다양한 어휘들이 출제되었으므로 모르는 어휘가 있었다면 잘 정리해 둡니다.
문법 영역	부사절 접속사는 거의 매년 시험에 출제되고 있는 단골 포인트입니다. 따라서 단순히 각각의 부사절 접속사의 의미를 아는 것에서 더 나아가, 예문은 물론이고 함께 쓰일 수 있는 다른 문법 포인트들까지도 학습되어야 합니다.
독해 영역	10번 문제와 같은 문단 순서 배열 유형에서는 지시대명사 또는 연결어를 단서로 잡아 지문을 읽어 나간다면 신속하게 답을 고를 수 있으므로, 지문의 길이와 추상적인 소재에 당황하지 않도록 합니다.

정답

01	③	어휘	06	③	독해
02	②	어휘	07	②	독해
03	④	생활영어	08	③	독해
04	④	문법	09	①	독해
05	①	문법	10	④	독해

취약영역 분석표

영역	맞힌 답의 개수
어휘	/ 2
생활영어	/ 1
문법	/ 2
독해	/ 5
TOTAL	**/ 10**

---

01 어휘 copious 난이도 중 ●●○

밑줄 친 부분에 들어갈 말로 가장 적절한 것은?

The hurricane brought _____ amounts of rain and some much-needed relief to the drought-stricken region over the weekend.

① partial ② minute
③ copious ④ dilute

해석

허리케인은 주말에 가뭄으로 고통받는 지역에 엄청난 양의 비와 매우 필요한 위안을 가져다주었다.

① 부분적인 ② 미세한
③ 엄청난 ④ 희석된

정답 ③

어휘

partial 부분적인 minute 미세한 copious 엄청난, 방대한 dilute 희석된

이것도 알면 합격!

copious(엄청난)의 유의어
= abundant, plentiful, ample

---

02 어휘 exceptional = outstanding 난이도 중 ●●○

밑줄 친 부분의 의미와 가장 가까운 것은?

People who possess the underline{exceptional} ability to identify and recall faces with extremely high rates of accuracy are called "super-recognizers."

① instant ② outstanding
③ typical ④ accidental

해석

매우 높은 비율의 정확도로 얼굴을 식별하고 기억해 내는 특출난 능력을 가진 사람들은 '대단히 잘 알아보는 자들'이라고 불린다.

① 즉각적인 ② 뛰어난
③ 일반적인 ④ 우연한

정답 ②

어휘

exceptional 특출난, 예외적인 recall 기억해 내다 accuracy 정확도
instant 즉각적인 outstanding 뛰어난 typical 일반적인
accidental 우연한, 돌발적인

이것도 알면 합격!

exceptional(특출난)의 유의어
= remarkable, extraordinary, phenomenal

03 생활영어 I have to check my schedule. 난이도 하 ●○○

밑줄 친 부분에 들어갈 말로 가장 적절한 것은?

> A: Do you want to go out of town this weekend?
> B: Maybe. Where were you thinking of going?
> A: I'd like to drive out to the mountains and camp for a few nights.
> B: Sounds like fun. The weather is perfect for camping.
> A: Great. What time would you like to leave?
> B: I'm not sure yet. _____.

① I don't have any time
② Everyone is going to be busy
③ I don't like camping
④ I have to check my schedule

해석

> A: 이번 주말에 교외로 나가 보고 싶니?
> B: 글쎄. 어디 가려고 생각 중이었는데?
> A: 산으로 차를 몰고 나가서 며칠 밤 동안 캠핑하고 싶어.
> B: 재미있을 것 같아. 캠핑하기에 완벽한 날씨야.
> A: 좋아. 너는 몇 시에 출발했으면 좋겠어?
> B: 아직 잘 모르겠어. 나는 내 스케줄을 확인해 봐야 해.

① 나는 시간이 조금도 없어
② 모두가 바쁠걸
③ 난 캠핑을 좋아하지 않아
④ 나는 내 스케줄을 확인해 봐야 해

포인트 해설

캠핑을 가기 위해 몇 시에 출발했으면 좋겠는지 묻는 B의 질문에 대해 빈칸 앞에서 A가 I'm not sure yet(아직 잘 모르겠어)이라고 말하고 있으므로, '나는 내 스케줄을 확인해 봐야 해'라는 의미의 ④ 'I have to check my schedule'이 정답이다.

정답 ④

어휘

drive out 차를 몰고 나가다

🏅 **이것도 알면 합격!**

날씨에 관해 말할 때 쓸 수 있는 다양한 표현들을 알아 두자.
• Did you catch the forecast for today? 오늘 일기예보 봤어?
• It feels like we're in an oven. 우리가 오븐 안에 있는 것 같아.
• I heard there's a cold front coming in.
  한랭 전선이 다가오고 있다고 들었어.
• The sunset today was absolutely breathtaking.
  오늘 노을은 정말 아름답다.

04 문법 부사절 | 주어 | 수동태 | 시제 | 분사 난이도 중 ●●○

밑줄 친 부분 중 어법상 옳지 않은 것은?

> The popular political candidate who ① disappeared from the public eye following corruption allegations spoke to the press last week, stating "All I can say is that I ② have been wrongfully accused." He maintained his innocence ③ when questioned, although ④ dropped out of the race the day before the election has raised some suspicions.

해석

부패 혐의 이후 대중 앞에서 사라졌던 그 인기 있는 정당 후보자는 지난주에 언론에 "제가 말씀드릴 수 있는 것은 제가 부당하게 혐의를 받아 왔다는 것뿐입니다"라고 말했다. 비록 선거 전날 경선에서 기권한 것이 일부 의혹을 불러일으켰지만, 그는 질문을 받았을 때 그의 결백함을 주장했다.

포인트 해설

④ **부사절의 형태 | 주어 자리** 문맥상 '비록 선거 전날 경선에서 기권한 것이 일부 의혹을 불러일으켰지만'이라는 의미가 되어야 자연스러운데, '비록 ~이지만'은 부사절 접속사 although를 사용하여 나타낼 수 있다. 이때 부사절 접속사 although가 이끄는 부사절은 '부사절 접속사 + 주어 + 동사'의 형태가 되어야 하는데, 주어 자리에는 명사 역할을 하는 것이 와야 하므로 dropped out을 동명사 dropping out으로 고쳐야 한다.

[오답 분석]

① **수동태로 쓸 수 없는 동사** 동사 disappear(사라지다)는 목적어를 취하지 않는 자동사로, 수동태로 쓸 수 없다. 따라서 능동태 disappeared가 올바르게 쓰였다.

② **현재완료 시제 | 능동태·수동태 구별** 문맥상 '부당하게 혐의를 받아 왔다'라며 과거에 시작된 일이 현재까지 계속되는 경우를 표현하고 있으므로 현재완료 시제가 와야 하고, 주어(I)와 동사가 '내가 혐의를 받다'라는 의미의 수동 관계이므로 현재완료 수동태 have been (wrongfully) accused가 올바르게 쓰였다.

③ **분사구문의 형태** 분사구문의 뜻을 분명하게 하기 위해 부사절 접속사 when이 분사구문을 이끄는 분사(questioned) 앞에 올바르게 쓰였다.

정답 ④

어휘

candidate 후보자 corruption 부패, 부정행위 allegation 혐의
maintain 주장하다, 유지하다 innocence 결백(함), 무죄
drop out 기권하다 suspicion 의혹, 의심

🏅 **이것도 알면 합격!**

'부사절 접속사 + 주어 + 동사' 형태의 부사절은 분사구문의 형태로 바꾸어 쓸 수도 있다는 것을 알아 두자.

• While he sat quietly, he heard the sound of his watch ticking.
  부사절접속사 + 주어 + 동사
→ Sitting quietly, he heard the sound of his watch ticking.
  조용히 앉아 있는 동안, 그는 시계의 똑딱거리는 소리를 들었다.

05 문법 동명사|부사|주어|수 일치 난이도 중 ●●○

어법상 옳은 것은?

① The children were excited about being taken to the amusement park.

② Kept safe from natural predators, rabbits can be significant long-lived.

③ The efficient of the new machines surprised the factory manager.

④ Sixty percent of his books is filled with his own political opinions.

해석

① 아이들은 놀이공원에 가게 된 것에 신이 났다.

② 자연의 포식자로부터 안전하게 보호되면, 토끼는 상당히 오래 살 수 있다.

③ 새로운 기계의 효율성은 공장 관리자를 놀라게 했다.

④ 그의 책의 60퍼센트는 그만의 정치적 견해로 가득 차 있다.

포인트 해설

① **동명사의 형태** 동명사 뒤에 목적어가 없고, 주어(The children)와 동명사가 '놀이공원에 가게 되다'라는 의미의 수동 관계이므로 동명사의 수동형 being taken이 올바르게 쓰였다.

[오답 분석]

② **부사 자리** 형용사(long-lived)를 수식할 수 있는 것은 부사이므로 형용사 significant를 부사 significantly로 고쳐야 한다.

③ **주어 자리** 문맥상 '새로운 기계의 효율성'이라는 의미가 되어야 자연스럽고, 주어 자리에는 명사 역할을 하는 것이 와야 하므로 형용사 efficient를 명사 efficiency로 고쳐야 한다.

④ **부분 표현의 수 일치** 부분을 나타내는 표현(Sixty percent of)을 포함한 주어는 of 뒤 명사(his books)에 동사를 수 일치시켜야 하므로 단수 동사 is를 복수 동사 are로 고쳐야 한다.

정답 ①

어휘

amusement park 놀이공원 predator 포식자 political 정치적인

🍎 이것도 알면 합격!

문장의 주어와 동명사의 행위 주체가 달라 동명사의 의미상 주어가 필요한 경우, 명사·대명사의 소유격을 동명사 앞에 쓴다는 것도 함께 알아 두자.

• I appreciate **your** helping me with this project.
  저는 당신이 이 프로젝트와 관련하여 저를 도와주신 것에 감사드립니다.

06 독해 제목 파악 난이도 중 ●●○

다음 글의 제목으로 가장 적절한 것은?

The novel *Adventures of Huckleberry Finn* by Mark Twain has been called the quintessential book about America. It follows an orphan boy named Huck who leaves home to escape becoming "civilized" by his legal guardian. Along the way, he meets up with a runaway slave named Jim. Together, the two struggle to understand the roles forced upon them by a society that forbids their friendship because of their different skin colors. Recounting their adventures together, the novel confronts the dark legacy of slavery and attempts to show a future in which America may truly realize its promise as the land of the free.

① America's Longstanding Myth of Racial Equality

② Chronicling the Life of a Real American Hero

③ Confronting Social Issues in *Adventures of Huckleberry Finn*

④ Critical Reception of Twain's *Adventures of Huckleberry Finn*

해석

Mark Twain의 소설 『허클베리 핀의 모험』은 미국에 대한 전형적인 책이라고 평가받아 왔다. 이것은 그의 법적 후견인에게 '교화되는' 것에서 벗어나기 위해 집을 떠나는 Huck이라는 고아 소년의 삶을 전개해 나간다. 도중에, 그는 Jim이라는 도망친 노예를 만난다. 그 둘은 다른 피부색을 이유로 그들의 우정을 금지하는 사회에 의해 그들에게 강요된 역할을 이해하려고 함께 애쓴다. 그들이 함께한 모험을 이야기하면서, 그 소설은 노예 제도라는 어두운 유산에 맞서 미국이 자유의 땅이라는 약속을 진정으로 실현할 수 있을 미래를 보여 주려 한다.

① 인종 평등에 대한 미국의 오랜 사회적 통념

② 진정한 미국 영웅의 삶을 연대순으로 기록하기

③ 『허클베리 핀의 모험』 속 사회 문제 마주하기

④ Twain의 『허클베리 핀의 모험』에 대한 비판적 반응

포인트 해설

지문 전반에 걸쳐 미국에 대한 전형적인 책이라고 평가받는 『허클베리 핀의 모험』은 법적 후견인에게 교화되는 것에서 벗어나기 위해 집을 떠난 고아 소년 Huck이 도망친 노예 Jim을 만나 함께 모험하는 이야기를 통해, 노예 제도에 맞서 미국이 자유의 땅이라는 약속을 실현할 미래를 보여 주려 하는 소설이라고 설명하고 있다. 따라서 ③ '『허클베리 핀의 모험』 속 사회 문제 마주하기'가 이 글의 제목이다.

정답 ③

어휘

quintessential 전형적인, 본질적인 orphan 고아의
meet up with ~와 만나다 runaway 도망친, 달아난
slave 노예 struggle 애쓰다, 노력하다 force 강요하다, 시행하다
forbid 금지하다 recount 이야기하다 legacy 유산
longstanding 오랜 racial 인종의 equality 평등, 공정
chronicle 연대순으로 기록하다 confront 맞서다, 마주하다
critical 비판적인 reception 반응, 평판, 환영

07 독해 내용 일치 파악 　　　　난이도 중 ●●○

다음 글의 내용과 일치하는 것은?

> An emirate is an independent state or jurisdiction ruled by a Muslim ruler known as an emir. Emirates function in a similar way to many monarchies, as rulers often acquire their title through birthright. Moreover, like monarchs, emirs possess absolute power over the country. Most emirates are located in a small region of the Middle East bordering the Persian Gulf. The largest emirate in terms of land area is Abu Dhabi. It has a highly developed economy based on oil. Two other oil-producing emirates are Kuwait and Qatar. Thus, some of the countries with the highest gross domestic products (GDP) are located throughout this region, signifying the Middle East's immense wealth.

① Emirates are usually under the control of other countries.
② Many emirs and monarchs inherit their positions.
③ The emirates depend mostly on trade and manufacturing.
④ Kuwait has the highest GDP in the Middle East.

해석

emirate는 emir로 알려진 이슬람교도 통치자가 다스리는 독립적인 국가 또는 관할 구역이다. emirate들은 많은 군주국들과 유사한 방식으로 기능하는데, 통치자들이 흔히 그들의 직위를 생득권으로 얻기 때문이다. 게다가, 군주와 마찬가지로 emir는 국가에 대한 절대적인 권력을 가진다. 대부분의 emirate는 페르시아만에 인접한 중동의 작은 지역에 자리 잡고 있다. 국토 면적으로 보았을 때 가장 큰 emirate는 아부다비이다. 그곳은 석유에 기반을 둔 고도로 발달한 경제를 갖추고 있다. 석유를 생산하는 또 다른 두 emirate는 쿠웨이트와 카타르이다. 이와 같이, 국내 총생산(GDP)이 가장 높은 몇몇 나라들이 이 지역에 두루 위치하고 있는데, 이것은 중동의 막대한 부를 나타낸다.

① emirate는 보통 다른 나라의 지배 아래 있다.
② 많은 emir와 군주들은 그들의 직위를 물려받는다.
③ emirate는 주로 무역과 제조업에 의존한다.
④ 쿠웨이트는 중동에서 국내 총생산이 가장 높다.

포인트 해설

②번의 키워드인 inherit their positions(그들의 직위를 물려받다)를 바꾸어 표현한 지문의 acquire their title through birthright(그들의 직위를 생득권으로 얻다) 주변의 내용에서 emirate들은 많은 군주국들처럼 통치자가 직위를 생득권으로 얻는다고 했으므로, ② '많은 emir와 군주들은 그들의 직위를 물려받는다'가 지문의 내용과 일치한다.

[오답 분석]
① emirate는 emir로 알려진 이슬람교도 통치자가 다스리는 독립적인 국가 또는 관할 구역이라고 했으므로, emirate가 보통 다른 나라의 지배 아래 있다는 것은 지문의 내용과 다르다.
③ 국토 면적이 가장 큰 emirate인 아부다비가 석유에 기반을 둔 고도로 발달한 경제를 갖추고 있다고는 했지만, emirate가 주로 무역과 제조업에 의존하는지는 알 수 없다.
④ 쿠웨이트는 중동에서 석유를 생산하는 emirate 중 하나이며 중동에 국내 총생산이 높은 나라들이 두루 위치하고 있다고 했지만, 쿠웨이트가 중동에서 국내 총생산이 가장 높은지는 알 수 없다.

정답 ②

어휘

independent 독립적인　state 국가, 상태, 신분　jurisdiction 관할 구역
monarchy 군주국　acquire 얻다　birthright 생득권
border 인접하다; 국경　signify 나타내다, 의미하다
immense 막대한, 어마어마한　inherit 물려받다, 상속받다
manufacturing 제조업

08 독해 빈칸 완성 – 구 　　　　난이도 중 ●●○

밑줄 친 부분에 들어갈 말로 가장 적절한 것은?

> When it comes to decision-making, be it simply selecting a dish from a dinner menu or picking a movie, our cognitive resources come into play. The more options we have, the higher our expectations rise. Having a broader array of choices leads us to believe that we're picking from a vast range, expecting the best outcome. In reality, however, a surplus of options only means more decisions and consumes our limited mental energy. Thus, having a multitude of choices often results in decreased satisfaction, diminished confidence in our decisions, and an elevated chance of regret. One solution to cope with this kind of choice overload is to alter the decision process by _____. For instance, if you're looking to select a hotel for a trip, don't consider all of the available hotels. Instead, narrow your choices down to two that meet your needs and then compare those to make an appropriate decision. This approach can help alleviate the burdens of choice and streamline decision-making.

① searching online for others' opinions
② doing activities for your cognitive health
③ constraining yourself to binary choices
④ choosing an option that you are familiar with

해석

단순히 저녁 메뉴에서 요리를 선택하는 것이든 영화를 선택하는 것이든 간에, 의사결정에 관한 한, 우리의 인지 능력이 작용하게 된다. 우리가 더 많은 선택지를 가질수록, 우리의 기대는 더 높아진다. 더 폭넓은 다수의 선택지를 갖는 것은 우리가 최고의 결과를 기대하면서 넓은 범위에서 신중히 고르고 있다고 믿게 한다. 하지만, 사실 선택지의 과잉은 단지 더 많은 의사결정을 의미할 뿐이고 우리의 한정된 정신력을 소모시킨다. 그러므로, 다양한 선택지를 갖는다는 것은 보통 줄어든 만족감과, 우리의 결정에 대한 저하된 자신감, 그리고 늘어난 후회의 가능성을 초래한다. 이러한 유형의 선택 과부하에 대처할 수 있는 한 가지 해결책은 <u>당신 스스로에게 두 가지 선택지로 제약을 가함으로써</u> 의사결정 과정을 바꾸는 것이다. 예를 들어, 당신이 여행을 위해 호텔을 고르려고 찾아보고 있다면, 모든 이용 가능한 호텔을 고려하지는 말아라. 대신, 당신의 선택지를 당신의 요구를 충족하는 두 가지로 좁힌 후 그것들을 비교하여 적절한 의사결정을 하라. 이 접근법은 선택의 부담을 완화하고 의사결정을 간소화하는 데 도움이 될 수 있다.

① 온라인에서 다른 사람들의 의견을 찾음
② 당신의 인지적 건강을 위한 활동을 함
③ 당신 스스로에게 두 가지 선택지로 제약을 가함
④ 당신에게 익숙한 선택지를 선택함

포인트 해설

빈칸 뒷부분에서 호텔을 고를 때 자신의 요구를 충족하는 두 개의 호텔로 선택지를 좁힌 후 그것들을 비교하여 적절한 의사결정을 내리는 방식을 예시로 제시하고 있으므로, 선택 과부하에 대처할 수 있는 한 가지 해결책은 '당신 스스로에게 두 가지 선택지로 제약을 가함'으로써 의사결정 과정을 바꾸는 것이라고 한 ③번이 정답이다.

정답 ③

어휘

cognitive 인지적인   come into play 작용하다, 활동하기 시작하다
expectation 기대   broad (폭)넓은   an array of 다수의
vast 광활한, 막대한   outcome 결과   surplus 과잉, 흑자
multitude 다양성   satisfaction 만족   diminish 저하시키다, 감소하다
confidence 자신감   elevate 증가시키다, 들어 올리다
cope with ~에 대처하다   overload 과부하   alter 바꾸다
available 이용 가능한   appropriate 적절한   alleviate 완화하다
burden 부담, 짐   streamline 간소화하다
constrain 제약을 가하다, 제한하다   binary 두 가지의, 이진법의

구문 분석

The more **options we have,** / the higher **our expectations rise.**
: 이처럼 'the 비교급 …, the 비교급 ~' 구문이 두 대상의 비례적인 관계를 나타내는 경우, '더 …할수록, 더 ~하다'라고 해석한다.

09 독해 빈칸 완성 - 단어   난이도 중 ●●○

밑줄 친 (A), (B)에 들어갈 말로 가장 적절한 것은?

The technology may exist, but driverless cars are still on the drawing board. They have all the sensors and data to make the best decision. However, they can never predict what a human will do. Hence, even if a car is programmed to behave correctly in a situation, people who are walking or driving their own cars may do something ___(A)___. In one example, traffic was backed up, which prevented the cars from moving forward even when the light turned green. The driverless car correctly came to a stop, but the driver in the car directly behind it did not, causing a collision. Clearly, complex systems may be no match for a human's incalculable ___(B)___.

(A)	(B)
① unexpected	actions
② regulated	driving
③ measured	habits
④ anticipated	potential

해석

기술은 존재할 수 있지만, 무인 자동차는 여전히 설계 단계에 있다. 그것은 최선의 판단을 내릴 모든 감지 장치와 데이터를 가지고 있다. 그러나, 그것은 인간이 무엇을 할지를 결코 예측할 수 없다. 이런 이유로, 만약 자동차가 특정 상황에서 올바르게 행동하도록 프로그램되었을지라도, 보행 중이거나 자차를 운전 중인 사람들이 (A) 예상치 못한 일을 할 수도 있다. 하나의 예로, 교통이 정체되었고, 이는 신호등이 초록색으로 바뀌었을 때에도 차들이 앞으로 이동하지 못하게 막았다. 무인 자동차는 올바르게 정차했지만, 그 차 바로 뒤의 운전자는 그러지 못했고, 이것이 충돌을 야기했다. 분명, 복합 시스템은 사람의 예측할 수 없는 (B) 행동을 당해낼 수 없을 것이다.

(A)	(B)
① 예상치 못한	행동
② 통제된	운전
③ 신중한	습관
④ 예측된	가능성

포인트 해설

(A) 빈칸 앞 문장에서 무인 자동차는 최상의 결정을 내릴 모든 감지 장치와 데이터를 가지고 있지만 인간이 무엇을 할지를 결코 예측할 수 없다고 했으므로, 빈칸에는 보행 중이거나 자차를 운전 중인 사람들이 '예상치 못한' 일을 할 수도 있다는 내용이 나와야 적절하다.

(B) 빈칸 앞부분에서 교통 정체로 인해 초록불에서도 차들이 앞으로 이동하지 못했을 때 무인 자동차는 올바르게 정차한 반면 바로 뒤 운전자는 정차하지 못했고 그 결과 충돌이 야기되었다는 예시를 들었으므로, 무인 자동차의 시스템이 사람의 예측할 수 없는 '행동'을 당해낼 수 없을 것이라는 내용이 나와야 적절하다.

따라서 ① (A) unexpected(예상치 못한) - (B) actions(행동)가 정답이다.

정답 ①

어휘

on the drawing board 설계 단계에 있는, 준비 중인   back up 정체시키다
directly 바로, 직접적으로   collision 충돌
be no match for 당할 수 없다, 맞수가 못 되다
incalculable 예측할 수 없는, 헤아릴 수 없는   measured 신중한, 침착한

10 독해 문단 순서 배열 　　　난이도 상 ●●●

주어진 문장 다음에 이어질 글의 순서로 가장 적절한 것은?

The ancient Greek philosopher Carneades offered an ethical thought experiment that is still used in many classrooms today.

(A) But if Sailor B had no choice but to kill Sailor A to save his own life, then perhaps it can be considered an act of self-defense. This ethical dilemma challenges conventional thought about culpability in life-threatening situations.

(B) The case is brought before a judge who must decide how the survivor should be tried. Sailor B is clearly responsible for Sailor A's death, which under normal circumstances would make him a murderer.

(C) It concerns two shipwrecked sailors, A and B. Both men are adrift in the ocean and see a plank that is only big enough for one of them. Sailor A reaches it first, but Sailor B pushes him off. Sailor A drowns and the other man is rescued.

① (B) – (A) – (C)　　　② (B) – (C) – (A)
③ (C) – (A) – (B)　　　④ (C) – (B) – (A)

어휘

ethical 윤리적인　sailor 선원　challenge 이의를 제기하다, 도전하다; 도전
conventional 종래의, 전통적인　culpability 과실　try 재판하다
circumstance 상황, 환경　murderer 살인자　shipwreck 난파시키다
adrift 표류하는　plank 널빤지　rescue 구출하다; 구출

해석

고대 그리스 철학자 Carneades는 오늘날 여전히 많은 교실에서 사용되고 있는 윤리적 사고 실험을 제시했다.

(A) 그러나 만약 선원 B가 자신의 목숨을 구하기 위해 선원 A를 죽일 수밖에 없었다면, 그것은 자기방어를 위한 행위로 여겨질 수 있을지도 모른다. 이 윤리적 딜레마는 생명을 위협하는 상황에서의 과실에 대한 종래의 관념에 이의를 제기한다.

(B) 그 사건은 생존자가 어떤 죄로 재판받아야 하는지를 결정해야 하는 판사 앞에 회부된다. 선원 B는 평범한 상황이었다면 그를 살인자로 만들었을 선원 A의 죽음에 분명히 책임이 있다.

(C) 그것은 두 명의 난파당한 선원 A와 B에 관한 것이다. 두 남자는 바다에 표류하고 있다가 그들 중 한 사람만 올라갈 정도로만 큰 널빤지 하나를 본다. 선원 A는 먼저 그것에 도달하지만, 선원 B가 그를 밀어낸다. 선원 A는 익사하고 다른 한 사람은 구출된다.

포인트 해설

주어진 문장에서 철학자 Carneades가 오늘날에도 교실에서 사용되는 윤리적 사고 실험을 제시했다고 언급한 후, (C)에서 그것(It)은 바다 위에서 널빤지를 차지하기 위해 먼저 도달한 A를 밀어 익사시키고 구출된 B의 상황임을 전하고 있다. 이어서 (B)에서 그 사건(The case)에서 B가 평범한 상황이었다면 A의 죽음에 분명 책임이 있다고 했지만, (A)에서 그러나(But) B가 자신의 목숨을 구하기 위해서였다면 그것은 자기방어를 위한 행위로 여겨질 수 있을지 모르며, 이는 생명을 위협하는 상황에서의 과실에 대한 종래의 관념에 이의를 제기하는 것임을 설명하고 있다. 따라서 ④ (C) – (B) – (A)가 정답이다.

정답 ④

해커스 공무원시험연구소 총평

난이도	독해 영역에 매력적인 오답 보기가 등장한 문제들이 있어 체감 난도가 높았을 수 있습니다.
어휘·생활영어 영역	2번 문제와 같이 동사구 표현을 묻는 문제는 국가직 9급과 지방직 9급 모두에서 지속적으로 출제되고 있으므로, 생소한 표현이 있을 때마다 정리하여 암기해 두는 습관이 필요합니다.
문법 영역	공무원 9급 시험의 빈출 포인트들로 이루어진, 무난한 난이도의 문제들로 구성되어 있었습니다. 4번 문제에 쓰인 '가짜 주어 구문' 포인트의 경우, 문장의 의미를 파악하여 진짜 주어가 무엇인지를 알아내는 연습을 통해 대비할 수 있습니다. 전치사는 빈출 포인트는 아니지만 언제든지 출제될 수 있으므로, '이것도 알면 합격'에 정리된 전치사 숙어 표현들도 함께 학습해 둡니다.
독해 영역	8번 문제와 같은 문장 삽입 유형 문제에서는 주어진 문장의 연결어(But)를 바탕으로 해당 문장의 앞뒤 내용을 예상했다고 해도 답을 고르기 어려웠을 수 있습니다. 이와 같이, 문장 삽입 유형이 고난도로 출제될 경우에는 전반적인 지문의 흐름과 각 문장의 논리적 관계를 더욱 꼼꼼히 파악해야 함에 유의합니다.

정답

01	④	어휘	06	③	독해
02	②	어휘	07	④	독해
03	①	생활영어	08	②	독해
04	④	문법	09	①	독해
05	②	문법	10	②	독해

취약영역 분석표

영역	맞힌 답의 개수
어휘	/ 2
생활영어	/ 1
문법	/ 2
독해	/ 5
TOTAL	/ 10

01 　어휘 modest 　난이도 중 ●●○

밑줄 친 부분에 들어갈 말로 가장 적절한 것은?

> The racecar driver was certainly the favorite to win the race, but his _____ attitude was quite unusual.

① equivalent
② competent
③ savory
④ modest

해석

그 경주용 차량 운전자는 틀림없는 우승 후보였지만, 그의 겸손한 태도는 꽤 흔치 않은 것이었다.

① 동등한
② 유능한
③ 평판이 좋은
④ 겸손한

정답 ④

어휘

favorite 우승 후보, 좋아하는 사람; 마음에 드는　equivalent 동등한, 상응하는　competent 유능한　savory 평판이 좋은, 맛이 좋은　modest 겸손한, 수수한

이것도 알면 합격!

modest(겸손한)의 유의어
= humble, unassuming, unpretentious

02 　어휘 pick up 　난이도 상 ●●●

밑줄 친 부분에 들어갈 말로 가장 적절한 것은?

> She started to _____ the guitar after her friend gave her some beginner lessons.

① get across
② pick up
③ pass on
④ let down

해석

그녀는 그녀의 친구가 몇 번의 초급 교습을 해 주고 나니 기타를 익히기 시작했다.

① ~을 설명하다
② ~을 익히다
③ ~을 넘겨주다
④ ~를 실망시키다

정답 ②

어휘

get across ~을 설명하다, 횡단하다　pick up ~을 익히다, ~를 알게 되다
pass on ~을 넘겨주다, 전달하다　let down ~를 실망시키다

이것도 알면 합격!

pick up(~을 익히다)과 유사한 의미의 표현
= learn, acquire, get the hang of

03 생활영어 I really need to get my finances under control. 난이도 하 ●○○

밑줄 친 부분에 들어갈 말로 가장 적절한 것은?

A: Hey, do you want to go to the movies tonight?
B: I wish I could, but I'm low on cash.
A: You spent your whole paycheck already? I can't believe it.
B: I know. ＿＿＿＿＿＿＿＿＿＿＿＿＿＿.
A: Just put aside some money from your paycheck each month. That way, you won't end up spending it all.
B: That's a good idea. I'll give it a try.

① I really need to get my finances under control
② I'm getting a salary raise next week
③ That's because I don't have time to pay the bills
④ I've been wanting to see that movie

해석

A: 이봐, 오늘 밤에 영화 보러 갈래?
B: 나도 그러고 싶지만 돈이 부족해.
A: 너 벌써 급여를 다 썼어? 믿을 수가 없네.
B: 알아. 나는 정말 내 수입을 관리할 필요가 있겠어.
A: 매달 약간의 돈을 네 급여에서 따로 떼어 놔. 그렇게 하면, 네가 그걸 전부 쓰게 되지는 않을 거야.
B: 그거 좋은 생각이다. 한번 해 볼게.

① 나는 정말 내 수입을 관리할 필요가 있겠어
② 나는 다음 주 급여 인상을 받을 거야
③ 그 청구 요금을 지불할 시간이 내게 없어서야
④ 난 그 영화를 보길 바라 왔어

포인트 해설

B가 급여를 다 쓴 것을 믿을 수 없다는 A의 말에 대해 B가 대답하고, 빈칸 뒤에서 다시 A가 Just put aside some money from your paycheck each month(매달 약간의 돈을 네 급여에서 따로 떼어 놔)라고 말하고 있으므로, '나는 정말 내 수입을 관리할 필요가 있겠어'라는 의미의 ① 'I really need to get my finances under control'이 정답이다.

정답 ①

어휘

low on ～이 부족한　paycheck 급여, 봉급　put aside ～을 따로 떼어 놓다

이것도 알면 **합격!**

경제 사정에 대해 말할 때 쓸 수 있는 다양한 표현들을 알아 두자.
• He's flat broke. 그는 완전히 거덜 났어.
• I'm back on my feet now. 사정이 다시 좋아졌어.
• That's my bread and butter. 그것이 저의 주 수입원이죠.
• I can't get by on my salary. 내 월급으로 살아갈 수가 없어요.

04 문법 가정법 | 주어 | 전치사 | to 부정사 난이도 중 ●●○

우리말을 영어로 가장 잘 옮긴 것은?

① 그 발표자가 기자의 질문을 예상하지 못했다는 것은 방에 있는 모든 사람에게 분명했다.
→ What was obvious to everyone in the room that the speaker was unprepared for the reporter's question.

② 바다거북은 일반적으로 포식의 위험이 더 적은 밤에 알을 낳는다.
→ Sea turtles usually lay their eggs in night when the risk of predation is lower.

③ 위원회의 구성원은 휴식 이후 논의를 이어가는 것에 동의한다.
→ The members of the board agree continuing the discussion after the break.

④ Isaac Newton이 아니었다면 우리는 중력에 대해 전혀 알지 못했을 수도 있다.
→ We might never have known about gravity if it hadn't been for Isaac Newton.

포인트 해설

④ **가정법 과거완료** 'Isaac Newton이 아니었다면'이라며 과거 상황을 반대로 가정하고 있고, if절에 가정법 과거완료 'If + 주어 + had p.p.'의 형태인 if it hadn't been이 왔으므로, 주절에도 가정법 과거완료를 만드는 '주어 + might + have p.p.'의 형태인 We might (never) have known ~이 올바르게 쓰였다.

[오답 분석]
① **가짜 주어 구문** that절(that the speaker ~ question)과 같이 긴 주어가 오면 진주어(that절)를 문장 맨 뒤로 보내고 가주어 it이 주어 자리에 대신해서 쓰이므로 What을 It으로 고쳐야 한다.

② **전치사** '정오/밤/새벽'은 시각이나 시점을 나타내는 전치사 at을 사용하여 나타낼 수 있으므로 night 앞에 전치사 in을 전치사 at으로 고쳐야 한다.

③ **to 부정사를 취하는 동사** 동사 agree는 to 부정사를 목적어로 취하는 동사이므로 동명사 continuing을 to 부정사 to continue로 고쳐야 한다.

정답 ④

어휘

obvious 분명한, 알기 쉬운　predation 포식, 약탈　gravity 중력

이것도 알면 **합격!**

전치사 in/at/on이 쓰인 숙어 표현들을 알아 두자.

in	in time 제때에 in advance 사전에	in place 제자리에
at	at once 즉시 at times 때때로	at the rate of ～의 비율로 at one's expense ～의 비용으로
on	on time 정시에	on a regular basis 정기적으로

05 문법 형용사 | 전치사 | 분사 | 부사절　　　난이도 하 ●○○

밑줄 친 부분 중 어법상 옳지 않은 것은?

Frogs ① are comparable with toads but they differ in ② a variety of way. For instance, frog eggs are deposited into the water in clusters ③ surrounded by gelatinous material, whereas those of toads are laid in lines upon plants. There is also a difference when it comes to protecting themselves from predators. Frogs generally have few defenses, ④ while there is a bitter substance secreted by the skin of most toads that discourages anything from eating them.

해석

개구리는 두꺼비와 비슷하지만 그들은 여러 면에서 다르다. 예를 들어, 개구리 알은 물속에 젤리 같은 물질에 둘러싸여 무리 지어 놓이지만, 두꺼비 알은 풀 위에 일렬로 놓인다. 포식자로부터 자신을 보호할 때에도 차이점이 있다. 개구리는 일반적으로 방어 수단이 거의 없는 반면, 대부분의 두꺼비에게는 피부에서 분비되는 쓴맛의 물질이 있는데 그것은 그 어떤 것도 그들을 먹지 못하게 막는다.

포인트 해설

② **수량 표현** 수량 표현 a variety of 뒤에는 복수 명사가 와야 하므로 단수 명사 way를 복수 명사 ways로 고쳐야 한다.

[오답 분석]

① **기타 전치사** '두꺼비와 비슷한'을 나타내기 위해 전치사 숙어 표현 comparable with(~와 비슷한)가 올바르게 쓰였다.

③ **현재분사 vs. 과거분사** 수식받는 명사(clusters)와 분사가 '무리가 둘러싸이다'라는 의미의 수동 관계이므로 과거분사 surrounded가 올바르게 쓰였다.

④ **부사절 접속사** 문맥상 '반면에, 대부분의 두꺼비에게는 피부에서 분비되는 쓴맛의 물질이 있다'라는 의미가 되어야 자연스러우므로 양보를 나타내는 부사절 접속사 while(반면에)이 올바르게 쓰였다.

정답 ②

어휘

comparable 비슷한, 유사한　toad 두꺼비　deposit 놓다, 예금하다; 예금
gelatinous 젤리 같은　predator 포식자　secrete 분비하다
discourage 막다, 단념시키다

🎓 **이것도 알면 합격!**

④번의 while(반면에)처럼 양보를 나타내는 부사절 접속사들을 알아 두자.

- although / though / even if / even though 비록 ~이지만
- whereas 반면에
- whether ~이든지 -이든지 (간에)

---

06 독해 문단 순서 배열　　　난이도 중 ●●○

주어진 문장 다음에 이어질 글의 순서로 가장 적절한 것은?

Dams supply towns with water and are a major source of hydropower, but they also have negative effects on the natural environment, especially downstream.

(A) For instance, the practice could be avoided for a couple of days each week or during sensitive periods such as the insects' egg-laying season. Studies have shown that even small changes in dam operations can be beneficial to the bugs and help safeguard the biodiversity of the downstream community.

(B) The main culprit is "hydropeaking," or the practice of boosting the flow of water from dams at times of peak electricity use. The constantly fluctuating water levels can reduce or eliminate entire populations of aquatic insects like mayflies and stoneflies, since they lay their eggs in shallow water near the banks.

(C) The decline of these vital community members can affect fish and other animals higher up in the food chain. Thus, measures to protect river ecosystems must be taken, but because hydropower companies are unlikely to stop hydropeaking altogether, alternatives must be considered.

① (A) – (B) – (C)　　　② (B) – (A) – (C)
③ (B) – (C) – (A)　　　④ (C) – (B) – (A)

해석

댐은 마을에 물을 제공하고 수력 전력의 주요 공급원이지만, 그것들은 자연환경, 특히 강의 하류에 부정적인 영향을 미치기도 한다.

(A) 예를 들어, 그 관행은 매 주마다 이틀 정도 또는 그 곤충들의 산란 기간과 같은 민감한 기간 동안에 피해질 수 있다. 연구들은 댐 운영에서의 작은 변화라도 그 벌레들에게 이로울 수 있으며 강의 하류 군집의 생물 다양성을 보호하는 데 도움이 될 수 있음을 밝혀 왔다.

(B) 가장 큰 원인은 '인위적인 강의 수위 조정', 즉 가장 많은 전력 이용 시기에 댐에서 나오는 물의 흐름을 증대시키는 관행이다. 계속해서 변동하는 수위는 하루살이와 강도래 같은 물속에서 사는 곤충의 개체 수 전부를 감소시키거나 말살할 수 있는데, 이는 그들이 둑 근처의 얕은 물에 알을 낳기 때문이다.

(C) 그러한 필수적인 군집을 이루는 개체들의 감소는 먹이 사슬의 상층부에 있는 물고기와 다른 동물들에게 영향을 미칠 수 있다. 그러므로, 강의 생태계를 보호할 조치가 취해져야 하지만, 수력 발전 회사들이 인위적인 강의 수위 조정을 완전히 그만둘 것 같지 않으므로 대안이 고려되어야 한다.

포인트 해설

주어진 문장에서 물과 수력 전력을 제공하는 댐은 강의 하류에 부정적인 영향을 미치기도 한다고 한 후, (B)에서 가장 큰 원인(The main culprit)은 물속에 사는 곤충의 개체 수를 감소시키는 인위적인 강의 수위 조정이라고 알려 주고 있다. (C)에서 그러한 필수적인 군집을 이루는 개체(these vital community members)의 감소는 다른 동물들에게도 영향을 미치기 때문에 조치가 취해져야 하지만 수력 발전 회사들이 이 관행을 그만둘 것 같지 않으므로 대안이 고려되어야 한다고 하고, (A)에서 그 예시로(For instance) 그 관행(the practice)을 피하는 특정 일자나 기간을 정하는 대안을 제시하고 있다. 따라서 ③ (B) – (C) – (A)가 정답이다.

정답 ③

어휘

hydropower 수력 전력   downstream (강의) 하류
sensitive 민감한, 세심한   operation 운영, 수술, 기업   safeguard 보호하다
biodiversity 생물 다양성   culprit 원인   boost 증대시키다, 북돋우다
constantly 계속해서, 끊임없이   fluctuate 변동하다
eliminate 말살하다, 제거하다   aquatic 물속에 사는, 물과 관련된
decline 감소; 줄어들다   vital 필수적인   alternative 대안; 대체 가능한

---

07 독해 요지 파악   난이도 중 ●●○

다음 글의 요지로 가장 적절한 것은?

Chronic mountain sickness (CMS) develops in individuals who remain at high altitudes for extended periods of time. Staying in places higher than 3,000 meters slowly deprives the blood of oxygen, which in turn causes headaches, fatigue, and even heart failure or stroke. However, the illness is selective in that not all who reside in such areas are affected. For instance, the highest rates of CMS are found among Peruvian mountain tribes, while almost no one is diagnosed with it among Ethiopia's mountain natives despite comparable living conditions. This is because high elevation is not the biggest factor for the disease. DNA analysis shows that hereditary mutations are the key. Two sets of chromosomes were consistently identified in chronic sufferers; those who did not get CMS had altered variations of them. By studying the anomalies, it is hoped that better treatments for the condition will transpire.

① Experts found that altitude has nothing to do with chronic mountain sickness.
② Altering a person's DNA has shown to be an effective method to combat CMS.
③ Chronic mountain sickness is the most debilitating illness for Peruvian tribes.
④ The primary factor for warding off CMS has been attributed to mutated genes.

해석

만성적인 고산병(CMS)은 높은 고도에서 오랜 시간 동안 머무르는 사람들 사이에서 발생한다. 3,000미터보다 높은 곳에서 머무르는 것은 혈액 속의 산소를 서서히 빼앗으며, 결국 두통, 피로, 그리고 심부전이나 뇌졸중을 야기한다. 하지만, 그 병은 이런 장소에서 살고 있는 모두가 걸리는 것이 아니라는 점에서 선발적이다. 예를 들어, 만성적인 고산병의 높은 발생률이 페루의 산지 부족들 사이에서 발견되지만, 비슷한 생활 조건에도 불구하고 에티오피아 산의 토착민들 사이에서는 거의 아무도 병에 걸렸다는 진단을 받지 않았다. 이는 높은 고도가 그 병의 가장 큰 요인이 아니기 때문이다. DNA 분석 연구는 유전적인 변형이 해답임을 보여 준다. 두 쌍의 염색체가 만성의 환자들에게서 지속적으로 발견되었다. 만성적인 고산병에 걸리지 않은 사람들은 그것들(염색체)의 변형된 형태를 보유하고 있었다. 그 변칙들을 연구함으로써, 그 질환에 대한 더 좋은 치료법이 생길 것으로 기대된다.

① 전문가들은 고도와 만성적인 고산병 사이에 아무런 관련이 없다는 것을 발견했다.
② 사람의 DNA를 변형하는 것은 만성적인 고산병을 방지하는 효과적인 방법으로 보인다.
③ 만성적인 고산병은 페루 부족들을 가장 쇠약하게 하는 질병이다.
④ 만성적인 고산병을 피하는 주된 요인은 변형된 유전자에서 기인한다.

포인트 해설

지문 전반에 걸쳐 고산병이 높은 고도에서 머무르는 사람들 사이에서 발생하지만, 그 병은 모두가 걸리는 것이 아니라는 점에서 선택적인데, DNA 분석 연구가 고산병에 걸리지 않는 사람들은 변형된 염색체를 보유하고 있음을 발견하여 이를 바탕으로 한 더 좋은 치료법이 생길 것으로 기대된다고 했으므로, ④ '만성적인 고산병을 피하는 주된 요인은 변형된 유전자에서 기인한다'가 이 글의 요지이다.

정답 ④

어휘

chronic 만성적인   altitude 고도   deprive 빼앗다   in turn 결국
heart failure 심부전   stroke 뇌졸중   elevation 고도
hereditary 유전적인   mutation 변형   chromosome 염색체
anomaly 변칙, 이례   transpire 생기다, 발생하다   combat 방지하다
debilitating 쇠약하게 하는   ward off ~을 피하다

구문 분석

Staying in places higher than 3,000 meters / slowly deprives the blood of oxygen, (생략).
: 이처럼 동명사구(Staying ~ meters)가 주어 자리에 온 경우, '~하는 것은' 또는 '~하기는'이라고 해석한다.

08 독해 문장 삽입 · 난이도 상 ●●●

주어진 문장이 들어갈 위치로 가장 적절한 곳은?

But when slaves on the Caribbean island suddenly revolted and successfully gained their independence, Bonaparte had to reconsider his plan.

In 1803, France was in possession of an enormous territory called Louisiana that today comprises 15 American states. (①) Napoleon Bonaparte had planned on using this land to establish a French settlement that would be close to his already established and very lucrative colony in Haiti. (②) With no more revenue coming in from the former colony and facing war with England back in Europe, Bonaparte was desperate for money. (③) This is why he decided to sell the entire Louisiana territory to the recently established United States at an extremely attractive price. (④) America bought all 828,800 square miles of Louisiana for 15 million dollars, which works out to a paltry 3 cents an acre.

해석

그러나 카리브해 섬의 노예들이 갑자기 반란을 일으켜서 성공적으로 독립을 쟁취해 냈을 때, Bonaparte는 자신의 계획을 재고해야만 했었다.

1803년, 프랑스는 오늘날 미국의 15개 주로 구성되는 루이지애나라고 불리는 광대한 영토를 소유했었다. ① Napoleon Bonaparte는 아이티에 이미 설립된 매우 수익성이 좋은 식민지와 유사한 프랑스 식민지를 설립하기 위해 이 땅을 사용할 계획이었다. ② 이전의 식민지로부터 들어오는 수입이 더 이상 없고 유럽에서 다시 영국과의 전쟁에 직면함에 따라, Bonaparte는 돈이 간절히 필요했다. ③ 그것이 그가 루이지애나 영토 전체를 막 설립된 미국에 매우 매력적인 가격으로 팔기로 한 이유이다. ④ 미국은 루이지애나의 828,800평방마일 전부를 1,500만 달러에 샀는데, 이것은 1에이커당 얼마 안 되는 금액인 3센트로 계산된다.

포인트 해설

②번 앞 문장에 Napoleon Bonaparte가 프랑스 식민지 설립에 루이지애나를 사용할 계획이었다는 내용이 있고, ②번 뒤 문장에 영국과의 전쟁에 직면함에 따라 Bonaparte가 돈이 필요해졌다는 내용이 있으므로, ②번 자리에 그러나(But) 카리브해 섬의 노예들이 반란을 일으켜 독립을 쟁취하자 Bonaparte는 그의 계획(his plan)을 다시 생각해 보아야 했다는 내용, 즉 Bonaparte가 루이지애나를 식민지로 사용하려던 기존의 계획을 다시 생각하게 된 배경에 대해 설명하는 주어진 문장이 나와야 지문이 자연스럽게 연결된다.

정답 ②

어휘

revolt 반란을 일으키다 **territory** 영토 **comprise** 구성되다, 이루어지다
settlement 식민지, 정착지 **lucrative** 수익성이 좋은 **colony** 식민지
desperate 간절히 필요로 하는, 필사적인 **work out** 계산되다
paltry 얼마 안 되는

09 독해 빈칸 완성 - 단어 · 난이도 중 ●●○

밑줄 친 부분에 들어갈 말로 가장 적절한 것은?

Unlike the widely known World Heritage Sites, the cultural elements that the UN adds to its Intangible Cultural Heritage List have received relatively little attention from the world at large. This is because, as the name suggests, they are not monuments or places that people can visit. Rather, the items on this list include esoteric performance and craft conventions, such as a traditional horse-riding game in Azerbaijan and the custom of painting and decorating oxcarts in Costa Rica. The list is considered especially significant now that the world is rapidly modernizing and many old cultural traditions are dying out. It is hoped that by making their existence and relevance known, these _____ practices can be preserved through peoples' desire to learn about them.

① obscure
② extenuating
③ obsolete
④ extinct

해석

널리 알려진 세계 문화유산과는 다르게, 국제 연합이 세계 무형 문화 유산 목록에 추가하는 문화 요소들은 전 세계에서 상대적으로 적은 관심을 받아 왔다. 그 이름이 암시하듯이, 이것은 사람들이 방문할 수 있는 기념물이나 장소가 아니기 때문이다. 대신, 이 목록에 있는 것들은 아제르바이잔의 전통 승마 경기와 코스타리카의 달구지를 칠하고 꾸미는 풍습과 같은 소수만 즐기는 공연과 공예 풍습을 포함한다. 현재 세계는 급속히 현대화되고 있고 많은 오래된 문화 전통이 자취를 감추고 있기 때문에, 그 목록은 특히 의미 있다고 여겨진다. 그것들의 존재와 의의를 알림으로써, 잘 알려져 있지 않은 그러한 관습들이 그것들에 대해 알고자 하는 사람들의 열망을 통해 보존될 수 있을 것으로 기대된다.

① 잘 알려져 있지 않은
② 정상 참작이 가능한
③ 시대에 뒤진
④ 사라진

포인트 해설

빈칸 앞부분에서 국제 연합이 세계 무형 문화 유산 목록에 추가하는 문화 요소들에 대해 적은 관심을 두는 이유는 그것들이 소수만 즐기는 공연과 풍습을 포함하기 때문인데, 급속한 현대화 속에서 오래된 문화 전통이 자취를 감추고 있다는 점을 고려하면 이 목록은 의미 있다고 했으므로, '잘 알려져 있지 않은' 그러한 관습들이 그것들에 대해 알고자 하는 사람들의 열망을 통해 보존될 수 있을 것이라고 한 ①번이 정답이다.

정답 ①

어휘

intangible 무형의 **monument** 기념물 **esoteric** 소수만 즐기는
convention 풍습 **oxcart** 달구지 **relevance** 의의, 타당성
obscure 잘 알려져 있지 않은 **extenuating** (죄의) 정상 참작이 가능한
obsolete 시대에 뒤진, 구식의 **extinct** 사라진, 멸종한

10 독해 내용 불일치 파악   난이도 상 ●●●

다음 글의 내용과 일치하지 않는 것은?

The mystery of why naked mole rats live for up to 30 years—compared to the two- to three-year average of other rodents—has finally been solved. Most of their cousins succumb to cancer as they age, but naked mole rats are found to be uniquely resistant to the disease. Even after medical researchers exposed them to potent carcinogens, tumors were conspicuously absent from all of the subjects studied. Further investigation showed that this remarkable capability could be attributed to a rare version of the chemical hyaluronan in the scaffolding surrounding the rats' cells. It causes cells to stop growing once they become too dense, which serves to prevent tumors from replicating and becoming problematic. Thus, even if a mutation of their genes causes an abnormal growth to emerge, it will never develop into the fatal illness that leads to death in similar mammals.

※ carcinogen: 발암 물질

① Rodent species related to the long-lived naked mole rat have a far shorter lifespan.

② The only naked mole rats with tumors were those exposed to carcinogens.

③ The chemical responsible for the naked mole rat's longevity is located in its outer cell structure.

④ Hyaluronan prevents cancer by inhibiting the replication of tumors.

해석

2년에서 3년인 다른 설치류의 평균에 비해 왜 벌거숭이두더지쥐는 30년까지 사는지에 대한 수수께끼가 마침내 풀렸다. 그것들의 동류 대부분은 나이가 들어감에 따라 암 때문에 죽지만, 벌거숭이두더지쥐는 유별나게 그 병에 저항력이 있다는 것이 밝혀졌다. 의학 연구원들이 그것들을 강한 발암 물질에 노출시킨 뒤에도, 연구된 실험 대상 모두에게 눈에 띄는 종양은 없었다. 추가 연구는 이 놀라운 능력이 그 쥐의 세포 주변부에 있는 지지대 속 화학 물질 히알루로난으로 이루어진 희귀한 형태 덕분일 수도 있다는 것을 보여주었다. 그것은 세포들이 지나치게 조밀해지면 그것들이 성장하지 못하게 하는데, 이는 종양이 복제되고 문제가 되는 것을 방지하는 역할을 한다. 그러므로, 그것들 유전자의 돌연변이가 비정상적인 성장을 야기한다 하더라도, 그것이 결코 유사한 포유류들을 죽음으로 몰고 가는 치명적인 질병으로 발전하지는 않을 것이다.

① 오래 사는 벌거숭이두더지쥐와 동족 관계에 있는 설치류 종은 훨씬 더 수명이 짧다.

② 유일하게 종양이 있는 벌거숭이두더지쥐는 발암 물질에 노출된 것들이었다.

③ 벌거숭이두더지쥐의 장수의 원인이 되는 화학 물질은 그것의 외부 세포 구조물 속에 있다.

④ 히알루로난은 종양의 복제를 억제하여 암을 예방한다.

포인트 해설

②번의 키워드인 exposed to carcinogens(발암 물질에 노출된)를 바꾸어 표현한 지문의 exposed them to potent carcinogens(그것들을 강한 발암 물질에 노출시켰다) 주변의 내용에서 연구원들이 벌거숭이두더지쥐들을 발암 물질에 노출시킨 뒤에도 그것들 모두에게 눈에 띄는 종양이 없었다고 했으므로, ② '유일하게 종양이 있는 벌거숭이두더지쥐는 발암 물질에 노출된 것들이었다'는 지문의 내용과 일치하지 않는다.

정답 ②

어휘

rodent 설치류   succumb 죽다, 굴복하다   resistant 저항력이 있는
expose 노출시키다   potent 강한   tumor 종양
conspicuously 눈에 띄게, 두드러지게
subject 실험 대상, 주제; ~할 수밖에 없는   investigation 연구, 조사
remarkable 놀라운, 주목할 만한   capability 능력, 역량
attribute 덕분으로 돌리다   scaffolding 골격   cell 세포
dense 조밀한, 밀집한   replicate 자기 복제를 하다   mutation 돌연변이
abnormal 비정상적인   fatal 치명적인   mammal 포유류   lifespan 수명
longevity 장수   inhibit 억제하다, 방지하다

해커스 공무원시험연구소 총평

난이도	평균적으로 중상 이상 난이도의 문제들이 출제되어, 다소 어렵게 느껴질 수 있는 회차였습니다.
어휘·생활영어 영역	밑줄 어휘가 생소했을 수는 있지만, 문맥 추론과 오답 보기 소거를 통해 충분히 정답을 찾을 수 있었습니다.
문법 영역	4번 문제의 보기 ④번에 쓰인 정관사 포인트는 문장의 의미를 정확히 해석하지 않으면 자칫 어법상 옳은 것으로 혼동할 수 있으므로 유의해야 합니다.
독해 영역	무관한 문장 삭제 유형에서는 10번 문제의 정답 보기에 쓰인 'the herb's strong smell'과 같이, 앞뒤 문장에 등장했거나 유사한 소재를 언급하며 오답을 유도하는 경우에 주의합니다.

정답

01	②	어휘	06	④	독해
02	④	어휘	07	②	독해
03	②	생활영어	08	③	독해
04	②	문법	09	①	독해
05	④	문법	10	④	독해

취약영역 분석표

영역	맞힌 답의 개수
어휘	/ 2
생활영어	/ 1
문법	/ 2
독해	/ 5
TOTAL	/ 10

---

01 어휘 encumbrance = impediment 난이도 중 ●●○

밑줄 친 부분의 의미와 가장 가까운 것은?

Some veterans of war feel their memories of being in battle are an emotional <u>encumbrance</u> that prevents them from being happy.

① adjustment ② impediment
③ possession ④ transition

해석

몇몇 전쟁 참전 용사들은 전투에서의 기억이 그들이 행복해지는 것을 막는 감정적인 방해물이라고 느낀다.

① 조정 ② 장애물
③ 소유 ④ 변화

정답 ②

어휘

veteran 참전 용사, 전문가 encumbrance 방해물, 짐 impediment 장애물
possession 소유 transition 변화, 전이

이것도 알면 합격!

encumbrance(방해물)의 유의어
= hurdle, hindrance, obstacle

---

02 어휘 from scratch = from the beginning 난이도 중 ●●○

밑줄 친 부분의 의미와 가장 가까운 것은?

There was a chance the equipment he had used was contaminated, so he started the experiment <u>from scratch</u>.

① in the same manner ② in a nutshell
③ from time to time ④ from the beginning

해석

그가 사용했었던 비품들이 오염되었을 가능성이 있어서, 그는 실험을 맨 처음부터 다시 시작했다.

① 마찬가지로 ② 아주 간결하게
③ 가끔 ④ 처음부터

정답 ④

어휘

equipment 비품, 장치 contaminate 오염시키다
from scratch 맨 처음부터 in the same manner 마찬가지로
in a nutshell 아주 간결하게, 아주 분명히 from time to time 가끔

이것도 알면 합격!

from scratch(맨 처음부터)와 유사한 의미의 표현
= anew, from square one, from the ground up

---

03 생활영어 Mind if I bring my friend along? 난이도 하 ●○○

밑줄 친 부분에 들어갈 말로 가장 적절한 것은?

A: Anna's photography opening is this Friday. Do you want to go?
B: Sure! I didn't know she took photos, though. I thought she made sculptures.
A: She does both. This exhibit showcases her travels around the world.
B: Oh, that sounds interesting! _____
A: The more, the merrier. I'll let her know.
B: OK. He just started photography classes, so I think it'll be inspiring for him.

① I've always wanted to travel the world.
② Mind if I bring my friend along?
③ It sounds like she's really talented.
④ Can you tell her that I'll see it another time?

해석

A: Anna의 사진전 개막식이 이번 주 금요일이야. 너도 갈래?
B: 물론이지! 그런데 그녀가 사진을 찍는지는 몰랐어. 조각품을 만든다고 생각했는데.
A: 둘 다 해. 이번 전시회는 그녀가 한 세계 여행을 선보이는 거야.
B: 오, 재미있겠다! 내 친구를 데려가도 될까?
A: 사람이 더 많을수록 즐겁지. 그녀에게 전해 둘게.
B: 응. 그는 막 사진 수업을 듣기 시작해서, 이 전시가 그에게 영감을 줄 것 같아.

① 나는 언제나 세계를 여행하고 싶었어.
② 내 친구를 데려가도 될까?
③ 그녀는 정말 재능이 있는 것 같아.
④ 그녀에게 다음에 보겠다고 전해 줄래?

포인트 해설

Anna의 사진 전시회는 그녀가 한 세계 여행을 선보이는 것이라는 A의 설명에 대해 B가 대답한 후, 빈칸 뒤에서 다시 A가 The more, the merrier(사람이 더 많을수록 즐겁지)라고 말하고 있으므로, '내 친구를 데려가도 될까?'라는 의미의 ② 'Mind if I bring my friend along?'이 정답이다.

정답 ②

어휘

showcase 선보이다, 전시하다 inspire 영감을 주다 talented 재능이 있는

🖋️ **이것도 알면 합격!**

상대방의 의견을 물을 때 쓸 수 있는 다양한 표현들을 알아 두자.
• What do you say? 당신은 어떻게 생각하세요?
• The ball's in your court. 결정은 당신 몫이에요.
• Have you come up with any good ideas? 좋은 생각이 떠올랐나요?
• Do you have anything special in mind?
  특별히 생각해 둔 것이라도 있나요?

04 문법 명사절|수동태|가정법|관사 난이도 중 ●●○

어법상 옳은 것은?

① We were all surprised when Sally was emerged from the driver's seat of the car.
② She asked whether the store provides refunds for returned products.
③ If they had registered for the course last week, they would have been in the classroom now.
④ As the participants need to travel a long distance, the organizer can only accept the health for this project.

해석

① 우리는 Sally가 차의 운전석에서 나타났을 때 모두 놀랐다.
② 그녀는 그 상점이 반품된 제품에 대한 환불을 제공하는지에 대해 문의했다.
③ 만약 그들이 지난주에 그 강의를 등록했었더라면, 그들은 지금 교실에 있을 것이다.
④ 참가자들은 긴 거리를 여행할 필요가 있기 때문에, 주최자들은 이 프로젝트를 위해 건강한 사람들만 받아들일 수 있다.

포인트 해설

② **명사절 접속사** 문맥상 '환불을 제공하는지'라는 의미가 되어야 자연스러우므로 불확실한 사실을 나타내는 명사절 접속사 whether(~인지 아닌지)가 올바르게 쓰였다.

[오답 분석]

① **수동태로 쓸 수 없는 동사** emerge(나타나다)는 목적어를 취하지 않는 자동사이므로 수동태로 쓰일 수 없다. 따라서 수동태 was emerged를 능동태 emerged로 고쳐야 한다.

③ **혼합 가정법** 문맥상 '그들이 지난주에 그 강의를 등록했었더라면, 그들은 지금 교실에 있을 것이다'라는 의미로 if절에서는 과거 상황을 반대를 표현하고 있지만, 주절에는 현재임을 나타내는 now(지금)가 있으므로 혼합 가정법 'If + 주어 + had p.p., 주어 + would + 동사원형' 형태가 와야 한다. 따라서 would have been을 would be로 고쳐야 한다.

④ **정관사 the** 문맥상 '건강한 사람들만 받아들일 수 있다'라는 의미가 되어야 자연스러운데, '건강한 사람들'은 'the + 형용사'(~한 사람들)를 사용하여 나타낼 수 있으므로 명사 health를 형용사 healthy로 고쳐야 한다.

정답 ②

어휘

emerge 나타나다, 생기다 register 등록하다 organizer 주최자, 조직자

🖋️ **이것도 알면 합격!**

②번의 whether(~인지 아닌지)처럼 명사절 접속사 if도 불확실한 사실을 나타낼 수 있지만, if가 이끄는 명사절은 주어 자리와 전치사의 목적어 자리에는 쓰일 수 없다는 것을 알아 두자.
• (Whether, ~~If~~) they can complete the project on time is uncertain.
  그들이 제때에 프로젝트를 마칠 수 있는지는 불확실하다.

05 문법 수 일치 | 대명사 | to 부정사 | 동명사 | 전치사
난이도 중 ●●○

밑줄 친 부분 중 어법상 옳지 않은 것은?

Life can be tough, but don't let ① its challenges bring you down. One thing you can do ② to avoid falling into negativity is to appreciate the good things. Many years ago, a client of mine lost his job when his mother became very ill. Rather than giving into despair, he kept ③ focusing on the positive. He realized that not working meant he could take care of his mother. She recovered, thankfully, and the two remaining members of the family now ④ has a stronger relationship. The break also gave him time to reevaluate his career goals, which led him to a much more fulfilling job.

해석

삶이 힘들 수 있지만, 그것의 어려움이 당신을 실망시키게 놔두어서는 안 됩니다. 비관적 성향에 빠지는 것을 막기 위해 당신이 할 수 있는 한 가지는 좋은 것들에 대해 감사하는 것입니다. 수년 전에, 저의 고객 한 분은 그의 어머니가 병에 걸렸을 때 일자리를 잃었습니다. 절망에 굴복하는 대신, 그는 계속해서 긍정적인 것에 초점을 맞췄습니다. 그는 일을 하지 않는 것이 그의 어머니를 돌볼 수 있다는 의미라는 것을 깨달았습니다. 다행히도, 그녀는 회복했고, 그 가족의 남아 있는 두 명의 구성원은 현재 더 견고한 관계를 가지고 있습니다. 또한 그 휴식은 그에게 직업 목표에 대해 다시 고려할 시간을 주었고, 이는 그를 훨씬 더 성취감을 주는 직업으로 이끌었습니다.

포인트 해설

④ **주어와 동사의 수 일치** 주어 자리에 복수 명사 the two remaining members가 왔으므로 단수 동사 has를 복수 동사 have로 고쳐야 한다. 참고로, 주어와 동사 사이의 수식어 거품(of the family now)은 동사의 수 결정에 영향을 주지 않는다.

[오답 분석]

① **인칭대명사** 문맥상 '그것의 어려움'이라는 의미가 되어야 자연스럽고, 대명사가 지시하는 명사(Life)가 단수이므로 단수 소유격 대명사 its가 올바르게 쓰였다.

② **to 부정사의 역할 | 동명사를 목적어로 취하는 동사** 문맥상 '비관적 성향에 빠지는 것을 막기 위해'라는 의미가 되어야 자연스러우므로 부사 역할을 할 때 목적을 나타내는 to 부정사 to avoid가 올바르게 쓰였다. 또한, avoid는 동명사를 목적어로 취하므로 동명사 falling도 올바르게 쓰였다. 참고로, to 부정사는 동사의 성질을 여전히 가지고 있어서 목적어나 보어를 가질 수 있다.

③ **동명사를 목적어로 취하는 동사 | 기타 전치사** 동사 keep(kept)은 동명사를 목적어로 취하는데, 이때 '긍정적인 것에 초점을 맞추다'는 전치사 숙어 표현 focus on(~에 초점을 맞추다)을 사용하여 나타낼 수 있으므로, kept 뒤에 focusing on이 올바르게 쓰였다.

정답 ④

어휘

bring down ~를 실망시키다, ~을 줄이다 negativity 비관적 성향
give into ~에 굴복하다 despair 절망, 낙담 reevaluate 다시 고려하다

동사 avoid, keep과 같이 동명사를 목적어로 취하는 동사들을 알아 두자.

제안·고려	suggest 제안하다 recommend 추천하다	consider 고려하다
중지·연기	finish 끝내다 postpone 연기하다	discontinue 중지하다
부정	dislike 싫어하다 deny 부인하다	resist 반대하다

06 독해 빈칸 완성 - 절
난이도 중 ●●○

밑줄 친 부분에 들어갈 말로 가장 적절한 것은?

A litotes is a negative statement that acts to reinforce a positive feeling. For example, let's say that your friend has just met the woman of his dreams. When you ask him how he is doing, he answers with a slight smile and says, "Not too bad." In other words, he is actually doing very well. But rather than bragging about how wonderful his life is or showing how excited he is, he chooses to be modest and indirect. As a literary device, litotes are everywhere, even in ancient texts such as Homer's *Iliad*. The main character in the epic is described by the messenger goddess Iris as being "not stupid, blind, or disrespectful of the gods". What she is trying to convey is that _____. By pointing out the bad traits he does not possess, Iris is able to help readers more clearly understand what type of person he truly is.

① she is apt to offend those she dislikes
② she does not know him very well at all
③ he is completely lacking in praiseworthy qualities
④ he is smart, observant, and respectful of the gods

해석

곡언법은 긍정적인 감정을 강화하는 기능을 하는 부정적인 표현이다. 예를 들어, 당신의 친구가 방금 막 그가 꿈에 그리던 여자를 만났다고 하자. 당신이 그에게 어떻게 되어가고 있느냐고 물었을 때, 그는 가벼운 미소를 지으며 말한다, "아주 나쁘지는 않아." 다시 말해서, 그는 사실 아주 잘 되어 가고 있다. 그러나 그의 인생이 얼마나 멋진지를 자랑하거나 그가 얼마나 신이 났는지를 드러내는 대신에, 그는 겸손하고 우회적이기를 선택한 것이다. 문학적인 장치로서의 곡언법은 도처에 있으며, 심지어 Homer의 『일리아드』 같은 고대의 글에도 있다. 이 서사시의 주인공은 전령인 여신 Iris에 의해 '멍청하지 않고, 눈멀지 않았으며, 신에게 예의 없지 않은' 것으로 묘사된다. 그녀가 나타내려고 하는 것은 <u>그는 현명하고, 주의 깊으며, 신에게 존경심을 보인다</u>는 것이다. 그가 가지지 않은 나쁜 특징들을 언급함으로써, Iris는 독자들이 그가 진정으로 어떤 유형의 사람인지 더 분명하게 이해하도록 도울 수 있다.

① 그녀는 자신이 싫어하는 사람들의 감정을 상하게 하는 경향이 있다
② 그녀는 그에 대해 잘 알지 못한다
③ 그는 칭찬할 만한 자질이 전혀 없다

④ 그는 현명하고, 주의 깊으며, 신에게 존경심을 보인다

포인트 해설

지문 앞부분에서 곡언법은 긍정적 감정을 강화하는 기능을 하는 부정적 표현이라고 설명하고, 빈칸 앞 문장에서 Homer의 『일리아드』 속 여신 Iris는 이러한 곡언법을 사용하여 주인공을 '멍청하지 않고, 눈멀지 않았으며, 신에게 예의 없지 않다'고 묘사했다고 했으므로, Iris가 나타내려고 한 것은 '그는 현명하고, 주의 깊으며, 신에게 존경심을 보인다'는 것이라고 한 ④번이 정답이다.

정답 ④

어휘

litotes 곡언법 reinforce 강화하다 brag 자랑하다 modest 겸손한
indirect 우회적인, 간접적인 literary 문학적인, 문학의 epic 서사시
disrespectful 예의 없는 convey 나타내다, 의미하다
praiseworthy 칭찬할 만한 observant 주의 깊은

---

07 독해 내용 불일치 파악   난이도 상 ●●●

다음 글의 내용과 일치하지 않는 것은?

The indigenous Kung people of southern Africa believe that a creator god sends them illnesses via smaller gods and messengers. For that reason, they must communicate with these supernatural entities through traditional healing ceremonies, which take place around a fire. As the female members of the community clap and sing, the males dance around them, shaking the rattles strapped to their lower legs. This may continue for several hours until the males, many of whom are medicine men, naturally achieve a state of trance. One of the medicine men will come forward to capture a sick individual's illness by massaging it out and drawing it into his own body. He will then toss it to the supernatural forces that have been summoned and command them to take it away, driving the spirits off by shouting harsh words and throwing sticks at them. According to anthropologists, this fascinating ritual "heals" everyone in the community and brings them closer together.

① The Kung people have thought that they must contact divine forces to cure sick members.

② The Kung women adorn the men with rattles in the middle of the healing ceremony.

③ Kung medicine men believe they need to absorb sicknesses and hurl them to the spirits to banish them.

④ It is thought that the healing ritual allows the members of the group to form stronger bonds.

해석

남아프리카의 쿵 족 토착민들은 창조주 하나님이 더 작은 신들과 사자를 통해 질병들을 보낸다고 믿는다. 그러한 이유로, 그들은 전통적인 치유 의식을 통해 이러한 초자연적 존재들과 소통해야 하는데, 이것은 불 주변에서 일어난다. 공동체의 여성 구성원들이 손뼉을 치고 노래를 하면, 남성들은 그들 주변에서 춤을 추며, 그들의 다리 아래쪽에 감겨 있는 달가닥거리는 것들을 흔든다. 이는 대다수가 주술사인 남성들이 자연적으로 신들린 상태가 될 때까지 몇 시간 동안 계속될지도 모른다. 한 주술사가 아픈 사람의 질병을 안마로 잡아 빼내고 그것을 자신의 몸에 끌어들임으로써 그 질병을 잡아내기 위해 앞으로 나온다. 그리고 그는 그것을 소환된 초자연적 힘에 던지고 그들에게 병을 가져가라고 명령하면서, 혼령들에게 거친 말로 소리치고 막대기를 던짐으로써 그들을 물리칠 것이다. 인류학자들에 따르면, 이 흥미로운 의식은 공동체의 모든 사람들을 '치료하'고 서로가 더 가까워지게 해준다.

① 쿵 족 사람들은 아픈 구성원을 치료하기 위해 신의 힘과 만나야 한다고 생각해 왔다.

② 쿵 족 여성들은 치유 의식 도중에 남성들을 달가닥거리는 것들로 치장한다.

③ 쿵 족의 치료 주술사들은 질병을 제거하기 위해 그것을 흡수하여 초자연적 존재 앞에 세게 내던져야 한다고 믿는다.

④ 치유 의식은 공동체의 구성원들이 더 강한 유대감을 형성하게 해준다고 여겨진다.

포인트 해설

②번의 키워드인 rattles(달가닥거리는 것들)가 그대로 언급된 지문 주변의 내용에서 전통적인 치유 의식을 할 때 쿵 족의 남성들은 여성들 주변에서 춤을 추고 다리 아래쪽에 감겨 있는 달가닥거리는 것들을 흔든다고는 했지만, ② '쿵 족 여성들이 치유 의식 도중에 남성들을 달가닥거리는 것들로 치장하'는지는 알 수 없다.

정답 ②

어휘

indigenous 토착의 entity 존재 rattle 달가닥거리는 것
medicine man 주술사 trance 신들린 상태, 최면 상태 toss 던지다
summon 소환하다 command 명령하다 drive off 물리치다
anthropologist 인류학자 divine 신의, 신성한 adorn 꾸미다 hurl 던지다
banish 제거하다

08 독해 빈칸 완성 – 구 난이도 중 ●●○

밑줄 친 부분에 들어갈 말로 가장 적절한 것은?

The Great Fire of London raged on for almost five days in September of 1666, destroying most of the city's government buildings and churches, as well as over 13,000 houses. This catastrophic event, which left over 85 percent of London's population homeless, triggered the _____. These were the minimum standards that had to be adhered to by architects, engineers, and construction companies for the purpose of reducing health and safety risks to occupants. Naturally, fire prevention was one of the initial objectives, and most countries today have fire regulations in all indoor structures in order to ensure that the essential equipment is on hand in the event of an accidental blaze.

① deterioration of fire safety laws
② introduction of emergency treatment
③ implementation of building codes
④ establishment of welfare programs

해석

런던 대화재는 1666년 9월에 거의 5일 동안 맹위를 떨치며, 13,000채가 넘는 주거뿐만 아니라 시 청사와 교회의 대부분을 파괴했다. 런던 주민의 85퍼센트가 집이 없는 사람이 되게 만들었던 이 비극적인 사건은 건축법의 이행을 촉발시켰다. 이것은 입주자의 건강상의 위험 및 안전상의 위험을 줄이려는 목적에서 건축가, 기술자, 그리고 건설 회사에 의해 충실히 지켜져야 했던 최소한의 기준이었다. 물론, 화재 예방이 최초의 목적 중 하나였고, 오늘날 대부분의 나라에는 모든 실내 건축물에 뜻하지 않은 화재 사건 시에 반드시 필수 장비가 구비되어 있도록 하기 위한 소방법이 있다.

① 화재 안전 법규의 퇴보
② 응급 처치의 도입
③ 건축법의 이행
④ 복지 제도의 수립

포인트 해설

빈칸 뒤 문장에 이것은 입주자의 건강상의 위험 및 안전상의 위험을 줄이려는 목적에서 건축가, 기술자, 그리고 건설 회사에 의해 충실히 지켜져야 했던 최소한의 기준이었다는 내용이 있으므로, '건축법의 이행'을 촉발시켰다고 한 ③번이 정답이다.

정답 ③

어휘

rage 맹위를 떨치다 **catastrophic** 비극적인 **trigger** 촉발시키다; 방아쇠 **occupant** 입주자 **initial** 최초의 **blaze** 화재 **deterioration** 퇴보 **implementation** 이행

구문 분석

The Great Fire of London raged on / for almost five days in September of 1666, / destroying most of the city's government buildings and churches, / as well as over 13,000 houses.
: 이처럼 'A as well as B' 구문의 B에는 기본이 되는 내용, A에는 첨가하는 내용이 나오며, 'B뿐만 아니라 A도'라고 해석한다.

09 독해 제목 파악 난이도 중 ●●○

다음 글의 제목으로 가장 적절한 것은?

The Internet has given rise to all kinds of phenomena, but none that requires greater scrutiny than online vigilantism. Basically, vigilantism includes the activity by a group of people, though not having authority, to enforce laws and social rules. Net users monitor the actions of others and post comments anonymously to express displeasure if they believe a standard has been breached. Very often, however, the public shaming that ensues can be compared to lynching. Maya Gilsey is a case in point. The 21-year-old was seeking donations for her cancer charity. Presuming her organization to be a hoax, users posted that she was a fraud. The online community retaliated with ferocity. Gilsey was reported to the FBI, flooded with hate mail, and besieged with death threats. Ultimately, the vigilantes had become judge and executioner without knowing the facts.

① The Dangers of Internet Vigilantism
② Vigilantes: Defenders of the Innocent
③ Why Online Vigilantes Are Hostile
④ Using the Internet to Enforce Rules

해석

인터넷은 온갖 종류의 현상들을 생기게 해 왔지만, 온라인 자경주의보다 더 철저한 검토가 필요한 것은 없다. 기본적으로, 자경주의는 권한은 없지만, 법과 사회 규범을 실시하기 위한 특정한 무리의 사람들에 의한 활동을 뜻한다. 인터넷 이용자들은 다른 사람들의 행동을 감시하고 그들이 규범으로 생각하는 것이 위반된 경우 불쾌감을 표현하기 위해 익명으로 의견을 게시한다. 하지만, 잇따라 일어나는 공개적 창피 주기는 매우 자주 폭력적인 사적 제재에 필적할 수 있다. Maya Gilsey는 적절한 예이다. 21세의 이 여성은 그녀의 암 자선단체를 위한 기부를 요청하는 중이었다. 그녀의 단체가 남을 속이기 위한 것이라고 간주한 사용자들은 그녀가 사기꾼이라는 글을 올렸다. 온라인 커뮤니티는 잔인하게 보복했다. Gilsey는 FBI에 신고되었고, 협박 편지를 가득 받았으며, 살해 협박이 빗발쳤다. 결국, 그 자경단원들은 사실을 알지도 못한 채 판사와 집행자가 되었던 것이다.

① 인터넷 자경주의의 위험
② 자경단: 무고한 사람들의 옹호자
③ 온라인 자경단원이 적대적인 이유
④ 규칙을 시행하기 위해 인터넷 사용하기

포인트 해설

지문 전반에 걸쳐 온라인 자경주의는 특정한 무리의 사람들이 자신이 규범으로 생각하는 법과 사회 규범을 세우고자 하며 그것에 근거해 다른 인터넷 이용자들을 감시하는 활동인데, 이에 따라 일어나는 공개적 창피 주기는 폭력적인 사적 제재에 필적한다고 하며, 온라인 자경단원들의 사실에 근거하지 않은 추정으로 인해 Maya Gilsey가 협박 편지와 살해 위협을 받은 사례를 소개하고 있다. 따라서 ① '인터넷 자경주의의 위험'이 이 글의 제목이다.

정답 ①

어휘

give rise to ~이 생기게 하다   scrutiny 철저한 검토, 정밀 조사
vigilantism 자경주의   authority 권한, 권위   anonymously 익명으로
displeasure 불쾌감   breach 위반하다   ensue 잇따라 일어나다, 뒤따르다
lynching 폭력적인 사적 제재   presume 간주하다, 추정하다
hoax 남을 속이기 위한 것, 날조   fraud 사기꾼   retaliate 보복하다
ferocity 잔인(성)   besiege 퍼붓다, 쇄도하다   executioner (사형) 집행자

10 | 독해 무관한 문장 삭제 | 난이도 중 ●●○

다음 글의 흐름상 어색한 문장은?

> The herb known as cilantro thrives well when everything is balanced. This means that there shouldn't be too much or too little of what it needs. ① It grows well in mild climates that aren't too humid. If the weather is cool, cilantro should be planted in the sun. ② But in warm climates, the area should be shaded in the hot afternoons. The plant must be watered well, but you should ensure that the soil can drain properly. ③ Cilantro does not do well in soil that is too wet. It will eventually flower and develop seeds, and once the seeds turn brown, they can be harvested. ④ Internationally, the plant is known as coriander, which comes from the Greek word "koris", a reference to the herb's strong smell. Both the seeds and leaves can be used to flavor food.

해석

고수로 알려진 허브는 모든 것들이 균형을 이룰 때 아주 잘 자란다. 이는 그것이 필요로 하는 것이 너무 많거나 너무 적게 있어서는 안 된다는 것을 의미한다. ① 그것은 너무 습하지 않은 온화한 기후에서 잘 자란다. 만약 날씨가 선선하다면, 고수는 양지에 심어져야 한다. ② 그러나 따뜻한 기후에서, 그 지역은 뜨거운 오후에 그늘이 드리워져야 한다. 그 식물은 물이 잘 주어져야 하지만, 당신은 토양이 적절하게 배수되는지 확인해야 한다. ③ 고수는 너무 젖은 토양에서는 잘 자라지 않는다. 그것은 마침내 꽃이 피고 씨앗을 만들어 내며, 그 씨앗이 갈색이 되면 그것들은 수확될 수 있다. ④ 국제적으로, 그 식물은 코리안더(coriander)로 알려져 있는데, 이는 그 허브의 강한 향과 관련 있는 그리스어 'koris'에서 비롯되었다. 씨앗과 잎 모두 음식에 풍미를 더하기 위해 사용될 수 있다.

포인트 해설

지문 앞부분에서 고수는 그것이 필요로 하는 모든 것들이 균형을 이룰 때 아주 잘 자란다고 언급한 뒤, ①, ②번은 고수가 잘 자라는 환경, ③번은 반대로 잘 자라지 않는 환경에 대한 내용으로 모두 지문 앞부분과 관련이 있다. 그러나 ④번은 '고수의 국제적인 명칭인 코리안더의 유래'에 대한 내용으로, 지문 앞부분의 내용과 관련이 없다.

정답 ④

어휘

cilantro 고수   thrive 잘 자라다   mild 온화한, 가벼운   humid 습한
soil 토양, 흙   drain 배수하다, 물이 빠지다   harvest 수확하다; 수확
reference 관련, 참조   flavor 풍미를 더하다, 맛을 내다

해커스 공무원시험연구소 총평

난이도	문법 영역에서 관련 이론에 대한 암기가 확실하게 되었어야만 맞출 수 있는 문제가 출제되고, 독해 영역에서 꼼꼼한 해석이 필요한 문제가 출제됨에 따라 고난도 9급 공무원 시험 수준의 난이도였습니다.
어휘·생활영어 영역	5번 생활영어 문제에서 보기로 제시된 표현들은 어휘 영역에서도 충분히 출제될 가능성이 있으므로, 생소한 것이 있었다면 암기해 둡니다.
문법 영역	3번 문제에서 묻는 'many a + 단수 명사'와 복합관계대명사 포인트는 이전에 출제된 적이 있으므로, 고득점 획득을 위해서는 관련 이론과 예문을 확실하게 짚고 넘어갑니다.
독해 영역	10번 문제의 경우 주어진 문장에 인칭·지시대명사 및 연결어가 등장하지 않아 주어진 문장 앞에 올 내용을 예상하기가 쉽지 않았지만, 지문의 전체적인 흐름만 제대로 파악했다면 어렵지 않게 정답을 찾을 수 있었습니다.

정답

01	②	어휘	06	④	독해
02	②	어휘	07	④	독해
03	②	문법	08	①	독해
04	②	문법	09	④	독해
05	③	생활영어	10	②	독해

취약영역 분석표

영역	맞힌 답의 개수
어휘	/ 2
생활영어	/ 1
문법	/ 2
독해	/ 5
TOTAL	/ 10

---

01 어휘 resolute 난이도 중 ●●○

밑줄 친 부분에 들어갈 말로 가장 적절한 것은?

> Although the experienced climbers looked _____ , it was not easy to find trails and routes in the dense forest that led them to the mountaintop.

① impending
② resolute
③ reckless
④ skeptical

해석

그 경험 많은 등산객들은 결의에 차 보였지만, 빽빽한 숲에서 그들을 산 정상으로 이끄는 오솔길과 경로를 찾기는 쉽지 않았다.

① 임박한
② 결의에 찬
③ 무모한
④ 회의적인

정답 ②

어휘

trail 오솔길, 자국 dense 빽빽한 impending 임박한, 곧 닥칠
resolute 결의에 찬, 단호한 reckless 무모한 skeptical 회의적인

이것도 알면 합격!

resolute(결의에 찬)의 유의어
= steadfast, determined, unwavering

---

02 어휘 on and off = occasionally 난이도 중 ●●○

밑줄 친 부분의 의미와 가장 가까운 것은?

> The student, who needed to take time off to care for his sick parents, attended school on and off.

① continuously
② occasionally
③ laboriously
④ consistently

해석

아픈 부모님을 돌보기 위해 시간을 내야 했던 그 학생은 학교에 이따금씩 출석했다.

① 연달아
② 이따금씩
③ 열심히
④ 지속적으로

정답 ②

어휘

take time off to do ~하기 위해 시간을 내다 on and off 이따금씩
continuously 연달아, 계속해서 occasionally 이따금씩
laboriously 열심히, 힘들게 consistently 지속적으로

이것도 알면 합격!

on and off(이따금씩)와 유사한 의미의 표현
= sporadically, periodically, from time to time

03 문법 부사 | 명사절 | 수 일치 | 동사의 종류   난이도 중 ●●○

우리말을 영어로 잘못 옮긴 것은?

① 실패 없이는 어떠한 삶의 교훈도 배울 수 없다는 것은 불행한 사실이다.
→ That certain life lessons cannot be learned without failure is an unfortunate truth.

② 분주한 저녁 식사 시간 동안 직원들이 숨돌릴 순간은 거의 없다.
→ There is barely not a moment for the staff to take a breath during the dinnertime rush.

③ 많은 관광객들은 그곳이 갖는 매력 때문에 아침 식사가 제공되는 숙박 시설을 다시 찾는다.
→ Many a visitor returns to the bed and breakfast because of its charm.

④ 나는 내 형이 졸업하고 나면 그가 하기로 결심한 것은 무엇이든 성공해 내리라는 것을 안다.
→ I know that my brother will succeed in whatever he decides to do after he graduates.

포인트 해설

② **빈도 부사** 빈도 부사 barely(거의 ~ 않다)는 이미 부정의 의미를 가지고 있기 때문에 부정어(not)와 함께 쓰일 수 없으므로, barely나 not 중 하나를 삭제해야 한다.

[오답 분석]

① **명사절 접속사** 완전한 절(certain ~failure)을 이끌면서 문장의 주어 자리에 올 수 있는 명사절 접속사 That이 올바르게 쓰였다.

③ **수량 표현의 수 일치** 복수 취급하는 수량 표현 many가 'many a + 단수 명사'(Many a visitor)의 형태로 쓰이면 뒤에 단수 동사가 와야 하므로 단수 동사 returns가 올바르게 쓰였다.

④ **자동사 | 복합관계대명사** 동사 succeed는 목적어를 취하기 위해 전치사(in)가 필요한 자동사이므로 succeed in이 올바르게 쓰였다. 또한, to 부정사의 목적어가 없는 불완전한 절(he decides to do)을 이끌면서 전치사(in)의 목적어 자리에 올 수 있는 복합관계대명사 whatever(무엇이든)도 올바르게 쓰였다.

정답 ②

어휘

rush 분주한 시간; 돌진하다
bed and breakfast 아침 식사가 제공되는 숙박 시설 charm 매력; 매료하다

이것도 알면 합격!

②번의 barely(거의 ~ 않다)와 같이, 이미 부정의 의미를 가지고 있어 not과 같은 부정어와 함께 사용할 수 없는 빈도 부사들을 기억해 두자.

rarely / seldom / scarcely / hardly 거의 ~않다

04 문법 조동사 | 수 일치 | 동사의 종류 | 시제   난이도 중 ●●○

어법상 옳은 것은?

① The airline apologized for the luggage that were delivered to the wrong terminal.

② The yoga instructor requires that the trainee stretch for ten minutes before starting a workout.

③ The city has passed legislation to rise the minimum wage for all workers.

④ Unless you will enter your pin number, I cannot check your account balance.

해석

① 그 항공사는 잘못된 터미널로 배송된 수하물에 대해 사과했다.

② 그 요가 강사는 수강생에게 운동을 시작하기 전 10분 동안 스트레칭 하라고 요구한다.

③ 그 도시는 모든 노동자에 대한 최저 임금을 올리는 법률을 통과시켰다.

④ 네가 비밀번호를 누르지 않는 한, 나는 너의 계좌 잔고를 확인할 수 없어.

포인트 해설

② **조동사 should의 생략** 주절에 요청을 나타내는 동사(requires)가 나오면, 종속절에는 '(should) + 동사원형'이 와야 하므로 (should) stretch가 올바르게 쓰였다.

[오답 분석]

① **주격 관계절의 수 일치** 주격 관계절(that ~ terminal)의 동사는 선행사에 수 일치시켜야 하는데, 선행사(the luggage)가 단수 취급하는 불가산 명사이므로 복수 동사 were를 단수 동사 was로 고쳐야 한다.

③ **혼동하기 쉬운 자동사와 타동사** 문맥상 '최저 임금을 올리는 법률'이라는 의미가 되어야 하는데, 이때, '올리다'라는 의미는 자동사 rise(오르다)가 아니라 타동사 raise(올리다)를 사용하여 나타낼 수 있다. 따라서, to rise를 타동사 raise가 사용된 to raise로 고쳐야 한다.

④ **현재 시제** 조건을 나타내는 부사절(Unless you ~ pin number)에서는 미래를 나타내기 위해 미래 시제 대신 현재 시제를 사용하므로, 미래 시제 will enter를 현재 시제 enter로 고쳐야 한다.

정답 ②

어휘

luggage 수하물, 짐 legislation 법률 balance 잔고, 잔액, 균형

이것도 알면 합격!

아래에 정리된 제안·의무·요청·주장을 나타내는 동사가 주절에 나오면, 종속절에는 '(should +) 동사원형'이 와야 한다는 것을 알아 두자.

request 요청하다	command 명령하다	ask 요청하다
order 명령하다	insist 주장하다	desire 요구하다
demand 요구하다	move 제의하다	propose 제안하다
suggest 제안하다		

05 생활영어 bite the bullet 난이도 중 ●●○

밑줄 친 부분에 들어갈 말로 가장 적절한 것은?

> A: You were late for work. What happened?
> B: I went to the doctor's office this morning.
> A: But you hate going there.
> B: That's true.
> A: Then what made you _____?
> B: I've been getting headaches lately. Dr. Cole thinks I should get my eyes checked.
> A: That would make sense. I noticed you squint a lot these days.

① keep it under wraps
② see eye to eye
③ bite the bullet
④ bring it up

해석

A: 오늘 늦게 출근했네. 무슨 일이 있었니?
B: 오늘 아침에 병원에 다녀왔어.
A: 하지만 너는 병원에 가는 것을 싫어하잖아.
B: 그건 맞아.
A: 그럼 무엇이 너를 단단히 마음먹게 만든 거야?
B: 내가 최근에 두통에 시달려 왔거든. Cole 박사님은 내가 눈을 검사받아 봐야 한다고 생각하셔.
A: 맞는 말인 것 같아. 나는 네가 요즘에 자주 눈을 가늘게 뜨고 본다고 느꼈어.

① 비밀로 하다
② 의견이 일치하다
③ 단단히 마음먹다
④ 그 말을 꺼내다

포인트 해설

병원에 가는 것을 싫어한다는 B의 말에 대해 A가 질문한 후, 빈칸 뒤에서 다시 B가 I've been getting headaches lately(내가 최근에 두통에 시달려 왔거든)라고 말하고 있으므로, '단단히 마음먹다'라는 의미의 ③ 'bite the bullet'이 정답이다.

정답 ③

어휘

squint 눈을 가늘게 뜨고 보다   keep under wraps 비밀로 하다
see eye to eye 의견이 일치하다
bite the bullet 단단히 마음먹다, 피하지 않고 참아내다
bring up (화제를) 꺼내다, 제출하다

🖊️ 이것도 알면 합격!

병원에서 쓸 수 있는 다양한 표현들을 알아 두자.
• I'm going to get a flu shot. 저는 독감 예방 주사를 맞으려고 합니다.
• I'm here for my yearly checkup. 연례 건강 검진을 받으러 왔습니다.
• I don't have any medical insurance. 저는 의료 보험이 없어요.
• You've got a clean bill of health. 당신은 건강에 아무 이상 없습니다.

06 독해 무관한 문장 삭제 난이도 상 ●●●

다음 글의 흐름상 어색한 문장은?

> Language learners often confuse proverbs and idioms as one and the same. However, there are important differences that distinguish them. ① An idiom is an expression whose meaning cannot be guessed by reading its individual words literally. The phrase "to be fed up with," for example, doesn't really mean anything unless a person knows that it refers to "being annoyed." A proverb, on the other hand, does make logical sense, even if the underlying message isn't fully understood. ② If someone says "Don't cry over spilled milk," the listener forms an image of not crying because some milk spilled. Then beyond the literal reading is an underlying one. ③ That is, the real meaning of a proverb is derived from understanding the advice or wisdom being conveyed. ④ Proverbs that convey specific meanings usually originated far back in the past, sometimes to the point where nobody knows how they actually began. Thus, another way that a proverb differs from an idiom is that it has a deeper lesson to impart.

해석

언어 학습자들은 종종 속담과 숙어를 하나로 그리고 동일한 것으로 혼동한다. 하지만, 그것들을 구별 짓는 주요한 차이점들이 있다. ① 숙어는 각각의 단어들을 문자 그대로 읽음으로써는 의미가 짐작될 수 없는 표현이다. 예를 들어 구절 'to be fed up with'가 '지긋지긋해지는 것'을 뜻한다는 것을 모른다면 그것은 정말로 어떤 것도 의미하지 않는다. 반면에, 속담은 함축적인 메시지가 완전히 이해되지 않더라도 논리적인 의미가 통한다. ② 만약 누군가가 "쏟아진 우유 때문에 울지 마라"라고 말한다면, 청자는 쏟아진 우유 때문에 울지 않는 이미지를 형성한다. 그런 다음, 문자 그대로 읽는 것 너머에 함축적인 메시지가 있다. ③ 말하자면, 속담의 진정한 의미는 전해 듣는 조언이나 지혜를 이해하는 것에서 나오는 것이다. ④ 특정한 의미를 전하는 속담은 보통 먼 과거에 비롯되었고, 때로는 실제로 어떻게 시작했는지 아무도 모르는 시점이기도 하다. 그래서, 속담을 숙어와 구별 짓는 또 다른 방법은 속담이 전하고자 하는 더 깊은 교훈을 가지고 있다는 것이다.

포인트 해설

지문 앞부분에서 언어 학습자들이 속담과 숙어를 같은 것으로 혼동하지만 이것들을 구별 짓는 차이점이 있다고 언급한 후, ①번은 '문자 그대로는 의미가 짐작될 수 없는 숙어', ②번은 '문자 그대로도 어느 정도 의미가 통하는 속담의 예시', ③번은 '조언이나 지혜를 이해하는 것에서 깨닫게 되는 속담의 진정한 의미'에 대한 내용으로 지문 앞부분과 관련이 있다. 그러나 ④번은 '때로는 아무도 모를 수 있는, 속담이 만들어진 시점'에 관한 내용으로, 지문 앞부분의 내용과 관련이 없다.

정답 ④

어휘

confuse 혼동하다, 어리둥절하게 하다   proverb 속담   idiom 숙어
distinguish 구별 짓다   literally 문자 그대로   underlying 함축적인
derive 나오다, 끌어내다   convey 전하다   specific 특정한, 구체적인
originate 비롯되다, 유래하다   impart 전하다

07 독해 빈칸 완성 – 단어 　　　　　난이도 중 ●●○

밑줄 친 부분에 들어갈 말로 가장 적절한 것은?

When evaluating job applications from recent graduates, some employers use grades as a basis for hiring. But it has recently come to light that ＿＿＿＿＿＿ in grading practices across schools can make it difficult for employers to accurately assess candidates. For instance, many top colleges set extremely strict limits on the percentage of individuals who can receive A's in a course. This puts new graduates at a disadvantage once they begin looking for work, because they will be compared to candidates from other schools that do not follow such procedures. Grade inflation is an issue even within schools. At one particular, highly prominent institution, half of the class typically receives A's and most complete their education with honors. With so many graduates from such schools getting the same scores and applying for the same positions, the very best have little hope of standing out from their peers.

① maliciousness　　　　② standardization
③ prohibitions　　　　④ discrepancies

■ 해석

최근 졸업자들의 구직 신청서를 평가할 때, 일부 고용주들은 고용의 근거로 성적을 이용한다. 하지만, 최근에 학교들에서의 학점을 매기는 관행 차이가 고용주들이 지원자들을 정확하게 평가하는 것을 어렵게 할 수 있다는 것이 밝혀졌다. 예를 들어, 많은 일류 대학교들은 강의에서 A 학점을 받을 수 있는 사람의 비율에 엄격한 제한을 둔다. 이것은 갓 졸업한 학생들이 일자리를 구하기 시작하면 불이익을 받게 하는데, 그들이 그러한 절차를 따르지 않는 다른 학교 출신의 지원자들과 비교될 것이기 때문이다. 성적 부풀리기는 학교 내에서도 문제이다. 매우 유명한 특정 대학에서는, 학생들의 절반이 일반적으로 A 학점을 받고 대부분이 우수한 성적으로 그들의 교육을 마친다. 그러한 학교 출신의 너무 많은 졸업생이 같은 성적을 받고 동일한 일자리에 지원하면서, 가장 뛰어난 학생은 그의 동료들보다 돋보일 가망이 거의 없다.

① 악의　　　　② 표준화
③ 금지　　　　④ 차이

■ 포인트 해설

빈칸 뒷부분에서 많은 일류 대학들은 A 학점을 받는 비율에 엄격한 제한을 두는 반면, 어떤 대학에서는 학생의 절반이 A 학점을 받고 우수한 성적으로 졸업하기 때문에 가장 뛰어난 학생들이 구직 시장에서 돋보일 가망이 거의 없다고 했으므로, 최근에 학교들에서의 학점을 매기는 관행 '차이'가 고용주들이 지원자들을 정확히 평가하는 것을 어렵게 할 수 있다고 한 ④번이 정답이다.

정답 ④

■ 어휘

assess 평가하다　inflation 부풀리기, 팽창　with honors 우수한 성적으로
maliciousness 악의　standardization 표준화, 획일　prohibition 금지
discrepancy 차이, 불일치

08 독해 빈칸 완성 – 절 　　　　　난이도 중 ●●○

밑줄 친 부분에 들어갈 말로 가장 적절한 것은?

Maya blue is a bright, azure pigment that has been around since AD 300. It was invented by the Mayans, who likely considered the color sacred. Archaeologists have found numerous artifacts, from pottery to the remains of human sacrifices, painted with the beautiful hue. Perhaps its most remarkable feature is that it has not faded like other natural pigments from long ago. In fact, the color remains so tightly bound to its surface that it is hardly affected by weathering and the application of harsh chemicals like acid. Yet experts remain in the dark as to how exactly the Mayans managed to achieve this. Though many facets about this unique coloration have been analyzed, it is still unclear exactly ＿＿＿＿＿＿＿＿＿＿.

① what makes Maya blue so durable
② why the Mayan pigment is holy
③ which element caused Maya blue to fade
④ who taught the Mayans how to concoct it

■ 해석

마야 블루는 서기 300년부터 존재해 왔던 밝은 하늘색의 색소이다. 이것은 그 색을 신성하다고 여겼을 것으로 생각되는 마야인들에 의해 만들어졌다. 고고학자들은 이 아름다운 색으로 칠해진 도자기에서부터 인간 제물의 유골에 이르기까지의 수많은 공예품을 찾아냈다. 이것의 가장 주목할 만한 특징은 아마 이것이 오래전의 다른 천연 색소들과는 달리 색이 바래지 않았다는 점일 것이다. 사실, 그 색은 그것의 표면에 매우 단단히 엉겨 있어서 풍화 작용에도 그리고 산과 같은 강한 화학 물질을 바르는 것에도 거의 영향을 받지 않는다. 그러나 전문가들은 마야인들이 정확히 어떤 방법으로 이것을 달성해 낼 수 있었는지에 대해서는 여전히 알지 못하는 상태이다. 이 독특한 천연색의 많은 측면이 분석되었지만, 정확히 <u>무엇이 마야 블루를 그토록 바래지 않게 하는지</u>는 여전히 불명확하다.

① 무엇이 마야 블루를 그토록 바래지 않게 하는지
② 마야인의 색소가 왜 신성한지
③ 어떤 요소가 마야 블루를 바래게 했는지
④ 누가 마야인에게 그것을 만드는 법을 가르쳤는지

■ 포인트 해설

지문 중간에서 마야 블루의 가장 주목할 만한 특징은 다른 천연 색소들과는 달리 색이 오랜 세월 동안 바래지 않았다는 점인데, 그 색은 풍화 작용과 화학 물질에도 거의 영향을 받지 않는다고 말한 후, 이어서 그러나 전문가들은 마야인들이 마야 블루를 만든 방법에 대해서는 여전히 알지 못하는 상태라고 했으므로, '무엇이 마야 블루를 그토록 바래지 않게 하는지'는 여전히 불명확하다고 한 ①번이 정답이다.

정답 ①

■ 어휘

azure 하늘색의　pigment 색소　sacred 신성한　archaeologist 고고학자
artifact 공예품　pottery 도자기　hue 색　fade 색이 바래다, 희미해지다
weathering 풍화 작용　in the dark 알지 못하는　facet 측면, 양상
durable 바래지 않는, 내구성 있는　concoct 만들다, 꾸며내다

구문 분석

In fact, the color remains / so tightly bound to its surface / that it is hardly affected (생략).

: 이처럼 'so … that ~' 구문이 결과를 나타내는 경우, '매우/너무 …해서 (그 결과) ~하다'라고 해석한다.

---

09 독해 내용 불일치 파악　　　　　난이도 중 ●●○

다음 글의 내용과 일치하지 않는 것은?

Arab males sometimes incorporate a unique custom into their greetings, where they touch their noses together while shaking hands. This tradition, deeply rooted in the semi-nomadic Bedouin culture, serves as a symbol of friendship among close male friends. Meanwhile, on the South Pacific island of Tuvalu, a traditional Polynesian welcome for visitors also includes the nose. A local will press their cheek against a guest's cheek and take deep breaths through their nose. This act of smelling the visitor is meant to be a warm gesture to show hospitality. In Malaysia, there is a formal greeting that involves gently holding and then releasing the other person's hands, followed by placing your own hand over your heart to signify goodwill. In Zimbabwe, there is a unique call-and-response style greeting. After the initial handshake, individuals engage in a clapping ritual where the first person claps once, and the second person responds with two claps. The technique differs according to gender: men align their fingers and palms when clapping, whereas women use a slightly different hand angle.

① Arab men participate in the Bedouin cultural greeting of touching noses at times.

② Natives of Tuvalu welcome visitors by sniffing their cheek.

③ Putting one's hand on one's heart in greeting is considered formal in Malaysia.

④ The clapping greeting in Zimbabwe precedes the shaking of hands.

해석

아랍 남성들은 때때로 그들의 인사에 악수를 하면서 그들의 코를 서로 맞대는 독특한 관습을 포함시킨다. 반 유목민적인 베두인 문화에 깊게 뿌리박힌 이 전통은 친한 남성 친구들 사이에서 우정의 상징으로서 기능한다. 한편, 남태평양의 투발루 섬에서, 방문객들에 대한 전통적인 폴리네시아인들의 환영의 인사 또한 코를 포함한다. 현지인은 그들의 뺨을 손님의 뺨에 대고 누르고는 그들의 코로 심호흡을 할 것이다. 방문객의 냄새를 맡는 이러한 행위는 환대를 보여 주는 따뜻한 몸짓으로 여겨진다. 말레이시아에서는, 상대방의 손을 부드럽게 잡았다가 놓아 준 다음, 호의를 나타내기 위해 당신의 손을 당신의 가슴 위에 두는 것을 수반하는 격식을 차린 인사가 있다. 짐바브웨에서는, 부르고 응답하는 독특한 방식의 인사가 있다. 첫 악수 이후에, 사람들은 박수 치기 관례를 행하는데 첫 번째 사람이 박수를 한 번 치면, 두 번째 사람이 두 번의 박수로 응답한다. 그 방식은 성별에 따라 다른

데, 남성들은 박수를 칠 때 손가락과 손바닥을 나란히 두는 반면, 여성들은 약간 다른 손 각도를 사용한다.

① 아랍 남성들은 때때로 코를 접촉하는 베두인 문화의 인사에 참여한다.
② 투발루 원주민들은 방문객들의 뺨 냄새를 맡으며 그들을 환영한다.
③ 말레이시아에서는 인사할 때 가슴 위에 손을 두는 것이 격식을 차리는 것이라고 여겨진다.
④ 짐바브웨에서 박수 치기 인사는 악수보다 선행한다.

포인트 해설

④번의 키워드인 in Zimbabwe(짐바브웨에서)가 그대로 언급된 지문 주변의 내용에서 첫 악수 이후에 사람들이 박수 치기 관례를 행한다고 했으므로, ④ '짐바브웨에서 박수 치기 인사는 악수보다 선행한다'는 것은 지문의 내용과 반대이다.

정답 ④

어휘

incorporate 포함시키다　custom 관습　greeting 인사
nomadic 유목민의　cheek 뺨　hospitality 환대, 환영
formal 격식을 차린, 공식적인　release 놓아주다, 방출하다　signify 나타내다
goodwill 호의　initial 처음의, 초기의　handshake 악수
engage in ~을 행하다, ~에 관여하다　clap 박수를 치다　ritual 관례, 의식
align 나란히 두다, 정렬하다　palm 손바닥　sniff 냄새를 맡다, 킁킁거리다
precede 선행하다, 우선하다

---

10 독해 문장 삽입　　　　　난이도 하 ●○○

주어진 문장이 들어갈 위치로 가장 적절한 곳은?

Practitioners of traditional medicine have long recommended the consumption of certain turtle species, claiming that the flesh of the animal can cure everything from fever to cancer.

In what is considered a dire crisis among conservationists, all 89 turtle species in Southeast Asia are currently threatened with extinction. (①) This is primarily because of the popular demand for turtle dishes, a culinary custom that stems from the beliefs of an ancient Chinese profession. (②) However, whether turtles actually possess curative properties has not been scientifically verified, and remedies are based almost entirely on folklore. (③) The Chinese take pride in maintaining certain deep-rooted practices. But if they persist in using animal-based remedies at the current rate, they will soon have no choice but to find medicinal substitutes. (④)

해석

전통 의학 의사들은 특정 거북 종의 고기가 열병에서 암에 이르는 모든 것을 치료할 수 있다고 주장하며 오랫동안 그 동물의 섭취를 권장해 왔다.

환경 보호 활동가들 사이에서 심각한 위기라고 여겨지는 것으로는, 동남아시아에 있는 89종의 거북 모두가 현재 멸종 위기에 처해 있다는 점이다. ① 이것은 주로 거북 요리에 대한 대중의 수요 때문인데, 그 요리 풍습은 고대 중국의 어떤 한 직종이 가졌던 믿음에서 기인한 것이다. ② 하지만, 실제로 거북에게 병을 고치는 특성이 있는지의 여부는 과학적으로 확인되지 않았고, 치료법은 거의 전적으로 민간 전승에 기초하고 있다. ③ 중국인들은 몇몇 뿌리 깊은 관행을 지키는 데 자부심을 가진다. 하지만 만약 그들이 지금의 속도로 계속해서 동물에 기초한 치료법을 고집한다면, 그들은 곧 치료 효과가 있는 대체식을 찾지 않을 수 없을 것이다. ④

포인트 해설

②번 앞 문장에 동남아시아에 있는 거북 종이 멸종 위험에 처한 것은 고대 중국의 어떤 한 직종이 가졌던 믿음에서 기인한 요리 풍습 때문이라는 내용이 있고, ②번 뒤 문장에 하지만 실제로 거북에게 병을 고치는 특성이 있는지는 과학적으로 확인되지 않았다는 내용이 있으므로, ②번 자리에 전통 의학 의사들은 특정 거북 종의 고기가 열병에서 암에 이르는 모든 것을 치료할 수 있다고 주장하며 거북의 섭취를 권장했다는 내용, 즉 고대 중국의 어떤 한 직종이 가졌던 믿음이 무엇인지를 설명하는 주어진 문장이 나와야 자연스럽게 연결된다.

정답 ②

어휘

practitioner 의사, 전문가 consumption 섭취, 소비
flesh (동물의) 고기, 살 fever 열(병) dire 심각한
conservationist 환경 보호 활동가 extinction 멸종 primarily 주로
culinary 요리의 custom 풍습, 관습 stem from ~에서 기인하다, 유래하다
curative 병을 고치는 property 특성 verify 확인하다 remedy 치료법
folklore 민간 전승 deep-rooted 뿌리 깊은 persist 고집하다, 계속하다
medicinal 치료 효과가 있는 substitute 대체식, 대체제; 대신하다

MEMO

MEMO

MEMO

2024 최신개정판

해커스공무원
매일
하프모의고사
영어 3

개정 3판 1쇄 발행 2024년 2월 23일

지은이	해커스 공무원시험연구소
펴낸곳	해커스패스
펴낸이	해커스공무원 출판팀

주소	서울특별시 강남구 강남대로 428 해커스공무원
고객센터	1588-4055
교재 관련 문의	gosi@hackerspass.com
	해커스공무원 사이트(gosi.Hackers.com) 교재 Q&A 게시판
	카카오톡 플러스 친구 [해커스공무원 노량진캠퍼스]
학원 강의 및 동영상강의	gosi.Hackers.com

ISBN	979-11-6999-837-6 (13740)
Serial Number	03-01-01

공무원 교육 1위,
해커스공무원 gosi.Hackers.com

해커스공무원

· **해커스공무원 학원 및 인강**(교재 내 인강 할인쿠폰 수록)

· 공무원 영어 기출 어휘를 언제 어디서나 외우는 **공무원 보카 어플**

· 공무원 시험에 출제될 핵심 어휘를 엄선하여 정리한 **출제예상 핵심 어휘리스트**

· '회독'의 방법과 공부 습관을 제시하는 **해커스 회독증강 콘텐츠**(교재 내 할인쿠폰 수록)

· 정확한 성적 분석으로 약점 극복이 가능한 **합격예측 온라인 모의고사**(교재 내 응시권 및 해설강의 수강권 수록)

해커스공무원 **단기 합격생**이 말하는
공무원 합격의 비밀!

해커스공무원과 함께라면
다음 합격의 주인공은 바로 여러분입니다.

대학교 재학 중,
7개월 만에 국가직 합격!

김*석 합격생

영어 단어 암기를 하프모의고사로!

하프모의고사의 도움을 많이 얻었습니다. **모의고사의 5일 치 단어를 일주일에 한 번씩 외웠고,** 영어 단어 **100개씩은 하루에** 외우려고 노력했습니다.

가산점 없이
6개월 만에 지방직 합격!

김*영 합격생

국어 고득점 비법은 기출과 오답노트!

이론 강의를 두 달간 들으면서 **이론을 제대로 잡고 바로 기출문제로** 들어갔습니다. 문제를 풀어보고 기출강의를 들으며 **틀렸던 부분을 필기하며 머리에 새겼습니다.**

직렬 관련학과 전공,
6개월 만에 서울시 합격!

최*숙 합격생

한국사 공부법은 기출문제 통한 복습!

한국사는 휘발성이 큰 과목이기 때문에 **반복 복습이 중요하다고 생각**했습니다. 선생님의 강의를 듣고 나서 바로 **내용에 해당되는 기출문제를 풀면서 복습**했습니다.

해커스공무원 **gosi.Hackers.com**

더 많은 합격수기가 궁금하다면 ▶